LAVAGEM DE DINHEIRO

LAVAGEM DE DINHEIRO
COMENTÁRIOS À LEI 9.613/1998 E À LEI 13.974/2020

2023

Vladimir Aras
Ilana Martins Luz

LAVAGEM DE DINHEIRO
COMENTÁRIOS À LEI N. 9.613/1998
© Almedina, 2023
AUTOR: Vladimir Aras e Ilana Martins Luz

DIRETOR ALMEDINA BRASIL: Rodrigo Mentz
EDITORA JURÍDICA: Manuella Santos de Castro
EDITOR DE DESENVOLVIMENTO: Aurélio Cesar Nogueira
ASSISTENTES EDITORIAIS: Larissa Nogueira e Letícia Gabriella Batista
ESTAGIÁRIA DE PRODUÇÃO: Laura Roberti

DIAGRAMAÇÃO: Almedina
DESIGN DE CAPA: FBA

ISBN: 9786556279183
Setembro, 2023

Dados Internacionais de Catalogação na Publicação (CIP)
(Câmara Brasileira do Livro, SP, Brasil)

Aras, Vladimir
Lavagem de dinheiro : comentários à Lei n 9.613/1998 / Vladimir Aras, Ilana Martins Luz. – São Paulo, SP : Almedina, 2023.

Bibliografia.
ISBN 978-65-5627-918-3

1. Corrupção - Brasil - Prevenção 2. Direito penal - Brasil 3. Jurisprudência 4. Lavagem de dinheiro - Brasil 5. Lavagem de dinheiro – Leis e legislação I. Luz, Ilana Martins. II. Título.

23-160576   CDU-343.52(81)

Índices para catálogo sistemático:

1. Brasil : Lavagem de dinheiro : Direito penal
343.52(81)

Tábata Alves da Silva - Bibliotecária - CRB-8/9253

Este livro segue as regras do novo Acordo Ortográfico da Língua Portuguesa (1990).

Todos os direitos reservados. Nenhuma parte deste livro, protegido por copyright, pode ser reproduzida, armazenada ou transmitida de alguma forma ou por algum meio, seja eletrônico ou mecânico, inclusive fotocópia, gravação ou qualquer sistema de armazenagem de informações, sem a permissão expressa e por escrito da editora.

EDITORA: Almedina Brasil
Rua José Maria Lisboa, 860, Conj.131 e 132, Jardim Paulista | 01423-001 São Paulo | Brasil
www.almedina.com.br

"A coisa mais revolucionária que alguém pode fazer na Sicília é aplicar a lei e punir os culpados" (Giovanni Falcone).

SOBRE A AUTORA

Ilana Martins Luz, soteropolitana, nascida em 1986, é graduada e mestre em Direito pela Universidade Federal da Bahia, Doutora em Direito Penal pela Universidade de São Paulo, possui especialização em Direito Penal Econômico pelo Instituto de Direito Econômico e Europeu e pela Universidad Castilla-La Mancha e mestrado profissional em *compliance* criminal pela Universidad Castilla-La Mancha. Possui, ainda, certificação em criptomoedas pela Chainalysis.

A autora possui ampla e sólida experiência na advocacia criminal. No contencioso, atua preponderantemente em grandes operações policiais que investigam crimes econômicos e de empresas, notadamente em casos de lavagem de capitais, crimes contra o sistema financeiro, mercado de capitais e corrupção. Na advocacia consultiva, auxilia na elaboração de pareceres em temas de criminalidade econômica, além de análises para assessorar clientes em matéria de prevenção de riscos criminais na atividade empresarial.

A autora lecionou Direito Penal e Penal Econômico na graduação dos cursos de Direito Universidade Federal da Bahia (professora substituta) e na Universidade Salvador. Atualmente, leciona em cursos de pós-graduação e cursos livres em instituições como INSPER e Instituto Brasileiro de Ensino, Desenvolvimento e Pesquisa (IDP).

Além disso, é autora de obras em direito penal, como o livro *Compliance* e Omissão Imprópria, publicado pela editora D'Plácido e o livro *Justiça Restaurativa*, publicado pela editora Empório do Direito, respectivamente, sua tese de doutorado e dissertação de mestrado. Também é autora de artigos em periódicos e capítulos de livros, todos listados no seu currículo Lattes: http://lattes.cnpq.br/8309546327183698.

SOBRE O AUTOR

Vladimir Aras, soteropolitano, nascido em 1971, é mestre em Direito Público pela Universidade Federal de Pernambuco (UFPE), tem MBA em Gestão Pública pela Fundação Getúlio Vargas (FGV), é doutorando pelo Centro Universitário de Brasília (UNiCeub), professor assistente de Processo Penal na Universidade Federal da Bahia (UFBA), membro do Ministério Público brasileiro desde 1993, atualmente no cargo de Procurador Regional da República em Brasília (MPF).

O autor leciona direito penal, processual penal, direito internacional, cibercriminalidade, proteção internacional aos direitos humanos e proteção de dados pessoais em várias instituições de ensino superior, como o Instituto Brasileiro de Ensino, Desenvolvimento e Pesquisa (IDP), a Pontifícia Universidade Católica do Rio Grande do Sul (PUC/RS) e a Academia Brasileira de Direito Constitucional.

Foi promotor de Justiça na Bahia por nove anos, tendo lecionado por uma década na Universidade Estadual de Feira de Santana (UEFS) nas disciplinas Direito Internacional Público e Direito Processual Penal.

No MPF, coordenou o Grupo de Apoio ao Tribunal do Júri Federal (GATJ) e atualmente integra o Grupo de Apoio sobre Criminalidade Cibernética, o Grupo de Trabalho Direitos Humanos e Empresas, da Procuradoria Federal dos Direitos do Cidadão (PFDC).

Foi Secretário de Cooperação Jurídica Internacional da PGR de 2013 a 2017, foi membro do Grupo de Trabalho em Crime Organizado e foi membro do Grupo de Trabalho em Lavagem de Dinheiro e Crimes Financeiros da Procuradoria-Geral da República (GT-LD). Também foi por vários anos instrutor do Programa Nacional de Capacitação no Combate à Lavagem de Dinheiro (PNLD) do Ministério da Justiça (MJ/SENAJUS/DRCI).

Como procurador da República, atuou em Foz do Iguaçu, Curitiba, Feira de Santana e Salvador, até ser promovido para o cargo de segunda instância em Brasília. Foi Procurador Regional Eleitoral Substituto na Bahia (2011-2013). Integrou a Força-Tarefa do caso Banestado, no Paraná, e participou como Secretário de Cooperação Internacional de diversas investigações transnacionais.

Foi designado pelo PGR para representar o MPF em missões internacionais em dezenas de países e em várias edições da Estratégia Nacional de Combate à Corrupção e à Lavagem de Dinheiro (ENCCLA) no Brasil.

Fez cursos de extensão no *Centro de Estudios de Justicia de las Américas* (CEJA) sobre a Reforma Processual Latinoamericana, e, na *DiploFoundation*, sobre o Regime Global Antiterrorismo, assim como na *United Nations Asia and Far East Institute for the Prevention of Crime and Treatment of Offender* (UNAFEI), em Tóquio, sobre a Convenção das Nações Unidas contra a Corrupção (Convenção de Mérida).

Pelas Nações Unidas, o autor participou do programa *Education for Justice* (E4J), como um dos responsáveis pela *E4J University Module Series: Cybercrime*. Integrou também o painel de especialistas em cibercriminalidade do Conselho da Europa (CoE), no âmbito do programa *Glacy+*.

Foi selecionado pelo Governo do Equador e pelo UNODC para integrar a *Comisión de Expertos Internacionales contra la Corrupción en Ecuador* (CEICCE), que não chegou a ser instalada, assim como para atuar no programa de intercâmbio entre o Conselho Nacional do Ministério Público (CNMP) e a Comissão Interamericana de Direitos Humanos (CIDH).

Pela Escola Superior do Ministério Público da União (ESMPU), onde também leciona, o autor participou de intercâmbio de estudos sobre o Ministério Público da Argentina, em 2007, e integrou a equipe de instrutores de programas de formação de magistrados em Moçambique, Cabo Verde e na Itália.

O autor tem extensa experiência em cooperação internacional, tendo sido *visiting expert* no *United Nations Asia and Far East Institute for the Prevention of Crime and Treatment of Offender* (UNAFEI), em 2017, e na *Universidad Externado de Colombia*, em 2022, na temática corrupção transnacional.

SOBRE O AUTOR

Foi diretor jurídico e diretor de assuntos legislativos da Associação Nacional dos Procuradores da República (ANPR). Foi um dos fundadores do Instituto Baiano de Direito Processual Penal (IBADPP) e do Instituto de Direito e Inovação (ID-i) em Brasília.

Aras é autor da obra *Direito Internacional Público* pela editora Método, em segunda edição, e tem vários artigos publicados em obras coletivas e em meio digital, nas áreas de cibercriminalidade, lavagem de dinheiro, criminalidade organizada, corrupção, terrorismo, proteção de dados pessoais, processo penal e cooperação internacional. Grande parte desses artigos foi reunida em seu Blog.

APRESENTAÇÃO

O livro "Lavagem de Dinheiro: comentários à Lei 9.613/1998 e à Lei 13.974/2020" é uma obra completa e atualizada que traz uma análise de todos os aspectos da Lei 9.613/1998, incluindo suas alterações até o mês de junho de 2023. Escrita por pelos professores Ilana Luz e Vladimir Aras, a obra apresenta uma abordagem clara e objetiva, tornando-a uma referência para estudantes, profissionais e pesquisadores que desejam aprofundar seus conhecimentos sobre o tema.

Os autores abordam de maneira minuciosa todos os aspectos da Lei de Lavagem de Dinheiro, desde a tipificação do crime até as penas previstas para os infratores, assim como da Lei do COAF, de 2020. Além disso, são apresentados casos práticos e jurisprudências relevantes que auxiliam o leitor a compreender melhor o funcionamento da lei na prática. O livro também discute temas importantes como a prevenção à lavagem de dinheiro, a identificação de atividades suspeitas e o papel dos órgãos de controle e fiscalização.

Com uma linguagem clara e objetiva, os autores conseguem abordar um tema complexo de forma acessível ao leitor, tornando o livro interessante e instigante.

A obra é dividida em cinco partes. Na primeira parte, são abordadas as questões introdutórias referentes à lavagem de dinheiro, as razões históricas de tipificação do crime, o conceito de lavagem, os tratados internacionais sobre a matéria, a inserção do tema no ordenamento jurídico brasileiro e o sistema antilavagem atualmente existente no país.

A segunda parte aborda as questões dogmáticas do delito, como o bem jurídico resguardado e características do tipo penal de lavagem nos termos previstos na lei brasileira, A abordagem envolve, ainda, a análise do crime no direito comparado. São apresentadas as tipologias do crime, com especial destaque às tipologias no contexto dos criptoativos. São trazidas, ainda, as questões dogmáticas referentes ao delito de lavagem de dinheiro, com comentários artigo a artigo.

A terceira parte cuida das questões relacionadas ao processo penal dos crimes de lavagem de dinheiro, tratando do rito processual, questões específicas de competência autonomia do delito e medidas cautelares pessoais e reais. Traz, ainda, abordagem sobre os bens apreendidos nestas medidas cautelares e possíveis soluções para resguardar, a um só tempo, o resultado útil do processo e a presunção de inocência. Seguindo sempre o modelo de comentários de artigo por artigo, os autores cuidam dos efeitos da sentença penal, da recuperação de ativos e de medidas de cooperação internacional.

Na quarta parte, são trazidas as questões relativas aos deveres administrativos, com desdobramento destes deveres à luz das resoluções do COAF e dos órgãos específicos e análise das repercussões jurídicas em caso de seu descumprimento. Nesta parte, tendo em vista a recente alteração promovida com a Lei dos Criptoativos (Lei 14.478/2022), abordou-se de forma detalhada a regulação das *exchanges*.

Por fim, na quinta parte, os autores tratam das medidas de investigação e das disposições finais da Lei 9.613/1998, também com comentários individualizados para cada um dos artigos, o que facilita a pesquisa pelo leitor.

A obra é especialmente útil para profissionais que atuam na área de prevenção e repressão à lavagem de dinheiro e ao financiamento do terrorismo, como advogados, defensores públicos, juízes, promotores, procuradores, policiais, auditores, autoridades públicas, legisladores, dirigentes de pessoas obrigadas e oficiais de *compliance*, que precisam estar sempre atualizados sobre a legislação e as práticas PLD/FTP. O livro busca ser uma referência para a compreensão do tema em toda a sua complexidade, adequando conhecimentos multidisciplinares desde o direito penal e o direito internacional até a economia e a novas tecnologias. Estudantes de graduação e de pós-graduação e candidatos a concursos públicos também se beneficiarão com o estudo desta obra.

LISTA DE ABREVIATURAS

AAPS – Acordos Administrativos em Processos de Supervisão
ABCRIPTO – Associação Brasileira de Criptoeconomia
ABIN – Agência Brasileira de Inteligência
ACR – Apelação Criminal
ADI – Ação Direta de Inconstitucionalidade
ADPF – Arguição de Descumprimento de Preceito Fundamental
AG/ONU – Assembleia Geral das Nações Unidas
AgR – Agravo Regimental
AGRASC – *Agence de gestion et de recouvrement des avoirs saisis et confisques*
AGU – Advocacia-Geral da União
AIAMP – Associação Ibero-americana de Ministérios Públicos (AIAMP)
AMERIPOL – Comunidade de Polícias das Américas
AML – *Anti-Money Laundering*
ANM – Agência Nacional de Mineração
ANPC – Acordo de Não Persecução Civil
ANPP – Acordo de Não Persecução Penal
ANS – Agência Nacional de Saúde Suplementar
AP – Ação Penal
APnFD – Atividades e profissões não-financeiras designadas
APS – Acordos Administrativos em Processos de Supervisão
ARA – *Asset Recovery Agency*
ARCO – Acesso, Retificação, Cancelamento e Oposição
ARE – Agravo em Recurso Extraordinário

AUSTRAC – *The Australian Transaction Reports and Analysis Centre*
BACEN – Banco Central do Brasil
BCB – Banco Central do Brasil
BGH – *BundesGerichtshof*
BIC – *Bank International Code*
BIS – Bens, interesses e serviços da União
BTC – *Bitcoin*
BVerfGE – *BundesVerfassungsGericht*
CaaS – *Crime as a Service*
CADH – Convenção Americana de Direitos Humanos
CBE – Capitais Brasileiros no Exterior
CC – Conflito de Competência
CC-5 – Carta-Circular n. 5, de 1969 do Banco Central do Brasil
CCJ – Comissão de Constituição e Justiça
CCPR – *Human Rights Committee*
CCS – Cadastro de Clientes do Sistema Financeiro Nacional
CEDH – Corte Europeia de Direitos Humanos
CF – Constituição Federal de 1988
CFC – Conselho Federal de Contabilidade
CFT – *Counter Financing of Terrorism*
CGU – Controladoria-Geral da União
CICAD – Comissão Interamericana para o Controle do Abuso de Drogas
CIDH – Comissão Interamericana de Direitos Humanos
CJF – Conselho da Justiça Federal
CMN – Conselho Monetário Nacional
CNJ – Conselho Nacional de Justiça
CNMP – Conselho Nacional do Ministério Público
CNPEP – Cadastro Nacional de Pessoas Expostas Politicamente
CNPJ – Cadastro Nacional de Pessoa Jurídica
CNPL – Confederação Nacional de Profissões Liberais
COA – Comunicação Automática de Operações ou Comunicação de Operações Automáticas
COAF – Conselho de Controle de Atividades Financeiras
COE – Conselho da Europa
COFECI – Conselho Federal de Corretores de Imóveis
COFECON – Conselho Federal de Economia

LISTA DE ABREVIATURAS

CORTE IDH – Corte Interamericana de Direitos Humanos
COS – Comunicação de Operações Suspeitas
CP – Código Penal brasileiro
CPC – Código de Processo Civil
CPF – Cadastro de Pessoas Físicas
CPI – Comissão Parlamentar de Inquérito
CPLP – Comunidade dos Países de Língua Portuguesa
CPM – Código Penal Militar
CPP – Código de Processo Penal
CS/ONU – Conselho de Segurança das Nações Unidas
CTIF – *Cellule de traitement des informations financières*
CVM – Comissão de Valores Mobiliários
DAS – Direção e Assessoramento Superior
DeFi – Finanças Descentralizadas numa blockchain
DHS – *Department of Homeland Security*
DIH – Direito Internacional Humanitário
DLT – *Distributed Ledger Technology*
DOU – Diário Oficial da União
DPF – Departamento da Polícia Federal
DPVAT – Seguro por Danos Pessoais Causados por Veículos Automotores de Via Terrestre
DRCI – Departamento de Recuperação de Ativos e Cooperação Jurídica Internacional
DREI – Departamento Nacional de Registro Empresarial e Integração
ECA – Estatuto da Criança e do Adolescente
ENCCLA – Estratégia Nacional de Combate à Corrupção e à Lavagem de Dinheiro
ENUL – Embargos de Nulidade
EOAB – Estatuto da Ordem dos Advogados do Brasil
ERB – Estações Rádio-Base
ETS – *European Treaty Series*
EUA – Estados Unidos da América
EUROPOL – Agência da União Europeia para a Cooperação Policial
FATF – *Financial Action Task Force*
FBI – *Federal Bureau of Investigation*
FICOBAS – *Fichier national des comptes bancaires et assimilés*

FINCEN – *Financial Crimes Enforcement Network*
FIU – *Financial Intelligence Unit*
FMI – Fundo Monetário Internacional
FP – Financiamento da Proliferação de Armas de Destruição em Massa
FT – Financiamento do Terrorismo
FTP – Prevenção do Financiamento do Terrorismo e da Proliferação de Armas de Destruição em Massa
FUNAD – Fundo Nacional Antidrogas
FUNPEN – Fundo Penitenciário Nacional
GAFI – Grupo de Ação Financeira
GAFILAT – Grupo de Ação Financeira da América Latina
GAFISUD – Grupo de Ação Financeira da América do Sul
HC – Habeas Corpus
IBAN – *International Bank Account Number*
ICO – *Initial Coin Offerings*
IED – *Improvised Explosive Device*
IPO – *Initial Public Offerings*
IN – Instrução Normativa
INFOJUD – Sistema de Informações ao Judiciário
INQ – Inquérito
INTERPOL – Organização Internacional de Polícia Criminal
IOSCO – *International Organization of Securities Commissions*
IPHAN – Instituto do Patrimônio Histórico e Artístico Nacional
IPTU – Imposto Predial e Territorial Urbano
IPVA – Imposto sobre a Propriedade de Veículos Automotores
IQC – Identificação, Qualificação e Classificação
ISIS – Estado Islâmico no Iraque e no Levante
JAFIC – *Japan Financial Intelligence Center*
KYB – *Know Your Business*
KYC – *Know Your Customer/Client*
LACE – Lei Anticorrupção Empresarial
LCP – Lei das Contravenções Penais
LEP – Lei de Execução Penal
LGE – Lei Geral do Esporte
LGPD – Lei Geral de Proteção de Dados Pessoais
MAPA – Ministério da Agricultura, Pecuária e Abastecimento

LISTA DE ABREVIATURAS

MCI – Marco Civil da Internet
MJSP – Ministério da Justiça e Segurança Pública
MLA – *Mutual Legal Assistance*
MLAT – *Mutual Legal Assistance Treaty*
MLCA – *Money Laundering Control Act*
MP – Ministério Público
MPF – Ministério Público Federal
MPv – Medida Provisória
MRE – Ministério das Relações Exteriores
MROS – *Money Laundering Reporting Office*
MSB – *Money Service Business*
NCB – *Non-Conviction Based Confiscation*
NIR – Nota Interpretativa à Recomendação
OAB – Ordem dos Advogados do Brasil
OCDE – Organização para a Cooperação e o Desenvolvimento Econômico
OEA – Organização dos Estados Americanos
OFAC – *Office of Foreign Assets Control*
ONU – Organização das Nações Unidas
PAS – Processo Administrativo Sancionador
PCC – Primeiro Comando da Capital
PDP – Proteção de Dados Pessoais
PEP – Pessoas Expostas Politicamente
PET – Petição
PF – Polícia Federal
PGFN – Procuradoria-Geral da Fazenda Nacional
PGR – Procuradoria-Geral da República
PIC – Procedimento Investigatório Criminal
PIDCP – Pacto Internacional sobre Direitos Civis e Políticos
PIP – Procedimento de Investigação Patrimonial
PL – Projeto de Lei
PLD – Prevenção à Lavagem de Dinheiro
PLS – Projeto de Lei do Senado
PREVIC – Superintendência Nacional de Previdência Complementar
QBRN – Armas ou ameaças químicas, biológicas, radiológicas e nucleares
QO – Questão de Ordem

RDD – Regime Disciplinar Diferenciado
RE – Recurso Extraordinário
REMPM – Reunião Especializada de Ministérios Públicos do Mercosul
RESP – Recurso Especial
RFB – Receita Federal do Brasil
RHC – Recurso em Habeas Corpus
RICO – *Racketeer Influenced and Corrupt Organizations Act*
RIF – Relatório de Inteligência Financeira
RMS – Recurso em Mandado de Segurança
RSE – Recurso em Sentido Estrito
SCI – Secretaria de Cooperação Internacional da PGR
SECAP – Secretaria de Avaliação, Planejamento, Energia e Loteria
SEI-C – Sistema Eletrônico de Intercâmbio do COAF
SENAD – Secretaria Nacional de Políticas sobre Drogas e Gestão de Ativos
SEPBLAC – *Servicio Ejecutivo de la Comisión de Prevención del Blanqueo de Capitales e Infracciones Monetarias*
SFN – Sistema Financeiro Nacional
SIMBA – Sistema de Investigação de Movimentações Bancárias
SISBACEN – Sistema de Informações do Banco Central do Brasil
SISBAJUD – Sistema de Busca de Ativos do Poder Judiciário
SISBIN – Sistema Brasileiro de Inteligência
SISCOAF – Sistema de Controle de Atividades Financeiras
SCOTUS – *Supreme Court of the United States*
SNDC – Sistema Nacional de Defesa do Consumidor
STF – Supremo Tribunal Federal
StGB – *Strafgesetzbuch*
STJ – Superior Tribunal de Justiça
SUSEP – Superintendência de Seguros Privados
SUSP – Sistema Único de Segurança Pública
SV – Súmula Vinculante
SWIFT – *Society for Worldwide Interbank Financial Telecommunication*
TAC – Termos de Ajustamento de Conduta
TCU – Tribunal de Contas da União
TEI – Técnicas Especiais de Investigação
TJDFT – Tribunal de Justiça do Distrito Federal e Territórios

- TJSP – Tribunal de Justiça de São Paulo
- TJRS – Tribunal de Justiça do Rio Grande do Sul
- TPI – Tribunal Penal Internacional
- TRACFIN – *Traitement du renseignement et action contre les circuits financiers clandestins*
- TRF – Tribunal Regional Federal
- UAF – *Unidad de Análisis Financiero*
- UE – União Europeia
- UIF – Unidade de Inteligência Financeira
- UNCAC – *United Nations Convention against Corruption*
- UNTOC – *United Nations Convention against Transnational Organized Crime*
- USA PATRIOT ACT – *Preserving Life and Liberty (Uniting and Strengthening America by Providing Appropriate Tools Required to Intercept and Obstruct Terrorism)*
- VASP – *Virtual Asset Service Provider*

SUMÁRIO

Sobre a Autora	7
Sobre o Autor	9
Apresentação	13
Lista de Abreviaturas	15
PARTE I: ASPECTOS INTRODUTÓRIOS SOBRE LAVAGEM DE DINHEIRO	**29**
1. INTRODUÇÃO	31
2. ANTES DE MAIS NADA: LINHAS GERAIS SOBRE O CRIME DE LAVAGEM DE DINHEIRO	37
2.1 A origem do crime de lavagem de dinheiro	41
2.2 O Estado brasileiro e a lavagem de dinheiro	44
2.3 Lavagem de dinheiro e crime organizado	46
2.4 Corrupção e lavagem de dinheiro	51
3. O SISTEMA NACIONAL ANTILAVAGEM DE DINHEIRO	53
3.1 O Subsistema de Prevenção à Lavagem de Dinheiro	56
3.2 O Subsistema de Repressão à Lavagem de Dinheiro	62
3.3 O Subsistema de Recuperação de Ativos	63
3.4 O Subsistema de Cooperação Internacional	67
4. OS REGIMES GLOBAIS DE PROIBIÇÃO E OS MANDADOS CONVENCIONAIS DE CRIMINALIZAÇÃO	69
5. CLASSIFICAÇÃO DA LEI BRASILEIRA DE LAVAGEM DE DINHEIRO	73

5.1	Uma lei de terceira geração	78
5.2	Uma lei em constante reforma	79

PARTE II: ASPECTOS PENAIS DA LEI DE LAVAGEM DE DINHEIRO   83
1. INTRODUÇÃO   85
2. O BEM JURÍDICO RESGUARDADO   87
3. TIPOLOGIAS DE LAVAGEM DE CAPITAIS   93
     3.1   A lavagem transnacional de ativos   96
     3.2   Ativos virtuais e tipologias de lavagem de dinheiro   100
4. ANÁLISE DO CRIME DE LAVAGEM DE CAPITAIS NA LEGISLAÇÃO BRASILEIRA   117
     4.1   O tipo objetivo do crime de lavagem de dinheiro   117
         4.1.1   O tipo penal principal do art. 1º, *caput*, da Lei 9.613/1998   117
             4.1.1.1   Condutas   117
             4.1.1.2   Objeto material   121
         4.1.2   Figuras equiparadas do art. 1º, §1º, da Lei 9.613/1998   135
         4.1.3   Figuras equiparadas do art. 1º, §2º, da Lei 9.613/1998   139
     4.2   A escala penal do crime de lavagem de dinheiro   142
     4.3   O sujeito ativo do crime de lavagem de dinheiro   147
         4.3.1   A autolavagem   147
         4.3.2   Autolavagem e corrupção ativa e passiva   155
         4.3.3   O recebimento de honorários maculados e o crime de lavagem de capitais   158
         4.3.4   Responsabilidade criminal de pessoas jurídicas por crimes de lavagem de dinheiro   165
     4.4   O elemento subjetivo do crime de lavagem de dinheiro   166
         4.4.1   Dolo eventual e cegueira deliberada   169
         4.4.2   Culpa   175
     4.5   Consumação e tentativa do crime de lavagem de dinheiro   175
     4.6   A causa especial de aumento de pena do §4º do art. 1º da Lei 9.613/1998   179
     4.7   Delação premiada e colaboração premiada   184
     4.8   Outros meios especiais de obtenção de provas   189
         4.8.1   Técnicas especiais de investigação (TEI) e lavagem de dinheiro   189
         4.8.2   Ação controlada em lavagem de ativos   191
         4.8.3   Infiltração de agentes em lavagem de dinheiro   192

PARTE III: ASPECTOS PROCESSUAIS DA LEI DE LAVAGEM DE DINHEIRO — 195
1. AÇÃO PENAL NO CRIME DE LAVAGEM DE DINHEIRO — 197
2. RITO PROCESSUAL — 199
3. AUTONOMIA PROCESSUAL DO CRIME DE LAVAGEM DE DINHEIRO — 201
4. INFRAÇÕES PENAIS ANTECEDENTES EXTRATERRITORIAIS — 205
5. UNIDADE DE PROCESSO E JULGAMENTO — 209
6. QUESTÕES RELATIVAS À COMPETÊNCIA PARA O JULGAMENTO — 211
   6.1 A competência federal em lavagem de dinheiro transnacional — 212
   6.2 As varas especializadas em lavagem de dinheiro — 213
   6.3 A competência da Justiça Militar para julgar lavagem de dinheiro — 215
   6.4 A competência da Justiça Eleitoral para julgar lavagem de dinheiro — 217
7. AUTONOMIA TÍPICA E AUTONOMIA PROCESSUAL DO CRIME DE LAVAGEM DE DINHEIRO — 219
8. A APLICAÇÃO DO ART. 366 DO CPP AOS CRIMES DE LAVAGEM DE DINHEIRO — 223
9. LIBERDADE PROVISÓRIA E DIREITO DE APELAR EM LIBERDADE — 225
10. MEDIDAS ASSECURATÓRIAS QUANTO AO CRIME DE LAVAGEM DE DINHEIRO — 229
    10.1 Alienação antecipada: requisitos gerais — 231
    10.2 Revogação das medidas assecuratórias — 231
    10.3 Comparecimento pessoal do proprietário ou possuidor — 233
    10.4 Medidas assecuratórias para a reparação do dano e outros valores — 233
    10.5 Alienação antecipada: procedimento — 234
11. SOBRESTAMENTO DE MEDIDAS DE CAUTELARES — 243
12. ADMINISTRAÇÃO DE BENS SUBMETIDOS A MEDIDAS ACAUTELATÓRIAS — 245
    12.1 Procedimento para a designação de administrador — 247
    12.2 Direitos e deveres do administrador — 248
    12.3 O papel do Ministério Público — 248
    12.4 A apreensão e gestão de ativos virtuais — 249

13. EFEITOS DA CONDENAÇÃO POR LAVAGEM DE DINHEIRO 251
    13.1 A destinação dos bens confiscados 251
    13.2 Interdição para o exercício de cargo 252
    13.3 Destinação direta aos órgãos de persecução penal 253
    13.4 Instrumentos do crime sem valor econômico 254
14. RECUPERAÇÃO E REPATRIAÇÃO DE ATIVOS 255
    14.1 Bloqueio de ativos no exterior 256
    14.2 Bloqueio de ativos no Brasil 261
15. MEDIDAS ASSECURATÓRIAS PARA A REPATRIAÇÃO DE ATIVOS 265
    15.1 Cooperação ativa para a repatriação de ativos 265
    15.2 Cooperação passiva para a repatriação de ativos 267
    15.3 Cooperação por promessa de reciprocidade 268
    15.4 Partilha internacional de ativos na cooperação passiva 269

PARTE IV: DEVERES ADMINISTRATIVOS NA LEI DE LAVAGEM DE DINHEIRO 273
1. CONSIDERAÇÕES INICIAIS 275
2. OS SUJEITOS OBRIGADOS PELA LEI DE LAVAGEM DE DINHEIRO 277
    2.1 Provedoras de ativos virtuais 282
    2.2 Advogados como sujeitos obrigados 286
    2.3 Casas de apostas, *sports betting*, corrupção e fraude no desporto 290
3. DOS DEVERES ADMINISTRATIVOS PLD/FTP 297
    3.1 O dever de conformidade (*compliance*) 298
    3.2 Dever de identificação (*Know Your Customer*) 301
    3.3 Dever de diligência 303
    3.4 Dever de registro 305
    3.5 Deveres de controle interno e de formação 307
    3.6 Dever de sujeição a supervisão 308
    3.7 Dever de colaboração 309
    3.8 Dever de sigilo 309
    3.9 Abrangência do dever de identificação 310
    3.10 Dever de conservação e prazo de retenção dos dados cadastrais e do registro de operações 312
    3.11 Registro de operações pelo valor global 313
    3.12 O Cadastro de Clientes do Sistema Financeiro Nacional (CCS) 314

3.13	Dever de verificação	315
3.14	Dever de comunicação	316
3.15	Dever de comunicação negativa	318
3.16	Poder regulamentar sobre operações suspeitas	318
3.17	Exclusão de responsabilidade civil e administrativa	319
3.18	Dever de compartilhamento de comunicações de operações suspeitas	320
3.19	Dever de comunicação prévia de transferências internacionais e de saques e pagamentos em espécie	321
3.20	Dever de recusa	321
3.21	Dever de abstenção	328
3.22	Designação de um responsável de cumprimento	331
3.23	O Cadastro Nacional de Pessoas Expostas Politicamente	331

4. **RESPONSABILIDADE ADMINISTRATIVA POR FALHA DE *COMPLIANCE*** — 337
   - 4.1 Processo administrativo sancionador — 340
   - 4.2 Responsabilidade criminal dos sujeitos obrigados por falha de *compliance* — 343
   - 4.3 Responsabilidade civil por falhas de *compliance* — 344
   - 4.4 *Overcompliance* — 345

5. **O CONSELHO DE CONTROLE DE ATIVIDADES FINANCEIRAS (COAF)** — 349
   - 5.1 O marco normativo do COAF — 351
   - 5.2 Atividades de inteligência financeira — 353
   - 5.3 Poder regulamentar do COAF — 353
   - 5.4 Mecanismos de coordenação e de intercâmbio de informações — 354
   - 5.5 Acesso a dados cadastrais bancários e fiscais pelo COAF — 355
   - 5.6 Intercâmbio de informações — 356
   - 5.7 Composição do COAF — 361
   - 5.8 Regimento interno do COAF — 362
   - 5.9 A autonomia do COAF — 363
     - 5.9.1 A autonomia do COAF após a MPv 1.158/2023 — 363
     - 5.9.2 As finalidades do COAF após a MPv 1.158/2023 — 366
   - 5.10 A proteção aos integrantes do subsistema de inteligência financeira — 368

6. **A INVESTIGAÇÃO CORPORATIVA NO CAMPO DA *COMPLIANCE* PLD/CFT** — 369

PARTE V: OUTRAS MEDIDAS DE INVESTIGAÇÃO E DISPOSIÇÕES GERAIS DA LEI — 377

1. APLICAÇÃO SUBSIDIÁRIA DO CPP — 379
2. A INVESTIGAÇÃO CRIMINAL EM LAVAGEM DE CAPITAIS — 381
3. REQUISIÇÃO DIRETA DE DADOS CADASTRAIS — 383
4. TRANSFERÊNCIA DE DADOS DE QUEBRA DE SIGILO BANCÁRIO — 389
5. AFASTAMENTO AUTOMÁTICO DE FUNCIONÁRIOS PÚBLICOS INDICIADOS — 391
6. PRAZO DE RETENÇÃO DE DADOS FISCAIS — 395
7. PROTEÇÃO DE DADOS PESSOAIS — 397
   - 7.1 As novas regras sobre tratamento de dados pelo COAF — 398
   - 7.2 O princípio da finalidade do tratamento de dados pessoais — 400
   - 7.3 O princípio da qualidade dos dados — 401
   - 7.4 O princípio da minimização do tratamento — 402
   - 7.5 O princípio da *accountability* — 403
   - 7.6 O princípio da segurança dos dados — 404
   - 7.7 A proteção a dados sensíveis — 404
   - 7.8 Os princípios da não discriminação e da licitude — 405
   - 7.9 A limitação temporária ao exercício de certos direitos dos titulares de dados pessoais — 405
   - 7.10 A proteção internacional aos dados pessoais na cooperação internacional pelo COAF — 407
   - 7.11 Conclusão do tópico — 410
8. VIGÊNCIA DA LEI 9.613/1998 — 413

REFERÊNCIAS — 415

PARTE I
ASPECTOS INTRODUTÓRIOS SOBRE LAVAGEM DE DINHEIRO

PARTE I

1. INTRODUÇÃO

A lavagem de capitais consiste no conjunto de procedimentos fraudulentos realizados com o objetivo de conferir ao capital obtido com a prática de infração penal uma aparência lícita que justifique a sua utilização no mercado formal lícito ou o seu aproveitamento para fins privados. Derivada do inglês, a expressão "lavagem de capitais" não é de utilização unânime, encontrando-se na literatura estrangeira as expressões "branqueamento de capitais", *blanqueo de capitales*, *blanchiment d'argent* e "reciclagem" (*riciclaggio*).

As bases éticas sobre as quais se construiu o conceito do crime de lavagem de ativos são bem mais antigas. Sêneca, em Roma, já alertava: *Cui prodest scelus is fecit*, ou seja, "aquele que se beneficia do crime, criminoso é".

Nada obstante, as origens modernas do fenômeno da lavagem de capitais remontam à criminalização do tráfico de drogas e bebidas alcoólicas nos Estados Unidos da América de 1920 a 1933 a partir da proibição de fabricar, vender, transportar, importar ou exportar bebidas com álcool[1]. Na Era da Proibição, os comerciantes que estavam no negócio de bebidas alcoólicas ou nele ingressaram passaram a trabalhar na

---

[1] "After one year from the ratification of this article the manufacture, sale, or transportation of intoxicating liquors within, the importation thereof into, or the exportation thereof from the United States and all territory subject to the jurisdiction thereof for beverage purposes is hereby prohibited." Cf. ESTADOS UNIDOS DA AMÉRICA. Constitution (1787). Amendment XVIII. Washington, D.C., 16 jan. 1919. Disponível em: <http://www.archives.gov/exhibits/charters/constitution_amendments_11-27.html#18>. Acesso em: 20 jun. 2023.

ilegalidade, auferindo lucros muito significativos que não poderiam ser utilizados ostensivamente, dada a ausência de justificativa formal para a sua aquisição.

Exemplo notório é o de Alphonse "Al" Capone. Filho de imigrantes italianos, o famoso gângster auferiu muitos lucros com a venda ilegal de bebidas alcoólicas no final da década de 1920, até sua prisão e condenação por sonegação fiscal, em 1931.[2]

A comercialização ilícita de bebidas alcoólicas, aliada à intensa lucratividade desta atividade e à necessidade de utilização das quantias no mercado formal, fez com que os criminosos desenvolvessem mecanismos fraudulentos para a burla da aparência ilícita dos bens adquiridos. O objetivo era impedir que o relevante montante financeiro auferido no mercado clandestino de álcool chamasse a atenção das autoridades norte-americanas e denunciasse a prática criminosa antecedente.

No caso de Al Capone e de outros criminosos dos tumultuados anos 1920, uma das formas de realização da fraude era com a utilização de lavanderias automáticas, nas quais era possível a mescla dos ativos lícitos e ilícitos e, consequentemente, a utilização de uma justificativa idônea para a aquisição dos capitais. A utilização de lavanderias automatizadas para a legitimação de capitais é apontada como uma das razões para a denominação do delito nos Estados Unidos como *money laundering*, onde sua tipificação surgiu em 1986.

A intensa lucratividade do comércio de substâncias proibidas, aliada ao processo de aumento da criminalidade organizada e à globalização, com a redução de fronteiras, fez com que a lavagem de capitais se transformasse em um problema a merecer a atenção do Estado, inicialmente nos EUA, com a promulgação do *Racketeer Influenced and Corrupt Organizations Act*,[3] em 1970 e, posteriormente, nos demais países, graças aos esforços da diplomacia estadunidense, na exportação desta particular

---

[2] BARROS, Marco Antonio de. Lavagem de capitais e obrigações civis correlatas: com comentários, artigo por artigo, à Lei 9.613/98. São Paulo: Revista dos Tribunais, 2007.
[3] LYNCH, Gerard E. RICO: Racketeer Influenced and Corrupt Organizations Act: origins, crimes, effects, penalties, civil remedies, influences, bibliography. In: LAW LIBRARY: American law and legal information. [S.l.]: Net Industries, 2015. Disponível em: http://law.jrank.org/pages/1966/RICO-Racketeer-Influenced-Corrupt-Organizations-Act.html. Acesso em: 20 jun. 2023.

política criminal, no âmbito da guerra às drogas, deflagrada por Richard Nixon, em 1971.

No final do século 20, a lavagem de capitais passou a ser objeto de tratados e convenções internacionais sobre a matéria, sendo de se destacar a Convenção de Viena de 1988[4] para o enfrentamento do narcotráfico, que marca, no plano normativo universal, o início das preocupações mundiais com a lavagem de dinheiro.

Assim, foi nas décadas de 1980 e 1990 que várias nações começaram a introduzir em suas legislações dispositivos destinados a punir a ocultação e a dissimulação de bens, direitos ou valores oriundos de atividades criminosas, tipificando inicialmente o uso, a movimentação, a ocultação ou a disposição de ativos oriundos do narcotráfico. Os pioneiros na criminalização foram os Estados Unidos e a Itália, devido a sua experiência com as diversas máfias que operam no país.[5]

Com o incremento da globalização econômica, era de se esperar que os fatores positivos que favoreceram a interação dos mercados globais fossem apropriados por organizações criminosas nacionais[6] (as tradicionais "máfias" e os cartéis, *maras*, comandos e tríades) e já então por

---

[4] A Convenção de Viena foi ratificada no Brasil pelo Decreto Legislativo 154, de 26 de junho de 1991. Disponível em: https://www.planalto.gov.br/ccivil_03/decreto/1990-1994/d0154.htm. Acesso em: 20 jun. 2023.

[5] O art. 3º do Decreto-lei 59/1978 introduziu no Código Penal italiano o art. 648-bis, com a seguinte redação: "Art. 648-bis – (Sostituzione di denaro o valori provenienti dalla rapina aggravata, estorsione aggravata o sequestro di persona a scopo di estorsione). – Fuori dei casi di concorso nel reato, chiunque compie fatti o atti diretti a sostituire denaro o valori provenienti dai delitti di rapina aggravata, di estorsione aggravata o di sequestro di persona a scopo di estorsione, con altro denaro o altri valori, al fine di procurare a se' o ad altri un profitto o di aiutare gli autori dei delitti suddetti ad assicurarsi il profitto del reato, e' punito con la reclusione da quattro a dieci anni e con la multa da lire un milione a venti milioni. Si applica l'ultimo comma dell'articolo precedente".

[6] Para um conceito de organização criminosa, ou grupo criminoso organizado, vide o art. 2 da Convenção das Nações Unidas contra o Crime Organizado Transnacional (Convenção de Palermo), integrada ao direito brasileiro pelo Decreto n. 5.014, de 12 de março de 2004. Foi esse conceito que balizou nos anos 2000 a especialização das varas criminais federais encarregadas do julgamento de crimes praticados por organizações criminosas. Assim, grupo criminoso organizado é o "grupo estruturado de três ou mais pessoas, existente há algum tempo e atuando concertadamente com o propósito de cometer uma ou mais infrações graves ou enunciadas na presente Convenção, com a intenção de obter, direta ou indiretamente, um benefício econômico ou outro benefício material".

grupos criminosos transnacionais, especializados em contrabando, tráfico de drogas, tráfico de pessoas, tráfico de armas, tráfico de animais silvestres, entre outros delitos que exploram o comércio internacional.

De fato, a maior facilidade de interação à distância com a difusão das telecomunicações e da internet, a maior disponibilidade e rapidez de meios de transporte de bens por todo o globo e a eliminação de barreiras domésticas à livre circulação de pessoas, mercadorias, serviços e valores são fatores que não foram ignorados pelos operadores de atividades ilícitas, com o fim de adquirir, transportar e distribuir drogas, mercadorias contrafeitas, armas e munições e praticar os mais variados crimes, como o tráfico humano e a corrupção. O quadro logístico montado para atender a legítimos negócios do comércio exterior passou a ser utilizado por organizações criminosas em todo o mundo e também por lavadores de capitais ordinários. As vantagens econômicas advindas desses negócios ilícitos passaram a transitar pela economia global, contando com as mesmas facilidades dos capitais legítimos, dada a importância da livre circulação de capitais em espaços integrados.

A criação do *bitcoin* e o desenvolvimento de outros criptoativos baseados na tecnologia *blockchain* ou outras espécies de "livro-razão"[7] distribuído (DLT) trazem uma complicação adicional para o fenômeno, uma vez que acrescentam à mobilidade dos ativos a característica do pseudoanonimato e da descentralização, conforme mais adiante se verá.

Se a globalização econômica forneceu um território ampliado e novos meios para a prática de crimes transnacionais bastante vantajosos, também fez surgir os instrumentos para enfrentá-los. Uma espécie de globalização do combate ao crime está em curso desde os anos 1980, pelo menos. As nações perceberam que os velhos esquemas de soberania, que limitam a persecução criminal aos limites dos seus territórios nacionais, não mais atendiam às necessidades de enfrentamento à criminalidade grave.

---

[7] A expressão DLT (*Distributed Ledger Technology*) refere-se ao registro de informações em uma rede distribuída e imutável, diferente do que ocorre com outros registros digitais tradicionais, inclusive bancários. O *bitcoin* é uma das espécies de DLT. Para mais informações, ver: https://exame.com/future-of-money/blockchain-e-dlts/as-diferencas-entre-blockchain-e-dlts/. Acesso em: 20 jun. 2023.

Organizações criminosas convergiram e passaram a buscar vantagens econômicas em toda parte, vez por outra usando sistemas clandestinos de movimentação de capitais e outras vezes valendo-se dos sistemas financeiros legítimos, explorados por agentes especializados em criminalidade econômica e na legitimação de capitais ilícitos.

A preocupação com a higidez da economia mundial e com a proteção de uma legítima economia de mercado acentuou o interesse da maioria dos países quanto à necessidade de repressão da lavagem de dinheiro. A partir da experiência norte-americana, vários tratados internacionais multilaterais foram firmados com o objetivo de uniformizar os arcabouços legislativos nacionais para o combate à corrupção, ao crime organizado, ao tráfico de drogas e, consequentemente, à lavagem de dinheiro.

No entanto, não se pode negar que o salto mais significativo nessa perspectiva evolutiva rumo a um sistema global antilavagem de ativos deu-se a partir de 2001, após os ataques terroristas a alvos em Nova Iorque e em Washington, no chamado *9/11*. Depois da trágica investida da Al Qaeda, os Estados Unidos modificaram sua legislação interna, tornando-a ainda mais rigorosa, mediante a sanção do *USA Patriot Act*[8], e, no âmbito de sua diplomacia jurídica, passaram a exercer forte pressão em foros internacionais nas Nações Unidas, na Organização dos Estados Americanos (OEA), na Organização para a Cooperação e o Desenvolvimento Econômico (OCDE), no Fundo Monetário Internacional (FMI) e no Grupo de Ação Financeira (GAFI), para a preparação de instrumentos internacionais e domésticos de enfrentamento ao terrorismo e ao seu financiamento.

Nesse mesmo prisma, os Estados Unidos e outros países considerados alvos potenciais de ataques terroristas, principalmente da Europa, incrementaram seus instrumentos de cooperação internacional para a persecução de crimes de lavagem de dinheiro e de delitos praticados por organizações criminosas. Esse modelo, em que a cooperação internacional assume papel de relevo, passou a ser seguido por outras nações, inclusive por países emergentes como o Brasil, o que levou ao desenho de um regime global antilavagem de dinheiro, que encontra réplicas regionais e manifestações no direito interno.

---

[8] ESTADOS UNIDOS. US Patriot Act. Disponível em: https://www.congress.gov/107/plaws/publ56/PLAW-107publ56.pdf. Acesso em: 20 jun. 2023.

2. ANTES DE MAIS NADA: LINHAS GERAIS SOBRE O CRIME DE LAVAGEM DE DINHEIRO

Em termos simples, o crime de lavagem de dinheiro ou lavagem de ativos[9], é um delito parasitário[10]. Assemelha-se na sua estrutura ao delito de receptação. Assim, embora os crimes da Lei 9.613/1998 gozem de autonomia típica e processual, dependem da existência de uma infração penal antecedente para sua configuração. Só haverá o crime de receptação do art. 180 do Código Penal, se a coisa alheia móvel for produto de um crime anterior, como o roubo ou o furto. Do mesmo modo, só haverá lavagem de ativos quando se puder demonstrar, ainda que por indícios, que o objeto material do crime de lavagem (nos termos da lei, bens, direitos ou valores) provier de outra infração penal. Esta infração penal antecedente será necessariamente um crime ou contravenção que gere alguma espécie de bem, direito ou valor. Esta vantagem econômica é representada pelos ativos que serão objeto da reciclagem criminosa.

Grosso modo, o que se pune com o crime de lavagem de dinheiro é a realização de manobras de ocultação, dissimulação e reintegração do capital criminoso à economia formal. O objetivo do Estado é estancar o

---

[9] Embora consagrada em outros idiomas e também em português africano, a expressão "branqueamento" de capitais não é corrente no Brasil, além de ser semanticamente racista, de modo que não será utilizada neste texto, a menos nos casos de tradução/transcrição de literatura estrangeira.

[10] Neste sentido, é a jurisprudência do Superior Tribunal de Justiça: HC 378.449/PB, Rel. Min. Ribeiro Dantas, Quinta Turma, julgado em 20/9/2018; e AP 458/SP, Rel. Min. Fernando Gonçalves, Rel. p/ Acórdão Min. Gilson Dipp, Corte Especial, julgado em 16/9/2009.

ciclo desse dinheiro sujo na economia, de modo a impedir a legitimação dos capitais oriundos de atividades criminosas e sua integração a atividades econômicas regulares, ou evitar sua utilização, após a dissimulação ou ocultação, para a prática de novos crimes da mesma espécie ou de outras infrações penais, como a corrupção e as diversas formas de tráfico. Importante afirmar, desde já, que este delito não pune a mera utilização do produto do crime[11].

No quadro da legislação brasileira original, apenas os crimes listados nos diversos incisos do art. 1º da Lei 9.613/1998 eram considerados antecedentes para os fins de lavagem de dinheiro[12]. Naquele contexto, somente tais delitos podiam gerar produto ou proveito ilícito que poderia ser objeto da reciclagem de capitais. A Lei 12.683/2012 suprimiu esse rol. Com isso, qualquer infração penal (e não apenas um "crime") que produza alguma forma de vantagem econômica pode ser considerado ilícito antecedente para efeito de lavagem de dinheiro.

A existência de um rol de delitos precedentes limitava a atuação dos sistemas de prevenção e repressão ao crime de lavagem de dinheiro, na medida em que ficavam de fora do esquema normativo contravenções penais importantes, como a de exploração de jogos de azar (jogo do bicho), e crimes graves como o roubo, o estelionato, a sonegação fiscal e todos os delitos cometidos mediante paga.

Embora a lavagem de dinheiro dependa de uma infração penal precedente, guarda autonomia típica e processual. É o que diz o art. 2º, inciso II, da Lei 9.613/1998: "O processo e julgamento dos crimes previstos nesta Lei independem do processo e julgamento dos crimes

---

[11] Neste sentido: STJ, AP 458, Relator p/ Acórdão Min. Gilson Dipp, Corte Especial j. em 16/09/2009.

[12] De acordo com a antiga redação: Art. 1º Ocultar ou dissimular a natureza, origem, localização, disposição, movimentação ou propriedade de bens, direitos ou valores provenientes, direta ou indiretamente, de crime: I – de tráfico ilícito de substâncias entorpecentes ou drogas afins; II – de terrorismo e seu financiamento; III – de contrabando ou tráfico de armas, munições ou material destinado à sua produção; IV – de extorsão mediante seqüestro; V – contra a Administração Pública, inclusive a exigência, para si ou para outrem, direta ou indiretamente, de qualquer vantagem, como condição ou preço para a prática ou omissão de atos administrativos; VI – contra o sistema financeiro nacional; VII – praticado por organização criminosa; VIII – praticado por particular contra a administração pública estrangeira (arts. 337-B, 337-C e 337-D do Decreto-Lei nº 2.848, de 7 de dezembro de 1940 – Código Penal)".

antecedentes referidos no artigo anterior, ainda que praticados em outro país". Como se verá com mais detalhes adiante, tal fato não isenta, contudo, as autoridades do sistema de justiça criminal a demonstrarem que o objeto das condutas de ocultar e dissimular seja fruto de uma infração penal, podendo, para esse fim, utilizar de todos os meios de prova admitidos no direito.

Como é óbvio, somente pode ser conduta ilícita antecedente a infração penal que produza "ativos recicláveis" (bens, direitos ou valores). Em outros termos, da infração-base deve resultar um proveito ou um produto avaliável economicamente, ou um resultado que possa ser, mediante sucessivas operações de ocultação, movimentação, dissimulação, especificação ou transformação, convertido em um ativo "desidentificado", destacado da pessoa do seu verdadeiro proprietário ou titular ou do negócio jurídico de origem. O crime estará configurado ainda que o ativo seja mantido em poder do autor do delito antecedente, sem que seja possível imediatamente ligá-lo a uma conduta ilícita pretérita deste agente, em virtude do emprego de alguma modalidade de dissimulação ou especificação, isto é, em razão da transformação da coisa, com a eliminação ou encobrimento dos elementos que demonstram sua origem ilícita.

Para caracterizar o delito de lavagem de dinheiro, não é necessário que todas as operações que culminam na reciclagem se consumem. São três as etapas distinguíveis no *iter criminis* da lavagem de dinheiro. Da primeira, a captação, colocação ou concentração (pré-lavagem), passa-se à etapa de dissimulação ou estratificação dos ativos (lavagem propriamente dita), chegando à etapa final de integração dos bens, direitos ou valores (pós-lavagem). O crime de lavagem de dinheiro estará consumado, se ultrapassada a primeira fase.

É justamente nessa primeira etapa, a de captação, colocação ou concentração (*placement*), que se pode dar o melhor enfrentamento ao delito em tela, tendo em vista que os recursos ilícitos ainda estão muito próximos de sua origem criminosa e dos autores da infração penal precedente, e também porque ainda não terão sido empregadas as técnicas de dissimulação de origem, características da reciclagem propriamente dita.

De fato, na fase seguinte, a estratificação ou dissimulação (*layering*), os recicladores de capitais costumam implantar pistas falsas, terceirizam a atividade criminosa a profissionais, utilizam interpostas pessoas ("laranjas" e "mulas"), simulam negócios jurídicos, constituem empresas fictícias ou de fachada (*shell corporations* e *offshores*) e fazem os valores transitar por paraísos fiscais ou empregam criptoativos e aplicativos ou sistemas de *mixers*, que são serviços que misturam ativos virtuais, para apagamento dos rastros que possam revelar sua origem ilícita[13]. Sobre a tipologia dos "laranjas", diz o STJ:

> A aquisição de bens em nome de pessoa interposta caracteriza-se como conduta, em tese, de ocultação ou dissimulação, prevista no tipo penal do art. 1º da Lei n. 9.613/1998, sendo suficiente, portanto, para o oferecimento da denúncia.[14]

Na terceira etapa (*integration*), quando os ativos já foram desidentificados, desnaturados ou completamente destacados de sua origem, é ainda mais problemática a repressão criminal. O patrimônio constituído ou incrementado mediante a lavagem de ativos terá, então, toda a aparência de legitimidade, sendo extremamente difícil demonstrar sua origem ilícita e reconstituir, para fins probatórios, todos os procedimentos jurídicos, econômicos e financeiros utilizados para a conversão ou "legitimação". Não é necessário, contudo, que todas as etapas ocorram, conforme o STJ:

> O tipo penal do art. 1º da Lei n. 9.613/1998 é de ação múltipla ou plurinuclear, consumando-se com a prática de qualquer dos verbos mencionados na descrição típica e relacionando-se com qualquer das fases do branqueamento de capitais (ocultação, dissimulação, reintrodução), não exigindo a demonstração da ocorrência de todos os três passos do processo de branqueamento.[15]

Disto se percebe que a lavagem de dinheiro nada mais é que um conjunto de operações, algumas legais (atípicas), outras ilegais (ou típicas),

---

[13] Disponível em: <https://portaldobitcoin.uol.com.br/o-que-sao-mixers-de-criptomoedas-e-para-que-servem/>, Acesso em: 20 jun. 2023.
[14] STJ, Jurisprudência em Teses, Edição 166, de 26 de março de 2021, Tese 9. Disponível em: https://scon.stj.jus.br/SCON/jt/doc.jsp?livre=%27166%27.tit.. Acesso em: 20 jun. 2023.
[15] STJ, Jurisprudência em Teses, Edição 166, de 26 de março de 2021, Tese 5. Disponível em: https://scon.stj.jus.br/SCON/jt/doc.jsp?livre=%27166%27.tit.. Acesso em: 20 jun. 2023.

para a *legitimação* de ativos ilícitos, por meio da separação física ou jurídica, fictícias ou não, entre o bem e o autor da infração penal-base, ou entre os ativos e sua origem ilícita.

Sendo assim, a persecução do crime de lavagem de capitais envolve, necessariamente, a reconstituição do caminho seguido pelo reciclador, estratégia esta que se consuma na expressão *"follow the money"*[16], a indicar a necessidade de busca da trilha documental capaz de revelar o destino dos valores evadidos, convertidos ou ocultados.

Claro está que os objetivos do agente são a separação física ou jurídica entre o criminoso e o ativo ilícito, a infiltração do "dinheiro sujo" no mercado, a fruição sem levantar suspeitas do produto da infração-base e a impunidade. Observe-se que o reciclador dos bens pode ser o próprio autor da infração penal antecedente. Todavia, é muito comum que a reciclagem seja encomendada a terceiros especializados, ou realizada com a utilização de certas atividades econômicas em regra lícitas, como são algumas empresas de *factoring* e agências de câmbio e turismo, certos escritórios de contabilidade e assessoria financeira e alguns segmentos da advocacia ou de profissionais do mercado financeiro.

Resultado do PL 3.443-A/2008, a Lei 12.683/2012 alterou substancialmente a Lei 9.613/1998, embora preservando grande parte de sua estrutura e de seu texto. As modificações, de grande alcance, passaram a valer em 10 de julho de 2012, data de sua publicação. Outras alterações substanciais vieram com a Lei 10.701/2003, a Lei 13.964/2019 (Pacote Anticrime), a Lei 14.478/2022 (Lei dos Criptoativos) e com a Medida Provisória 1.158/2023, que comentamos neste livro. Contudo, esta MPv foi rejeitada pelo Congresso Nacional, e os dispositivos que ela introduzia ficaram prejudicados.

2.1 A origem do crime de lavagem de dinheiro

Tal como o conhecemos, o crime de lavagem de capitais ou branqueamento de dinheiro surge primeiramente nos Estados Unidos, com o

---

[16] Consagrada por investigadores de crimes financeiros norte-americanos, sobretudo a partir do caso Watergate. A expressão foi utilizada pelo ex-agente do FBI Mark Felt, nos anos 1970, na sua famosa revelação do escândalo aos repórteres do jornal *Washington Post*, em 1974.

Money Laundering Control Act (MLCA)[17], de 1986, como forma de robustecer a resposta penal contra o narcotráfico.[18]

Oito anos antes, na Itália, foi sancionado o Decreto-lei 59/1978, cujo art. 3º mandou introduzir no Código Penal italiano[19] o art. 648-bis, que tipificou a substituição de dinheiro ou valores provenientes de roubo qualificado, extorsão qualificada e sequestro extorsivo. Seria punido com prisão de 4 a 10 anos e multa quem, fora dos casos de concurso de pessoas, cometesse fatos ou atos destinados a substituir valores oriundos desses crimes por outros ativos, com fim de lucro para si ou para outrem, ou para auxiliar os autores dos referidos delitos a assegurar o proveito de tais crimes.

Em 1988, a Convenção das Nações Unidas contra o Tráfico Ilícito de Entorpecentes e Substâncias Psicotrópicas[20], concluída em Viena em 1988, determinou que os Estados Partes tipificassem a conduta conhecida como "lavagem de dinheiro".[21]

No ano seguinte, em 1989, surgiu um importante ator no campo da prevenção e da repressão aos crimes de lavagem de dinheiro e aos delitos antecedentes àqueles. A criação do GAFI é consequência do nascimento das unidades de inteligência financeira (UIF), um novo arranjo institucional fundamental para o enfrentamento desses crimes.

---

[17] Disponível em: <https://www.congress.gov/bill/99th-congress/house-bill/5077>, Acesso em: 20 jun. 2023.

[18] Desde 1970, com o advento do *Racketeer Influenced and Corrupt Organizations Act* (RICO), lei sancionada por Richard Nixon, o sistema punitivo nos Estados Unidos se expandiu, para penalizar por *racketeering* quem cometesse certos crimes antecedentes, no contexto de um empreendimento criminoso *(criminal enterprise)*. Sua finalidade é o enfrentamento da criminalidade organizada. O conceito de *racketeering* é amplo, abrangendo jogo ilegal, extorsão, corrupção, lavagem de dinheiro, sequestro, tráfico de pessoas, homicídios mercenários e outros crimes de mando.

[19] Disponível em: https://www.altalex.com/documents/codici-altalex/2014/10/30/codice-penale Acesso em: 20 jun. 2023.

[20] Promulgada no Brasil pelo Decreto 154/1991, a Convenção entrou em vigor internacional em 11 de novembro de 1990. Atualmente, o tratado tem 191 Estados Partes, entre eles a Palestina, a Santa Sé e a União Europeia. O mais recente ingresso na Convenção foi o de Palau em 2019. Disponível em: https://treaties.un.org/Pages/ViewDetails.aspx?src=IND&mtdsg_no=VI-19&chapter=6&clang=_en. Acesso em: 20 jun. 2023.

[21] Vide o Art. 3º, 1, *b* e *c*, da Convenção de Viena de 1988.

Com sede em Paris, o Grupo de Ação Financeira (GAFI) – *Groupe d'action financière* – foi instituído pelo G7[22]. É também conhecido como *Financial Action Task Force* (FATF), tem natureza de organismo internacional[23] e funciona como um mecanismo de monitoramento de implementação das chamadas 40 Recomendações. As avaliações periódicas de seus membros, mediante o método de revisão por pares (*peer review*), impulsionam a observância dos padrões mínimos internacionais AML/CTF[24], nos campos da prevenção e da persecução penal, propiciando adequadas segurança e conformidade (*compliance*). Embora, para alguns, tais diretrizes veiculem normas de *soft law*, as 40 Recomendações do GAFI têm conteúdo material semelhante ao dos regimes convencionais de proibição de condutas internacionalmente relevantes, que são introduzidos por tratados como a Convenção de Viena de 1988 ou a Convenção de Palermo de 2000.

O GAFI, instituído em 1989, e o Grupo de Egmont, criado em 1995, são os dois mais importantes organismos internacionais contra a lavagem de ativos. Reúnem unidades de inteligência financeira (UIF) de vários países e estabelecem os seus *standards* de atuação por meio de recomendações e princípios.[25] O GAFI tem sede em Paris, e o Grupo de Egmont, atualmente com 166 membros, funciona em Toronto, como o braço operacional das entidades nacionais de PLD/FTP.[26]

---

[22] O GAFI tem atualmente 37 países membros. Dois organismos internacionais, a Comissão Europeia e o Conselho de Cooperação do Golfo, também o integram. Disponível em: https://www.fatf-gafi.org/en/countries.html. Acesso em: 20 jun. 2023.

[23] Como o GAFI/FATF não é uma organização internacional, e sim um organismo multilateral ou intergovernamental, não tem personalidade jurídica de direito internacional público. Suas deliberações têm a natureza jurídica de *soft law*, isto é, normas de direito em formação ou quase-direito. Contudo, sua natureza jurídica é controvertida, pois uma corrente defende a ideia de as Recomendações são normas vinculantes, por força de tratados internacionais e de resoluções do Conselho de Segurança das Nações Unidas.

[24] As políticas *Anti-Money Laundering* (AML) e *Counter Financing of Terrorism* (CFT) dizem respeito aos programas e medidas contra a lavagem de dinheiro e o financiamento do terrorismo e à proliferação de armas de destruição em massa. Correspondem em português a políticas de PLD/FTP.

[25] GRUPO DE AÇÃO FINANCEIRA. Padrões Internacionais de Combate à Lavagem de Dinheiro e ao Financiamento do Terrorismo e da Proliferação: as Recomendações do Gafi. Disponível em: https://www.fatf-gafi.org/media/fatf/documents/recommendations/pdfs/FATF-40-Rec-2012-Portuguese-GAFISUD.pdf. Acesso em: 20 jun. 2023.

[26] EGMONT GROUP OF FINANCIAL INTELLIGENCE UNITS. Organization and structure. Disponível em: https://egmontgroup.org/about/organization-and-structure/.

Dez anos depois da conclusão do texto de Viena, por meio da Lei 9.613/1998, o Brasil adotou sua primeira lei de lavagem de dinheiro. Ao longo daquela década e dos anos seguintes, outros países cumpririam esse mandado convencional de criminalização, resultante do art. 3º do tratado, o que contribuiu, paulatinamente, para que essa nova forma de delinquência passasse a ser punida em quase todas as jurisdições do mundo. Para isso, seguramente contribuiu a abordagem transversal adotada por muitos dos conjuntos convencionais contra a criminalidade que foram edificados nos séculos 19, 20 e 21.

De fato, após a previsão no texto de Viena, o crime de lavagem de dinheiro volta a aparecer, como delito de tipificação obrigatória, por exemplo, na Convenção sobre o Combate à Corrupção de Funcionários Públicos Estrangeiros em Transações Comerciais Internacionais, de 1997 (art. 7º); na Convenção das Nações Unidas contra o Crime Organizado Transnacional, de 2000 (art. 6º); e na Convenção das Nações Unidas contra a Corrupção, de 2003 (art. 23).

2.2 O Estado brasileiro e a lavagem de dinheiro

Não é difícil compreender por que a comunidade internacional, e o Estado brasileiro nela incluído, têm-se ocupado da prevenção e da repressão à lavagem de dinheiro.

Ao contrário do que pode parecer à primeira vista, a lavagem de dinheiro não é apenas um problema de criminalidade econômica. Estão em jogo o desenvolvimento das nações, a higidez das economias, a livre e justa concorrência, a probidade na Administração, a saúde pública, a segurança das sociedades e outros tantos bens jurídicos relevantes, sejam eles os tutelados diretamente pelos tipos penais antecedentes, sejam os bens jurídicos de índole econômico-financeira protegidos pelo crime de lavagem de dinheiro ou ainda o próprio valor "administração da Justiça".[27]

De fato, são inúmeros os efeitos deletérios da lavagem de capitais, que são mais gravosos quando consideradas as frágeis economias e a

---

Acesso em: 20 jun. 2023. A entidade ganhou esse nome porque a reunião que a constituiu ocorreu no *Palais d'Egmont*, em Bruxelas, um edifício-monumento pertencente ao Ministério das Relações Exteriores belga.

[27] Mais adiante trataremos do bem jurídico tutelado pelo crime de lavagem de capitais.

débil institucionalidade das nações subdesenvolvidas. A prática da reciclagem de dinheiro sujo supõe a existência de infrações penais antecedentes de média ou grande lesividade. Logo, a continuidade da lavagem de dinheiro significa que esses ilícitos precedentes, como o narcotráfico, o terrorismo, a corrupção e o tráfico de armas, não cessarão e seguirão como uma realidade ameaçadora para as sociedades contemporâneas em toda a parte.

De igual modo, ao tempo em que contribui para "legitimar" capitais de origem ilícita, a prática da lavagem de ativos acaba por prover novos recursos para outros delitos, num ciclo de retroalimentação delitiva. Então, o crime de reciclagem subsidia outros delitos, alimentando as engrenagens de organizações criminosas e enriquecendo ilicitamente os agentes das atividades precedentes e os próprios recicladores especializados nessa atividade econômica clandestina.

O fluxo de grandes somas de dinheiro sujo na economia provoca distorções nos mercados financeiros. Investimentos sem origem podem causar oscilações em bolsas de valores e gerar prejuízos para investidores. Além disso, a lavagem de dinheiro contribui para eliminar empreendimentos legítimos que não contam com o aporte fácil de dinheiro ilícito. Empresas que não dispõem de capital oriundo de atividades ilícitas, ao concorrerem com empresas que lavam dinheiro, enfrentarão condições mais difíceis de concorrência e poderão sucumbir, levando ao desemprego e ao desamparo de seus empregados, piorando os níveis de desenvolvimento nacional. Por outro lado, a facilidade de ocultação de capitais obtidos ilicitamente pode ser um fator incentivador ao cometimento de fraudes contra os consumidores, a economia popular ou os investidores do mercado financeiro.[28]

No mesmo prisma, o desaparecimento de uma empresa ética favorecerá a formação de oligopólios ou monopólios e sujeitará os consumidores a preços menos favoráveis e a produtos de menor qualidade e diminuirá a arrecadação do Estado, empobrecendo o país.

Por essas eloquentes razões, os Estados nacionais não podem ignorar o fenômeno da lavagem de dinheiro. A questão não é uma abstração

---

[28] NAÇÕES UNIDAS. United Nations Office on Drugs and Crime (UNODC). Estimating illicit financial flows resulting from drug trafficking and other transnational organized crimes: research report, Vienna, 2011, pp. 111-119. Disponível em: https://www.unodc.org/documents/data-and-analysis/Studies/Illicit_financial_flows_2011_web.pdf. Acesso em: 20 jun. 2023.

que se cinja a números. São concretos e às vezes dolorosos os danos causados à sociedade pela lavagem de dinheiro. De um lado, desemprego, vultosos prejuízos econômicos para empresários e investidores, diminuição dos índices de desenvolvimento humano, corrupção e insegurança pública e redução da arrecadação de impostos e de investimentos em educação e saúde e em infraestrutura. Os efeitos negativos da lavagem de capitais são os mais variados e, embora seja importante ter consciência dessas várias consequências socioeconômicas, o fator decisivo para a implementação da legislação PLD/FTP "deve continuar a ser a luta contra o crime em todas as suas dimensões".[29] Por outro lado, o enriquecimento ilícito e a utilização indevida de valores oriundos de graves crimes conectam-se, num ciclo vicioso. Por isso, o Estado deve cumprir as regras de ouro na repressão à lavagem de dinheiro: *"Follow the money"*[30] e fazer com que este crime não compense.

Embora se reconheça a lesividade do crime de lavagem e a relevância do seu enfrentamento, deve-se ter em mente que os recursos estatais, inclusive aqueles utilizados para a prevenção e repressão ao crime, são finitos, de modo que é necessário que as autoridades de persecução penal não banalizem os processos penais em relação a tais crimes, fazendo uso dos instrumentos criminais apenas quando houver provas *suficientes* deste delito e a descrição adequada das infrações penais antecedentes praticadas para a sua configuração. Em outros termos, muito embora a lavagem de dinheiro seja um delito acessório, decorrente da prática de infrações penais lucrativas, nem todas as infrações penais em que houver produto economicamente apreciável serão seguidas, necessariamente, deste delito.

2.3 Lavagem de dinheiro e crime organizado

Lavagem de dinheiro e criminalidade organizada são temas umbilicalmente ligados. O objetivo último de qualquer organização criminosa é a legitimação de valores derivados de suas práticas ilícitas. Contrabando de mercadorias, violação de direitos de autor, usurpação de patrimônio

---

[29] NAÇÕES UNIDAS. Estimating illicit financial flows Resulting from drug trafficking and other transnational organized crimes. Op. cit., p. 119.
[30] "Siga o dinheiro". A expressão indica a necessidade de seguir a trilha dos valores ilícitos para determinar a autoria do crime. Hoje, também representa a necessidade de buscar os bens e valores ilícitos para apreendê-los e confiscá-los.

minerário, pirataria marítima, tráfico de armas, de pessoas e drogas, exploração da prostituição e outras infrações graves geram vultosas somas de dinheiro ilícito que podem ser recicladas e introduzidas na economia formal ou utilizadas, com aparência de legitimidade, pelos beneficiários finais[31] de tais esquemas criminosos. Obtida a vantagem ilícita, torna-se necessário desvinculá-la de sua origem criminosa. E isto se faz mediante práticas de lavagem de dinheiro, que passam pela colocação (*placement*), pela dissimulação (*layering*) e pela integração (*integration*) dos capitais sujos em atividades empresariais de fachada ou para a aquisição de bens e serviços, quase sempre de alto valor, para os membros da associação criminosa. Parte deste dinheiro espúrio pode servir à prática de corrupção, mediante a destinação periódica ou ocasional de cotas a servidores públicos e autoridades dos Poderes Executivo, Legislativo e Judiciário e do Ministério Público, que possam de algum modo ser úteis à organização criminosa ou ao esquema ilícito de onde provém o dinheiro sujo.[32]

Algumas pessoas ou organizações criminosas promovem a reciclagem de seus próprios ativos (autolavagem), quando podem contar diretamente com agentes especializados na dissimulação da origem e de outros atributos de tais capitais ilícitos. Outros indivíduos e grupos criminosos "terceirizam" suas operações de lavagem de dinheiro (heterolavagem), ao contratarem contadores, advogados, consultores tributários, operadores do mercado de capitais ou provedores de serviços de ativos virtuais, que se ocupam das tarefas de dissimulação e integração, embora nem sempre os terceiros estejam cientes desta utilização.

---

[31] São «beneficiários finais» as pessoas físicas que efetivamente possuem ou controlam a pessoa jurídica cliente ou que detêm poder para induzir, influenciar, utilizar ou beneficiar-se dessa pessoa jurídica. Segundo o Glossário do GAFI, "In the context of legal persons, beneficial owner refers to the natural person(s) who ultimately owns or controls a customer and/or the natural person on whose behalf a transaction is being conducted. It also includes those natural persons who exercise ultimate effective control over a legal person. Only a natural person can be an ultimate beneficial owner, and more than one natural person can be the ultimate beneficial owner of a given legal person." Cf. FINANCIAL ACTION TASK FORCE. International Standards on Combating Money Laundering and the Financing of Terrorism & Proliferation, FATF, Paris, France, 2022. Disponível em: https://www.fatf-gafi.org/content/dam/recommandations/FATF%20Recommendations%202012.pdf.coredownload.inline.pdf . Acesso em: 20 jun. 2023, p. 121.

[32] Por "dinheiro sujo", entende-se qualquer ativo oriundo de atividades ilícitas, como ouro ou diamantes retirados de lavras garimpeiras ilegais, criptoativos, obras de arte, animais de criação ou reprodutores etc.

Na heterolavagem, é possível verificar casos em que há uma profissionalização da atividade de lavagem de ativos, nas hipóteses em que tais entes ou "escritórios", de forma dolosa, dedicam-se, mediante remuneração de terceiros (os autores das infrações antecedentes), à adoção de vários mecanismos para dissimulação e ocultação patrimonial, desde a engenharia financeira à blindagem tributária, passando também pela corrupção e pela mistura de criptoativos ou a adoção de outras tipologias. A essa prestação de serviços criminosos se refere o conceito de *Crime as a Service* (CaaS). É aí então que surgem as estratégias mais elaboradas para a reciclagem de ativos, como a utilização de interpostas pessoas (chamadas "laranjas" ou testas-de-ferro), a constituição de pessoas jurídicas instrumentais (empresas de fachada, *shell companies*, empresas *offshore*, *trusts*, fundações, entidades filantrópicas etc), tanto no país como no exterior, ou a realização de complexas operações nos mercados de câmbio, de títulos e de valores mobiliários e negócios fraudulentos no comércio exterior, a exemplo de importações e exportações superfaturadas ou subfaturadas, e ainda operações com criptoativos.

Portanto, a legislação sobre lavagem de dinheiro não poderia desconhecer sua interligação com o tema da criminalidade organizada. Considerado processualmente autônomo (art. 2º da Lei 9.613/1998), o delito de lavagem de dinheiro, todavia, tem sua configuração típica dependente da ocorrência de uma infração penal antecedente ou precedente. Desde a Lei 12.683/2012, o Brasil passou a ter uma legislação de terceira geração nesta matéria, não mais havendo um rol taxativo de crimes antecedentes (*numerus clausus*), para a configuração da lavagem de dinheiro.

Diante da legislação anterior a 2012, eram dois os momentos em que a Lei de Lavagem de Dinheiro referia-se aos crimes praticados por organizações criminosas. Inicialmente, entre os delitos antecedentes (aqueles do antigo rol do art. 1º), a Lei 9.613/1998 considerava que se consumava o delito de reciclagem quando houvesse ocultação ou dissimulação de ativos provenientes, direta ou indiretamente, de "crimes praticados por organização criminosa" (inciso VII, do *caput*, revogado), tema que merecerá considerações dogmáticas no momento oportuno.

O segundo momento de conexão legislativa da lavagem de ativos e da criminalidade organizada está no art. 1º, §4º, da Lei 9.613/1998, que prevê uma causa especial de aumento de pena para o caso de o agente cometer o crime de reciclagem de forma reiterada, com o uso de criptoativos ou por meio de organização criminosa. Em tal situação, a pena de 3 a 10 anos de reclusão e multa será aumentada de um terço a dois terços.

Há ainda um terceiro momento de relação da lavagem de dinheiro e do crime organizado. A finalidade cabal da legislação antilavagem é evitar o gozo dos ativos clandestinos lançados na economia doméstica ou global, a partir de práticas ilícitas graves.

Por essa razão, do mesmo modo que a Lei 9.613/1998 contém normas sobre a criminalidade organizada, a Convenção de Palermo (UNTOC) também traz dispositivos sobre o crime de lavagem de dinheiro e temas correlatos, como se exemplifica a seguir:

a) Dever de criminalização da lavagem do produto do crime (art. 6º da UNTOC): tipificação da lavagem de ativos, em sua forma dolosa, previsão do concurso de pessoas, possibilidade da forma tentada, estabelecimento de uma lista mínima de crimes antecedentes, inclusão obrigatória da corrupção e da associação em organização criminosa nesse rol;

b) Medidas para combater a lavagem de dinheiro (art. 7º da UNTOC): estabelecimento de mecanismos de *compliance*, instituição de regras para o controle e monitoramento do fluxo transnacional de capitais, estímulo à cooperação doméstica e internacional;

c) Responsabilidade penal, civil e administrativa de pessoas jurídicas (art. 10 da UNTOC) que participem de infrações graves envolvendo um grupo criminoso organizado e que cometam os crimes de associação em organização criminosa, lavagem de dinheiro, corrupção ou obstrução da Justiça; e

d) Confisco e bloqueio de ativos (art. 12 da UNTOC): medidas para permitir a perda do produto das infrações previstas na Convenção ou de bens cujo valor corresponda ao desse produto; e dos bens, equipamentos e outros instrumentos utilizados ou destinados à prática das infrações previstas na Convenção.

Não há, portanto, como dissociar o crime organizado da lavagem de dinheiro. É que os ativos ilícitos obtidos por organizações criminosas como a *Camorra*, a *Cosa Nostra*, a *Yakuza*, a *Bratva*, a *Organização*, ou o *Primeiro Comando da Capital* (PCC), precisam ser devidamente *legitimados*, mediante a dissimulação de sua origem espúria e de outros dos seus atributos ou mediante sua simples ocultação. Para isto é imprescindível que tais associações criminosas montem esquemas de reciclagem de ativos ou recorram a serviços de lavadores de capitais profissionais (CaaS), numa espécie de terceirização da lavagem.

Associações criminosas de tipo mafioso buscam lucros. Esses entes atuam conforme um modelo econômico que emula as atividades de empresas capitalistas, pretendendo a dominação de mercados e a acumulação de lucros, num cenário de menor concorrência possível e regulação zero. Dificilmente ter-se-á hipótese de organização criminosa que não vise a integração de seus capitais sujos na economia lícita, própria ou de terceiros. A ocultação ou a dissimulação do produto ou do proveito das infrações penais antecedentes, a um só tempo, garante a tranquila fruição de tais bens pelos membros da organização criminosa e assegura a impunidade dos agentes que os detêm, uma vez que a legitimação desses capitais lhes confere verniz protetor contra apurações estatais. Portanto, a lavagem de dinheiro pode ser vista como o consequente lógico de uma infração penal praticada por uma organização criminosa.

É preciso ter em mente, contudo, que nem toda lavagem de ativos é cometida por uma organização criminosa, de modo que esta duplicidade só ocorrerá nos casos em que, de fato, puder ser comprovada uma estrutura autônoma voltada à prática deste crime, nos termos do art. 1º e 2º da Lei n. 12.850/2013[33]. Mas, em regra, toda organização criminosa providencia a lavagem de seus ativos. Vale lembrar também que há organizações criminosas especializadas em lavagem de dinheiro que prestam serviços *terceirizados* a outros grupos criminosos ou a agentes isolados, o que nos traz de novo ao conceito de *Crime as a Service* (CaaS). Esta conduta se enquadra no art. 1º, §2º, inciso II, da Lei 9.613/1998, pois comete lavagem de dinheiro quem "participa de grupo, associação ou escritório tendo conhecimento de que sua atividade principal ou secundária é dirigida à prática de crimes previstos nesta Lei". Como vimos, nestes casos de heterolavagem, o autor do crime antecedente não se encarrega diretamente da lavagem dos ativos que obtem, ao passo que o reciclador material não tem sequer participação no delito-base.

Se há dinheiro sujo, este dinheiro deverá ser lavado, de modo a "desidentificar" ao máximo a titularidade patrimonial, seu vínculo com o

---

[33] Sobre a diferença entre o mero concurso de agentes e a criminalidade organizada, ver: ESTELLITA, Heloísa. Criminalidade de empresa, quadrilha e organização criminosa. São Paulo: Livraria do Advogado, 2009.

delito antecedente e a autoria da infração penal de base. A lavagem contribui então para a invisibilidade da organização criminosa.

Desse quadro de aproximação teleológica entre criminalidade organizada e lavagem de capitais, resulta a compreensão de que uma Lei de Lavagem de Dinheiro que pretenda cumprir o mandado de proteção penal suficiente ao direito fundamental à segurança e à integridade econômico-financeira do Estado deve, necessariamente, enfrentar o problema da reciclagem de ativos obtidos por organizações criminosas.

2.4 Corrupção e lavagem de dinheiro

Classificados como crimes contra a Administração Pública, a corrupção ativa e a corrupção passiva, assim como os delitos correlatos, têm por fim a obtenção de vantagens recíprocas ilícitas, ou, quando menos, a oferta ou a solicitação de uma vantagem de igual natureza.

O resultado econômico do crime de corrupção, uma vez finalizado este delito, pode ser submetido a procedimentos de ocultação ou dissimulação quanto à sua natureza, titularidade, movimentação etc. Nesse caso, estaremos também diante do delito de lavagem de dinheiro, que tem um regime convencional compartilhado com o de outros delitos de relevância internacional.

Pelo menos três tratados regionais se ocuparam da criminalização da lavagem de dinheiro no contexto da luta contra a corrupção: (i) a Convenção Penal sobre a Corrupção, de 1999 (art. 13), do Conselho da Europa (ETS 173); (ii) a Convenção da União Africana sobre a Prevenção e o Combate à Corrupção, de 2003 (art. 6º); e (iii) a Convenção relativa à Lavagem, Detecção, Apreensão e Confisco dos Produtos do Crimes e ao Financiamento do Terrorismo (ETS 198), concluída em Varsóvia, em 2005.

No plano mais geral, a lavagem de dinheiro oriundo da corrupção é objeto da Convenção das Nações Unidas contra a Corrupção, de 2003 (Convenção de Mérida, ou UNCAC), da Convenção das Nações Unidas contra o Crime Organizado Transnacional, de 2000 (Convenção de Palermo, ou UNTOC), e a Convenção da OCDE sobre o Combate à Corrupção de Funcionários Públicos Estrangeiros em Transações Comerciais Internacionais, de 1997 (Convenção de Paris).[34]

---

[34] Incorporada ao ordenamento brasileiro por meio do Decreto 3.678/2000. Disponível em: http://www.planalto.gov.br/ccivil_03/decreto/d3678.htm. Acesso em: 20 jun. 2023.

É natural que o tratamento internacional do crime de lavagem de dinheiro se faça paralelamente à regulamentação de outras espécies delitivas, porque a conduta em questão só se perfaz após a prática de uma infração penal anterior. A corrupção passiva, o peculato, a concussão e as fraudes licitatórias e em contratos públicos têm a potencialidade de gerar produto econômico, consistente na vantagem recebida pelo funcionário público corrupto em sentido amplo. Tal vantagem indevida pode ser submetida a reciclagem, isto é, ser aproveitada após sua dissimulação ou ocultação.

A própria corrupção também foi atendida por disposições transversais – de algum modo até redundantes – do regime global contra o crime organizado. Foi a maneira que se adotou, no ambiente das Nações Unidas, para reafirmar – já no ano 2000, quando a Convenção de Palermo foi concluída – a obrigação dos Estados de combater eficazmente práticas corruptas e corruptoras, como forma de reduzir os riscos da criminalidade organizada. Por isso que o art. 8º da Convenção de Palermo tem a corrupção ativa e passiva como condutas de tipificação obrigatória para os Estados Partes, e faculta-lhes a criminalização ou não da corrupção de funcionários públicos estrangeiros ou de funcionários internacionais, como são os empregados de organizações internacionais.

A corrupção aparecerá também como crime antecedente no âmbito desportivo, na sua acepção privada. Como se vê na Lei Geral do Esporte (Lei 14.597/2023), a corrupção no setor privado relacionada a competições desportivas é prevista no art. 165, como espécie de delito contra a ordem econômica desportiva; e nos arts. 198 e 199, como delitos contra a incerteza do resultado desportivo.

No setor privado, também deve-se levar em conta a corrupção cometida no contexto do art. 195 da Lei de Propriedade Industrial (Lei 9.279/1996), cujos incisos IX e X tipificam como concorrência desleal a conduta de quem dá ou promete dinheiro ou outra utilidade a empregado de concorrente, para que o empregado, faltando ao dever do emprego, lhe proporcione vantagem; e a de quem recebe dinheiro ou outra utilidade, ou aceita promessa de paga ou recompensa, para, faltando ao dever de empregado, proporcionar vantagem a concorrente do empregador.

3. O SISTEMA NACIONAL ANTILAVAGEM DE DINHEIRO

A construção do sistema brasileiro de prevenção e repressão à lavagem de dinheiro compreendeu iniciativas legislativas e institucionais. No plano legislativo, as graves deficiências da redação original da Lei 9.613/1998 foram parcialmente sanadas pela reforma de 2012. Por outro lado, a Lei 12.850/2013 e a Lei 13.964/2019 trouxeram avanços significativos para o enfrentamento da lavagem de capitais, por meio de modernos meios especiais de obtenção de prova, que eram antes mal regulados pela Lei 9.034/1995. A Lei 14.478/2022 também representou um avanço, ao criar o Cadastro Nacional de Pessoas Expostas Politicamente (CNPEP) e ao fazer uma primeira abordagem sobre o uso de criptoativos em atividades de lavagem de dinheiro. Na mesma linha, a MPv 1.158/2023 pretendia introduzir importantes mudanças na Lei 13.974/2020 (Lei do COAF) e buscava aperfeiçoar as regras de proteção de dados na atividade de inteligência financeira. Contudo, acabou rejeitada.

Apesar dos avanços desde 1998, as deficiências do sistema recursal e a morosidade em geral do processo penal no Brasil ainda impedem uma persecução rápida e plena, para a proteção a importantes bens jurídicos para a sociedade. Como se não bastasse, muitas autoridades e servidores do Estado brasileiro ainda não estão devidamente capacitados para lidar com esse tipo de criminalidade econômica, bastante complexa e que exige formação constante e a constituição de equipes multidisciplinares, para prevenção e repressão eficientes, o que inclui o devido respeito às garantias individuais e à jurisprudência interamericana.

A tudo isso, como fatores que propiciam o crime de lavagem de dinheiro ou dificultam o sua repressão, somam-se problemas de obtenção de informações cadastrais de suspeitos junto a órgãos públicos e concessionárias de serviços públicos; a opacidade de dados sobre beneficiários finais; a falta de controle concreto das nossas fronteiras, no que diz respeito à movimentação de pessoas, mercadorias e bens; e a existência de um sistema paralelo e clandestino de movimentação de ativos, que utiliza casas de câmbio, doleiros, empresas de *factoring*, ativos virtuais e outros sistemas alternativos de remessa de valores e que também se vale das facilidades dos inúmeros paraísos fiscais que existem no mundo[35].

Por outro lado, há a questão dos direitos fundamentais de investigados e réus, que devem ser estritamente observados. A Polícia, o Ministério Público e o Judiciário devem respeitar as garantias individuais previstas na Constituição, nas leis e nos tratados na persecução a todo e qualquer tipo de delito, especialmente o Pacto de San José da Costa Rica (Convenção Americana sobre Direitos Humanos) e o Pacto Internacional de Direitos Civis e Políticos (PIDCP).

A preocupação maior das autoridades, quando se cuida da lavagem de dinheiro ou de crimes igualmente graves, deve ser a de não violar a proteção a dados pessoais, não permitir a utilização no processo penal de provas ilicitamente obtidas e em respeitar a ampla defesa e o contraditório, garantias essas que, se ofendidas, farão cair por terra todos os esforços para a punição dos culpados. Enquanto os agentes criminosos não têm limites em suas práticas, o Estado deve respeitar as garantias judiciais que conformam o devido processo, para que os tribunais superiores não reconheçam nulidades e não haja reprimendas de organismos internacionais, como se viu em 2022 na manifestação do Comitê de Direitos Humanos do Pacto Internacional de Direitos Civis e Políticos.[36]

Ao lado da existência de um marco normativo adequado e conforme aos regimes globais, é preciso pensar na estrutura organizacional dos sistemas de prevenção e repressão à lavagem de capitais e ao financiamento do terrorismo e à proliferação de armas de destruição em massa,[37] conhecidos pelas siglas PLD e FTP, respectivamente. Institui-

---

[35] A Instrução Normativa RFB n. 1.037/2010 lista os países e territórios que o Brasil considera paraísos fiscais, onde a tributação é favorecida e há dificuldade de obtenção de dados bancários, comerciais e fiscais.

[36] Vide a *Communication* 2841/2016, 27 March 2022, CCPR.

[37] Armas de destruição em massa podem assumir a forma de *Improvised Explosive Devices* (IED), isto é, dispositivos explosivos improvisados ("bombas sujas"), que podem ser usados

ções autônomas de persecução, como o Ministério Público, devem operar de forma adequada para conduzir as ações penais perante órgãos jurisdicionais independentes. Serviços policiais especializados e devidamente preparados para esse tipo específico de delinquência devem existir. Essas estruturas da justiça criminal devem coordenar-se com outros órgãos, que detêm informações cruciais para a elucidação de esquemas criminosos, como os fiscos, as controladorias, os tribunais de contas e as unidades de inteligência financeira.

Tudo isso nos leva à percepção de que, para cumprir seus compromissos internacionais, os Estados devem organizar-se sistemicamente. O sistema nacional antilavagem de dinheiro subdivide-se em quatro segmentos: a) o subsistema de prevenção; b) o subsistema de repressão; c) o subsistema de recuperação de ativos; e d) o subsistema de cooperação internacional.[38]

Sendo morosos os procedimentos a adotar e complexos os obstáculos a vencer para o êxito da persecução criminal, os sistemas preventivo e repressivo devem funcionar em sintonia para que seja reduzida, tanto no plano interno quanto no plano transnacional, a movimentação espúria de ativos e, quando possível, eliminadas as etapas de dissimulação e integração na reciclagem de ativos[39]. Sem essa sinergia, uma das tarefas que compete aos órgãos de persecução penal, a recuperação de recursos evadidos ou ocultados, torna-se bem mais difícil, frustrando uma das principais metas estatais no combate à lavagem de dinheiro: a eliminação das forças econômicas do agente ou da organização criminosa, de modo a sufocá-los e retirá-los do "mercado".

---

para ataques do tipo QBRN, ou seja, com armas químicas, biológicas, radiológicas ou nucleares. Vide: ESTADOS UNIDOS. Homeland Security. Weapons of mass destruction. Disponível em: https://www.dhs.gov/topics/weapons-mass-destruction . Acesso em: 20 jun. 2023. Para um estudo sobre financiamento do terrorismo, cf. Aras, Vladimir. O modelo de enfrentamento à lavagem de dinheiro e ao financiamento do terrorismo. In: Pedroso, Fernando Gentil Gizzi de Almeida; Hernandes, Luiz Eduardo Camargo Outeiro; Caruzo, Tiago. Direito penal econômico: temas contemporâneos, Londrina: Thoth, 2023, pp. 201-243.

[38] Aras, Vladimir. O modelo de enfrentamento à lavagem de dinheiro e ao financiamento do terrorismo. In: Pedroso, Fernando Gentil Gizzi de Almeida; Hernandes, Luiz Eduardo Camargo Outeiro; Caruzo, Tiago. Direito penal econômico: temas contemporâneos, Londrina: Thoth, 2023.

[39] O crime de lavagem de dinheiro se perfaz em três etapas: colocação ou concentração (*placement*), dissimulação (*layering*), e integração (*integration*).

Vejamos agora como funcionam as quatro subdivisões desse sistema PLD/CFT.

3.1 O subsistema de prevenção à lavagem de dinheiro

Considerando a dificuldade da vinculação do produto ou do proveito do crime de lavagem ao dinheiro ilícito derivado das infrações penais antecedentes, é necessário centrar os esforços do Estado – com o auxílio de diversos entes do mercado regular – no sistema de prevenção à lavagem de ativos, deixando os mecanismos do sistema de repressão para aqueles casos nos quais não tiver sido possível evitar a consumação da reciclagem.

Esta visão veio embutida na Lei de Lavagem de Dinheiro, aprovada em 1998. Realmente, além de listar os delitos antecedentes e tipificar o crime de lavagem de dinheiro, em modalidades dolosas previstas no art. 1º, *caput*, §§1º e 2º da Lei 9.613/1998; regular temas processuais (arts. 2º a 6º); e estabelecer uma regra supletiva de cooperação internacional (art. 8º), a Lei de Lavagem de Dinheiro instituiu o sistema brasileiro de prevenção e combate ao crime de lavagem de dinheiro, na medida em que:

a) criou o Conselho de Controle de Atividades Financeiras (COAF) (arts. 14 e 15), como unidade de inteligência financeira do sistema nacional de prevenção;

b) estabeleceu deveres administrativos e regras de *compliance* (conformidade ou adequação) para certos sujeitos obrigados, pessoas físicas e jurídicas integrantes de setores econômicos relevantes (arts. 9º a 11);

c) instituiu a responsabilidade administrativa dos sujeitos obrigados (art. 12); e

d) criou o cadastro nacional de clientes do sistema financeiro nacional (art. 10-A).

A lei brasileira seguiu o modelo sugerido pelo Grupo de Ação Financeira (GAFI), criado em 1989 sob os auspícios da OCDE e do G-7. No ano seguinte, o GAFI, também conhecido como *Financial Action Task Force* (FATF), expediu suas 40 Recomendações[40], que servem de

---

[40] GRUPO DE AÇÃO FINANCEIRA. Padrões Internacionais de Combate à Lavagem de Dinheiro e ao Financiamento do Terrorismo e da Proliferação: as Recomendações do Gafi.

standards para a prevenção e o combate ao crime de lavagem de dinheiro em todo o mundo. O GAFI reúne as unidades de inteligência financeira dos vários países chamados cooperantes, inclusive o COAF, e tem réplicas autônomas regionais, a exemplo do Grupo de Ação Financeira da América Latina (GAFILAT).

As unidades de inteligência financeira, identificadas internacionalmente pelas siglas UIF ou FIU (*Financial Intelligence Units*), são responsáveis pela coleta, análise e difusão de informações financeiras, quando presentes operações suspeitas. As FIU são os órgãos centrais do sistema de prevenção ao crime de lavagem de dinheiro e ao financiamento do terrorismo, pois recebem comunicações de operações financeiras prestadas pelos sujeitos obrigados, isto é, pelas pessoas físicas e jurídicas que operam em certos segmentos econômicos, como instituições financeiras, corretoras de títulos e valores mobiliários, empresas que comercializam bens de alto valor, empresas de *factoring*, corretores de imóveis, prestadores de serviços de ativos virtuais[41], entre outras.

Ainda no plano internacional, o Grupo de Egmont[42] reúne mais de uma centena de unidades de inteligência financeira, dele também participando o Conselho de Controle de Atividades Financeiras (COAF), a UIF brasileira. Seu objetivo é a uniformização de padrões internacionais para o intercâmbio de informações financeiras, sobretudo na atividade de prevenção.

O trabalho das UIFs em geral e do COAF em particular é extremamente importante para a prevenção do crime de lavagem de dinheiro. Mas as informações prestadas pelo Conselho também são indispensáveis para a persecução criminal, auxiliando a identificação de autores e coautores do crime e a localização dos ativos reciclados, de modo a permitir a condenação dos culpados e o perdimento do proveito, do produto e dos instrumentos do crime.

Ao COAF compete vigiar certos setores da economia, como, por exemplo, joalherias e empresas de fomento mercantil, de modo a reu-

---

Disponível em: https://www.fatf-gafi.org/media/fatf/documents/recommendations/pdfs/FATF-40-Rec-2012-Portuguese-GAFISUD.pdf. Acesso em: 20 jun. 2023.
[41] Também conhecidos como *Virtual Asset Service Providers* (VASP). Entre eles estão as *exchanges* de criptoativos.
[42] EGMONT GROUP OF FINANCIAL INTELLIGENCE UNITS. Egmont Group. Disponível em: www.egmontgourp.org. Acesso em: 20 jun. 2023.

nir informações sobre operações suspeitas que possam subsidiar investigações sobre lavagem de dinheiro. Várias pessoas físicas e jurídicas entram na categoria de sujeitos obrigados, para os fins da Lei de Lavagem de Dinheiro, e que, por isto, devem manter mecanismos de registro dos negócios firmados com seus clientes, ou em proveito deles, e rotinas de comunicação de tais registros.

No sistema brasileiro antilavagem, o COAF recebe diretamente as comunicações de operações suspeitas (COS) por meio do Sistema de Controle de Atividades Financeiras (SISCOAF).[43] O Banco Central do Brasil (BACEN) tem acesso direto à base de dados do SISCOAF, acessando as comunicações oriundas das instituições financeiras sujeitas à sua fiscalização. Os demais supervisores nacionais, a exemplo da Superintendência de Seguros Privados (SUSEP) e da Comissão de Valores Mobiliários (CVM), recebem do COAF as comunicações transmitidas pelos sujeitos obrigados. Assim, desde 2012, as pessoas obrigadas, listadas no art. 9º da Lei 9.613/1998, enviam as comunicações ao SISCOAF, que compartilha os dados recebidos com os órgãos supervisores de cada setor.

As bases de dados da UIF brasileira são também alimentadas por informações oriundas das congêneres estrangeiras, e por solicitações de autoridades brasileiras de persecução penal, que usam o Sistema Eletrônico de Intercâmbio do COAF (SEI-C). O sistema é de dupla via. Os informes reunidos pelo COAF são repassados ao Ministério Público Federal, ao Ministério Público do Estado respectivo e à Polícia Judiciária,[44] como relatórios de inteligência financeira (RIFs), a fim de possibilitar o bloqueio da operação financeira em curso e/ou permitir o início da investigação criminal e ao final a propositura de eventual ação penal.

O funcionamento do sistema de prevenção não depende apenas das unidades de inteligência financeira e dos demais órgãos supervisores. É essencial o envolvimento do setor privado, especificamente dos segmentos econômicos que são obrigados pela Lei 9.613/1998 a reportar as atividades suspeitas de seus clientes. Os sujeitos obrigados (também chamados de pessoas obrigadas) devem manter cadastros com a identi-

---

[43] Regulado pela Carta-Circular COAF, n. 1, de 1º de dezembro de 2014, e pela Instrução Normativa COAF, n. 5, de 30 de setembro de 2020.

[44] No particular, vide o RE 1.055.941/SP RG, decidido pelo plenário do STF em 04/12/2019, em repercussão geral (Tema 990), tendo o ministro Dias Toffoli como relator.

ficação completa de clientes, devem realizar o escrutínio das operações que realizam e comunicá-las ao COAF, caso identifiquem sinais atípicos, ou apresentar comunicações obrigatórias, de acordo com os regulamentos setoriais.

Essas obrigações refletem a política de *compliance*, que abrange deveres de prevenção, entre os quais o de conhecer o cliente – *Know Your Customer* (KYC) –, para identificá-lo, qualificá-lo e classificá-lo. Como veremos nesta obra, cabe aos sujeitos obrigados identificar e manter dados atualizados sobre seus clientes, pessoas físicas ou jurídicas. Somente mediante o conhecimento da estrutura, composição e meios das pessoas jurídicas e da profissão, atividades e rendimentos das pessoas físicas, os sujeitos obrigados podem averiguar se determinadas compras, vendas, aplicações, movimentações são, ou não, de natureza suspeita, valendo-se de métodos computacionais e análise humana. Percebe-se, portanto, que os sujeitos obrigados funcionam como torres de vigia (*gatekeepers*), que são responsáveis pela higidez do sistema financeiro e da economia, de modo a impedir a circulação de ativos ilícitos e a consumação de negócios jurídicos ilegítimos.

Constatada a relevância da colaboração dos sujeitos obrigados, pode-se compreender a importância de exigir a observância por essas pessoas jurídicas de suas obrigações no sistema antilavagem de dinheiro. É o que se chama de *compliance*, palavra de língua inglesa para adequação ou cumprimento ou conformidade. As empresas obrigadas devem contar com setores ou departamentos encarregados da identificação completa dos clientes, da manutenção por cinco anos do registro de operações financeiras por eles realizadas, do acompanhamento dessas operações e da apresentação de informes sobre negócios jurídicos suspeitos, mantendo o sigilo em relação ao cliente, sempre que comuniquem suas análises.

Há várias circunstâncias ou condutas que permitem identificar uma operação suspeita. A partir de tipologias conhecidas, os modelos de análise de risco identificam certas *red flags*, ou bandeiras vermelhas. Os reguladores baixarão atos de certa maneira semelhantes, na perspectiva da prevenção. Tome-se como exemplo a Carta-Circular BACEN 4.001/2020[45] lista uma série de atividades suspeitas que instituições

---

[45] Essa resolução divulga relação de operações e situações que podem configurar indícios de ocorrência dos crimes de "lavagem" ou ocultação de bens, direitos e valores, de que trata a

financeiras devem acompanhar, registrar e comunicar ao Banco Central,[46] a saber:
a) aumentos substanciais no volume de depósitos ou aportes em espécie de qualquer pessoa natural ou jurídica, sem causa aparente, nos casos em que tais depósitos ou aportes forem posteriormente transferidos, dentro de curto período de tempo, a destino não relacionado com o cliente;
b) fragmentação de depósitos ou outro instrumento de transferência de recurso em espécie, inclusive boleto de pagamento, de forma a dissimular o valor total da movimentação;
c) fragmentação de saques em espécie, a fim de burlar limites regulatórios de reportes;
d) depósitos ou aportes de grandes valores em espécie, de forma parcelada, principalmente nos mesmos caixas bancários ou terminais de autoatendimento próximos, destinados a uma única conta ou a várias contas em municípios ou agências distintas;
e) depósitos ou aportes em espécie em contas de clientes que exerçam atividade comercial relacionada com negociação de bens de luxo ou de alto valor, tais como obras de arte, imóveis, barcos, joias, automóveis ou aeronaves;
f) negociações de moeda estrangeira em espécie envolvendo cédulas úmidas, malcheirosas, mofadas, ou com aspecto de terem sido armazenadas em local impróprio, ou ainda que apresentem marcas, símbolos ou selos desconhecidos, empacotadas em maços desorganizados e não uniformes;
g) negociações de moeda estrangeira em espécie ou troca de grandes quantidades de cédulas de pequeno valor, realizadas por pessoa natural ou jurídica, cuja atividade ou negócio não tenha como característica o recebimento desse tipo de recurso;
h) resistência ao fornecimento de informações necessárias para o início de relacionamento ou para a atualização cadastral;
i) oferecimento de informação falsa;

Lei nº 9.613/1998, e de financiamento ao terrorismo, previstos na Lei nº 13.260/ 2016, passíveis de comunicação ao Conselho de Controle de Atividades Financeiras (Coaf).
[46] Vide também a Circular BACEN 3.461/2009, revogada pela Circular 3.978/2020, e na Carta-Circular BACEN 3.342/2008.

j) prestação de informação de difícil ou onerosa verificação;
k) transferências de valores arredondados na unidade de milhar ou que estejam um pouco abaixo do limite para notificação de operações; e
l) movimentação de recursos de alto valor, de forma contumaz, em benefício de terceiros.

Não está tipificado no Brasil o crime de falta de comunicação de operações suspeitas (COS). No entanto, os sujeitos obrigados do art. 9º da Lei 9.613/1998 que a descumprem podem responder administrativamente perante o COAF, com base na Lei 13.974/2020, ou o órgão supervisor correspondente e, no entender de Aras, havendo dolo, podem ser acionados criminalmente (as pessoas físicas responsáveis) como coautores ou partícipes do crime de lavagem de dinheiro, com base no art. 13 do Código Penal, que cuida da relevância causal da omissão. Vale dizer, a falta de *compliance* pode favorecer a prática do crime, pois "considera-se causa a ação ou omissão sem a qual o resultado não teria ocorrido".[47] Para Luz, a responsabilidade dos sujeitos obrigados, nos casos de ação, fica condicionada às hipóteses de comprovação do dolo e conluio com os lavadores, e não é possível em casos de omissão, uma vez que inexistiria dever de garante destes sujeitos[48]. Este tema será explorado com mais detalhes mais adiante.

Pode-se ainda responsabilizar civilmente os sujeitos obrigados, por falha de *compliance*, para obtenção de reparação pelo ato ilícito e por dano moral coletivo. O caso Maluf é um bom exemplo dessa prática. Nele, o Ministério Público de São Paulo e a Procuradoria do Município de São Paulo celebraram um ajuste com bancos internacionais para reparação cível de falhas de *compliance*.[49]

---

[47] Relevância da omissão, no art. 13, §2º, do CP: "A omissão é penalmente relevante quando o omitente devia e podia agir para evitar o resultado. O dever de agir incumbe a quem: a) tenha por lei obrigação de cuidado, proteção ou vigilância".
[48] Sobre o tema, ver: Luz, Ilana Martins. *Compliance e omissão imprópria*. Belo Horizonte: D'Placido, 2018.
[49] CONSULTOR JURÍDICO. Banco assina acordo de US $ 20 milhões para evitar processo. Conjur, 20 de fevereiro de 2014. Disponível em: https://www.conjur.com.br/2014-fev-24/banco-usado-maluf-assina-acordo-us-20-milhoes-evitar-processo. Acesso em: 20 jun. 2023.

3.2 O subsistema de repressão à lavagem de dinheiro

A repressão penal ao crime de lavagem de dinheiro é encargo da Polícia Judiciária e do Ministério Público, no âmbito dos Estados, do Distrito Federal e da União, e também nos casos transnacionais.

O subsistema repressivo coordena-se com o subsistema preventivo, dele dependendo para a aquisição de inteligência financeira necessária à orientação ou à complementação de investigações criminais, feitas no âmbito de inquéritos policiais ou de procedimentos de investigação criminal (PIC), ou ainda em inquéritos originários.

No âmbito federal, a persecução criminal dos crimes de lavagem de dinheiro estava concentrada nas Varas Especializadas que foram instaladas em vários Estados da Federação, a partir da Resolução 314/2003, do Conselho da Justiça Federal (CJF). No entanto, a partir de 2021, essa competência começou a ser redistribuída a vários juízos.[50] Alguns Estados criaram por lei varas especializadas em lavagem de dinheiro e crime organizado. Tome-se como exemplo o Estado de Alagoas, um dos pioneiros.[51]

A investigação desses delitos, quando de competência federal, cabe ao Ministério Público Federal e à Polícia Federal. No seio dos Estados, cada Ministério Público e as respectivas Polícias Civis cuidarão das apurações. Em qualquer dos casos, quase sempre haverá o apoio operacional ou de informações da Receita Federal, das Secretarias da Fazenda, da Controladoria Geral da União (CGU), de órgãos correlatos nos Estados, do Tribunal de Contas da União (TCU), dos Tribunais de Contas dos Estados e dos Municípios e de outros órgãos públicos, a exemplo do próprio COAF.

Salvo nos casos de foro especial por prerrogativa de função, a ação penal tramitará perante juízes de primeira instância, sempre atendidos o contraditório e a ampla defesa, até final decisão do Poder Judiciário.

Na tarefa de repressão à lavagem de dinheiro, que é eminentemente reativa, vários passos devem ser dados para se alcançar dois objetivos finais: a imposição de sanções aos agentes e a recuperação dos ativos desviados ou sonegados e remetidos ilegalmente ao exterior, ou mantidos clandestinamente no Brasil.

---

[50] Vide, por exemplo, o Provimento CJF3R n. 49, de 6 de dezembro de 2021, do TRF-3.

[51] Vide a Lei Estadual 7.677/2015, de Alagoas. Em 2019 e 2022, o Tribunal de Justiça do Rio Grande do Sul também especializou varas em organizações criminosas e lavagem de ativos.

3.3 O subsistema de recuperação de ativos

Na Roma antiga, discutia-se a legitimidade da cobrança de impostos sobre os mictórios públicos. Resolveu-se a questão em favor da imposição tributária. A célebre frase *"Non olet"* resume a controvérsia. Não importava a origem dos recursos sujeitos à tributação. Hoje, o dinheiro continua "não tendo cheiro", mas agora o Estado ocupa-se não apenas de tributar toda a sorte de rendimentos, sejam eles lícitos ou ilícitos, mas também de confiscar em sua totalidade valores que tenham sido obtidos ilicitamente. Este é um dos objetivos a que se presta o sistema de prevenção e combate à lavagem de dinheiro: a sufocação econômica de autores de crimes, de membros de organizações criminosas e dos agentes e beneficiários da reciclagem de capitais. O princípio *non olet* já foi reconhecido por nossos tribunais, quando se admitiu a tributação sobre valores oriundos de crime, em razão da sonegação fiscal de lucro advindo de atividade criminosa.[52]

O direito penal contemporâneo sempre esteve focado na aplicação de penas privativas de liberdade aos criminosos, entre outras sanções corporais. Atualmente, embora continue sendo objetivo da Polícia e do Ministério Público obter a condenação de autores de crimes às sanções penais previstas em lei, há também a compreensão da necessidade de eliminar as forças econômicas das empresas criminosas, mediante a decretação judicial de perdimento de bens ou a consumação de perdimento administrativo, quando cabível.

O melhor momento para o enfrentamento do crime de lavagem de dinheiro é na sua etapa inicial, da captação e concentração dos recursos ilícitos oriundos da infração penal antecedente, chamada de pré-lavagem. Nesse instante, o reciclador ainda não terá podido adotar as medidas de dissimulação (uso de interpostas pessoas, utilização de *offshores*, ocultação patrimonial etc), caracterizadoras da lavagem de dinheiro propriamente dita.

---

[52] STJ, HC 351.413/DF, Rel. Min. Maria Thereza de Assis Moura, Sexta Turma, j. em 19/4/2016, DJe de 29/4/2016; STF, HC 77.530, Rel. Sepúlveda Pertence, Primeira Turma, j. em 25/08/1998; STF, HC 94.240, Rel. Min. Dias Toffoli, Primeira Turma, j. em 23/08/2011: "A jurisprudência da Corte, à luz do art. 118 do Código Tributário Nacional, assentou entendimento de ser possível a tributação de renda obtida em razão de atividade ilícita, visto que a definição legal do fato gerador é interpretada com abstração da validade jurídica do ato efetivamente praticado, bem como da natureza do seu objeto ou dos seus efeitos. Princípio do non olet."

A fase seguinte será a de integração dos valores ilícitos ao patrimônio do agente ou à economia regular (pós-lavagem), momento em que, tendo em vista a falta de provas documentais ou testemunhais, poderá ser extremamente difícil ao Ministério Público provar em juízo que os bens ou valores em consideração são oriundos de certa infração penal antecedente. A esta altura, mediante operações realizadas para a legitimação dos ativos ilícitos, o reciclador já terá conseguido "desidentificar" os valores, de modo a destacá-los de sua origem e dissociá-los do autor da infração-base.

Para o efetivo enfrentamento à lavagem de dinheiro não basta a punição criminal dos agentes, com a imposição das tradicionais sanções de reclusão ou de detenção. É imprescindível aos órgãos estatais centrar esforços no bloqueio e na decretação do perdimento de valores oriundos de atividades criminosas e na recuperação de ativos para o Estado.

Cabe ao Ministério Público, à luz dos arts. 109 e 129 da Constituição, promover as medidas judiciais necessárias ao sequestro de bens que sejam produto ou proveito de crime e consumar o arresto de outros ativos dos suspeitos ou acusados, de modo a permitir, ao final da ação penal, a decretação do perdimento judicial de tais ativos, assim como a reparação do dano causado às vítimas.

Sem prejuízo das atribuições da Advocacia de Estado, o Ministério Público também poderá proceder à recuperação de ativos usando a via da ação de ressarcimento de dano e da ação de responsabilização por atos de improbidade administrativa, prevista na Lei 8.429/1992, na medida em que as punições listadas no art. 12 desta lei vão desde a aplicação de uma multa civil, à reparação do dano, passando pela devolução dos valores indevidamente acrescidos ao patrimônio do agente público ímprobo. A Lei Brasileira de Integridade, conhecida como Lei Anticorrupção Empresarial (Lei 12.846/2013) também é útil a essa finalidade, quando a infração penal antecedente da lavagem de dinheiro for um crime contra a Administração Pública e ao mesmo tempo um ato lesivo à Administração.

Os atos de improbidade administrativa, que são de natureza cível, podem, em alguns casos, configurar, simultaneamente, crimes contra a Administração Pública, tipificados no Código Penal, e em outros diplomas criminais. Considerando que esses delitos são também considerados antecedentes para efeito de lavagem de dinheiro, percebe-se a relação entre os temas da improbidade administrativa e da lavagem de ativos.

Todavia, diferentemente do que se passa no campo criminal, no aspecto cível, o tema da recuperação de ativos tem outros atores. A Procuradoria-Geral da Fazenda Nacional (PGFN), a Advocacia Geral da União (AGU) e os órgãos correspondentes da estrutura dos Estados-membros e dos Municípios têm legitimidade para atuar em juízo em execuções fiscais e em outras ações cíveis, assim como em ações de improbidade administrativa, isoladamente ou em conjunto com o Ministério Público.

Não se pode deixar de mencionar, como órgão desse subsistema, a Secretaria Nacional de Políticas sobre Drogas e Gestão de Ativos (SENAD). Desde a ampliação de sua competência pelo Decreto 9.662/2019, a SENAD desempenha um papel muito importante, para além do previsto na Lei 11.343/2006, na recuperação e na gestão de ativos oriundos de crimes e também de bens, direitos e valores apreendidos ou confiscados em casos de lavagem de capitais. Hoje a SENAD é regulada pelos arts. 20 a 23 do Decreto 11.348/2023.

No enfrentamento à criminalidade lucrativa, deve-se seguir a técnica de sufocação econômica da capacidade operacional do agente do crime ou da organização criminosa[53], tarefa que abrange certas providências fundamentais:

a) a identificação das transferências e dos ordenantes e beneficiários, mediante provas testemunhais, documentais ou mediante o emprego de modernas técnicas de investigação, como interceptações telefônicas, escutas ambientais, etc;

b) o rastreamento de tais remessas, seguindo-se a trilha documental (*paper trail*);

c) a análise pericial dos documentos eletrônicos e em papel que tenham sido obtidos no Brasil ou mediante assistência internacional;

---

[53] Segundo o art. 2º da Convenção de Palermo (UNTOC), aprovada pelo Decreto 5.015/2004, entende-se por grupo criminoso organizado, o "grupo estruturado de três ou mais pessoas, existente há algum tempo e atuando concertadamente com o propósito de cometer uma ou mais infrações graves ou enunciadas na presente Convenção, com a intenção de obter, direta ou indiretamente, um benefício econômico ou outro benefício material". Por sua vez, infração grave é o "ato que constitua infração punível com uma pena de privação de liberdade, cujo máximo não seja inferior a quatro anos ou com pena superior".

d) o bloqueio judicial de ativos e derivados, tanto no País[54] como no exterior, neste caso usando os mecanismos do direito internacional;
e) o perdimento definitivo, que, no caso brasileiro, somente se dá com o trânsito em julgado da sentença penal condenatória[55];
f) a repatriação dos valores localizados e congelados, seguindo-se regra prevista em tratado, em lei local ou em compromisso de reciprocidade, sem prejuízo da prévia partilha internacional dos ativos (*asset sharing*)[56];
g) a utilização dos recursos para indenização de eventuais vítimas, para ressarcir terceiros de boa-fé[57] ou para a realização de investimentos públicos[58].

[54] Art. 4º da Lei 9.613/1998: "O juiz, de ofício, a requerimento do Ministério Público ou mediante representação do delegado de polícia, ouvido o Ministério Público em 24 (vinte e quatro) horas, havendo indícios suficientes de infração penal, poderá decretar medidas assecuratórias de bens, direitos ou valores do investigado ou acusado, ou existentes em nome de interpostas pessoas, que sejam instrumento, produto ou proveito dos crimes previstos nesta Lei ou das infrações penais antecedentes".

[55] É possível tentar obter, em alguns países, a repatriação para o Brasil de valores decorrentes da prática de atos ilícitos apurados em processos não criminais, mediante pedidos de cooperação que procurem dar eficácia a sentenças que condenem o agente por improbidade administrativa.

[56] No caso brasileiro, o artigo 8º, §2º, da Lei 9.613/1998 dispõe: "§2º. Na falta de tratado ou convenção, os bens, direitos ou valores privados sujeitos a medidas assecuratórias por solicitação de autoridade estrangeira competente ou os recursos provenientes da sua alienação serão repartidos entre o Estado requerente e o Brasil, na proporção de metade, ressalvado o direito do lesado ou de terceiro de boa-fé". Vide também o art. 981 (*section*) (i) do título 18 do *U.S. Code*.

[57] "Art. 7º São efeitos da condenação, além dos previstos no Código Penal: I – a perda, em favor da União – e dos Estados, nos casos de competência da Justiça Estadual –, de todos os bens, direitos e valores relacionados, direta ou indiretamente, à prática dos crimes previstos nesta Lei, inclusive aqueles utilizados para prestar a fiança, ressalvado o direito do lesado ou de terceiro de boa-fé; II – a interdição do exercício de cargo ou função pública de qualquer natureza e de diretor, de membro de conselho de administração ou de gerência das pessoas jurídicas referidas no art. 9º, pelo dobro do tempo da pena privativa de liberdade aplicada".

[58] O dinheiro repatriado entra nos cofres do Tesouro. O ideal seria que, nos moldes de outras nações, parte dos recursos recuperados pudesse ser utilizada diretamente no orçamento dos órgãos de persecução criminal. É o que consta do regulamento-modelo sobre delitos de lavagem relacionados ao tráfico ilícito de drogas e outros delitos graves da Comisión Interamericana para el Control del Abuso de Drogas (CICAD): "Artículo 7 – Destino de los bienes, productos o instrumentos decomisados: Toda vez que se decomisen bienes, productos

Esses procedimentos podem ser simplificados mediante a adoção de soluções negociadas, em acordos de não persecução penal (ANPP), acordos de colaboração premiada, acordos de não persecução civil (ANPC), acordos de leniência e em termos de ajustamento de conduta (TAC).

3.4 O subsistema de cooperação internacional

Quando se está diante de lavagem transnacional de ativos, órgãos domésticos e internacionais atuam de forma coordenada para a prevenção ou a repressão a esse tipo de delinquência.

De início, vale lembrar o papel do COAF, que se articula com unidades de inteligência congêneres no plano internacional, enviando e recebendo relatórios de inteligência financeira sobre operações suspeitas transnacionais. Como membro do Grupo de Ação Financeira (GAFI) e do Grupo de Egmont, a UIF brasileira coopera intensamente no plano internacional para o exercício de suas competências, de acordo com a Lei 9.613/1998 e a Lei 13.974/2020.

Também tem papel destacado o Departamento de Recuperação de Ativos e Cooperação Jurídica Internacional (DRCI), do Ministério da Justiça. Criado em 2003 pelo Decreto 4.991/2004[59], o DRCI tem dúplice função. A primeira é a de atuar como autoridade central exclusiva do sistema de cooperação internacional na quase totalidade dos tratados bilaterais e multilaterais de categoria penal firmados pelo Brasil, com exceção da Convenção da Praia de 2005, quando divide suas atribuições com a Secretaria de Cooperação Internacional (SCI) da Procuradoria Geral da República, e do acordo bilateral Brasil-Canadá, no qual a autoridade central é a SCI/PGR.

A segunda atribuição do DRCI é a de colaborar com os órgãos de persecução criminal e com as demais entidades encarregadas da recuperação de ativos, para a efetividade das medidas de recuperação do patrimônio das unidades federadas e de seus entes, assim como para o

---

o instrumentos conforme al artículo 5, que no deban ser destruidos ni resulten perjudiciales para la población, el tribunal o la autoridad competente podrá, conforme a derecho: retenerlos para uso oficial o transferirlos a cualquier entidad pública que haya participado directa o indirectamente en la incautación o embargo preventivo o decomiso de los mismos". Vide a propósito o §1º do art. 7º da Lei 9.613/1998 e o Decreto 11.008/2022.

[59] A matéria é atualmente regulamentada pelo Decreto 11.348/2023, art. 15.

confisco de valores obtidos em atividades criminosas, especialmente a lavagem de dinheiro.

O DRCI também é responsável pela coordenação da Estratégia Nacional de Combate à Corrupção e à Lavagem de Dinheiro (ENCCLA)[60], um importante foro de articulação da política pública nas áreas que compõem o sistema nacional PLD/CFT.

Além de desempenhar-se como autoridade central nos dois tratados mencionados, a Secretaria de Cooperação Internacional da PGR representa o Brasil nos foros em que há participação do Ministério Público, a exemplo das redes da Associação Ibero-americana de Ministérios Públicos (AIAMP), da Reunião Especializada de Ministérios Públicos do Mercosul (REMPM) e de outros organismos multilaterais.

Não se pode ignorar a importante assistência prestada pelo Ministério das Relações Exteriores (MRE) na cooperação internacional, especialmente quando não há tratados vigentes, sejam bilaterais ou multilaterais, notadamente em matéria extradicional, papel que é exercido por meio da Coordenação Geral de Combate aos Ilícitos Transnacionais (COCIT).

A Polícia Federal também tem intensa atuação na cooperação internacional, seja no âmbito da Organização Internacional de Polícia Criminal (Interpol) ou da Comunidade de Polícia das Américas (Ameripol). Desde 2020 está em vigor o acordo de cooperação entre a Europol e a Polícia Federal, que também abrange casos de lavagem de dinheiro transnacional. Este acordo foi promulgado pelo Decreto 10.364/2020[61].

As Policias Civis, nos Estados e no Distrito Federal, e os Ministérios Públicos Estaduais também atuam na persecução de crimes transnacionais, com menor abrangência, sendo de competência federal todos os crimes transfronteiriços previstos em tratados internacionais, como é o caso da lavagem de dinheiro, nos termos do art. 109, inciso V, da Constituição.

---

[60] O segundo "c" da antiga sigla ENCLA foi introduzido na etapa de 2007, na reunião preparatória realizada em Pirenópolis, em novembro de 2006, para a inclusão expressa da corrupção nas metas da estratégia nacional.
[61] Disponível em: http://www.planalto.gov.br/ccivil_03/_ato2019-2022/2020/decreto/D10364.htm. Acesso em: 20 jun. 2023.

4. OS REGIMES GLOBAIS DE PROIBIÇÃO E OS MANDADOS CONVENCIONAIS DE CRIMINALIZAÇÃO

Ao longo dos séculos 20 e 21, diversos tratados bilaterais e multilaterais têm estabelecido obrigações de proteção a determinados bens jurídicos ou de tutela de certos direitos fundamentais. Na ordem global, tais obrigações estatais englobam os deveres de investigar, processar, julgar e punir, de acordo com o devido processo legal, assim como o dever de assegurar o acesso à justiça e à reparação dos danos sofridos pelas vítimas ou pelo Estado.[62]

Variados são os instrumentos de que se valem os Estados para assegurar, de forma dissuasória ou repressiva, o respeito a tais bens jurídicos relevantes, cuja proteção interessa a toda a humanidade, seja porque correspondem a direitos humanos reconhecidos internacionalmente ou porque representam ameaças ao Estado de Direito e à estabilidade das democracias. Um desses instrumentos de defesa e proteção é o direito penal, na sua vertente doméstica ou na sua manifestação internacional.

Assim é que especialmente desde os anos 1980, convenções regionais ou globais – os chamados *suppression treaties* – passaram a eleger certos bens jurídicos, alçando sua violação à categoria de crimes internacionalmente relevantes, isto é, crimes que exigem tipificação doméstica (nacional) uniforme ou que reclamam uma tipificação supranacional,

---

[62] FISCHER, Douglas; VALDEZ, Frederico. As obrigações processuais penais positivas: segundo as cortes Europeia e Interamericana de Direitos Humanos. Porto Alegre: Livraria do Advogado Editora, 2018.

por assim dizer. Este é o caso dos ilícitos penais tipificados no Estatuto de Roma de 1998, que criou o Tribunal Penal Internacional (TPI) e integram a categoria de crimes de *jus cogens*; já aqueles são os delitos que compõem os chamados regimes globais de proibição, tipificados internamente, conforme mandados de criminalização dirigidos aos Estados.

Ao lado da i) obrigação de criminalização de certas condutas, para harmonizá-las internacionalmente e evitar a existência de espaços de impunidade, em tais regimes globais há regras sobre ii) a fixação de jurisdição dos Estados sobre tais crimes; iii) sobre a instituição de ferramentas eficientes de persecução penal; iv) sobre a obrigação de prestar cooperação internacional em matéria penal para a persecução dos delitos assim tipificados; e v) sobre a recuperação de ativos que sejam produto ou proveito de tais condutas.

Tais mandados expressos de criminalização e de otimização institucional impõem aos Estados Partes a construção de tipos penais adequados ao texto convencional; exigem a previsão de penas proporcionais e dissuasivas e a instituição de prazos prescricionais suficientes.

Quanto à jurisdição, cumpre aos Estados Partes dessas convenções afirmar sua jurisdição territorial sobre os crimes que estão obrigados a tipificar. A extensão da jurisdição extraterritorial, em regra vinculada à nacionalidade do agente ou da vítima (caráter pessoal do vínculo), a hipóteses não sujeitas à jurisdição territorial de nenhum Estado serve a um propósito de eficácia. O reticulado assim formado pelas "redes de pesca" estatais lançadas por todo o globo permite que qualquer ponto da Terra esteja sujeito à jurisdição, para fins penais, de ao menos um Estado, no que tange à persecução penal das condutas internacionalmente relevantes que ali ocorram.

Por ferramentas eficientes de persecução criminal entende-se o conjunto de técnicas especiais de investigação (*special investigative techniques*) desenhadas para a apuração de crimes complexos ou crimes graves ou crimes econômico-financeiros. Tais meios especiais de obtenção de provas[63] são talhados para a apuração de infrações penais intrincadas, que exigem confidencialidade na execução, dissimulação (*deception*) no emprego, e às vezes interação com investigado, e podem compreender

---

[63] No Brasil, as TEI são objeto do CPP, da Lei 8.069/1990, da Lei 12.965/2014, da Lei 12.850/2013, da Lei 11.343/2006 e da Lei 9.296/1996.

quebras de sigilo (bancário, fiscal, comercial, telefônico, etc), acordos penais e não penais (leniência, *non prosecution agreements* etc), infiltração policial (física ou digital), escutas ambientais, interceptações telefônicas, acesso a dados de comunicações realizadas, ações controladas e entregas vigiadas etc.

O quarto pilar desses regimes diz respeito à cooperação internacional, cujo propósito é viabilizar a aplicação em concreto da lei penal (objeto do primeiro vetor), mediante medidas de assistência internacional para comunicação de atos processuais, obtenção de provas, captura de foragidos, recuperação de ativos, proteção de pessoas e coordenação de jurisdições.

A recuperação de ativos aparece expressamente como elemento de alguns desses sistemas convencionais, como ocorre com a Convenção de Mérida, de 2003, conhecida por UNCAC na sigla em inglês.

São variados os conjuntos convencionais que conformam tais regimes, que se distribuem por tipos de crimes ou bens jurídicos. Haverá, então, um regime global e regimes regionais antiterrorismo; o regime contra o crime organizado; os regimes relativos à cibercriminalidade, à pirataria marítima etc. Normalmente tais conjuntos buscam tutelar bens jurídicos específicos, cuja proteção imediata caberá aos órgãos de persecução e aos tribunais nacionais. Cortes penais internacionais também lidam com um regime global de proibição particular, sedimentado no Estatuto de Roma, de 1998, que criou o Tribunal Penal Internacional (Decreto 4.388/2002), na Convenção para a Prevenção e a Repressão do Crime de Genocídio, de 1948 (Decreto 30.822/1952) e nas quatro Convenções de Genebra de 1949 (Decreto 42.121/1957)[64] e seus Protocolos de 1977 (Decreto 849/1993).

Segundo o art. 5º do Estatuto de Roma, a competência do Tribunal Penal Internacional restringe-se aos crimes mais graves, que afetam a comunidade internacional no seu conjunto, a saber: o crime de genocídio (art. 6º); os crimes contra a humanidade (art. 7º); os crimes de guerra

---

[64] Os quatro tratados assinados em Genebra em 12 de agosto de 1949 são a Convenção para a melhoria da sorte dos feridos e enfermos dos exércitos em campanha; a Convenção para a melhoria da sorte dos feridos, enfermos e náufragos das forças armadas no mar; a Convenção relativa ao tratamento dos prisioneiros de guerra; e a Convenção relativa à proteção dos civis em tempo de Guerra. São parte do direito internacional humanitário (DIH).

(art. 8º); e o crime de agressão (art. 8-bis), este definido pelas Emendas de Kampala (2010).

Por outro lado, os regimes globais de proibição não são compostos apenas por tratados que portam mandados de criminalização endereçados ao legislador interno. A eles estão integrados resoluções, recomendações, diretrizes, princípios e regras, abrangendo preceitos de direito internacional convencional e de *soft law* internacional. O melhor exemplo desse tipo de normas, no contexto que ora nos interessa, está nas 40 Recomendações do GAFI. O conteúdo material dessas recomendações é semelhante ao conteúdo dos regimes convencionais de proibição relativos a condutas internacionalmente relevantes nos campos da lavagem de ativos e do financiamento do terrorismo.

De fato, tal como as Convenções de Palermo e de Mérida, as diretrizes do GAFI conclamam os Estados Partes a tipificar condutas (especialmente o financiamento do terrorismo e a lavagem de dinheiro); a assegurar a jurisdição dos Estados sobre tais condutas assim tipificadas; a propiciar bases para a coleta probatória (por meio de mecanismos de acesso a dados de inteligência financeira e a produção de provas por meio de técnicas especiais de investigação) e a facilitar a cooperação internacional probatória, para a recuperação de ativos e para extradição.

5. CLASSIFICAÇÃO DA LEI BRASILEIRA DE LAVAGEM DE DINHEIRO

Parte da doutrina classificava a Lei 9.613/1998, na sua forma anterior à reforma em 2012, como uma lei de segunda geração. Seriam leis de primeira geração, em matéria de lavagem de capitais, aquelas que permitem apenas a imputação deste crime quando o delito antecedente é o narcotráfico, na linha do artigo 3º da Convenção contra o Tráfico Ilícito de Entorpecentes e Substâncias Psicotrópicas, conhecida como Convenção de Viena de 1988, promulgada no Brasil pelo Decreto 154, de 26 de junho de 1991. Compõem a segunda geração de leis antilavagem, os diplomas que estabelecem um rol de crimes antecedentes, isto é, uma lista fechada de crimes-base que justificam a persecução criminal por lavagem de dinheiro. Por fim, nas leis de terceira geração não há lista alguma e qualquer infração penal pode ser invocada como antecedente.

Discordando desse critério distintivo, presente nos itens 15 a 18 da Exposição de Motivos da Lei de Lavagem de Dinheiro, Rodolfo Tigre Maia esclarece que a lei brasileira seria desde sempre de terceira geração, conforme a classificação de Günter Artz[65], o que significa dizer que não teriam sido criados tipos penais específicos para a repressão penal da reciclagem de capitais. Já Callegari dizia ser de modelo restrito o

---

[65] MAIA, Rodolfo Tigre. Lavagem de dinheiro (lavagem de ativos proveniente de crime). Anotações às disposições da lei n. 9.613/98. São Paulo: Malheiros, 1999, pp. 67-68.

sistema brasileiro de tipificação da lavagem de dinheiro[66], na medida em que, até 2012, existia um rol fechado.

Conforme o critério adotado pelo art. 9º, §4º, da Convenção de Varsóvia de 2005 (CETS 198)[67], as leis de lavagem de dinheiro podem ser classificadas em: leis com rol taxativo (fechado ou limitado); leis que definem os crimes-base pelo critério de pena (pena máxima superior a um ano, ou pena mínima não inferior a seis meses); e leis que consideram a gravidade do crime-base (as infrações principais compõem uma categoria de crimes graves). Existiriam, portanto, as leis com listas fechadas e as leis baseadas no critério de limiar de pena.

A classificação da lei brasileira como de "segunda geração" ou de rol fechado repercutia na interpretação do antigo inciso VII do artigo 1º da Lei de Lavagem de Dinheiro. Esta repercussão era vista, por exemplo, em opiniões de autores como André Luís Callegari, que chegava a advertir que:

> Se emprestarmos validade ao tipo penal aberto de organização criminosa como crime antecedente ao de lavagem, praticamente podemos esvaziar o rol dos crimes antecedentes que é taxativo. [...] Nesse sentido, qualquer delito praticado por essa "organização criminosa" seria crime antecedente ao de lavagem, ainda que o crime praticado não fosse previsto no rol dos crimes antecedentes.[68]

Para Aras, o entendimento defendido por Callegari não se mostra adequado, uma vez que a lei previu o delito de organização criminosa como antecedente à lavagem, o que permitiria o seu enquadramento ampliar o rol da lavagem e enquadrá-la como legislação de terceira

---

[66] CALLEGARI, André Luís. Lavagem de dinheiro: aspectos penais da Lei n. 9.613/98. 2 ed. Porto Alegre: Livraria do Advogado, 2008, p. 123.

[67] CONSELHO DA EUROPA. Council of Europe Convention on Laundering, Search, Seizure and Confiscation of the Proceeds from Crime and on the Financing of Terrorism. Disponível em: https://www.coe.int/en/web/conventions/full-list?module=signatures-by-treaty&treatynum=198. Acesso em: 20 jun. 2023. A Convenção do Conselho da Europa sobre a Lavagem, Busca, Apreensão e Confisco de Produtos do Crime e sobre o Financiamento do Terrorismo, em vigor desde 1º de maio de 2008, tinha 39 Estados Partes em março de 2023.

[68] CALLEGARI, André Luís. Lavagem de dinheiro: aspectos penais da Lei n. 9.613/98. 2 ed. Porto Alegre: Livraria do Advogado, 2008, p. 147.

geração nos casos em que as organizações criminosas realizassem atividades delitivas lucrativas.

Nada obstante, para Luz, tanto o Superior Tribunal de Justiça[69] quanto o Supremo Tribunal Federal[70] entendem que, uma vez que não existia tipo penal de organização criminosa até a promulgação da Lei 12.850/2013, tal delito organizativo não poderia ser crime antecedente de lavagem, tornando tais condutas atípicas neste período, de modo que a lei brasileira, até a reforma em 2012, era uma lei de rol taxativo.

O alargamento do rol dos crimes antecedentes, ou mesmo eliminação, é opção já admitida pela Convenção de Varsóvia de 2005 e seguida por grande parte das legislações nacionais comparadas. Essa tendência universal foi seguida pelo Brasil, com a Lei 12.683/2012, que, como vimos, eliminou o rol e abarcou qualquer infração penal como delito base.

Foi nesse mesmo sentido o avanço da legislação europeia por meio da Diretiva (UE) 2018/1673, de 23 de outubro de 2018, relativa ao combate à lavagem de capitais através do direito penal.[71]

A aprovação do substitutivo do senador Pedro Simon ao PLS 209/2003, levou à atual redação do art. 1º da Lei 9.613/1998 com a seguinte redação: "Art. 1º. Ocultar ou dissimular a natureza, origem, localização, disposição, movimentação ou propriedade de bens, direitos ou valores provenientes, direta ou indiretamente, de infração penal". Eliminado o rol, qualquer infração penal (crime ou contravenção) pode ser tida como infração base para fins de lavagem de dinheiro, desde que "produza" ativos.

É bom que se diga que o ordenamento brasileiro não ignorava nem ignora formulações típicas como a da espécie em tela. O art. 180 do Código Penal tem a mesma conformação, pois depende de um crime-

---

[69] Neste sentido, ver: STJ, RHC 109.122/DF, Rel. Min. Ribeiro Dantas, Quinta Turma, julgado em 15/09/2020; RHC 80674/MT, Rel. Min. Rogerio Schietti Cruz, Sexta Turma, julgado em 01/09/2020; AgRg no REsp 1.842.155/DF, Rel. Min. Nefi Cordeiro, Sexta Turma, julgado em 19/05/2020; RHC 65.992/PA, Rel. Min. Antonio Saldanha Palheiro, Sexta Turma, julgado em 21/05/2019; RHC 83.591/MS, Rel. Min. Felix Fischer, Quinta Turma, julgado em 17/08/2017; RHC 36.661/RJ, Rel. Min. Reynaldo Soares da Fonseca, Sexta Turma, julgado em 25/04/2017.

[70] Vide, porém, o que decidiu o STF no HC 96.007/SP, em 2012.

[71] UNIÃO EUROPEIA. Diretiva (UE) 2018/1673 do Parlamento Europeu e do Conselho de 23 de outubro de 2018 relativa ao combate ao branqueamento de capitais através do direito penal. Disponível em: https://eur-lex.europa.eu/legal-content/PT/TXT/PDF/?uri=CELEX:32018L1673&from=NL . Acesso em: 20 jun. 2023.

-base (delito pressuposto), isto é, de qualquer crime anterior, não necessariamente patrimonial, que seja capaz de viabilizar as ações descritas no referido tipo. Não há para a receptação lista ou rol fechado. O mesmo se passa com os crimes de favorecimento real (art. 348 do CP) e favorecimento pessoal (art. 349 do CP), que se referem a qualquer crime anterior, desde que, no primeiro caso, sujeito a pena de reclusão.

Para Aras, mesmo antes da aprovação em 2012 das alterações à Lei de Lavagem de Dinheiro, o antigo inciso VII do art. 1º da Lei 9.513/1998 já abria o rol dos delitos-base[72], dando à lei brasileira a categoria de legislação intermediária entre as leis de rol fechado e as leis em que inexiste rol. De fato, com tal cláusula, havia uma lista mais ou menos fechada de delitos (incisos I, II, III, IV, V, VI e VIII) e uma cláusula de extensão (inciso VII), limitada pelo conceito *legal* de organização criminosa. Assim, o rol da Lei de Lavagem de Dinheiro era, para coautor, "mais ou menos fechado" porque o inciso V do art. 1º englobava uma extensa e incerta lista de crimes, composta pelos crimes contra a Administração Pública previstos entre o art. 312 e o art. 359-H do CP, e também os crimes então tipificados pela Lei 8.666/1993 (Lei de Licitações),[73] e os delitos do Decreto-lei 201/1967 (crimes funcionais de prefeitos municipais).

Edilson Mougenot Bonfim e Márcia Monassi Mougenot Bonfim enquadravam a lei brasileira como mista. Para eles, a norma mesclava um rol taxativo de delitos com um grupo genérico, pois, além dos crimes listados no art. 1º, qualquer outro crime praticado por organização criminosa poderia ser incluído no rol[74]. Filiando-se a este entendimento mais flexível, Carla Veríssimo de Carli pontificava que o Brasil "adotou o sistema de lista de crimes (rol taxativo), nomeando, em oito incisos, sete diferentes crimes/grupos de crimes e uma forma de cometer crimes (os praticados por organização criminosa)"[75].

---

[72] Neste sentido, MAIA, Rodolfo Tigre. Lavagem de dinheiro (lavagem de ativos proveniente de crime). Anotações às disposições da lei n. 9.613/98. São Paulo: Malheiros, 1999, p. 104.
[73] Sancionada em 2021, a nova Lei de Licitações e Contratos Administrativos (Lei 14.133/2021) transferiu os crimes deste campo para os arts. 337-E a 337-P do Código Penal.
[74] BONFIM, Edilson Mougenot; BONFIM, Márcia Monassi Mougenot. Lavagem de dinheiro. 2.ed. São Paulo: Malheiros, 2008, p. 60.
[75] CARLI, Carla Veríssimo de. Lavagem de dinheiro: ideologia da criminalização e análise do discurso. Porto Alegre: Verbo Jurídico, 2008, p. 175.

Segundo Aras, então o legislador não fechara o rol como pareciam pensar alguns doutrinadores, entre eles Callegari[76] e Barros[77]. Muito pelo contrário, na exposição de motivos da Lei 9.613/1998 resta claro que os crimes praticados por organizações criminosas haviam mesmo sido incluídos no rol, "independentemente do bem jurídico ofendido", como uma clara opção de política criminal destinada a propiciar a inserção do Brasil entre as nações cooperantes contra a lavagem de ativos e que adotaram o regime global de proibição[78] em maior amplitude. Isto porque, conforme o item 30 da Exposição de Motivos da Lei 9.613/1998, esta *forma* de praticar crimes e os delitos antecedentes do rol são alvo de persecução em vários países. Segundo o legislador penal, tratava-se de "implementar o clássico princípio da justiça penal universal, mediante tratados e convenções, como estratégia de uma Política Criminal transnacional", assegurando-se a dupla incriminação para viabilizar a cooperação internacional.

Examinando os itens 23, 24 e 34 da exposição de motivos da Lei 9.613/1998, constata-se que o Congresso quis excluir da categoria de delitos antecedentes apenas os crimes dos quais dependia o delito de receptação, a fim de evitar uma maxicriminalização desnecessária. Afinal, na conjuntura anterior à Convenção de Palermo, a tarefa de proteção penal podia ser razoavelmente bem desempenhada pelo tipo do art. 180 do CP. Naquela ocasião, o legislador excluiu também da condição de infração base os crimes tributários, fossem ou não praticados por organizações criminosas, porque, dizia-se, os valores sonegados não teriam origem ilícita e porque não haveria aumento patrimonial do agente pela agregação de novos ativos. No entender de Aras, olvidava-se que neste caso há produção indireta de vantagens econômicas para o sonegador[79]. Aras considera equivocada a exclusão dos delitos tributários, tendo em vista haver crimes que ofendem o interesse fiscal e que eram, mesmo naquele contexto anterior à Lei 12.613/2012, considerados ante-

---

[76] CALLEGARI, André Luís. Lavagem de dinheiro: aspectos penais da Lei n. 9.613/98. 2 ed. Porto Alegre: Livraria do Advogado, 2008, p. 137.

[77] BARROS, Marco Antônio de. Lavagem de capitais e obrigações civis correlatas. São Paulo: Editora Revista dos Tribunais, 2004, p. 94.

[78] CARLI, Carla Veríssimo de. Op. cit., p. 134.

[79] MAIA, Rodolfo Tigre. Lavagem de dinheiro (lavagem de ativos proveniente de crime). Anotações às disposições da lei n. 9.613/98. São Paulo: Malheiros, 1999, p. 80.

cedentes para fins de lavagem de dinheiro por força do antigo inciso V do art. 1º, da Lei, como o descaminho (art. 334 do CP) e a sonegação de contribuições previdenciárias (art. 337-A do CP).

Portanto, no entender de Aras, a Lei de Lavagem de Dinheiro nunca teve um rol fechado. Em lugar de constituir um tipo aberto, capaz de ofender a taxatividade penal, o antigo inciso VII do art. 1º da Lei 9.613/1998 restringia sua incidência àqueles crimes (afastando as contravenções) praticados por organizações criminosas (e não por simples quadrilhas, do art. 288, na redação então vigente). Ainda assim, segundo interpretamos, o inciso VII somente podia ser invocado quando esses crimes tivessem pena máxima igual ou superior a quatro anos de prisão ("crimes graves") ou estivessem listados na Convenção de Palermo ou em algum de seus três Protocolos, isto é, quando fossem "crimes convencionais". Tal enquadramento pelo limiar de pena afastava da condição de delitos-base a fraude à execução (art. 179) e a violação de direito autoral (art. 184, caput), por exemplo, entre outros delitos sancionados com pena máxima inferior a quatro anos.

Sobre a inexistência de violação ao princípio da taxatividade por aplicação do antigo inciso VII do art. 1º, da Lei de Lavagem de Dinheiro, o STJ decidiu em 2007, no caso Daslu que, ao descrever a prática de crimes cometidos por uma organização criminosa, a denúncia ofertada pelo Ministério Público Federal não narrara fato atípico e, por conseguinte, não teria havido violação às regras da taxatividade, da anterioridade e da reserva legal[80]. Porém, no caso da Igreja Renascer, julgado pelo STF em 2012, a Corte Suprema entendeu que "a existência de tipo penal pressupõe lei em sentido formal e material" e que "o crime de quadrilha não se confunde com o de organização criminosa, até hoje sem definição na legislação pátria".[81]

5.1 Uma lei de terceira geração

A eliminação do rol de crimes antecedentes da Lei de Lavagem de Dinheiro de 1998 foi, sem dúvida, a inovação mais impactante da Lei 12.683/2012. Ampliou-se de forma significativa o espectro do tipo penal de branqueamento de capitais. Situações antes atípicas deixaram de sê-lo.

---

[80] STJ, 6ª Turma, HC 69.694/SP, Rel. Min. Maria Thereza de Assis Moura, j. em 18/12/2007.
[81] STF, 1ª Turma, HC 96.007/SP, Rel. Min. Marco Aurélio, j. em 12/06/2012.

É necessário observar o binômio (*infração antecedente* → *produto ou proveito ilícito* → *lavagem de ativos*), porém, não há mais uma lista (pretensamente) fechada (*numerus clausus*) de delitos precedentes. Qualquer infração penal (e não mais apenas crimes) que tenha potencial para gerar bens, direitos ou valores (ativos, numa palavra) de origem ilícita pode ser considerada como antecedente de lavagem de dinheiro. Dizendo de outro modo: a infração antecedente deve ser capaz de gerar ativos de origem ilícita. Infrações penais que não se encaixem nesse critério (o de ser um "crime produtor") não são delitos antecedentes.

A partir de 2012, não havendo mais um elenco de condutas eleitas pelo legislador, qualquer infração penal poderia ser invocada pelo Ministério Público para a imputação de lavagem de dinheiro, desde que, obviamente, tal crime tenha produzido ativos de origem ilícita.

Temos, sem qualquer espaço para dúvidas, uma lei de lavagem de dinheiro de terceira geração, devido ao rol aberto de delitos antecedentes, no qual agora estão o roubo e o tráfico de pessoas, os crimes fiscais e a contravenção penal de exploração de jogos de azar, só para citar algumas condutas incorporadas.

O novo enquadramento normativo da lavagem de dinheiro no Brasil situou o País entre as nações que cumprem, neste aspecto, as 40 Recomendações do Grupo de Ação Financeira (GAFI), que foram revisadas em fevereiro de 2012 e submetidas a mudanças tópicas nos anos seguintes, para exigir que os crimes fiscais (*tax crimes*) fossem também considerados delitos antecedentes. De fato, os crimes tributários foram expressamente incluídos na lista mínima de infrações penais antecedentes (*designated categories of offences*), a que se refere a nota interpretativa 4 da Recomendação 3 do GAFI.[82]

5.2 Uma lei em constante reforma

A Lei 9.613/1998 foi diversas vezes alterada. Algumas alterações relacionavam-se ao papel do COAF; outras diziam respeito a modificações de índole penal; outras ainda se referiam a emendas de natureza processual; e uma quarta categoria de modificações aperfeiçoou a atividade de prevenção e também a proteção de dados pessoais.

---

[82] Disponível em: https://www.fatf-gafi.org/en/publications/Fatfrecommendations/Fatf-recommendations.html. Acesso em: 20 jun. 2023.

Assim é que ao longo dos anos vieram as seguintes modificações:
a) da Lei 10.701/2003, que ampliou o rol de crimes antecedentes do art. 1º, aumentou o rol de sujeitos obrigados do art. 9º, criou o Cadastro Nacional de Clientes do Sistema Financeiro Nacional (CCS) no art.10-A e regulou o poder de requisição do COAF;
b) da Lei 12.683/2012, que suprimiu o rol de crimes antecedentes e alterou vários dispositivos de natureza processual e administrativa;
c) da Lei 13.964/2019, que permitiu o emprego de infiltração policial e ação controlada na investigação dos crimes de lavagem e infrações antecedentes;
d) da Lei Complementar 167/2019, que incluiu no rol das pessoas obrigadas as empresas simples de crédito;
e) da Lei 13.974/2020, que regulou as competências do COAF e revogou em parte a Lei 9.613/1998 (arts. 13, 16 e 17);
f) da Lei 14.183/2021, que incluiu no rol das pessoas obrigadas empresas do mercado de sorteios, loterias e apostas;
g) da Lei 14.478/2022, que criou o Cadastro Nacional de Pessoas Expostas Politicamente (CNPEP), introduziu o uso de criptoativos como uma causa especial de aumento de pena quando relacionados a atividades de lavagem de dinheiro e incluiu os prestadores de serviços virtuais como sujeitos obrigados; e
h) da MPv 1.158/2023, que pretendia modificar a Lei 13.974/2020 (Lei do COAF) para vinculá-lo ao Ministério da Fazenda e visava introduzir no art. 17-F da Lei 9.613/1998 regras de proteção de dados na atividade de inteligência financeira do COAF[83].

Em 2020 foi criada na Câmara dos Deputados uma comissão de juristas para a reforma da Lei 9.613/1998[84]. A Comissão não chegou a concluir seu relatório, sendo encerrada em 2021.[85]

---

[83] Em 1º de junho de 2023, a referida medida provisória perdeu sua eficácia em decorrência do termino do prazo para sua votação pelo Congresso Nacional. Por isto, não foi convertida em Lei. Vide o Ato Declaratório 39, de 15 de junho de 2023, do Presidente da Mesa do Congresso Nacional.

[84] BRASIL. Câmara dos Deputados. Disponível em: https://www2.camara.leg.br/atividade-legislativa/comissoes/grupos-de-trabalho/comissao-de-juristas-lavagem-de-capitais/conheca-a-comissao/criacao-e-constituicao/Criaoeinstituiao.pdf. Acesso em: 20 jun. 2023.

[85] BRASIL. Câmara dos Deputados. Disponível em: https://www.stj.jus.br/sites/portalp/Paginas/Comunicacao/Noticias/11052021-Extinta-comissao-de-juristas-que-iria-propor-alteracoes-na-lei-de-lavagem-de-dinheiro.aspx. Acesso em: 20 jun. 2023.

Outra proposta de alteração significativa veio com o projeto de Lei 2720/2023. Apelidado de "Lei Dani Cunha", por referência a sua autora, o projeto – aprovado pelo plenário da Câmara dos Deputados em 14 de junho de 2023 –pretende tipificar o crime de discriminação contra pessoas politicamente expostas (PEPS) e alterar o Código de Defesa do Consumidor para prescrever os procedimentos a serem adotados pelas instituições financeiras nos casos de negativa de abertura ou manutenção de conta de tais pessoas, que são submetidas a maior escrutínio por setores de *compliance* dos sujeitos obrigados. Sua eventual aprovação final pode representar um retrocesso para a prevenção da lavagem de dinheiro no Brasil.[86]

---

[86] Diponivel em: https://www.camara.leg.br/propostas-legislativas/2364109. Acesso em: 20 jun. 2023.

PARTE II
ASPECTOS PENAIS DA LEI DE LAVAGEM DE DINHEIRO

PARTE II
ASPECTOS GERAIS DA LEI DE LAVAGEM DE DINHEIRO

1. INTRODUÇÃO

Como vimos, a lavagem de capitais consiste no conjunto de procedimentos fraudulentos realizados com o objetivo de conferir ao capital obtido com a prática de infração penal uma aparência lícita que justifique a sua utilização no mercado formal lícito. Ainda conforme exposto, o Brasil ratificou a Convenção de Viena de 1988 por meio do Decreto 154/1991, mas somente tipificou o delito de lavagem de capitais anos depois, em 1998, com a promulgação da Lei 9.613/1998, que foi substancialmente alterada em 2012, com a promulgação da Lei 12.683/2012, em atenção às recomendações do GAFI[87].

Sob o aspecto material, há significativas discussões sobre o delito de lavagem de dinheiro, cujos aspectos principais serão abordados neste capítulo.

---

[87] "Key recommendations made to Brazil include: criminalise FT in a manner consistent with the international requirements; continue to support the Specialised Federal Courts and other measures to enhance the ability to apply final sanctions for ML; extend corporate civil or administrative liability to legal persons who commit ML/FT; ensure that confiscation is systematically pursued; implement effective laws and procedures to take freezing action pursuant to the relevant United Nations Security Council Resolutions (UNSCRs); broaden the obligation to declare physical cross –border transportations of currency and bearer negotiable instruments (BNI); enhance supervisory powers and resources in some areas; increase supervision of non-bank financial institutions; and extend AML/CFT requirements to all categories of designated non-financial businesses and professions (DNFBP)." Cf. FINANCIAL ACTION TASK FORCE. Financial Action Task Force on Money Laundering in South America. Mutual evaluation report: executive summary: anti-money laundering and combating the financing of terrorism: Federative Republic of Brazil. [S.l.]: FATF, OECD, 25 June 2010. Disponível em: https://www.fatf-gafi.org/en/publications/Mutualevaluations/Mutualevaluationreportofbrazil.html. Acesso em: 20 jun. 2023.

2. O BEM JURÍDICO RESGUARDADO

Muito se discutiu e se discute na teoria penal a questão do bem jurídico, mormente sobre o seu conceito, sua legitimidade como critério delimitador do *jus puniendi* e até mesmo sobre a crise da teoria do bem jurídico.[88] Trata-se de tema palpitante, com farto material bibliográfico, ao qual se remete o leitor.

Para os fins que aqui são relevantes, adota-se a premissa de que o conceito de bem jurídico baseado em uma teoria pessoal[89] (voltada a

---

[88] Gunther Jakobs, para citar um exemplo, é um dos grandes críticos à ideia de que a intervenção penal deve ser limitada pelo conceito de bem jurídico, haja vista que tal conceito não ofereceria potencial limitativo algum e, ainda, que tal limitação faz parte da esfera de discussão política e não científica. Não é o entendimento aqui adotado, que defende a ideia de que a concepção pessoal do bem jurídico (Roxin) deve ser adotada como limitação e crítica ao direito posto. Ver: Jakobs, Gunther. ¿Qué protege el derecho penal: Bienes jurídicos o la vigencia de la norma? Disponível em: https://uai.edu.ar/media/110782/jakobs-qu%C3%A7-protege-el-dp.pdf Acesso em: 20 jun. 2023. Cf. Roxin, Claus. Sobre o recente debate em torno do bem jurídico. In: Roxin, Claus e Leite, Alaor. *Novos Estudos de direito penal*. São Paulo: Marcial Pons, 2014.

[89] Segundo Roxin, "bens jurídicos seriam dados ou finalidades necessários para o livre desenvolvimento do indivíduo, para a realização de seus direitos fundamentais ou para o funcionamento de um sistema estatal baseado nessas finalidades". Ainda de acordo com o mencionado autor, tal concepção "tem consequências de alta relevância: ele exclui o moralismo puro (por ex., a punição do homossexualismo entre adultos, de atos sexuais com animais, etc), porque nesse caso não lesionam as possibilidades de desenvolvimento de ninguém; ele exclui também o paternalismo duro (*hard paternalism*) (por ex., a punibilidade da autolesão, da posse de drogas para o consumo próprio (...) ou a contribuição para uma autocolocação em perigo responsável; em todos esses casos falta uma intervenção nos bens jurídicos de outra pessoa)". Muito embora o autor venha flexibilizando a sua própria concepção de bem

fomentar o interesse das pessoas[90]) ainda é o critério mais adequado para a limitação da intervenção penal e interpretação dos tipos penais incriminadores, de modo que não é razoável abandonar esta concepção.

A revisão da bibliografia disponível sobre a lavagem de capitais permite concluir que há uma considerável divergência doutrinária sobre o bem jurídico deste delito. Não é nossa pretensão explorar toda essa divergência, tampouco ditar a última palavra sobre o tema, mas, apenas, apresentar a percepção aqui adotada de bem jurídico protegido na lavagem, uma vez que tal concepção vai orientar a interpretação dos tipos penais da legislação brasileira (função teleológica), bem como nortear eventuais críticas a posicionamentos jurisprudenciais e posições de *lege ferenda*.

Cumpre afirmar, primeiramente, que, segundo aqui se defende, o delito de lavagem de capitais, embora relacionado a uma infração penal antecedente, tem lesividade autônoma, e o seu bem jurídico não se confunde com o bem jurídico resguardado pelo crime ou contravenção anterior.

Também se refuta a tese de que o bem jurídico protegido seria a correta administração da justiça[91], consubstanciada na evitação de comportamentos que visem a causar um grau adicional de dificuldade às autoridades competentes na investigação e descoberta do delito. Conquanto não seja possível desconhecer que, historicamente, a criminalização da lavagem de capitais surge com esta justificativa, e, ainda, que o autor da infração penal antecedente frequentemente pratica o delito para evitar as consequências dos seus atos, atualmente já é possível verificar que este delito tem potencialidade lesiva autônoma e relevantes conse-

---

jurídico, ao admitir duas exceções ao "princípio personalista da proteção de bens jurídicos" (proteção da base vital das gerações futuras" e "proteção da criação"), acredita-se que a sua concepção ainda é a que apresenta maior rendimento teórico na matéria. Para mais detalhes, ver: ROXIN, Claus. Sobre o recente debate em torno do bem jurídico. In: LEITE, Alaor (org). Novos estudos de direito penal. Trad. Luís Greco. São Paulo: Marcial Pons, 2014, passim.

[90] Para mais aprofundamento: COSTA, Helena Regina Lobo da. Considerações sobre o estado atual da teoria do bem jurídico à luz do *harm principle*. In: GRECO, Luis; MARTINS, Antonio. Direito penal como crítica da pena. São Paulo: Marcial Pons, 2012, pp. 133-149.

[91] No sentido de que o bem jurídico resguardado seria a administração da justiça e não a ordem econômica, ver BADARÓ, Gustavo Henrique; BOTTINI, Pierpaolo Cruz. Lavagem de dinheiro: aspectos penais e processuais penais: comentários à Lei 9.613/1998, com as alterações da Lei 12.683/2012. São Paulo: Revista dos Tribunais, 2012, p. 58.

quências macroeconômicas, de modo que o objeto de proteção deve ser buscado à luz destes efeitos.

Paralelamente ao exposto, é importante consignar que a justificativa de proteção à administração da justiça não é convincente para legitimar uma nova punição, haja vista que o Estado, com o seu poder de polícia e monopólio do uso da força, dispõe de inúmeros mecanismos de investigação e tem à disposição técnicas investigativas modernas que podem e devem ser empregadas no enfrentamento à criminalidade. A criação de novos mecanismos de confisco na lei parece[92], segundo entendemos, corroborar a assertiva de que o bem jurídico protegido não é este.

Assim, embora não se possa deixar de reconhecer que, de forma *mediata*, a lavagem de capitais também afeta a administração da justiça, o entendimento aqui defendido é de que este não é o bem jurídico imediato resguardado pelo delito[93].

Segundo entendemos, o bem jurídico na lavagem de capitais é a transparência dos fluxos financeiros, essencial para alcançar a livre concorrência em economias capitalistas. A exata compreensão deste bem jurídico depende de um diálogo com a economia, sob pena de construção de um conceito ontologicamente vazio.

A ciência econômica ensina que a defesa da livre concorrência se justifica pela importância que a disputa entre as empresas possui para a economia de mercado, que, no longo prazo, "leva à maximização das eficiências alocativa, técnica e 'dinâmica', garantindo uma alocação ótima de recursos e o máximo de bem-estar social"[94]. A livre concorrência depende da existência de múltiplos *players* no mercado (produtores, financiadores, distribuidores e consumidores), com atuação independente e *sem poder* de "determinar, de forma unilateral ou coordenada, as condições com que bens e serviços são comercializados no mercado"[95].

---

[92] Neste sentido, vide art. 91-A do Código Penal, incluído pela Lei 13.964/2019 (Pacote Anticrime): "Art. 91-A. Na hipótese de condenação por infrações às quais a lei comine pena máxima superior a 6 (seis) anos de reclusão, poderá ser decretada a perda, como produto ou proveito do crime, dos bens correspondentes à diferença entre o valor do patrimônio do condenado e aquele que seja compatível com o seu rendimento lícito".
[93] Sobre a distinção entre bem jurídico mediato e imediato, ver: BUJÁN-PEREZ, Carlos Martínez. Derecho penal económico. Parte general. Valencia: Tirant lo Blanch, 1998, p. 97.
[94] PINHEIRO, Armando Castelar. SADDI, Jairo. Direito, economia e mercados. Rio de Janeiro, Elsevier, 2005, p. 355.
[95] Idem, ibidem, p. 355.

De acordo com essa lógica, a transparência dos fluxos financeiros assume um papel extremamente relevante para se alcançar a concorrência perfeita, ao permitir a redução das incertezas da atuação no mercado, fornecendo-se, aos agentes econômicos, informações relevantes sobre "o crédito, direito, produto ou serviço"[96] disponível no mercado. Segundo Andrei Zenkner Schmidt, "a concorrência só pode ser considerada livre se fornece a todos os participantes do jogo condições simétricas de possibilidade de acesso a informações relevantes para a tomada de decisões do mercado"[97].

Acrescente-se a isto que a introdução na economia, de forma escamoteada, do capital "fácil", obtido "fora das regras do jogo", afeta a transparência dos fluxos financeiros, dificultando a identificação da origem do capital utilizado naquela atividade específica, permitindo que os *players* do mercado sejam ludibriados ao destinarem o seu capital e o seu tempo a negócios que são meios para a execução de atos de lavagem.

Ademais, a utilização deste capital criminoso nas atividades econômicas desestabiliza o acesso dos agentes econômicos ao mercado formal, gerando vantagens competitivas às empresas utilizadas ou criadas pelos lavadores de dinheiro, além de causar deformação no consumo, haja vista que bens que permitam a ocultação do produto do delito são objeto de preferência dos criminosos. A lavagem pode ocasionar, ainda, o aumento artificial dos preços – uma vez que os lavadores, como regra, estão dispostos a pagar quaisquer quantias, inclusive mais do que o valor real do bem – e favorecer o desenvolvimento de negócios ilegais em detrimento de atividades lícitas[98]. Por fim, a utilização do capital lavado em atividades econômicas pode gerar monopólio dos mercados[99].

---

[96] SCHMIDT, Andrei Zenkner. O Direito Penal Econômico sob uma perspectiva onto-antropológica. 2014. 350f. Tese (Doutorado em Ciências Criminais) – Faculdade de Direito, Pontifícia Universidade Católica do Rio Grande do Sul, Porto Alegre, 2014, p. 50.
[97] SCHMIDT. Op. cit., p. 51.
[98] GJONI, Mario; GJONI, Albana; KORA, Holta. Money laundering effects (2015). Ubt International conference. Disponível em: https://knowledgecenter.ubt-uni.net/conference/2015/all-events/16. Acesso em: 20 jun. 2023.
[99] Este parece ser o entendimento de Blanco Cordero, na Espanha, pois, embora o autor afirme que a natureza jurídica do bem jurídico é pluriofensiva (com ofensa à administração da justiça e à ordem socioeconômica), defende que, a partir de uma interpretação teleológica, o bem jurídico deve ser a ordem socioeconômica, justamente pela razão apontada.

Importante notar, ainda, que considerar a transparência dos fluxos financeiros e a ordem econômica como bens jurídicos imediatos resguardados pelo crime de lavagem de capitais permite que se entenda esse fenômeno delitivo como um processo reprovável em toda a sua extensão, cujo desvalor se inicia nos atos iniciais tendentes a burlar o caráter criminoso da conduta antecedente e alcança os atos de reinserção do capital "higienizado" na economia. Fosse o bem jurídico resguardado somente a administração da justiça, não haveria razão para a incriminação daqueles que atuam apenas na fase de reinserção do capital lavado na economia, haja vista que esta representaria mero exaurimento da ocultação ou dissimulação anteriores.

Corrobora o entendimento de que o bem jurídico tutelado é a ordem econômica o preâmbulo da Convenção de Viena, de 1988, que, embora restrita ao tráfico de drogas, afirma que o proveito econômico deste crime "gera consideráveis rendimentos financeiros e grandes fortunas que permitem às organizações criminosas transnacionais invadir, contaminar e corromper as estruturas da administração pública, as atividades comerciais e financeiras lícitas".

Do exposto, sem pretensão de encerrar o tema, entendemos que o bem jurídico é a ordem econômica e a proteção da competitividade do mercado, essencial para o desenvolvimento do bem-estar do indivíduo em uma economia capitalista[100].

Cf. CORDERO, Isidoro Blanco. El Delito de blanqueo de capitales. 4.ed. Navarra: Aranzandi, 2015, p. 316.

[100] Segundo Roxin, bens jurídicos coletivos não contrariam a noção pessoal do bem jurídico: "Uma justiça que funciona, uma estrutura de funcionários públicos isenta de corrupção, uma moeda intacta, um sistema de tributos justo e um meio ambiente não destruído têm importância essencial para as possibilidades de desenvolvimento do indivíduo na sociedade, de modo que eles de maneira alguma contradizem o conceito pessoal de bem jurídico. Tal poderá ser comprovado por todo aquele que já tenha visto como é a situação nos países em que estes bens não são protegidos de modo suficiente". Cf. ROXIN, Claus. Sobre o recente debate em torno do bem jurídico. In: LEITE, Alaor (org). Novos estudos de direito penal. Trad. Luís Greco. São Paulo: Marcial Pons, 2014.

3. TIPOLOGIAS DE LAVAGEM DE CAPITAIS

O delito de lavagem de capitais abarca uma pluralidade de condutas, algumas singelas, outras incrivelmente sofisticadas de difícil identificação e compreensão, mormente para aqueles não familiarizados com atividades econômicas, contábeis e financeiras. Deste modo, a apresentação das tipologias do crime de lavagem de dinheiro, antes mesmo da análise dos dispositivos penais da legislação brasileira, permite ao intérprete compreender a fenomenologia delitiva, indispensável para a análise dogmática e para a percepção de seus efeitos deletérios para a sociedade. Adicionalmente, pensamos que a correta compreensão das tipologias de lavagem é essencial para avaliar se os casos concretos submetidos à apreciação do judiciário representam atos de ocultar ou dissimular ativos provenientes de infração antecedente, distinção da maior relevância atualmente, uma vez que o STF considera que o crime é permanente na modalidade ocultar.[101]

A doutrina se ocupa muito da temática das tipologias[102] e há uma infinidade de classificações doutrinárias sobre as fases da lavagem. Para os fins deste estudo, adotamos a classificação do GAFI, que divide a lavagem em três fases, a saber: colocação, transformação ou encobrimento e integração. Trata-se de classificação acolhida por respeitável parcela

---

[101] Trataremos deste tema abaixo, no item 4.5.
[102] Não se confundem as tipologias com os tipos penais. Tipologias são condutas paradigma ou *modus operandi*, que abrangem ações ou omissões lícitas e ilícitas. Esses padrões de atuação adotados pelos agentes podem ser observados, para fins de análise de risco e conformidade e para fins de persecução criminal.

doutrinária nacional e estrangeira[103] e também empregada pelo STF no julgamento da AP 470, o famoso caso "Mensalão".[104]

A primeira fase, colocação, consiste na etapa em que o sujeito se distancia do montante de bens oriundo da infração antecedente, sem, contudo, ocultar os respectivos titulares desses bens[105]. Esta etapa visa a evitar o que se chama de "ponto de choque"[106], ou seja, há o objetivo de evitar ou dificultar o rastreamento até a fonte espúria do bem, o que pode ocorrer por meio da modificação da forma de apresentação do produto da infração ou da sua movimentação física[107].

De acordo com a doutrina, conquanto não seja possível conferir aparência de origem lícita aos bens, as manobras de ocultação "por si só podem tornar impossível a comprovação de sua origem ilícita, por inviabilizarem o rastreamento dos bens até a sua origem criminosa, ainda mais quando associadas a técnicas de uso de terceiros"[108].

A ocultação pode ocorrer via instituições financeiras a exemplo: (a) de depósitos ou transações financeiras fracionados (*structuring/smurfing*) com vistas a afastar a incidência dos deveres de identificação e comunicação das instituições financeiras[109], que podem, ou não, ocorrer com a participação de terceiros que emprestam suas contas para este fim[110]; (b) de cartões de crédito pré-pagos ou dinheiro eletrônico[111]; (c) de operações por meio de bancos digitais que prescindem do comparecimento físico às agências[112]; (d) da cumplicidade bancária, que se dá por meio da cooptação ou intimidação de funcionários de instituições finan-

---

[103] Ver: CERVINI, Raúl; OLIVEIRA, William Terra de; GOMES, Luiz Flávio. Lei de lavagem de capitais. São Paulo: Revista dos Tribunais, 1998, p. 82. Ver também BADARÓ, Gustavo Henrique; BOTTINI, Pierpaolo Cruz. Lavagem de dinheiro: aspectos penais e processuais penais: comentários à Lei 9.613/1998, com as alterações da Lei 12.683/2012. São Paulo: Revista dos Tribunais, 2012, p. 23. Vide ainda: BARROS. Op. cit., p. 46; e CORDERO. Op. cit., p. 74.
[104] STF, AP 470, EI-décimos segundos, Rel. Min. Luiz Fux, j. em 13/03/2014.
[105] CORDERO, Isidoro Blanco. Op. cit., p. 77.
[106] CERVINI; OLIVEIRA; GOMES. Op. cit., p. 81.
[107] DALLAGNOL, Deltan. Tipologias de lavagem. In: CARLI, Carla Veríssimo de. Lavagem de dinheiro: prevenção e controle penal. Porto Alegre, Verbo jurídico, 2013, p. 384.
[108] DALLAGNOL. Op. cit., p. 384.
[109] DALLAGNOL. Op. cit., p. 385.
[110] CORDERO. Op. cit., p. 79.
[111] CORDERO. Op. cit., pp. 78/79.
[112] CORDERO. Op. cit., pp. 78/79.

ceiras; (e) da conversão em moedas estrangeiras, sobretudo em períodos de alta valorização do dólar ou do euro, nos quais é possível diminuir, consideravelmente, o volume de dinheiro; (f) da utilização de "paraísos fiscais" e centros financeiros *offshore*, que consistem em locais que oferecem determinados privilégios a quem depositar seus valores, como tributação diferenciada e com nível altíssimo de sigilo[113].

Há, ainda, ocultação em condutas realizadas fora do sistema financeiro, a exemplo da (a) mescla de ativos lícitos e ilícitos em atividades negociais que movimentam grandes somas de dinheiro; (b) da aquisição de bens de luxo com dinheiro em espécie para fracionar e evitar que o numerário chame a atenção; e (c) do contrabando de dinheiro por meio de aeronaves particulares, transporte internacional (*courrier*), transporte de passageiros, entre outros, técnica facilitada pelo volume de tráfego internacional que impede a efetiva fiscalização de todas as bagagens e/ou encomendas[114]. No caso do "contrabando", a experiência é facilitada com a utilização de moedas que possuam notas de alto valor e permitam um menor volume no tráfego, a exemplo do euro (500 euros) e, recentemente, do real brasileiro (nova cédula de 200 reais).

Na segunda fase (encobrimento/dissimulação), por seu turno, o sujeito ativo do crime realiza procedimentos fraudulentos com o objetivo de conferir uma aparência lícita ao capital criminoso. Nesta etapa, é claro o objetivo de mascarar a origem e/ou a natureza do capital com a realização de múltiplos negócios fraudulentos[115], que, como regra, apresentam prejuízo[116], entendido este como o "custo" para "lavar" capitais. Trata-se, na visão de Badaró e Bottini, de "(...) um ato um pouco mais sofisticado do que o mascaramento original, um passo além, um conjunto de idas e vindas no círculo financeiro ou comercial que atrapalha ou frustra a tentativa de encontrar sua ligação com o ilícito"[117].

Exemplos desta segunda fase ocorrem (a) com a conversão de ativos financeiros após o depósito em conta corrente de forma fracionada (*smurfing*), (b) com "a criação de um rastro documental falso que permita ocultar a verdadeira fonte, propriedade, localização ou controle

---

[113] Ibid., p. 317.
[114] Os três exemplos trazidos por Isidoro Blanco Cordero. Op. cit., p. 80.
[115] CORDERO. Op. cit., p. 84.
[116] DALLAGNOL. Op. cit., p. 412.
[117] BADARÓ; BOTTINI. Op. cit., p. 64.

sobre fundos ilicitamente gerados"; (c) com a transferência de fundos; (d) com a utilização e empresas de fachada[118]; (e) com lucros fictícios ou com subfaturamento das despesas; (f) com empréstimos fraudulentos; (g) com doações fictícias[119]; (h) com a efetivação de apostas paralelas em jogos de azar para assegurar o resultado ou realização e todas as apostas em loterias; (i) com operações cruzadas em bolsa de valores; (j) com operações no mercado de esportes, com a supervalorização da transferência dos jogadores[120], entre outras técnicas variadas encontradas na literatura.

Por fim, a terceira fase é de integração, o retorno do capital, já com aparência lícita, ao mercado formal, sendo, como já exposto, a etapa mais difícil para a descoberta da origem criminosa do bem. Nesta etapa, o sujeito já conseguiu ocultar ou dissimular o capital sujo e pode reintroduzi-lo no mercado formal, de modo que será possível aproveitar com mais facilidade o produto auferido com a prática criminosa antecedente, sem que haja um grau elevado de desconfiança quanto a sua origem. Esta última fase não se confunde com a simples utilização do capital na economia após o crime antecedente, desacompanhada das fases anteriores de ocultação ou dissimulação, justamente porque na utilização ostensiva do capital permite-se o rastreamento e a identificação pelas autoridades competentes e, em alguns casos, pelos agentes econômicos. Os exemplos destas fases podem ocorrer após a reintrodução do capital criminoso quando finalizados os procedimentos de reciclagem anteriores.

3.1 A lavagem transnacional de ativos

Há várias formas de remeter valores ao exterior. Algumas delas são prosaicas e tradicionais como o uso de "mulas", que são pessoas comuns, por vezes empregadas dos recicladores, que realizam o "contrabando" pessoal de ativos em bagagens ou no próprio corpo, cruzando fronteiras por via terrestre, fluvial, marítima ou aérea. Em raras ocasiões, é o próprio autor do delito antecedente quem se encarrega de transportar

---

[118] Exemplos (a) a (d) trazidos por Blanco Cordero. Op. cit., p. 85.
[119] Exemplos (e) a (g) trazidos por BALTAZAR JR., José Paulo. Crimes federais. 8.ed. Porto Alegre: Livraria do Advogado, 2012, p. 2.192.
[120] Exemplos (i) a (j) trazidos por DALLAGNOL. Op. cit., passim.

pessoalmente os valores em espécie, ou já parcialmente ocultados como joias, pedras preciosas e obras de arte.

Algumas vezes, o procedimento de contrabando pessoal de ativos se sofistica e são empregados *courriers*, que são indivíduos especializados no transporte clandestino de valores, principalmente cheques emitidos ao portador por estrangeiros em viagem ao Brasil e pagáveis no exterior. Tais documentos de crédito são, posteriormente, levados a um banco no exterior, em geral nos Estados Unidos ou na Europa, onde são depositados na conta indicada pelo solicitante do serviço. O serviço de *courrier* também pode ser realizado por empresas-mensageiras, legítimas ou não, que fazem o transporte de documentos e encomendas para fora do País. Com o surgimento de meios avançados de pagamentos, especialmente com criptoativos, essa tipologia pode sofrer um recesso.

Outra modalidade bastante comum, mas mais arriscada, é o "contrabando" de ativos mediante ocultação em contêineres de navios ou em cargas de caminhões, ou mesmo em meio a bagagens ou a encomendas transportadas em automóveis, ônibus e aviões, em viagens internacionais.

Estas são as modalidades ou tipologias "físicas" de remessa de ativos, quando efetivamente há a circulação naturalística dos bens, direitos ou valores em processo de conversão. É evidente que esse tipo de movimentação comporta graves riscos para os recicladores e para seus clientes, na medida em que podem acontecer acidentes de percurso ou incidentes como furtos, roubos ou apreensões pela Polícia ou pela Receita Federal, no Brasil, ou por autoridades aduaneiras no estrangeiro.

Por isto, o mais das vezes, a remessa do dinheiro sujo é feita mediante transferências eletrônicas, no sistema financeiro oficial, com a utilização de interpostas pessoas, sejam "laranjas" ou empresas fantasmas, como se deu, de forma corriqueira, no caso Banestado[121], quando esta tática foi usada para a evasão de mais de US$ 24 bilhões, entre 1996 e 2002, por meio de contas de não-residentes, as chamadas contas CC-5[122] e também no caso Lava Jato. Obviamente, para funcionar este sistema contava com a participação de gerentes e diretores dos cinco bancos envolvidos[123].

---

[121] Banco do Estado do Paraná, adquirido posteriormente pelo Banco Itaú.
[122] Criadas pela Carta-Circular n. 5/1969 do Banco Central do Brasil.
[123] Detentores de licenças especiais do Banco Central, esses cinco bancos foram autorizados a receber depósitos em espécie em valores superiores a dez mil reais exclusivamente nas contas CC-5 abertas nas suas agências em Foz do Iguaçu.

Remessas eletrônicas ou *wire transfers* algumas vezes são utilizadas diretamente pelo autor da infração penal antecedente para pagamentos de cartões de crédito emitidos no exterior ou para a aquisição de imóveis ou apólices de seguro fora do Brasil, o que também pode caracterizar evasão de divisas, se presentes os requisitos do art. 22 da Lei 7.492/1986.[124] Outra modalidade comum de lavagem ocorre mediante a utilização de cartões de débito pré-pagos. Estes cartões são emitidos ao custo de uma pequena contraprestação e podem ser utilizados para compras e saques no exterior. O problema é que esses instrumentos monetários garantem anonimato aos seus usuários, uma vez que podem ser comprados por uma pessoa e utilizados por outro indivíduo, como se fossem dinheiro em espécie, com a vantagem adicional de também servirem para a aquisição de produtos e serviços no comércio eletrônico, dificultando o rastreamento de tais operações e a identificação dos adquirentes.

Outro esquema de envios irregulares é, por assim dizer, o preferido pelos recicladores em geral. Trata-se do sistema *hawala*, entre nós chamado de "dólar-cabo". É um método paralelo ao sistema financeiro oficial, baseado na confiança entre os operadores e que produz escassa prova documental. Daí contar com a preferência dos remetentes e operadores. Esta qualidade se soma à rapidez na consumação das remessas e à confiabilidade geral do sistema.

Muitos dos doleiros investigados pela Força-Tarefa do Ministério Público Federal[125] e da Polícia Federal no caso Banestado migraram do esquema CC-5 para o método "dólar cabo" (*hawala*), e os que operavam nos dois esquemas passaram a utilizar somente o segundo. No caso Lava Jato[126], o uso do dólar-cabo foi corriqueiro, às vezes envolvendo doleiros já muito conhecidos da Justiça Criminal brasileira.

---

[124] STJ: "O delito de evasão de divisas é autônomo e antecedente ao crime de lavagem de capitais, não constituindo este mero exaurimento impunível daquele, nem havendo consunção entre eles." Cf. STJ, Jurisprudência em Teses, Edição 167, de 9 de abril de 2021, Tese 5. Disponível em: https://scon.stj.jus.br/SCON/jt/toc.jsp. Acesso em: 20 jun. 2023.

[125] A Força-Tarefa do Banestado foi constituída pelo Procurador-Geral da República Geraldo Brindeiro, em fevereiro de 2003, com sede em Curitiba/PR, ampliada pelo Procurador-Geral Cláudio Fonteles, e encerrada pelo Procurador-Geral Antônio Fernando Barros e Silva de Souza em 2006.

[126] A Força-Tarefa do Caso Lava Jato foi constituída em 2014 na gestão do Procurador-Geral Rodrigo Janot e foi descontinuada em 2021 pelo Procurador-Geral Augusto Aras.

O *hawala* consiste na utilização de contas próprias ou de terceiros no exterior para a realização de pagamentos solicitados por clientes residentes em outro país ou mesmo no Brasil, num sistema de compensação recíproca, em que pode haver ou não a utilização do sistema financeiro oficial. Se forem utilizadas instituições financeiras no Brasil ou no exterior, o responsável pela operação se encarregará de não deixar pistas para um eventual rastreamento, caso em que as ordens de transferência serão feitas em chamadas telefônicas por telefonia via satélite ou em comunicações telemáticas criptografadas, ou por meio de faxes remetidos a partir de endereços no exterior[127], ou ainda por mensageiros instantâneos também criptografados.

Assim, alguém que precise enviar ilegalmente aos Estados Unidos cem mil dólares fará a entrega desta quantia em espécie ou em pedras preciosas, por exemplo, a um doleiro no Brasil. Este por sua vez, acessará sua conta bancária em Nova Iorque ou Miami, por *Internet banking*, e fará a transferência doméstica, dentro dos Estados Unidos, para a conta indicada pelo cliente. Em outros casos, o doleiro poderá transmitir ao banco norte-americano a ordem de transferência dos valores. Quanto aos bens recebidos pelo doleiro no Brasil, para a consumação da remessa, dificilmente será possível vinculá-los à operação bancária realizada nos Estados Unidos. E nisto, precisamente, reside a dificuldade para investigar crimes de lavagem na modalidade *hawala*, tipologia estudada ao lado de outros sistemas alternativos de remessas de ativos, conhecidos como ARS em inglês.

Ora, nas disponibilidades no exterior concretizadas por meio das contas de não-residentes (CC-5), todas as operações são registradas no Sistema de Informações do Banco Central do Brasil (SISBACEN), o que permitia reconstruir a trilha da remessa e apontar os envolvidos, ainda que "laranjas". Em contrapartida, isto nem sempre é possível no *hawala*, porque as operações, em regra, não são realizadas diretamente entre instituições financeiras oficiais dos países envolvidos; são quase sempre

---

[127] Por exemplo, as comunicações telefônicas na Bolívia não eram passíveis de interceptação, nem mesmo para fins criminais. A proibição desse tipo de investigação estava prevista na Constituição boliviana de 1967 (art. 20, II): "Ni la autoridad pública, ni persona u organismo alguno podrán interceptar conversaciones y comunicaciones privadas mediante instalación que las controle o centralice".

clandestinas e se consumam mediante uma compensação internacional entre os operadores, sem a transposição física do dinheiro pelas fronteiras.

Desta maneira, basta um simples fax ou uma mensagem eletrônica pela Internet, ou um breve diálogo num comunicador instantâneo, para confirmar uma remessa ao exterior, caso em que os valores mencionados na mensagem serão disponibilizados ao destinatário no país indicado, mediante uma baixíssima remuneração pela operação[128]. Eis aí outro atrativo do sistema *hawala*.

Como é evidente, num caso tal, para começar uma investigação viável, a prova da remessa dependerá, entre outras, de pelo menos uma destas providências: a) da apreensão da mensagem (*email* ou fax ou comunicador instantâneo); b) da interceptação da chamada internacional de voz ou dados ou da transmissão telemática; c) da confissão do operador ou do reciclador ou de sua colaboração; ou d) de informação testemunhal. Como se vê, as características do sistema *hawala* tornam bem mais difícil a persecução criminal, já que em regra não haverá uma transação bancária unindo as duas pontas da operação, no país de origem e no país de destino, nem documentos claros que apontem o vínculo entre o operador e o cliente autor da infração-base.

Um método mais recente de lavagem transnacional de ativos ocorre por meio dos ativos virtuais, entre os quais estão as criptomoedas, como o *bitcoin* e o *ether*, a seguir examinados e que podem ser empregados mediante a adaptação do modelo de dólar-cabo para o que a doutrina denominou de "*Bitcoin-cabo*".[129]

3.2 Ativos virtuais e tipologias de lavagem de dinheiro

O surgimento de ativos virtuais, gênero do qual o *bitcoin* é a espécie mais conhecida, trouxe novidades em matéria de tipologias de lavagem de capitais.

---

[128] O operador no exterior pode ser um legítimo *money transmitting business*, também chamado *money service business* (MSB), que acaba se associando a um ente ou indivíduo clandestino no Brasil.

[129] NUNES, Leandro Bastos. A utilização do *bitcoin-cabo* na condição de meio para configuração do crime de evasão de divisas. Disponível em: https://www.anpr.org.br/imprensa/artigos/24264-a-utilizacao-do-bitcoin-cabo-na-condicao-de-meio-para-configuracao-do-crime-de-evasao-de-divisas. Acesso em: 20 jun. 2023.

Em janeiro de 2009, no auge da crise econômico-financeira que abalou a credibilidade do mercado nas instituições financeiras tradicionais, o mundo se deparou pela primeira vez com um novo ativo com características inovadoras: (a) emissão digital, com utilização de técnica de mineração computacional[130], sem a interferência de uma autoridade emissora central, seja esta financeira ou governamental[131]; (b) cujas informações sobre transações (data, endereço de envio e de recebimento e valor) são registradas em bloco em um livro-razão público e descentralizado (DLT)[132], em oposição ao livro-razão tradicional, que consiste em uma base de dados central, acessível e alimentada apenas por determinados usuários; (c) protegido por criptografia, que adiciona camadas de segurança, previne a falsificação e permite a escassez digital do ativo[133], evitando sua desvalorização; (d) que permite trocas de valores diretamente entre as partes (*peer-to-peer*)[134], bastando, para tanto, que o sujeito seja conhecedor da chave privada que libera a transação na

---

[130] Basicamente, podemos definir os mineradores como um dos nós (participantes) da rede *bitcoin*, responsáveis por validar e adicionar transações desta criptomoeda ao Blockchain em troca de recompensas pelos seus serviços. Os mineradores realizam o que se denomina de prova de trabalho, que consiste na resolução de cálculos complexos que, em caso vitorioso, permitem a inserção de um novo bloco à rede *blockchain*. Os mineradores são remunerados com novos *bitcoins* quando se sagram "vitoriosos" no seu trabalho computacional. A recompensa dos mineradores é variável a cada 100 anos ou 210 mil blocos, o que permite uma limitação na criação de *bitcoin* a 21 milhões de unidades. Para mais informações, ver: https://www.infomoney.com.br/guias/mineracao-de-criptomoedas/. Acesso em: 20 jun. 2023.

[131] ESTELLITA, Heloisa. Criptomoedas e lavagem de dinheiro. Resenha de: GRZYWOTZ, Johanna. Virtuelle Kryptowährungen und Geldwäsche. Berlin: Duncker & Humblot, 2019. Revista Direito GV, v. 16, n. 1, jan./abr. 2020, e1955. Disponível em: http://dx.doi.org/10.1590/2317-6172201955. Acesso em: 20 jun. 2023, p. 3.

[132] Conforme a Organização Internacional de Valores Mobiliários (IOSCO), "A distributed ledger is a decentralized database accessible and collectively controlled by multiple users. These users are referred to as the 'nodes' of the decentralized database network. Users participating in the network as 'full nodes' have the ability to enforce all the rules of the decentralized database network. Other users participating in the network as "lightweight nodes" are passive participants in the network.109 Any update of the data is validated by full nodes who come to an agreement about the state of the ledger through a specific consensus mechanism". Disponível em: https://www.iosco.org/library/pubdocs/pdf/IOSCOPD554.pdf. Acesso em: 20 jun. 2023.

[133] No sistema *Proof of Work* (PoW), o trabalho dos mineradores fica mais difícil a cada bloco, com cálculos cada vez mais complexos para a emissão de novos *bitcoins*.

[134] Como veremos a seguir, também é possível que essa troca seja efetuada por meio de uma parte central intermediária, denominada *exchange*.

rede; e (e) valor de mercado equivalente a moedas correntes nos países (moedas fiduciárias), permitindo a sua conversibilidade (aquisição e venda).[135]

Este novo ativo foi denominado *bitcoin*, o primeiro da classe dos ativos virtuais. Até o surgimento do *bitcoin*, todas as transações efetuadas no sistema financeiro eram realizadas com moedas fiduciárias (*fiat*) – emitidas e garantidas pelas autoridades financeiras centrais de cada país – ou com ativos com valor correspondente a estas moedas e não eram realizadas diretamente pelos usuários, que dependiam da interlocução com uma instituição financeira e da credibilidade de todo o sistema bancário. O surgimento e desenvolvimento do *bitcoin* foi revolucionário, porque alterou os paradigmas até então vigentes, permitindo, como exposto, a circulação de valores de forma descentralizada, direta e sem necessidade de identificação das partes envolvidas.

O pioneirismo do surgimento do *bitcoin* permitiu que a tecnologia que combina criptografia e DLT fosse replicada e aprimorada para a criação e desenvolvimento de outros ativos digitais. Podemos citar o ativo *ether*, a "moeda" digital construída na rede *Ethereum*. Esta rede (*Ethereum*) pode ser considerada um aprimoramento da rede *Bitcoin*, por possuir, além da sua própria "moeda", outras funcionalidades que permitem, por exemplo[136]: (a) a criação de outros ativos virtuais semelhantes à moeda, como as *stablecoins* (moedas virtuais que mantém o seu valor estável e pareado com algum outro ativo – dólar, euro, ouro, etc); (b) a realização de *Initial Coin Offerings* (ICO), que se assemelham as *Initial Public Offerings* (IPO) no mercado de ações, ou seja, são uma oferta pública feita por empresas para financiar seus projetos, no ambiente do *blockchain ethereum*; (c) o registro de contatos determinísticos (*smart contracts*); (d) o registro de *tokens* não fungíveis – representação digital de um item exclusivo que pode ser digital ou físico[137]; (e) a criação de

---

[135] FINANCIAL ACTION TASK FORCE. Fatf Report. Virtual currencies key definitions and potential AML/ CFT risks. June, 2014, p. 4. Disponível em: https://www.fatf-gafi.org/en/publications/Methodsandtrends/Virtual-currency-definitions-aml-cft-risk.html. Acesso em: 20 jun. 2023. Ver também: https://academy.bit2me.com/precio-historico-del-bitcoin/. Acesso em: 20 jun. 2023.

[136] Para mais informações, ver: https://ethereum.org/pt-br/what-is-ethereum/. Acesso em: 20 jun. 2023.

[137] Para mais informações, ver: https://www.infomoney.com.br/guias/nft-token-nao-fungivel/. Acesso em: 20 jun. 2023.

cadeias laterais (*sidechains*), que permitem dinamizar as operações realizadas com ativos virtuais, em especial com o *bitcoin* e o próprio *ether*, permitindo o processamento lateral e mais rápido das transações sem afetar a cadeia principal.

A multiplicidade de ativos digitais surgidos e desenvolvidos após o *bitcoin* é enorme, sendo possível falar que vivemos uma era da economia digital. Por força disto, para a melhor compreensão destes ativos digitais, pensamos que mais produtivo do que exemplificar o maior número de ativos, é mais relevante categorizar os ativos digitais com base no critério de utilidade destes ativos no mercado[138]. Assim, como ensina Ayelén Anzola, no "conjunto de possibilidades que oferecem os *tokens* no mercado, é possível identificar três funções que podem (ou não) apresentar-se com exclusividade"[139]: (a) os *security tokens*, que seriam aqueles "que representam direitos de participação em resultados de um empreendimento ou mesmo direito de voto"[140] e, por tais qualidades, são considerados valores mobiliários no Brasil, nos termos do inciso IX do artigo 2º da Lei 6.385/1976[141]; (2) os *payment tokens*, que são aqueles "que têm semelhança com a moeda *fiat* por pretender cumprir uma de suas muitas funções, isto é, ser meios de pagamento"[142], (3) e os *utility tokens*, que "representam direitos de aquisição de produtos e serviços"[143] ou seja, são "destinados a proporcionar acesso a uma aplicação ou serviço específico", utilizados "unicamente com relação a seu emissor e não cumprem a função de bem de troca nem são transferíveis, porque, em

---

[138] Esta classificação também foi utilizada pela CVM no julgamento do NIC TOKEN, oportunidade em que o órgão concluiu que este ativo era um valor mobiliário. Ver: CVM, Processo Administrativo Sancionador nº 19957.003406/2019-91.

[139] "Dentro del conjunto de posibilidades que ofrecen los tokens en el mercado, es posible identificar tres funciones que pueden (o no) presentarse en exclusividad: los asset security token; los payment token; y, los utility token". Cf. ANZOLA, Ayelén. Particularidades de los activos virtuales como objeto material del delito de blanqueo de capitales en España. *Revista General de Derecho penal*, n. 38, 2022, p. 19.

[140] Processo Administrativo Sancionador CVM nº 19957.003406/2019-91, fl. 18.

[141] Esse foi o entendimento adotado pelo STJ em mais de uma oportunidade: HC n. 530.563/RS, Rel. Min. Sebastião Reis Júnior, Sexta Turma, julgado em 05/03/2020, DJe de 12/3/2020; CC n. 187.976/RS, Rel. Min. Laurita Vaz, Terceira Seção, julgado em 10/8/2022, DJe de 18/8/2022.

[142] ANZOLA, Ayelén. Particularidades de los activos virtuales como objeto material del delito de blanqueo de capitales en España. *Revista General de Derecho penal*, n. 38, 2022, p. 20.

[143] CVM, Processo Administrativo Sancionador nº 19957.003406/2019-91, p. 18.

geral, são emitidos para que os usuários possam ter acesso a um bem ou serviço prestado"[144]. Todas estas três classes de ativos podem ser objeto material do crime de lavagem, como abordaremos a seguir.

Feitos estes breves esclarecimentos sobre os ativos virtuais, deve-se afirmar que, desde 2013, ou seja, pouco tempo após o surgimento do *bitcoin*, o GAFI já demonstrava sua preocupação com os potenciais riscos da lavagem de capitais com a utilização de *bitcoins* e outros ativos virtuais[145]. Estas preocupações também são compartilhadas pela doutrina[146]. Por outro lado, agentes do mercado de criptoativos refutam essa ideia, afirmando que é mais comum haver lavagem de dinheiro no sistema financeiro tradicional do que no universo dos ativos digitais, uma

---

[144] No original: ""(...) como *tokens* destinados a proporcionar acceso a una aplicación o servicio específico. Son utilizados únicamente con relación a su emisor y no cumplen la función de bien de cambio ni son transferibles porque, por lo general, son emitidos para que los usuarios puedan acceder a un bien o servicio que se presta". Cf. ANZOLA. Op. cit., p. 24.

[145] Segundo o GAFI, os ativos virtuais são "representações digitais de valor que podem ser digitalmente negociadas e funcionar como (a) meio de troca e/ou (b) unidade de conta e/ou (c) reserva de valor", porém não se confundem com moedas de uso corrente em um país (fiat currency), pois não são garantidas por nenhuma jurisdição. Cf. FINANCIAL ACTION TASK FORCE. Fatf Report. Virtual currencies key definitions and potential AML/CFT risks. June, 2014. Disponível em: https://www.fatf-gafi.org/en/publications/Methodsandtrends/Virtual-currency-definitions-aml-cft-risk.html. Acesso em: 20 jun. 2023, p. 6. No Glossário das 40 Recomendações, o conceito é ampliado para incluir, além deste conceito, os ativos virtuais, que são uma representação digital de valor que pode ser eletronicamente negociada ou transferida e que pode ser usada para pagamentos ou para fins de investimento, incluindo, a nosso juízo, não apenas o conceito de *payment tokens*, mas também o conceito de *utility e security* tokens. Cf. FINANCIAL ACTION TASK FORCE. International Standards on Combating Money Laundering and the Financing of Terrorism & Proliferation, FATF, Paris, France, 2022. Disponível em: https://www.fatf-gafi.org/content/dam/recommendations/FATF%20Recommendations%202012.pdf.coredownload.inline.pdf . Acesso em: 20 jun. 2023, p. 132.

[146] Ver, por exemplo: ESTELLITA, Heloisa. Bitcoin e lavagem de dinheiro: uma aproximação. Disponível em: https://www.jota.info/opiniao-e-analise/colunas/penal-em-foco/bitcoin-e-lavagem-de-dinheiro-uma-aproximacao-0710201. Acesso em: 20 jun. 2023; NAVARRO CARDOSO, Fernando. Criptomonedas (en especial, bitcóin) y blanqueo de dinero. Revista Electrónica de Ciencia Penal y Criminología. 2019, núm. 21-14, pp. 1-45. http://criminet.ugr.es/recpc/21/recpc21-14.pdf; ESTELLITA, Heloisa. Criptomoedas e lavagem de dinheiro. Resenha de: GRZYWOTZ, Johanna. Virtuelle Kryptowährungen und Geldwäsche. Berlin: Duncker & Humblot, 2019. Revista Direito GV, v. 16, n. 1, jan./abr. 2020, e1955. Disponível em: http://dx.doi.org/ 10.1590/2317-6172201955. Acesso em 16 abr. 2023, p. 4; BLANCO CORDERO, Isidoro Blanco. Op. cit., p. 86.

vez que, neste último caso, as transações em sua maioria ficam registradas no livro-razão[147].

É fundado o receio de utilização, por criminosos, de ativos virtuais para a realização de atos de lavagem de dinheiro. Muito embora documentos sobre o tema, a exemplo do relatório de *Crypto Crime* divulgado pela *Chainalysis* em 2023, apontem que é ínfimo o percentual de ativos digitais relacionados a atividades ilícitas[148], deve-se ter em mente que estamos diante de uma tecnologia nova, ainda de difícil compreensão para as autoridades e que possui características que facilitam a ocorrência deste delito, como a seguir se verá.

Adicionalmente, dois fatores devem ser levados em consideração. O primeiro deles é que a própria *Chainalysis* reconhece as limitações dos seus resultados sobre atividades ilícitas no mercado dos ativos virtuais, ao afirmar que o percentual listado apenas se refere aos crimes "nativos" com ativos virtuais e aos elementos até então identificados, que podem aumentar ao longo dos anos[149].

O segundo motivo é que a matéria não está regulamentada de forma madura em todas as jurisdições. Apenas para se ter uma ideia, no âmbito dos Estados Unidos, o presidente Joe Biden assinou um decreto (*executive order*)[150] determinando a realização de estudos sobre os ativos virtuais, notadamente relacionados à criação e desenvolvimento de medidas de proteção aos consumidores, investidores e empresas, proteção do sistema financeiro dos Estados Unidos e detecção de riscos como lavagem de dinheiro. Ou seja, mesmo um dos países mais avançados

---

[147] Disponível em: https://blogs.oglobo.globo.com/capital/post/cz-fundador-da-binance-e-muito-dificil-fazer-lavagem-de-dinheiro-com-criptomoedas.html. Acesso em: 20 jun. 2023.

[148] Segundo o referido relatório, em 2022, apenas 0,24% das transações realizadas em 2022 no universo dos ativos digitais estavam relacionadas a ilícitos. Cf. CHAINALYSIS. The Chainalysis 2023 Crypto Crime Report. Disponível em: https://go.chainalysis.com/2023-crypto-crime-report.html. Acesso em: 20 jun. 2023.

[149] Crypto Crime Report. Op. cit., p. 9.

[150] Para saber mais: ESTADOS UNIDOS. White House. President Biden to Sign Executive Order on Ensuring Responsible Development of Digital Assets. Disponível em: https://www.whitehouse.gov/briefing-room/statements-releases/2022/03/09/fact-sheet-president-biden-to-sign-executive-order-on-ensuring-responsible-innovation-in-digital-assets/. Acesso em: 20 jun. 2023.

na regulação da matéria ainda estuda como aprimorar o seu sistema[151]. No Brasil, a despeito de a discussão já estar em curso em diversos tribunais e no âmbito da CVM[152], a primeira regulamentação veio com a Lei 14.478/2022, em vigor em 20 de junho de 2023. A ausência de maturidade na regulamentação faz com que muitos fatos que podem ser enquadrados como criminosos não cheguem ao conhecimento das autoridades[153].

O risco de cometimento de lavagem de dinheiro no universo dos ativos virtuais se deve, em primeiro lugar, ao elevado grau de anonimato nas transações financeiras realizadas com essas criptomoedas, caso os agentes não sejam adequadamente identificados ao longo do processo[154]. Parcela da doutrina refere-se a isto como o risco de anonimato[155]. No entanto, no caso das moedas que possuem livro-razão público, a exemplo do *bitcoin* e do *ether*, há de se concordar com Heloísa Estellita, quando afirma que não se trata de real anonimato, mas, sim, de "pseudoanoni-

---

[151] Em setembro de 2022, a Casa Branca dos EUA apresentou um relatório com recomendações sobre a matéria desenvolvidas após a determinação do presidente Biden. Disponível em: https://www.whitehouse.gov/briefing-room/statements-releases/2022/09/16/fact-sheet-white-house-releases-first-ever-comprehensive-framework-for-responsible-development-of-digital-assets/. Acesso em: 20 jun. 2023.

[152] Neste sentido, ver o Parecer de Orientação 40, "que consolida o entendimento da autarquia sobre as normas aplicáveis aos criptoativos que forem considerados valores mobiliários". Cf. COMISSÃO DE VALORES MOBILIÁRIOS. Parecer de Orientação n. 40, de 2022. Disponível em: https://www.gov.br/cvm/pt-br/assuntos/noticias/cvm-divulga-parecer-de-orientacao-sobre-criptoativos-e-o-mercado-de-valores-mobiliarios. Acesso em: 20 jun. 2023.

[153] Conforme o relatório *The Underside of the coins*, produzido pela FDD: "virtual asset services providers (VASPs), by virtue of their youth and the immature regulatory environment, lack comparable AML/CFT and sanctions compliance programs. Although FATF has called for greater AML/CFT compliance, few jurisdictions have robust AML/CFT laws and regulations in place that govern VASPs and other VA sector participants". No mesmo sentido, o GAFI publicou um relatório em junho de 2022 afirmando que, até a data, a maioria das jurisdições ainda não havia implementado completamente os *standards* estabelecidos pelo órgão para a prevenção à lavagem de dinheiro e ao financiamento ao terrorismo em matéria de ativos virtuais. Cf. FINANCIAL ACTION TASK FORCE. Targeted update on implementation of the FATF standards on virtual assets and virtual asset service providers. June 2022. Disponível em: https://www.fatf-gafi.org/media/fatf/documents/recommendations/Targeted-Update-Implementation-FATF%20 Standards-Virtual%20Assets-VASPs.pdf. Acesso em: 20 jun. 2023.

[154] FAFT Report. Op. cit., 2014, p. 9.

[155] CORDERO, Isidoro Blanco. Op. cit., p. 95.

mato", pois, embora o código em si da moeda não possua os dados do seu titular, "o fluxo de transações é registrado na *blockchain*, o que dá uma transparência relevante quanto a todo o histórico de transações com as BTCs"[156]. No entanto, como se verá abaixo, o anonimato pode ocorrer, nos casos de utilização de serviços de anonimização (*mixers* ou *tumblers*) que ofuscam o livro razão público, com "a utilização de táticas como distribuição de ativos virtuais entre milhares de contas para, posteriormente, agregar estes ativos e devolver aos reais titulares o enviar ao destinatário final"[157] ou de *privacy coins*, moedas que "usam criptografia para ocultar o saldo e o endereço da carteira de um usuário para manter um nível de privacidade"[158].

A descentralização é outra característica apontada pelo GAFI e também pela doutrina[159], para os riscos do cometimento deste crime, haja vista que a ausência de uma autoridade monetária dificulta a aplicação das políticas de identificação dos usuários e de monitoramento, identificação e reporte de um padrão de transações suspeitas, o que favorece a característica do pseudoanonimato Em alguns casos, a descentralização e o pseudoanonimato podem ser mitigados quando o titular dos ativos se utiliza de uma intermediária centralizada para fins de trocar *ativos virtuais* por moedas de curso legal, ou seja, nos casos em que se utiliza das *exchanges*, acima referidas, que operam como casas de câmbio ou agentes de custódia. No Brasil, a Lei 14.478/2022, acima citada, incluiu as *exchanges* como sujeitos obrigados a adotar políticas antilavagem de dinheiro, o que pode auxiliar as autoridades na prevenção e repressão deste delito, conforme será abordado mais à frente no capítulo XX deste livro.

---

[156] ESTELLITA, Heloisa. Criptomoedas e lavagem de dinheiro. Resenha de: GRZYWOTZ, Johanna. Virtuelle Kryptowährungen und Geldwäsche. Berlin: Duncker & Humblot, 2019. Revista Direito GV, v. 16, n. 1, jan./abr. 2020, e1955. Disponível em: http://dx.doi.org/10.1590/2317-6172201955. Acesso em: 16 abr. 2023, p. 4.

[157] GOLDBERG, Richard; LEVITOV, Alex. The underside of the Coin: illicit finance risks in virtual assets. Disponível em: https://www.fdd.org/analysis/2023/02/16/the-underside-of-the-coin-illicit-finance-risks-in-virtual-assets/. Acesso em: 20 jun. 2023.

[158] BINANCE. What You Need to Know About Privacy Coins. Disponível em: https://www.binance.com/en/blog/fiat/what-you-need-to-know-about-privacy-coins-421499824684903655. Acesso em: 20 jun. 2023.

[159] ESTELLITA, Heloisa. Op. cit., p. 4; CORDERO, Isidoro Blanco. Op. cit., p. 86.

Estellita lembra ainda que a utilização do *bitcoin* é globalizada, ou seja, as transações podem ser realizadas apenas com a utilização da Internet de uma ponta a outra do globo, favorecendo a dissolução de barreiras territoriais para a consumação de crimes[160].

Ante tudo que foi exposto, com o fim de explorar as tipologias de lavagem de dinheiro com ativos virtuais, objetivo deste tópico, convém apresentar, sem qualquer pretensão de esgotar o tema, algumas tipologias de ocultação ou dissimulação, com a advertência de que elas podem caracterizar, ou não, efetivos atos de lavagem, a depender da análise do caso concreto, com a avaliação dos requisitos objetivos e subjetivos do tipo e da possibilidade, ou não, de serem aplicadas as regras do concurso aparente de crimes.

Com relação à ocultação, é possível verificar tipologias que ocorrem tanto quando o produto/proveito do crime é recebido no formato de ativos virtuais quanto nas hipóteses em que o sujeito converte o produto/proveito do crime nestes ativos virtuais.

Quanto ao primeiro grupo de casos, recebimento do proveito/produto do crime em ativos virtuais, podemos listar as seguintes situações exemplificativas:

(a) venda de produtos ou serviços ilícitos por meio da *darknet markets* com o recebimento do valor da venda em ativos virtuais: nestes casos, o sujeito se utiliza de um *darkweb*, que se trata de um site operado via navegadores anônimos (como o *Tor*) que permitem mascarar a identidade do usuário e funcionam como uma espécie de mercado paralelo, facilitando a compra e venda desses bens e serviços ilícitos[161]. Em alguns

---

[160] ESTELLITA, Heloisa. Criptomoedas e lavagem de dinheiro. Resenha de: GRZYWOTZ, Johanna. Virtuelle Kryptowährungen und Geldwäsche. Berlin: Duncker & Humblot, 2019. Revista Direito GV, v. 16, n. 1, jan./abr. 2020, e1955. doi: http://dx.doi.org/ 10.1590/2317-6172201955, p. 4. No mesmo sentido, FINANCIAL ACTION TASK FORCE. Fatf Report. Virtual currencies key definitions and potential AML/ CFT risks. June, 2014, p. 4. Disponível em: https://www.fatf-gafi.org/en/publications/Methodsandtrends/Virtual-currency-definitions-aml-cft-risk.html. Acesso em: 20 jun. 2023. p. 9.

[161] Nos EUA, foi deflagrada a operação *Disruptor*, que contou com a cooperação da Europol e resultou na prisão de mais de 170 pessoas, além da apreensão de armas, drogas e confisco de mais de 6,5 milhões de dólares. Mais informações em: ESTADOS UNIDOS. Department of Justice. International Law Enforcement Operation Targeting Opioid Traffickers on the Darknet Results in over 170 Arrests Worldwide and the Seizure of Weapons, Drugs and over

casos, o site *darkweb* funciona como um intermediário não só no contato entre as partes, mas na transação financeira em si, por meio da retenção e custódia dos valores pagos por quem encomenda o produto ou serviço até que a venda seja concluída, momento em que os valores são liberados ao vendedor, mediante comissão. Recentemente, a agência do Tesouro Americano responsável pelo controle de ativos estrangeiros – *U.S. Treasury's Office of Foreign Assets Control (OFAC)* – incluiu na lista de sujeitos sancionados a famosa *darkwerb* russa *Hydra Market*, considerada a maior do mercado nos últimos anos, acusada de receber mais de US $ 1,7 bilhão de dólares em criptomoeda (75% dos valores movimentados em toda *darkweb* anualmente)[162].

(b) *Ransomware* ou sequestro de dados: Trata-se de uma forma de constrangimento ilegal ou extorsão virtual, que se consuma mediante a criptografia clandestina de sistemas ou dispositivos informáticos de terceiros, para cobrança de resgate pela decodificação dos dados pertencentes à vítima. Nestes casos, a forma preferencial de recebimento de vantagens dos agentes é por meio de ativos digitais. Segundo dados do *Chainalysis*, esta modalidade de crime representou, em dólares, US$ 765 milhões no ano de 2020 e US$ 766 milhões no ano de 2021, porém decresceu 40% no ano de 2002 – US$ 457 milhões – muito em razão do aprimoramento dos mecanismos de segurança utilizados por potenciais vítimas e, ainda, devido ao fato de que muitas das concretas vítimas têm-se recusado a pagar esses valores[163];

(c) *Stolen Funds* (subtração de ativos): outra forma que permite ao agente receber o proveito/produto do crime em criptomoedas se refere à subtração de ativos. Para entender esse tipo de crime, é preciso um breve panorama do funcionamento da maioria dos ativos digitais. Nestes

---

$6.5 Million https://www.justice.gov/opa/pr/international-law-enforcement-operation-targeting-opioid-traffickers-darknet-results-over-170. Acesso em: 20 jun. 2023.

[162] CHAINALYSIS. OFAC Sanctions Hydra Following Law Enforcement Shutdown of the Darknet Market, as well as Russian Exchange Garantex Disponível em: https://blog.chainalysis.com/reports/hydra-garantex-ofac-sanctions-russia/. Acesso em: 20 jun. 2023. Ver também: ESTADOS UNIDOS. Department of Justice. Justice Department Investigation Leads to Shutdown of Largest Online Darknet Marketplace. Disponível em: https://www.justice.gov/opa/pr/justice-department-investigation-leads-shutdown-largest-online-darknet-marketplace. Acesso em: 20 jun. 2023.

[163] Crypto Crime Report. Op. cit., p. 27.

casos, o titular do ativo digital ou a empresa que é responsável por fazer sua custódia no interesse do cliente, possui uma chave privada que consiste em uma sequência de dados criptografados originados a partir de uma frase aleatória (*seed phrase*). Esta chave privada origina uma chave pública, que, por sua vez, origina um endereço localizado na plataforma *blockchain* do respectivo ativo digital. O endereço é o local onde o ativo digital está armazenado e a chave privada permite a autorização de transações com esse criptoativo. No caso de subtração de ativos, como numa fraude eletrônica, *hackers* se aproveitam da vulnerabilidade dos locais de armazenamento das chaves privadas[164] (principalmente nos casos de *hot wallets*, que armazenam as chaves *online*) ou, ainda, de vulnerabilidades da própria rede criptoativos. Segundo a *Chainalysis*, esta modalidade de crime foi recordista no ano de 2022, atingindo o montante de US$ 3,8 milhões, o que se deveu, segundo o relatório, aos ataques realizados por *hackers* norte-coreanos[165].

Como vimos, a obtenção do produto ou do proveito do crime pode ocorrer já na forma de ativos virtuais. Embora esses ativos virtuais apresentem a característica do pseudoanonimato, é preciso ter em mente que *o seu mero recebimento* como resultado do crime não configura lavagem de dinheiro, pois essa conduta se assemelha aos casos em que o sujeito recebe o produto/proveito do crime em espécie ou em metais preciosos. Do mesmo modo, não será ato de lavagem de dinheiro a conduta do sujeito de converter estes ativos virtuais em moedas fiduciárias, quando a conversão se der com fins de utilização deste produto/proveito e ocorrer diretamente pelo próprio agente[166], por intermédio de

---

[164] Segundo informações do *Chainalysis*, no caso das subtrações de valores da "*Ronin Bridge*", uma *sidechain* – uma rede de *blockchain* menor, conhecida como ponte, que funciona separadamente da rede principal, porém conectada a ela, com vistas a aumentar sua funcionalidade – da *Ethereum*, o grupo *hacker* Lazarus Group teria obtido acesso a cinco das nove chaves privadas pertencentes aos validadores das transações naquela rede, o que permitiu que utilizassem essas chaves para realizar duas transações de retiradas para endereços controlados pelo grupo. CHAINALYSIS. $30 Million Seized: How the Cryptocurrency Community Is Making It Difficult for North Korean Hackers To Profit. Disponível em: https://blog.chainalysis.com/reports/axie-infinity-ronin-bridge-dprk-hack-seizure/. Acesso em: 20 jun. 2023.
[165] Crypto Crime Report. Op. cit., p. 56.
[166] Nos casos da Operação *Disruptor*, citada em nota acima, muitos dos investigados realizaram a conversão dos valores e saques em *exchanges* usando suas próprias identidades, para

uma *exchange* centralizada que adote mecanismos de *compliance* e *Know Your Customer* (KYC).[167] A ocultação ocorrerá apenas quando o sujeito se utilizar de mecanismos, posteriores ao recebimento dos valores, para escamotear este produto/proveito da infração penal que já se encontrava no formato de ativos virtuais.

Como exemplos de ocultação nestes casos, podemos citar as seguintes hipóteses: (a) pulverização dos ativos virtuais, o que ocorre quando o sujeito envia o ativo para diversos endereços por ele controlados, porém não relacionados ao seu nome (ex: envio para endereços na rede *Bitcoin* sem identificação em alguma *exchange* ou identificados com nome falso ou com a utilização de "laranjas"), ou, ainda, quando realiza esses atos em pequenos montantes que fogem do valor exigido para reporte (quando a conduta ocorre por meio de *exchanges* centralizadas)[168]; (b) transformação entre ativos virtuais[169], incluindo os casos de transformação em diversos tipos de ativos, sem justificativa plausível de diversificação de carteira, o que pode ensejar o pagamento de taxas desnecessárias[170]; (c) transformação do ativo em *privacy coins*[171], que são uma classe de ativos virtuais que adicionam camadas de privacidade na *blockchain*[172], permitindo ocultar o saldo, o endereço da carteira do usuário, a origem dos recursos, o remetente, o destinatário ou o valor

---

usufruir desses valores na economia. Salvo nos casos de ocultação, ou caso seja realizada alguma operação posterior, não vislumbramos lavagem de dinheiro nesta hipótese.

[167] Ver adiante o capítulo V, item 2.1.

[168] A pulverização foi apontada pelo próprio GAFI: FATF. Money Laundering and Terrorist Financing Red Flag Indicators Associated with Virtual Assets, FATF, Paris, France, 2020. Disponível em: www.fatf-gafi.org/publications/fatfrecommendations/documents/Virtual-Assets-Red-Flag-Indicators.html. Acesso em 04 de abril de 2023, p. 7.

[169] Segundo informações da *Chainalysis*, esta teria sido uma das técnicas utilizadas pelo grupo de *hackers* Lazarus Group, da Coreia do Norte, para subtração de ativos virtuais na ponte *Ronin Bridge*. Cf. CHAINALYSIS. $30 Million Seized: How the Cryptocurrency Community is Making it Difficult for North Korean Hackers to Profit. Disponível em: https://blog.chainalysis.com/reports/axie-infinity-ronin-bridge-dprk-hack-seizure/. Acesso em: 20 jun. 2023.

[170] FATF (2020). *Op. cit.*, p. 8.

[171] FATF (2020). *Op. cit.*, p. 11.

[172] Para mais explicações, ver: CHAINALYSIS. Introducing Investigations & Compliance Support for Privacy Coins Dash and Zcash. Disponível em: https://blog.chainalysis.com/reports/introducing-investigations-compliance-support-for-privacy-coins/. Acesso em: 20 jun. 2023.

da transação; (d) envio para *exchanges* localizadas em jurisdições de alto risco – um dos exemplos mais atuais é o caso da *exchange* russa *Garantex*, que – a despeito de ter sido sancionada pela OFAC em 2022, sob a alegação de que teria permitido a conversão em moeda fiduciária em valores ilícitos relacionados a *darknet markets* superiores a US $ 100 milhões[173] – continuou operando, com a alegação de que não teria ativos nos Estados Unidos, tampouco prestaria serviços a cidadãos estadunidenses. Segundo dados da *Chainalysis*, os depósitos efetuados na *Garantex* dobraram após as sanções[174]; (e) envio para protocolos descentralizados (*DeFI protocols*)[175], que podem ser definidos como plataformas de ativos virtuais "que podem funcionar de forma autônoma, sem o suporte de uma empresa central, grupo ou pessoa"[176], o que, embora não sirva para ocultar o rastro dos ativos (como ocorre com os *mixers*), uma vez que as transações ficam registradas na *blockchain*, fornece uma camada a mais para complicar esse rastreamento; (f) realização de operações diretas (*peer-to-peer*); (g) realização de operações com pessoas físicas que realizam serviços típicos de *exchange*[177], a exemplo de pessoas que convertem ativos virtuais em moeda soberana, mediante comissão; (h) operação *bitcoin*-cabo, que, semelhante ao que ocorre com o dólar-cabo, visto no subtópico anterior, consiste na transferência de valores em ativos virtuais via *blockchain* e recebimento de outros ativos virtuais ou, até mesmo, de moedas fiduciárias em troca;[178] (i) e utilização de

---

[173] ESTADOS UNIDOS. Treasury Department. Treasury Sanctions Russia-Based Hydra, World's Largest Darknet Market, and Ransomware-Enabling Virtual Currency Exchange Garantex. Disponível em: https://home.treasury.gov/news/press-releases/jy0701. Acesso em: 20 jun. 2023.
[174] Crypto Crime Report. Op. cit., p. 19.
[175] Segundo a *Chainalysis*, esta forma de ocultação dos ativos foi a mais utilizada por *hackers* que atuaram na subtração de valores no ano de 2022. Tais criminosos enviaram 57% dos valores ilícitos a essas *exchanges* e demais protocolos descentralizados. Red flags. Op. cit., p. 14.
[176] Mais informações em: CHAINALYSIS. Introducing the Chainalysis Global DeFi Adoption Index. Disponível em: https://blog.chainalysis.com/reports/2021-global-defi-adoption-index/. Acesso em: 20 jun. 2023.
[177] Red flags. Op. cit., p. 11.
[178] NUNES, Leandro Bastos. A utilização do bitcoin-cabo na condição de meio para configuração do crime de evasão de divisas. Disponível em: https://www.anpr.org.br/imprensa/artigos/24264-a-utilizacao-do-bitcoin-cabo-na-condicao-de-meio-para-configuracao-do-crime-de-evasao-de-divisas. Acesso em: 20 jun. 2023.

private wallets[179], principalmente *cold wallets* para armazenamento das chaves privadas, o que pode permitir o transporte além das fronteiras[180].

Ainda pensando em ocultação, podemos tratar de um segundo grupo de casos, que se diferencia do primeiro porque, nesta segunda hipótese, o sujeito recebe o produto do crime em espécie ou em outro bem que não seja um ativo virtual. Como modalidades de ocultação nestas situações podemos pensar em: (a) aquisição de ativos virtuais em plataformas *peer-to-peer* que não exijam a identificação das partes, facilitando a conduta do agente, que pode converter o produto do crime em um ativo virtual com mais chances de ocultar sua identidade, tendo em vista o pseudoanonimato característico dos criptoativos; (b) aquisição de ativos via *exchanges* sediadas em jurisdições de alto risco ou de tributacao favorecida; (c) compra de ativos virtuais em valores pulverizados, que fogem às exigências de comunicação; (d) compra de ativos com identidade falsa ou com a utilização de "laranjas". Uma vez convertidos em ativos virtuais, os agentes podem adotar as mesmas tipologias acima referidas para reforçar a ocultação.

No que tange à dissimulação, é possível verificar as seguintes hipóteses:

(a) utilização de *mixers* ou *tumblers* que consistem em *softwares* que utilizam "táticas como distribuir ativos virtuais para milhares de contas e, em seguida, reagregá-los e enviá-los de volta para seus proprietários originais ou para seu destinatário final"[181]. Como resultado dos serviços de mixagem, "cada criptomoeda do usuário somente pode ser rastreada até o misturador (*mixer*) e não ao seu endereço original, a não ser que sejam utilizadas técnicas especiais de análise de *blockchain*"[182]. Trata-se de uma forma de dissimulação porque, neste caso, são introduzidas mais camadas que permitem dissociar o ativo da sua natureza ilícita e do agente[183], principalmente os casos daqueles *mixers* que camuflam

---

[179] Red flags. Op. cit., p. 8.
[180] Red flags. Op. cit., p. 12.
[181] No original: "tactics such as distributing VAs to thousands of accounts and then re-aggregating them and sending them back to their original owners or onward to their ultimate recipient." Cf. FDD, p. 3.
[182] Crypto Crime Report. Op. cit., p. 45.
[183] Para saber mais sobre misturadores, ver: CHAINALYSIS. Crypto Mixers and AML Compliance. Disponível em: https://blog.chainalysis.com/reports/crypto-mixers/. Acesso em: 20 jun. 2023.

até mesmo a sua utilização, permitindo que haja uma maior justificativa para a sua utilização. Contudo, a despeito de os *mixers* poderem ser utilizados para dissimulação de ativos, nem todas as pessoas que fazem uso desses serviços são, necessariamente, agentes de lavagem de dinheiro. Como o livro razão, na grande parte dos ativos virtuais, é público, é possível que algumas pessoas e empresas necessitem de uma camada extra de privacidade para conferir segurança aos seus negócios[184]. Esta forma de dissimulação chamou a atenção da OFAC nos EUA que, em 2022, pela primeira vez sancionou dois *mixers* – Blender.io[185], que opera na rede *bitcoin* e foi acusado de processar mais de US $ 20,5 milhões de dólares em ativos ilícitos – e *Tornado Cash*[186], que opera na rede *Ethereum* e teve o seu desenvolvedor preso na Holanda. Esses misturadores estariam relacionados à lavagem de dinheiro e seriam utilizados por *hackers* norte-coreanos. Segundo dados da *Chainalysis* referentes ao ano de 2022, após as sanções da OFAC, a quantidade de ativos virtuais processados por *mixers* decresceu, o que pode ser um indicativo de que atores lícitos passaram a evitar sua utilização, como consequências das medidas soberanas unilaterais adotadas pelos Estados Unidos. Adicionalmente, o relatório aponta que a maioria dos ativos recebidos pelos *mixers* em 2022 teve origem em valores obtidos a partir de desvio de valores, o que pode indicar que as sanções dos EUA não surtiram efeito nestes atores, notadamente porque costumam estar em jurisdições não cooperativas.[187]

(b) *Initial Coin Offerings (ICO)*, como visto acima, são hipóteses de oferta pública inicial de ativos virtuais que se assemelham a uma IPO. Nestes casos, é possível pensar em técnicas de dissimulação quando o sujeito realiza uma ICO fraudulenta, unicamente com vistas a permitir que ativos virtuais ilícitos sejam utilizados para adquirir cotas neste novo investimento e, ao final, devolvidos ao seu titular, com aparência

---

[184] Crypto Crime Report. Op. cit., p. 46.
[185] ESTADOS UNIDOS. Department of Treasury. U.S. Treasury Issues First-Ever Sanctions on a Virtual Currency Mixer, Targets DPRK Cyber Threats. Disponível em: https://home.treasury.gov/news/press-releases/jy0768. Acesso em: 20 jun. 2023.
[186] ESTADOS UNIDOS. Department of Treasury. U.S. Treasury Sanctions Notorious Virtual Currency Mixer Tornado Cash. Disponível em: https://home.treasury.gov/news/press-releases/jy0916. Acesso em: 20 jun. 2023.
[187] Crypto Crime Report. Op. cit., p. 46.

legítima. As chances de dissimulação são maiores se a oferta inicial é feita por meio de protocolos descentralizados (DeFi).

Por fim, entre as tipologias de reinserção de ativos, podemos listar: (a) realização de conversões para moeda soberana em *exchanges* centralizadas por meio de "laranjas", com falsa identificação, mediante cooptação de funcionários (semelhantemente ao que ocorre nas instituições financeiras tradicionais) ou com a utilização de intermediários profissionais que enviam recursos para estas *exchanges* e posteriormente os remetem ao agente da lavagem. Sobre esta última espécie, o relatório *Crytpocrime*, produzido pela *Chainalysis*, aponta que aproximadamente 50% dos ativos ilícitos originários de *blockchains* foram enviados para *exchanges* centralizadas[188]; (b) aquisição de *utility tokens* com ativos de origem ilícita ou adquiridos com recursos ilícitos, o que permitiria sua reinserção no mercado após a realização de alguma técnica de ocultação; e (c) compra de bens e serviços com ativos virtuais, o que deve ser visto com atenção pelos reguladores e, sobretudo, pelos sujeitos obrigados da Lei de Lavagem de Dinheiro.

---

[188] Crypto Crime Report. Op. cit., p. 44.

4. ANÁLISE DO CRIME DE LAVAGEM DE CAPITAIS NA LEGISLAÇÃO BRASILEIRA

Nesta seção examinaremos o tipo objetivo do crime de lavagem de dinheiro, sua escala penal, o sujeito ativo do delito, seu elemento subjetivo e as questões da consumação e da tentativa desse crime.

Também veremos a causa especial de aumento de pena do §4º do art. 1º da Lei 9.613/1998, e a regulamentação da delação premiada e da colaboração premiada de outros meios especiais de obtenção de provas na investigação de lavagem de capitais.

4.1 O tipo objetivo do crime de lavagem de dinheiro

4.1.1 *O tipo penal principal do art. 1º,* caput, *da Lei 9.613/1998*

Art. 1º. Ocultar ou dissimular a natureza, origem, localização, disposição, movimentação ou propriedade de bens, direitos ou valores provenientes, direta ou indiretamente, de infração penal.

4.1.1.1 *Condutas*

No *caput* do art. 1º, há a incriminação das condutas de "ocultar e dissimular a natureza, origem, localização, disposição, movimentação ou propriedade de bens, direitos ou valores provenientes, direta ou indiretamente, de infração penal".

Como é possível verificar, o tipo em questão é misto alternativo (dois verbos nucleares separados pela conjunção alternativa), de modo que a realização de ambas as condutas em relação a um mesmo objeto da ação configura delito único[189]. As condutas de ocultar e dissimular têm consequências jurídicas distintas por força de sua natureza quanto à consumação, uma vez que o STF[190] e o STJ[191] entendem que a modalidade de ocultação configura um crime permanente, ao passo que a dissimulação seria um delito instantâneo, como será explorado com mais detalhes abaixo.[192]

Por força disto, é essencial definir os dois verbos e distingui-los, uma vez que, caso se trate de ocultação, a situação jurídica do acusado será mais desfavorável, cabendo, por exemplo, prisão em flagrante enquanto durar a permanência, aplicação da lei mais grave posterior (Súmula 711 do STF), além de o marco prescricional se iniciar apenas após a cessação da permanência (art. 111, III, do CP).

A ocultação pressupõe o ato de esconder o capital oriundo do crime, evitando a ligação com o sujeito antecedente e a descoberta deste capital, para que seja possível realizar, futuramente, os próximos atos de lavagem. Blanco Cordero, ao comentar o verbo *ocultación* na legislação espanhola, afirma que este consiste na realização de "ações positivas de esconder, disfarçar ou tapar, assim como e, calar o que se conhece, para evitar o conhecimento por terceiros, da natureza, origem, localização, destino, movimento e os direitos sobre bens procedentes do ilícito ou a propriedade dos mesmos"[193].

Conforme ensina Carla Veríssimo de Carli, a ocultação pode se dar tanto por meios concretos quanto por atos jurídicos[194], ou seja, é possível haver a ocultação física do capital ou a ocultação por meio de técnicas jurídicas para burlar a ligação do agente com o fato.

---

[189] BADARÓ; BOTTINI, 2012, p. 63. BARROS, 2007, p. 60.
[190] STF, AP 863, Rel. Min. Edson Fachin, Primeira Turma, julgado em 23/05/2017.
[191] STJ, AgRg no RHC 131.089/SP, Rel. Min. Nefi Cordeiro, 6ª Turma, julgado em 09/02/2021; STJ, AgRg no AREsp 1.523.057/RS, Rel. Min. Ribeiro Dantas, 5ª Turma, julgado em 02/06/2020; RHC 1.036.844/RS, Rel. Min. Reynaldo Soares da Fonseca, 5ª Turma, julgado em 16/05/2019; RHC 87.590/RJ, Rel. Min. Laurita Vaz, 6ª Turma, julgado em 04/10/2018; STJ, AgInt no REsp 1.593.312/SP, Rel. Min. Felix Fischer, 5ª Turma, julgado em 18/09/2018; STJ, HC 449.024/RJ, Rel. Min. Rogério Schietti Cruz, 6ª Turma, julgado em 23/08/2018.
[192] Ver item 4.5 abaixo.
[193] Op. cit., p. 618.
[194] CARLI, Carla Veríssimo de. Op. cit., p. 232.

A fase de ocultação, justamente por ser a primeira, pode gerar situações de dúvida quanto ao exaurimento da infração antecedente nos casos em que o próprio autor do delito prévio realiza a lavagem. Essa problemática será abordada abaixo, no item 4.2.

A dissimulação, por seu turno, é o ato de mascarar a aquisição do capital, por meio da realização de um negócio fraudulento com o fim de enganar a aquisição lícita[195]. Neste segundo caso, conforme ensina Blanco Cordero, o objeto material do crime, além de ficar oculto, deve "parecer distinto do que é" de modo que é "necessário que os bens adquiram uma aparência distinta, em concreto uma aparência de legalidade que não possuem"[196]. Neste sentido, pensamos que a melhor distinção entre ambas é que, no caso da dissimulação, há uma justificativa fraudulenta da qual o agente pode fazer uso no intuito de afastar a característica criminosa do objeto material, de modo que a descoberta da real fonte do bem, direito ou valor se torna mais difícil às autoridades, que devem mapear o rastro destes ativos.

Por isso que, como visto na fase de tipologia, os atos de dissimulação têm em comum o fato de que o agente consegue demonstrar, à primeira vista, que aquele bem, direito ou valor de origem criminosa está relacionado a um negócio jurídico lucrativo e real.

Assim, é muito relevante que seja identificada a efetiva conduta praticada pelo agente, com o oferecimento de denúncias que, ao contrário de afirmarem, genericamente, que houve "ocultação e dissimulação", possam, de fato, individualizar qual dos dois verbos foi realizado pelo acusado.

A conduta de ocultar é, em regra, anterior à dissimulação, de modo que esta absorve aquela. Nada obstante, para Aras, se a ocultação persistir após a dissimulação, esta é levada em conta dado o seu caráter permanente.

As condutas de ocultação e dissimulação demonstram que o legislador criminalizou as duas primeiras fases do crime de lavagem, que podem ocorrer de múltiplas formas, como se afirmou em relação à

---

[195] Neste sentido, ver também: VILARDI, Celso Sanchez. O crime de lavagem de dinheiro e o início de sua execução. Revista Brasileira de Ciências Criminais: RBCCrim, v. 12, n. 47, p. 11-30, mar./abr. 2004.
[196] Op. cit., p. 622.

tipologia. Adicionalmente, tem-se que o crime está consumado com a realização das condutas de ocultação ou a dissimulação, não sendo necessária a realização da terceira fase do crime, qual seja, a reinserção, conforme já decidido pela Corte Especial do Superior Tribunal de Justiça[197].

Ocultação e dissimulação dirigem-se à natureza (qualidade, espécie[198] ou essência[199]), origem (procedência, local de onde veio ou foi produzido[200], ponto de partida, fonte[201]), localização (posição física do objeto[202]) disposição ("organização, disposição ou arranjo físico da coisa"[203]), movimentação (circulação, transporte do objeto) e propriedade (titularidade da coisa, nos termos do artigo 1.228 do Código Civil[204]).

As hipóteses de ocultação e dissimulação podem ser vistas na exemplificação das tipologias conforme o tópico anterior[205], para o qual remetemos o leitor.

As figuras de ocultação e dissimulação são comissivas, embora possa existir a hipótese da omissão imprópria, quando houver dever de garante[206] e quando preenchidos os requisitos do tipo.

---

[197] STJ, AP 923/DF, Rel. Min. Nancy Andrighi, Corte Especial, julgado em 23/09/2019.
[198] BALTAZAR JR. Op. cit., p. 2.184.
[199] CARLI. Op. cit., p. 232.
[200] BALTAZAR JR. Op. cit., p. 2.185.
[201] CARLI. Op. cit., p. 232.
[202] BALTAZAR JR. Op. cit., p. 2.185.
[203] BALTAZAR JR. Op. cit., p. 2.185.
[204] CARLI. Op. cit., p. 233.
[205] Tópico 3 da Parte II.
[206] Luz já teve a oportunidade de defender que não há dever de garante em relação ao crime de lavagem de capitais no Brasil, uma vez que não foram previstos os deveres de abstenção e de recusa de realização de operações suspeitas de lavagem de dinheiro, como fazem as leis espanhola e portuguesa, para citar dois exemplos. Assim, para a coautora, inexiste para os particulares obrigação de evitar o resultado lesivo do crime de lavagem, o que afasta o dever de garante nos termos do art. 13, §2º do CP. Aras diverge dessa posição, admitindo a omissão imprópria no crime de lavagem de dinheiro. Nada obstante, é possível que haja dever de garante no caso de assunção do compromisso de evitar a prática de atos de lavagem, o que pode ocorrer em empresas com programas de *compliance* antilavagem (PLD), hipótese em que será possível falar-se em dever de garante nos termos do art. 13, §2º, II do CP. Para mais detalhes da posição de MARTINS LUZ, ver: LUZ, Ilana Martins. *Compliance* e omissão imprópria. Belo Horizonte: D'Plácido, 2018, p. 272.

4.1.1.2 *Objeto material*

A ocultação e a dissimulação recaem sobre o objeto material da ação que são os *bens* (móveis ou imóveis[207]), *direitos* ("títulos ou papéis que representem outros bens[208]) *ou valores*, o que engloba "um vasto âmbito de propriedade"[209].

A amplitude da legislação brasileira parece não oferecer maiores dificuldades para que os ativos virtuais, gênero do que faz parte o *bitcoin*, sejam considerados objeto material do crime de lavagem. Com efeito, conquanto o *bitcoin* e suas congêneres não sejam consideradas moedas de curso legal[210], nem valor mobiliário em todos os casos[211], tanto os *payment* tokens, como os *security* tokens são representativos de valores econômico e podem ser objeto de transferência de titularidade entre terceiros. Quanto aos *utility tokens*, estes podem representar uma forma

---

[207] Ao contrário da receptação, o crime de lavagem também abarca bens imóveis, como já decidido pelo STJ, HC 545.395/RO, Rel. Min. Reynaldo Soares da Fonseca, j. em 05/03/2020.

[208] BALTAZAR JR. Op. cit., p. 2.182.

[209] CARLI. Op. cit., p. 225.

[210] O Banco Central do Brasil, no Comunicado n. 31.379, de 16 de novembro de 2017, afirmou que as moedas virtuais não se confundem com as moedas eletrônicas, haja vista que estas representam o modo de expressão da moeda fiduciária no formato eletrônico, ao passo que as moedas virtuais representam uma moeda privada, cujo valor decorre "exclusivamente da confiança conferida pelos indivíduos ao emissor". Assim, assentou o Banco Central do Brasil que tais moedas virtuais, entre elas a *bitcoin*, "não são reguladas, autorizadas ou supervisionadas" pelo órgão. Tal posição ficou prejudicada pela Lei 14.478/2022, que entrou em vigor em 20 de junho de 2023. Disponível em: https://www.bcb.gov.br/estabilidade financeira/exibenormativo?tipo=Comunicado&numero=31379. Acesso em: 27 mar 2023.

[211] A CVM entende que os *bitcoins* não são necessariamente valores mobiliários, com exceção dos casos de oferta pública de títulos ou contratos de investimentos coletivos cuja remuneração estaria atrelada à negociação de criptoativos, como no caso do art. 2º, inciso IX, da Lei 6.385/1976. BRASIL. Comissão de Valores Mobiliários. Disponível em: http://www.cvm.gov.br/export/sites/cvm/legislacao/deliberacoes/anexos/0800/deli830.pdf. Acesso em: 20 jun. 2023. Por força disso, em março de 2020, entendeu o STJ que haveria competência federal e incidência da Lei 7.492/1986 nestes casos. (STJ, HC 530.563, Rel. Min. Sebastião Reis Júnior, j. em 05/03/2020). No entanto, a 3ª Seção do STJ, posteriormente, afastou a competência federal em caso semelhante de oferta de investimento coletivo no mercado de criptomoedas. Ver STJ, CC 173711/SP, Rel. Min. Félix Fischer, j. em 23/09/2020. Tal posição deve se alterar após a aprovação do Parecer 40 CVM, de 2022, e da entrada em vigor da Lei 14.478/2022.

de troca por produtos e serviços, o que também possui valor econômico agregado e mecanismo de introdução do capital criminoso na economia.

Para além, a IN 1.888/2019 da Receita Federal considera os ativos virtuais como "representação digital de valor", de modo que é possível encaixá-las no conceito legal referido. Ademais, a Lei 14.478/2022 deixou claro que o crime de lavagem de capitais pode ser cometido por meio de ativos virtuais, caso em que a pena poderá ser aumentada com base no §4º do art. 1º da Lei 9.613/1998.

O objeto material tem que ser fruto de infração penal anterior, que é o elemento normativo do tipo de lavagem. Como visto, até a reforma promovida pela Lei 12.683/2012, que entrou em vigor em 10 de julho de 2012, somente havia lavagem de capitais caso o agente tivesse praticado um dos crimes anteriormente listados nos oito incisos do art. 1º, *caput*. Com a alteração legislativa, optou-se por afastar a previsão que limitava os delitos prévios, de modo que qualquer *infração penal* (crime ou contravenção) pode ser considerada antecedente, desde que produza ativos.

Segundo parte da doutrina, trata-se de alteração que ampliou consideravelmente o rol antecedente, o que pode gerar ofensas à proporcionalidade e, ainda, conflito aparente de normas penais com a receptação, para citar um exemplo[212].

Por se tratar de norma penal que amplia o âmbito de punição, não cabe aplicação a fatos anteriores à sua vigência, em homenagem ao princípio da legalidade e da anterioridade. Assim, em relação a infrações penais que não constavam do rol anterior da lei, somente cabe falar em punição para atos de lavagem realizados após a vigência da Lei 12.683/2012, com exceção dos atos de ocultação que se prolongaram após a vigência da lei, dada a natureza permanente do crime, a seguir exposta.

Questão relevante diz respeito ao inciso VII do artigo 1º, vigente antes da reforma legislativa em 2012. De acordo com tal dispositivo, cometia delito de lavagem todo aquele que realizasse as condutas do *caput* em relação a infrações penais praticadas por organizações criminosas.

Como visto acima, Aras, entende fora de dúvida que, ao tempo da entrada em vigor da Lei 9.613/1998, não existia o crime de associação em organização criminosa. Mas também era certo que, pelo menos

---

[212] BALTAZAR JR. Op. cit., p. 2.179.

desde 2004, a Convenção de Palermo já nos fornecia o conceito de organização criminosa. Assim, sem qualquer violação ao princípio da legalidade penal (art. 5º, inciso XXXIX, da Constituição c/c o art. 1º do Código Penal), e desde a integração da Convenção das Nações Unidas contra o Crime Organizado Transnacional (UNTOC) ao ordenamento jurídico brasileiro (o que ocorreu mediante o Decreto n. 5.015, de 12 de março de 2004), já se podia adequadamente interpretar e aplicar o antigo inciso VII do art. 1º da Lei de Lavagem de Dinheiro.

Por conseguinte, para os fins da Lei 9.613/1998, haveria lavagem de dinheiro sempre que o agente ocultasse ou dissimulasse valores decorrentes de crimes (jamais de contravenções)[213] que tivessem sido praticados por uma organização criminosa, entendendo-se como tal o crime cuja pena máxima não fosse inferior a 4 anos de reclusão ou detenção ("infração grave") e, por organização criminosa, compreendendo-se o grupo estruturado de três ou mais pessoas, de natureza estável, que cometesse tais infrações graves, com o fim de obter uma vantagem material. Nesta linha de ideias, delitos não inseridos no rol taxativo da Lei de Lavagem de Dinheiro (art. 1º), que deixou de existir em 2012, poderiam ser considerados crimes antecedentes, desde que gerassem alguma vantagem, proveito ou produto passível de valoração econômica. É o exemplo dos crimes de homicídio cometidos mediante paga, dos crimes de sonegação fiscal e de vários delitos patrimoniais como o furto, o roubo e o estelionato, que, sem esta regra, ficavam fora do campo de incidência da lei de lavagem de ativos. Para que fossem lidos no rol, bastava que os delitos ora enunciados fossem cometidos por um grupo criminoso organizado, no sentido convencional.

Por outro lado, antes da reforma promovida em 2012, Luz e Föppel[214] advertiam que era figura atípica o crime de lavagem de capitais que tivesse por antecedente o crime praticado por organização criminosa, por ausência de definição típica deste último delito, na linha consignada pela Suprema Corte no *leading case*, o HC 96.007/SP, decidido em 2012.

---

[213] Até a vigência da Lei 12.683/2012.
[214] Föppel, Gamil; Luz, Ilana Martins. Comentários críticos à lei brasileira de lavagem de capitais. Rio de Janeiro: Lumen Juris. 2011, pp. 59-60.

No HC 77.771/SP, julgado em 2008, o Superior Tribunal de Justiça utilizara o conceito de Palermo para admitir a acusação pelo crime de lavagem de dinheiro, na forma do art. 1º, inciso VII, da Lei 9.613/98, como se vê no acórdão abaixo ementado:

> HABEAS CORPUS. LAVAGEM DE DINHEIRO. INCISO VII DO ART. 1º DA LEI Nº 9.613/98. APLICABILIDADE. ORGANIZAÇÃO CRIMINOSA. CONVENÇÃO DE PALERMO APROVADA PELO DECRETO LEGISLATIVO Nº 231, DE 29 DE MAIO DE 2003 E PROMULGADA PELO DECRETO Nº 5.015, DE 12 DE MARÇO DE 2004. AÇÃO PENAL. TRANCAMENTO. IMPOSSIBILIDADE. EXISTÊNCIA DE ELEMENTOS SUFICIENTES PARA A PERSECUÇÃO PENAL.
> 1. Hipótese em que a denúncia descreve a existência de organização criminosa que se valia da estrutura de entidade religiosa e empresas vinculadas, para arrecadar vultosos valores, ludibriando fiéis mediante variadas fraudes – mormente estelionatos –, desviando os numerários oferecidos para determinadas finalidades ligadas à Igreja em proveito próprio e de terceiros, além de pretensamente lucrar na condução das diversas empresas citadas, algumas por meio de "testas-de-ferro", desvirtuando suas atividades eminentemente assistenciais, aplicando seguidos golpes.
> 2. Capitulação da conduta no inciso VII do art. 1º da Lei nº 9.613/98, que não requer nenhum crime antecedente específico para efeito da configuração do crime de lavagem de dinheiro, bastando que seja praticado por organização criminosa, sendo esta disciplinada no art. 1º da Lei nº 9.034/95, com a redação dada pela Lei nº 10.217/2001, c.c. o Decreto Legislativo nº 231, de 29 de maio de 2003, que ratificou a Convenção das Nações Unidas contra o Crime Organizado Transnacional, promulgada pelo Decreto nº 5.015, de 12 de março de 2004. Precedente. [...]
> 5. Mostra-se, portanto, prematuro e temerário o acolhimento do pedido da defesa de trancamento da ação penal, de maneira sumária, retirando do Estado, de antemão, o direito e, sobretudo, o dever de investigar e processar, quando há elementos mínimos necessários para a persecução criminal.
> 6. Ordem denegada.[215]

---

[215] STJ, 5ª Turma, HC 77.771/SP, Rel. Min. Laurita Vaz, j. em 30/05/2008.

Posteriormente, este julgado foi reformado por decisão proferida pelo Supremo Tribunal Federal no HC. 96.007/SP, de relatoria do Ministro Marco Aurélio, no bojo do qual se decidiu pela concessão da ordem e trancamento da ação penal, sob o argumento de que "o crime de quadrilha não se confunde com o de organização criminosa, até hoje sem definição na legislação pátria". Deste modo, o Supremo Tribunal Federal decidiu não ser possível imputar o crime de lavagem de dinheiro quando o delito antecedente não estivesse no antigo rol do artigo 1º da Lei 9.613/1998, mas este delito houvesse sido cometido por intermédio de organização criminosa (inciso VII).

Como não há mais rol algum, *esta* polêmica perdeu sentido dali em diante, caso tomemos em conta as infrações penais antecedentes praticadas a partir de 10 de julho de 2012, data a partir da qual qualquer delito poderá compor o binômio *infração antecedente → lavagem de ativos*.

Porém, para os crimes antecedentes ocorridos *antes* da entrada em vigor da Lei 12.683/2012, o tema ainda terá lugar, sendo certo que essa nova norma penal incriminadora não poderia retroagir para prejudicar o réu. Ao fim, prevaleceu o *leading case* do HC 96.007/SP, ao qual se soma o decidido pelo STF na ADI 4414/AL.[216] Adicionalmente, a jurisprudência do STJ vem entendendo que "a prática de organização criminosa como crime antecedente da lavagem de dinheiro é atípica antes do advento da Lei n. 12.850/2013, por ausência de descrição normativa",[217] além de que "não se pode invocar a substituição do crime de organização criminosa por associação criminosa (art. 288, CP), pois este não estava incluído no rol taxativo da redação original da Lei n. 9.613/98"[218]. Nos termos do STJ:

---

[216] STF, Pleno, ADI 4414/AL, Rel. Min. Luiz Fux, j. em 31/05/2012.
[217] STJ, RHC 109.122/DF, Rel. Min. Ribeiro Dantas, Quinta Turma, julgado em 15/09/2020, DJe 21/09/2020; RHC 80.674/MT, Rel. Min. Rogerio Schietti Cruz, Sexta Turma, julgado em 01/09/2020; AgRg no REsp 1.842.155/DF, Rel. Min. Nefi Cordeiro, Sexta Turma, julgado em 19/05/2020; RHC 65.992/PA, Rel. Min. Antonio Saldanha Palheiro, Sexta Turma, julgado em 21/05/2019; RHC 83.591/MS, Rel. Min. Felix Fischer, Quinta Turma, julgado em 17/08/2017; RHC 36.661/RJ, Rel. Min. Reynaldo Soares da Fonseca, Quinta Turma, julgado em 25/04/2017.
[218] STJ, RHC 65.992/PA, Rel. Min. Antonio Saldanha Palheiro, Sexta Turma, julgado em 21/05/2019; STJ, AgRg no AREsp 1.198.334/RS, Rel. Min. Reynaldo Soares da Fonseca, Quinta Turma, julgado em 27/11/2018; STJ, RHC 74.751/DF, Rel. Min. Nefi Cordeiro, Sexta

Por ser atípico, não se pode invocar a substituição do crime de organização criminosa por associação criminosa (art. 288 do Código Penal – CP), pois este não estava incluído no rol taxativo da redação original da Lei n. 9.613/1998.[219]

Assim, para os casos anteriores à Lei 12.683/2012, o STF não admite a integração do tipo penal do art. 1º, inciso VII (revogado em 2012) da Lei 9.613/1998, mediante a utilização do *conceito* de "organização criminosa", previsto no art. 2º da Convenção de Palermo.

Aras segue a discordar deste entendimento, sustentando que não se podia confundir o *conceito* ou a *definição* de organização criminosa com o *tipo penal* de associação em organização criminosa. Este (o tipo penal), de fato, não existia no Brasil até 2013.[220] Contudo, para Aras, o conceito legal já estava normatizado no País desde 2004, com a vigência da Convenção de Palermo, aqui internalizada com força de lei federal ordinária, e era utilizado pelos tribunais para a determinação da competência judicial, como no caso das varas federais criminais especializadas, e para completar outras normas, inclusive penais (art. 33, §4º, da Lei 11.343/2006) e de execução penal (como o RDD, do art. 52 da Lei 7.210/1984).

Segundo Aras, o fenômeno em questão não é ignorado pela legislação penal brasileira, embora *data venia*, tenha sido mal compreendido pelos eminentes ministros que julgaram o HC 96.007/SP no STF. Tome-se, como exemplo, a Lei 11.343/2006 (Lei Antidrogas). O art. 33 deste diploma considera tráfico de entorpecentes as condutas de importar, exportar, remeter, preparar, produzir, fabricar, adquirir, vender, expor à venda, oferecer, ter em depósito, transportar, trazer consigo, guardar, prescrever, ministrar, entregar a consumo ou fornecer *drogas*, sem autorização ou em desacordo com determinação legal ou regulamentar. O que é "droga"? A Lei 11.343/2006 não o diz diretamente.

Turma, julgado em 18/10/2016; STJ, RHC 64.735/SP, Rel. Min. Sebastião Reis Júnior, Sexta Turma, julgado em 23/02/2016.

[219] STJ, Jurisprudência em Teses, Edição 167, de 9 de abril de 2021, Tese 7. Disponível em: https://scon.stj.jus.br/SCON/jt/toc.jsp. Acesso em: 20 jun. 2023.

[220] O que tínhamos era o crime de quadrilha (art. 288 do CP) e outras formas de concurso necessário, como a associação para o narcotráfico (art. 35 da Lei 11.343/2006). O tipo penal de associação em organização criminosa só surgiu com a Lei 12.850/2013.

O parágrafo único do art. 1º e o art. 66 da Lei de Drogas remetem-se às "listas atualizadas periodicamente pelo Poder Executivo da União", que constam de outro diploma e se reportam à Convenção Única sobre Entorpecentes, de 1961, promulgada pelo Decreto 54.216/1964, e à Convenção sobre Substâncias Entorpecentes, de 1971, internalizada pelo Decreto 79.388/1977.

Com efeito, o aplicador dessa norma penal em branco só desvenda os limites do tipo em questão recorrendo a um *ato infralegal*, a Portaria SVS/MS 344/1998 do Ministério da Saúde. Não deve passar despercebido que a lei que reprime o tráfico de drogas deriva de um compromisso internacional do Brasil: a Convenção de Viena de 1988, internalizada pelo Decreto 154/1991, e dos textos normativos que a precederam.

O mesmo evento integrativo se passava com a Lei 9.613/1998, na sua redação anterior a julho de 2012. Tínhamos no art. 1º, inciso VII, uma norma penal em branco, que incriminava a lavagem de dinheiro proveniente de qualquer crime *praticado por* organização criminosa. Exigia-se, na verdade, que um determinado grupo de pessoas praticasse um crime xis (devidamente tipificado) e que esse delito produzisse ativos maculados ("dinheiro sujo"). Bastava que esse prévio "crime produtor" tivesse pena máxima não inferior a 4 anos de prisão e fosse praticado *por meio de* uma organização criminosa, de acordo com o *conceito* oferecido pela Convenção de Palermo, completando-se, então, o tipo penal.

Era evidente, para Aras, que as ações a que o legislador se referia eram condutas típicas autônomas, mas cometidas por uma "organização criminosa", cujo conceito podia ser extraído da lei (Convenção de Palermo) ou dado pela doutrina. De novo assente-se: até então não existia o tipo penal em questão, mas existia o conceito jurídico de organização criminosa.

Compare-se: o art. 33 da Lei 11.343/2006 (e antes dele o art. 12 da Lei 6.368/76) é completado pela Portaria SVS/MS 344/1998, ao passo que o inciso VII (revogado) do art. 1º da Lei 9.613/1998 era preenchido pelo art. 2º da Convenção de Palermo. No primeiro caso, temos uma composição por meio de ato infralegal derivado da Convenção de Viena de 1988 e da Convenção Única de 1961; no segundo, a integração típica dá-se diretamente por meio de um tratado internacional, recebido no Brasil como lei federal ordinária, a Convenção de Palermo. Neste sentido é que se discute se os textos internacionais podem ser fontes do *direito processual penal.*[221] A leitura do art. 1º, inciso I, do CPP não deixa dúvida a este respeito, quando assegura a aplicação dos tratados, por sobre o CPP, como leis especiais.

Segundo Aras, a decisão da 1ª Turma do STF no HC 96.007/SP[222] e o posicionamento do pleno da Corte na ADI 4414/AL,[223] que considerou inconstitucionais vários artigos da Lei 6.806/2007, do Estado de Alagoas,[224] não afastam a interpretação de que o inciso VII do art. 1º da Lei 9.613/1998 era uma norma penal em branco, pois esta tese específica não foi objeto dos votos dos ministros. Aliás, na referida ADI 4414/AL, o STF entendeu que a "definição de 'organização criminosa' e de 'crime organizado', apesar da Convenção de Palermo – incorporada ao ordenamento pátrio desde 2004 –, só poderia ser fixada por lei federal, à luz do princípio da reserva legal", mas não esclareceu como então era possível aplicar regras de várias leis federais que utilizavam a expressão "organização criminosa", lembrando-se de logo o §4º do art. 1º da própria Lei de Lavagem de Dinheiro; o §4º do art. 33 da Lei 11.343/2006; o art. 52, §2º da Lei 7.210/1984 e toda a Lei 9.034/1995, revogada em 2013.[225]

Se o conceito de Palermo não servia, o que fazer com tais regras legais cuja constitucionalidade jamais fora questionada? O que se via, conforme Aras, era a aplicação de definições casuísticas e, por isto mesmo, causadoras de insegurança jurídica, uma vez que cada juízo ou tribunal tinha *o seu* conceito preferencial de organização criminosa, apartado do consenso internacional alcançado numa convenção das Nações Unidas que vale no Brasil como lei federal ordinária.

Convém relembrar que este entendimento não era adotado por Luz e Föppel, os quais, como exposto acima, reconheciam que havia ofensa à legalidade na adoção do conceito de organização criminosa fornecido pela Convenção de Palermo, haja vista que este não poderia ser fonte de norma penal incriminadora e não tinha o condão de definir o tipo de

---

[221] Mas não do direito penal, quando se exige interposição legislativa em sentido estrito.
[222] STF, 1ª Turma, HC 96.007/SP, Rel. Min. Marco Aurélio, j. em 12/06/2012.
[223] STF, Pleno, ADI 4414/AL, Rel. Min. Luiz Fux, j. em 31/05/2012.
[224] Criou a 17ª Vara Criminal da Capital, de formação colegiada em primeiro grau, atribuindo-lhe competência exclusiva para processar e julgar delitos praticados por organizações criminosas dentro do território alagoano.
[225] Revogada pela Lei 12.850/2013.

organização criminosa. Mesmo com a superação dessa tese (que entendia possível a invocação do antigo inciso VII em conjunto com a Convenção de Palermo), certas causas criminais pretéritas – nas quais tenha havido a imputação de lavagem de dinheiro oriundo de crime (qualquer crime) *praticado por* organização criminosa – poderão subsistir, a despeito do decidido pelo STF, desde que a ocultação dos ativos tenha perdurado, pelo menos, até o dia 10 de julho de 2012, data da entrada em vigor da "nova" lei de lavagem de dinheiro.

Ora, se a lavagem de dinheiro, na modalidade *ocultação* de ativos ilícitos, é crime *permanente*,[226] seu prolongamento no tempo, para além do marco inicial da vigência da *lex gravior*, permitirá a incidência desta, mesmo que a infração penal *antecedente* tenha-se consumado antes de 10 de julho de 2012. Uma coisa é o delito antecedente da lavagem (praticado anteriormente à Lei 12.683/2012); outra coisa é a lavagem de dinheiro propriamente dita, aqui na modalidade ocultação, que tem natureza permanente e cuja execução se protrai no tempo, sendo, portanto, colhida pelo novo regramento penal.

Neste cenário, não importa qual tenha sido o delito antecedente. Se a lavagem-ocultação ou a lavagem-dissimulação ocorrer *após* 10 de julho de 2012, ou se a lavagem-ocultação cometida antes de tal data vier a ultrapassar este termo inicial, não se exige que o delito antecedente seja um daqueles do antigo rol do artigo 1º da Lei 9.613/1998, que já não existe. Tal método de aplicação da nova norma penal incriminadora deve-se à autonomia típica do crime de lavagem de dinheiro e à sua natureza permanente na forma do caput do art. 1º.

Desde o julgamento deste precedente pelo STF, a jurisprudência do STJ vem entendendo que "a prática de organização criminosa como crime antecedente da lavagem de dinheiro é atípica antes do advento da Lei 12.850/2013, por ausência de descrição normativa"[227], além de que, como vimos, "não se pode invocar a substituição do crime de organi-

---

[226] Tal como o é a receptação (art. 180 do CP), na modalidade ocultar, que serve de modelo típico para o crime de lavagem de dinheiro.

[227] STJ, RHC 109.122/DF, Rel. Min. Ribeiro Dantas, 5ª Turma, julgado em 15/09/2020; STJ, RHC 80.674/MT, Rel. Min. Rogério Schietti Cruz, 6ª Turma, julgado em 01/09/2020; STJ, AgRg no REsp 1.842.155/DF, Rel. Min. Nefi Cordeiro, 6ª Turma, julgado em 19/05/2020; STJ, RHC 65.092/PA, Rel. Min. Antonio Saldanha Palheiro, 6ª Turma, julgado em 21/05/2019; STJ, RHC 83.591/MS, Rel. Min. Felix Fischer, 5ª Turma, julgado em

zação criminosa por associação criminosa (art. 288, CP), pois este não estava incluído no rol taxativo da redação original da Lei 9.613/98"[228].

Outra discussão relevante refere-se à análise do nexo causal do bem, direito ou valor e as infrações anteriores, já que a redação típica estabelece que haverá crime se a ocultação ou dissimulação incidir sobre objetos materiais com proveniência direta ou indireta da infração penal.

Sobre os conceitos de produto e preço do crime, esclarecia Roberto Lyra:

> Produtos do crime (*producta sceleris*) são as coisas adquiridas diretamente com o crime (coisa roubada), ou mediante sucessiva especificação (joia feita com ouro roubado), ou conseguidas mediante alienação (dinheiro da venda do objeto roubado), ou criadas com o crime (moeda falsa). Também se inclui no confisco outro qualquer bem ou valor, que importe proveito, desde que haja sido auferido pelo agente, e não por terceiro, com a prática do crime. Assim: o preço deste, os bens economicamente apreciáveis dados ou prometidos ao agente para que cometa o crime, a contraprestação que corresponde à prestação da atividade criminosa, a retribuição desta.[229]

Assim, como ensina Gustavo Badaró[230], o objeto material do crime de lavagem pode ser: (a) o produto direto do crime, que "corresponde ao resultado útil imediato da operação delinquencial", a exemplo do dinheiro furtado do banco ou do ativo virtual subtraído por *hackers*; (b) o produto indireto do crime, que é o "resultado útil mediato da operação delinquencial, isto é, o benefício obtido pelo delinquente, decorrente da transformação econômica do produto direto do crime", a exemplo

---

17/08/2017; STJ, RHC 36.661/RJ, Rel. Min. Reynaldo Soares da Fonseca, 5ª Turma, julgado em 25/04/2017.

[228] STJ, RHC 65.992/PA, Rel. Min. Antonio Saldanha Palheiro, 6ª Turma, julgado em 21/05/2019; STJ, AgRg no AREsp 1.198.334/RS, Rel. Min. Reynaldo Soares da Fonseca, 5ª Turma, julgado em 27/11/2018; STJ, RHC 74751/DF, Rel. Min. Nefi Cordeiro, 6ª Turma, julgado em 18/10/2016; STJ, RHC 64735/SP, Rel. Min. Sebastião Reis Júnior, 6ª Turma, julgado em 23/02/2016.

[229] LYRA, Roberto. Comentários ao Código Penal. Rio de Janeiro: Forense, 1942, v. 2, p. 462.

[230] BADARÓ, Gustavo. Produto indireto de infração antecedente pode ser objeto do crime de lavagem. Conjur, 16 de julho de 2016. Disponível em: https://www.conjur.com.br/2016-jul-16/gustavo-badaro-proveito-infracao-objeto-lavagem . Acesso em: 20 jun. 2023.

do imóvel comprado com o dinheiro roubado, para usar o exemplo do autor[231], ou até mesmo o ativo virtual subsequente transformado após a subtração; (c) o "preço do crime" (*pretium sceleris*), que consiste na vantagem econômica obtida para a realização do delito. Esse pode resultar, por exemplo, do recebimento da paga ou da recompensa pela prática de um crime de mando.

Nada mais natural que estes três elementos estivessem contidos no conceito legal de objeto material do crime de lavagem, uma vez que todos eles representam vantagens econômicas que o agente somente adquiriu com a prática da infração penal.

Deste modo, a acusação pela prática de lavagem de dinheiro deve apontar, para além da realização de atos de ocultação e/ou dissimulação, a existência de um bem que possui ligação direta ou indireta com uma infração penal antecedente, conforme entendimento da jurisprudência[232].

Conforme ensina Blanco Cordero:

> (...) característica essencial que há de reunir o objeto do delito de lavagem de capitais é que deve ter sua origem em um fato delitivo previamente cometido. Há de existir, como requisito imprescindível, um nexo entre o objeto da lavagem e uma atividade delitiva prévia. Se não está presente esse nexo ou união ou se se rompe por alguma consequência, não existe objeto idôneo para a lavagem de capitais[233].

No mesmo sentido, é a posição de Antônio Sérgio Moraes Pitombo[234].

Questão relevante consiste em saber o critério que pode ser utilizado para demonstrar a ligação entre o objeto da lavagem e a infração

---

[231] BADARÓ, Gustavo. Produto indireto de infração antecedente pode ser objeto do crime de lavagem. Conjur, 16 de julho de 2016. Disponível em: https://www.conjur.com.br/2016-jul-16/gustavo-badaro-proveito-infracao-objeto-lavagem . Acesso em: 20 jun. 2023.

[232] STJ, RHC 106.107/BA, Rel. Min. Ribeiro Dantas, Quinta Turma, j. em 25/06/2019; TRF-3, Décima Primeira Turma, Recurso em Sentido Estrito Nº 0008209-84.2015.4.03.6119/SP, Relator: Desembargador Federal José Lunardelli, j. em 22/01/2019; TRF-1, ACR 0015458-54.2003.4.01.3600, Rel. Desembargador Federal Tourinho Neto, Terceira Turma, j. em 29/04/2005; TRF-1, Habeas Corpus 0016002-84.2017.4.01.0000/MG, Rel. Des. Federal Néviton Guedes, Primeira Turma, j. em 26/06/2017.

[233] CORDERO, Isidoro Blanco. El delito de Blanqueo de Capitales. Madrid: Thomson Reuters: Aranzandi, 2015. p. 345-346.

[234] PITOMBO, Antônio Sérgio A. de Moraes. Lavagem de dinheiro: a tipicidade do crime antecedente. São Paulo: Revista dos Tribunais, 2003, pp. 131-132.

antecedente. Pierpaolo Bottini e Gustavo Badaró defendem, em entendimento aqui também adotado, que este liame deve ser demonstrado à luz da ideia de causalidade, por meio da comprovação de "que os bens não existiriam – ou não estariam à disposição do agente da lavagem – se suprimido mentalmente o ilícito anterior"[235].

No caso do produto indireto do crime – também chamado de "bens substitutivos" por Blanco Cordero[236] – são válidas as reflexões não apenas quanto à causalidade, mas sobretudo em relação aos limites entre o bem transformado e o delito anterior para fins de caracterização do objeto material da lavagem. Trata-se de matéria relevante no âmbito da tipicidade, e, ainda, quanto à discussão sobre o confisco de bens[237].

Para ilustrar a questão aqui posta à discussão: imagine-se a situação em que o sujeito ativo do crime antecedente de corrupção obtém um valor a título de vantagem indevida e realiza a ocultação com um aporte em uma aplicação financeira já existente em nome de sua esposa. Na sequência, a esposa realiza uma doação para o filho que, posteriormente, adquire cotas de uma empresa lícita que, com o tempo e dedicação do filho e demais sócios, passa a ser um negócio lucrativo.

A cadeia que se pode pensar a partir destes fatos é infinita, de modo que uma interpretação que se baseie apenas na ideia causal da *conditio sine qua non* será, nos dizeres de Blanco Cordero, "excessivamente ampla", uma vez que a conexão subsistirá "ilimitadamente desde que o bem se mantenha no tráfico econômico"[238], o que poderia gerar como consequência a contaminação "em um prazo curto de tempo de uma parte essencial da economia legal como consequência de uma interpretação excessivamente ampla e sem limitações do critério da procedência"[239]. Assim, conforme exposto pelo autor, "não parece correto admitir uma derivação ilimitada dos bens originários de forma que todos os que tenham algum tipo de conexão com eles em sua origem devam ser considerados provenientes do delito prévio"[240].

---

[235] BOTTINI, Pierpaolo Cruz; BADARÓ, Gustavo. Lavagem de dinheiro: aspectos penais e processuais penais. 3.ed. São Paulo: Thomson Reuters, 2016, p. 111.
[236] CORDERO. Op. cit., p. 435.
[237] Neste sentido, ver: CORDERO. Op. cit., pp. 433-456.
[238] Op. cit., p. 442.
[239] Op. cit., p. 439.
[240] Op. cit., p. 438.

Assim, nos casos de mescla de valores lícitos com valores ilícitos, o autor espanhol, com base nas Convenções Internacionais em matéria de lavagem (Convenção de Viena, art. 5.6.b; Convenção de Palermo, art. 12.4; e Convenção de Mérida, art. 31.5) sustenta que deve ser adotada, para fins de limitar a noção de produto do crime, a ideia de contaminação parcial. Assim, nestas hipóteses de mescla de bens lícitos com bens ilícitos, apenas seria produto do crime de lavagem a parte ilícita, muito embora o autor admita que a parte lícita possa ser objeto de confisco, não por ser produto e sim por constituir instrumento utilizado pelo agente para "apagar o rastro de origem ilícita"[241], ou seja, por constituir instrumento da lavagem de dinheiro. No entanto, o autor adverte que nos casos de valorização do bem mesclado, por razões de proporcionalidade, "apenas a parte de valorização correspondente à porção da mescla de origem ilícita se considera objeto idôneo para a lavagem"[242].

Entre nós, Pierpaolo Bottini e Gustavo Badaró também demonstram preocupação em limitar a ideia de causalidade baseada na teoria da *conditio sine qua non* com base na teoria da contaminação parcial[243]. Sobre limitação da teoria da *conditio sine qua non*, Blanco Cordero traz outros exemplos.

O primeiro deles se refere aos casos de transformação do bem proveniente do delito como consequência do trabalho de um terceiro (*especificação*), hipótese em que, quando o agente transforme o bem de origem delitiva em outro de nova espécie, não seria possível, em relação ao bem transformado, falar-se em objeto material de lavagem. Como exemplos o autor traz as hipóteses em que o bem transformado possui valor muito superior ao bem originário (confecção de um relógio artesanal avaliado em 500 euros com pedras preciosas decorrentes de crime antecedente avaliadas em 50 euros) e, ainda, os casos em que o terceiro adquire a propriedade de boa-fé[244].

O segundo exemplo trazido pelo autor se refere à hipótese de prescrição da infração penal antecedente. Para Blanco Cordero, a simples prescrição da infração penal antecedente não seria suficiente para

---

[241] Op. cit., p. 454.
[242] Op. cit., p. 459.
[243] Op. cit., p. 114.
[244] Op. cit., p. 456.

afastar a proveniência delitiva do bem, uma vez que a prescrição não afastaria a conclusão de que teria havido um fato típico, ilícito e culpável. Nada obstante, o autor espanhol defende que é necessário pensar em uma norma que permita considerar que os bens deixam de proceder de uma infração penal, o que poderia ser pensado à luz dos prazos prescricionais não apenas no âmbito criminal, mas, sobretudo, no âmbito cível[245]. Pensamos que, no Brasil, também seria interessante o desenvolvimento de algum critério temporal, pois, já que não é possível haver sanções penais perpétuas, não se pode admitir que os bens sejam eternamente considerados como provenientes de infração penal, possibilitando a punição a qualquer tempo das condutas de ocultação e dissimulação desses bens.

Por fim, uma vez exposta a problemática quanto ao produto direto ou indireto e ao preço da infração penal, é de se apontar que, no que concerne aos instrumentos delitivos, ou seja, aqueles que são utilizados como meio para cometer o crime ou a contravenção, não é possível enquadrá-los como objeto material do crime de lavagem, uma vez que, conforme ensina Blanco Cordero:

> *Son dos las razones fundamentales: una de carácter gramatical, porque no se puede decir que tales instrumentos tengan su origen en un delito; y otra de caráter teleológico, porque no es el fin de la norma del blanqueo castigar los comportamientos que recaen sobre dichos bienes.*[246]

No mesmo sentido, Pierpaolo Cruz Bottini e Gustavo Badaró afirmam que "o instrumento do delito não é apto à lavagem, pois sua existência não tem relação de causalidade com o antecedente", uma vez que tais instrumentos "já estão na esfera de disponibilidade do agente antes da prática da infração anterior à lavagem de dinheiro"[247].

---

[245] Op. cit., p. 462.
[246] BLANCO CORDERO, Isidoro. El delito de Blanqueo de Capitales. Madrid: Thomson Reuters: Aranzandi, 2015, p. 348.
[247] BOTTINI, Pierpaolo Cruz; BADARÓ, Gustavo. Lavagem de dinheiro: aspectos penais e processuais penais. 3.ed. São Paulo: Thomson Reuters, 2016, p. 110.

4.1.2 *Figuras equiparadas do art. 1º, §1º, da Lei 9.613/1998*

Art. 1º. (...)

§1º. Incorre na mesma pena quem, para ocultar ou dissimular a utilização de bens, direitos ou valores provenientes de infração penal:

No §1º do art. 1º da Lei de Lavagem de Dinheiro, há a incriminação dos chamados tipos de conversão ou transferência e de aquisição e posse, assim como da importação e exportação mediante fraude de valor.

Segundo a redação típica, também comete crime de lavagem de capitais todo aquele que, para ocultar ou dissimular a utilização de bens, direitos ou valores oriundos da prática de infração penal, os converter em ativos lícitos, adquirir, receber, trocar, negociar, der ou receber em garantia, tiver em depósito, movimentar ou transferir e, por fim, aquele que os importar ou os exportar com valores não correspondentes à realidade.

Segundo se entende, no §1º do art. 1º há a incriminação de algumas condutas que podem servir de meio para a ocultação e a dissimulação, tratadas no *caput*, em uma espécie de antecipação punitiva estabelecida pelo legislador. Em outros termos, todos aqueles que, pretendendo ocultar ou dissimular o dinheiro sujo, realizarem estas condutas-meio, serão punidos antecipadamente com a mesma pena do crime consumado, previsto no *caput*. Seria uma espécie de punição autônoma da tentativa como se crime consumado fosse. Caso não houvesse esta hipótese, a mera realização das condutas com o intuito de ocultar ou dissimular já seria criminosa e tentada, quando não fosse possível obter o resultado final de ocultação e dissimulação[248].

Segundo Carla Veríssimo de Carli, as modalidades do §1º são a manifestação autêntica do crime de lavagem no seu aspecto criminológico, uma vez que há a "realização de diversas operações, ou camadas de operações, para conferir aos bens ou valores ilicitamente obtidos a aparência de legalidade"[249], conforme a previsão original da Convenção de Viena. A autora lembra, inclusive, que, nos Estados Unidos da América,

---

[248] MAIA, Rodolfo Tigre. Lavagem de dinheiro: (lavagem de ativos provenientes de crime): anotações às disposições criminais da Lei n. 9.613/98. 2. ed. São Paulo: Malheiros, 2007, p. 95.

[249] CARLI, Carla Veríssimo de. Dos crimes: aspectos objetivos. In: _____ (Org.). Lavagem de dinheiro: prevenção e controle penal. Porto Alegre: Verbo Jurídico, 2010, p. 200.

um dos países pioneiros na criminalização desta conduta, só há essa modalidade de conversão como crime.[250]

Importante mencionar que o §1º, diferentemente do *caput*, aponta como objeto material da ação bens provenientes de infração penal, sem trazer qualquer especificação quanto aos bens *indiretamente* provenientes de infração penal, de modo que o objeto desta hipótese delitiva é menos abrangente do que o do *caput*, como assinalam Bottini e Badaró[251].

I – os converte em ativos lícitos;

No inciso I, há a incriminação daquele que converte os bens em ativos lícitos, com o fim de ocultá-los ou dissimulá-los. Comentando sobre a legislação espanhola, neste ponto semelhante à brasileira, Blanco Cordero afirma que a conversão pode ser material (substituição de um objeto corpóreo por outro, a exemplo da substituição do dinheiro por joias), ou imaterial (com a transformação da moeda em formato digital)[252].

Pode ocorrer, neste caso, a simples conversão dos ativos financeiros, como a troca de moedas ou a troca do dinheiro por joias, passagens aéreas, bens de luxo. Baltazar Jr. assinala que a jurisprudência tem considerado como hipóteses desse crime a aquisição de ativos societários como quotas em sociedades limitadas, participação acionária em companhias, créditos e aplicações financeiras. O autor apresenta, ainda, o exemplo do investimento indireto, no qual o agente "injeta valores oriundos de atividade ilícita em uma empresa lícita, valendo-se de uma empresa de fachada, nacional ou estrangeira, como suposta investidora ou compradora"[253].

Carla Veríssimo de Carli traz como exemplos da ocorrência deste crime, nesta modalidade, a compra de veículos ou imóveis em nome e endereço de terceiros e o caso de um traficante, nos EUA, que gastou milhares de dólares em roupas, com a cooperação de um comerciante que registrou as compras sob nomes falsos.[254] É importante mencionar que só haverá crime nesta forma se restar nítida a ligação entre a ação e a finalidade desta conduta, ou seja, se se observar que o objetivo do

---

[250] Carli, Carla Veríssimo de. Op. cit., p. 200.
[251] Bottin; Badaró. Op. cit., p. 106.
[252] Cordero. Op cit., p. 554.
[253] Baltazar Jr. Op. cit., p. 826.
[254] Carli. Op. cit., p. 202.

agente é ocultar ou dissimular o bem para propiciar a reinserção, sendo atípicas as condutas de conversão para uso próprio, consoante afirmam Badaró e Bottini[255] e Carla Veríssimo de Carli[256].

II – os adquire, recebe, troca, negocia, dá ou recebe em garantia, guarda, tem em depósito, movimenta ou transfere;
No inciso II do §1º do art. 1º da Lei 9.613/1998, tipifica-se a ação daquele que adquire, recebe, troca, negocia, dá ou recebe em garantia, guarda, tem em depósito, movimenta ou transfere bens, direitos e valores provenientes de infração penal. Trata-se de tipo penal misto alternativo, da mesma forma que a ocultação e a dissimulação do *caput*[257], que se consumará quando houver a realização de apenas uma das condutas descritas, sendo que a pluralidade de condutas não gera pluralidade de crimes, pela aplicação do princípio da consunção.

Em algumas das condutas listadas no inciso II, há a introdução dos bens e valores na economia formal para ocultá-los ou dissimulá-los, de modo que ainda não se trata de reinserção após a ocultação ou a dissimulação[258]. Nas modalidades adquirir, receber, receber em garantia, o crime não pode ser praticado pelo sujeito que realizou a infração antecedente, por uma razão óbvia: o bem não deve estar na posse de quem adquire, recebe ou recebe em garantia, o que exclui o autor da infração penal antecedente[259]. Nas outras modalidades, o delito é comum, podendo ser cometido por qualquer pessoa. É importante referir que a simples guarda ou manutenção em depósito pelo agente antecedente, sem fraude, não configura o crime em questão, tratando-se de mero exaurimento, conforme a seguinte se detalhará[260].

Questão relevante diz respeito à diferença entre este delito e o crime de receptação, sobretudo após a reforma legislativa que eliminou o rol de crimes antecedentes para abarcar quaisquer infrações penais. O STF e o STJ já tiveram a oportunidade de se manifestar no sentido de que somente estará configurada a lavagem de dinheiro caso haja prova do dolo

---

[255] BADARÓ; BOTTINI, 2012, p. 107.
[256] CARLI. Op. cit., p. 203.
[257] BADARÓ; BOTTINI. Op. cit., p. 107.
[258] CARLI. Op. cit., p. 205.
[259] No mesmo sentido, CARLI. Op. cit., p. 252.
[260] BADARÓ; BOTTINI. Op. cit., p. 108.

específico, ou seja, de que o sujeito atuou com o propósito de ocultar ou dissimular a utilização dos valores. Ausente tal elemento subjetivo especial, haverá a configuração do delito de receptação[261].

III – importa ou exporta bens com valores não correspondentes aos verdadeiros.

No inciso III do §1º do art. 1º, incrimina-se aquele que importa ou exporta bens com valores não correspondentes aos verdadeiros. Percebe-se, de logo, que só há a realização deste crime quando houver a fraude, elemento idôneo a permitir a ocultação ou a dissimulação dos ativos.

Há um ponto relevante nesta previsão que diz respeito ao conflito aparente de normas com o crime de evasão de divisas, quando se tratarem de operações de câmbio. Carla Veríssimo de Carli entende que há um concurso de crimes entre este delito e o do art. 22 da Lei 7.492/1986, em virtude dos diferentes bens jurídicos protegidos[262].

Pensamos, no entanto, que a situação é de um claro conflito aparente de normas, que se resolverá pela especialidade: quando se tratarem de bens de origem criminosa, o crime será de lavagem de capitais, ao passo que restará ao tipo de evasão de divisas abarcar os comportamentos de transferência ilegal de valores cuja origem for lícita, mas com o processamento realizado de forma ilegal.

No TRF-4, há entendimentos distintos sobre a matéria. Já se decidiu pela absorção do delito de evasão de divisas pelo delito de lavagem na hipótese em que as importações buscaram dar uma aparência de ilicitude ao bem[263]. Já em outras oportunidades, a mesma corte não aplicou o princípio da consunção, com base na ideia de que haveria concurso de infrações entre a conduta de enviar divisas ilegalmente ao exterior e ocultar as quantias em contas lá mantidas[264] e na premissa de que haveria bens jurídicos distintos[265].

---

[261] STJ, AP 472/ES, Rel. Min. Teori Zavascki, j. em 01/06/2011; STF, ARE 686.707, Rel. Min. Luiz Fux, j. em 30/10/2012.

[262] CARLI. Op. cit., p. 308.

[263] TRF-4, ENUL 041264 RS 2000.71.00.041264-1, Rel. Des. Fed. Tadaaqui Hirose, j. em 17/12/2009.

[264] TRF-4, ACR 2003.72.00.010174-2, 7ª Turma, Rel. p/ o Acórdão Des. Fed. Amaury Chaves de Athayde, D.E. 17/06/2009.

[265] TRF-4, ENUL 2001.72.05.007122-0, 4ª Seção, Rel. Des. Fed. Néfi Cordeiro, D.E. 24/04/2009.

No âmbito do STJ, o entendimento que restou consolidado é o de que a simples remessa dos valores ao exterior, acima do valor legal permitido e sem que se proceda aos deveres de comunicação configura um único delito de evasão de divisas (art. 22, Lei n. 7.492/86). No entanto, caso haja a prática de atos posteriores de ocultação e dissimulação desses valores já remetidos ao exterior, seria possível falar-se em lavagem de dinheiro, que teria como crime antecedente a evasão de divisas[266].

Com todo respeito, não podemos concordar com essa tese. Isto porque, em relação aos valores remetidos para o exterior, estes não são o produto que o agente adquiriu com a prática do crime de evasão de divisas. Observe-se que o sujeito já estava na posse destas quantias antes de remetê-las ao exterior, de modo que não é possível afirmar que se trata de produto do crime de evasão. E, em assim sendo, por não ser produto do crime, não poderia ser considerado objeto material do delito de lavagem, pois tais valores não são provenientes do crime de evasão.

Assim pensamos que o melhor critério de distinção ainda é o da especialidade quanto ao objeto: se se tratar de bem oriundo de infração penal antecedente, será caso de lavagem; do contrário, a conduta se encaixa na modalidade de evasão de divisas.

4.1.3 *Figuras equiparadas do art. 1º, §2º, da Lei 9.613/1998*

Art. 1º. (...)

§ 2º. Incorre, ainda, na mesma pena quem:

I – utiliza, na atividade econômica ou financeira, bens, direitos ou valores provenientes de infração penal;

No inciso I do §2º, do art. 1º da Lei de Lavagem de Dinheiro, há a incriminação daquele que utiliza na atividade econômica ou financeira, bens, direitos ou valores provenientes de infração penal. Trata-se da criminalização da fase de integração/reinserção, última etapa do crime de lavagem de capitais. A utilização de ativos de origem criminosa na atividade econômica só incidirá na hipótese legal quando o capital já tiver

---

[266] Neste sentido, ver: STJ, REsp 1.234.097/PR, Rel. Min. Gilson Dipp, Quinta Turma, julgado em 03/11/2011. Ver também: STJ, RHC 42.500/MG, Rel. Min. Maria Thereza de Assis Moura, Sexta Turma, julgado em 04/11/2014; STJ, RHC 33.903/PR, Rel. Min. Laurita Vaz, Quinta Turma, julgado em 25/03/2014; STJ, REsp 886.068/RS, Rel. Min. Felix Fischer, Quinta Turma, julgado em 10/05/2007, p. 215.

sido objeto das fases de ocultação ou dissimulação. A utilização dos bens provenientes da infração penal na atividade econômica ou financeira como forma de ocultar ou dissimular já pode configurar o crime do *caput* ou o do §1º do art. 1º, de sorte que a tipicidade, neste caso, limita-se à terceira fase do crime. Para além, a mera utilização do produto da infração penal de forma direta, sem atos de ocultação e dissimulação, não configura lavagem de dinheiro e sim exaurimento da infração antecedente.

Assim, concordamos com Celso Vilardi quando afirma que "não se pune a utilização do bem, direito ou valor 'sujo', mas apenas daquele que possui aparência de licitude, ou seja, que passou por um processo dissimulatório, sem o qual não poderia ser inserido na economia"[267].

Porém, outro segmento da doutrina adota o entendimento de que a conduta é criminosa independentemente da prévia ocorrência das fases de ocultação ou dissimulação[268].

Art. 1º. (...)
§ 2º. Incorre, ainda, na mesma pena quem:

II – participa de grupo, associação ou escritório tendo conhecimento de que sua atividade principal ou secundária é dirigida à prática de crimes previstos nesta Lei.

A última modalidade prevista na lei incrimina a conduta de participação em grupo, associação ou escritório tendo conhecimento de que sua atividade principal ou secundária é dirigida à prática dos crimes previstos na lei. Segundo a exposição de motivos, a modalidade prevista consiste em "uma forma especial de concorrência que permitirá a im-

---

[267] VILARDI, Celso. A ciência da infração anterior e a utilização do objeto da lavagem. Boletim IBCCRIM, n. 237, p. 17-18, ago. 2012. Também neste sentido, BALTAZAR JR. Op. cit., p. 612.

[268] Neste sentido, Sérgio Moro e Carla Veríssimo de Carli afirmam que haveria a conduta mesmo nos casos de não haver ocultação ou dissimulação. In: CARLI, Carla Veríssimo de. Op. Cit., p. 256. Bottini e Badaró entendem que, como não consta deste inciso a menção à procedência direta ou indireta do produto do crime, a conduta estaria realizada apenas nos casos em que o sujeito "utiliza o dinheiro oriundo do crime para comprar ações com a intenção de ocultar a sua origem" BOTTINI, Pierpaolo Cruz; BADARÓ, Gustavo. Lavagem de dinheiro: aspectos penais e processuais penais. 3.ed. São Paulo: Thomson Reuters, 2016, p. 161.

putação típica mesmo que o sujeito ativo não esteja praticando os atos característicos da lavagem ou ocultação"[269].

Trata-se de previsão pitoresca, em que se verifica, conforme destacado por Luiz Régis Prado, a nítida violação ao princípio da legalidade, na vertente taxatividade, uma vez que não há a descrição adequada da conduta delitiva, comprometendo a clareza e a determinação da lei[270]. A mera participação em grupo ou escritório jamais pode configurar crime, de modo que, para "salvar" a redação típica, impõe-se uma leitura restritiva, no sentido que só será possível considerar como responsável por esta modalidade delitiva aquele que, a despeito de não ocultar ou dissimular os bens oriundos de infração penal, contribui para a ocultação ou dissimulação, realizando uma conduta delitiva fora dos limites do risco permitido. Assim, jamais poderão ser incriminados a secretária, o motorista ou os funcionários da limpeza da empresa que agem como tais, na neutralidade de suas funções, ainda que saibam da realização de atos de lavagem de dinheiro por seus superiores.

É de se destacar, outrossim, que são refutadas aqui as ideias de Baltazar Jr., para quem o legislador resolveu criar uma figura típica autônoma de associação criminosa para a lavagem (semelhante ao que ocorre com a associação para o tráfico), na qual haveria concurso material com o crime de lavagem quando os tipos efetivamente se realizarem[271]. Não concordamos com esta conclusão por duas razões simples, contidas na lei: em primeiro lugar, não se tem ali um tipo autônomo na lei, mas sim um tipo relacionado, em que o legislador afirma: pune-se com as mesmas penas, demonstrando a alternatividade das condutas. Além disto, a redação típica não traz um número mínimo de pessoas para a configuração delitiva, como ocorre com os outros delitos de associação[272]. De fato, não se descreve o que é um "grupo" nem se define o que é um "escritório", para fins penais.

---

[269] Item 44 da Exposição de motivos da Lei n. 9.613/1998. Cf. BRASIL. Ministério da Fazenda. Exposição de motivos n. 692, de 18 de dezembro de 1996. Brasília, 1996. Disponível em: http://www.coaf.fazenda.gov.br/legislacao-e-normas/legislacao-1/Exposicao%20de%20Motivos%20Lei%209613.pdf. Acesso em: 20 jun. 2023.

[270] PRADO, Luiz Regis. Tratado de direito penal brasileiro: parte especial: direito penal econômico. São Paulo: Revista dos Tribunais, 2014, v. 8, p. 439.

[271] BALTAZAR JR. Op. cit., p. 827.

[272] PRADO. Op. cit., p. 439.

De outro modo, a interpretação do §4º do art. 1º da Lei serve também para refutar completamente o entendimento de Baltazar Jr., uma vez que há a previsão de aumento de pena quando o crime de lavagem for praticado por organizações criminosas. Embora a associação em organização criminosa não se confunda com os delitos de associação, que são gênero do qual aquela é espécie, há de se afirmar que, a partir de uma interpretação teleológica, não há como compatibilizar a causa de aumento de pena com a premissa de que houve a previsão de figura autônoma de associação para a lavagem.

Conclui-se, portanto, que o tipo em comento resulta da péssima técnica legislativa que pretendeu equiparar autores e partícipes na mesma categoria, ao punir as participações juridicamente relevantes nos crimes de lavagem. Infelizmente, com o objetivo de punir mais, olvidou-se da garantia básica da legalidade e da taxatividade. Sinal disto é que não há definição legal para o que é um "escritório" ou um "grupo". Por outro lado, o adjetivo "secundária" traz uma elevada carga de subjetivismo. Seu emprego impacta na segurança jurídica quanto à delimitação do elemento subjetivo da conduta incriminada.

4.2 A escala penal do crime de lavagem de dinheiro Art. 1º. (...)

Pena: reclusão, de 3 (três) a 10 (dez) anos, e multa.

A pena do crime de lavagem de dinheiro é cumulativa. Prevê-se reclusão, de 3 a 10 anos, e multa. No substitutivo ao PLS 209/2003, que resultou na Lei 12.683/2012, pretendia-se estabelecer a pena do crime de lavagem de ativos em limites muito largos: 3 a 18 anos de reclusão! Um intervalo tão elástico certamente causaria injustiças, na medida em que réus em situações semelhantes poderiam receber penas drasticamente distintas. A pena máxima de 18 anos seria em si mesma um exagero. Basta considerar que o homicídio simples tem pena máxima de 20 anos. Ou por outra, basta ver que muitos dos mais graves crimes antecedentes de lavagem, como o peculato e a corrupção passiva, têm pena máxima de 12 anos. Já a do tráfico de entorpecentes não passa de 15 anos.

Talvez por essa desproporção o Senado tenha pretendido inserir no projeto dois tipos penais específicos, que serviriam de "escape" aos crimes do art. 1º da Lei 9.613/1998. Seriam dois crimes expressamente subsidiários, que não vingaram no texto final. O primeiro deles seria o delito do §8º do art. 1º, com pena de 2 a 6 anos, e multa. Tratava-se do crime de estruturação de operações financeiras, para evitar comunicação de transação suspeita pelo sistema de *compliance*. O segundo seria o delito de favorecimento real (atual art. 349 do CP), que sofreria uma pequena alteração no preceito primário para a inclusão da expressão "lavagem de dinheiro" (art. 3º do PLS 209/2003), e cuja pena passaria de detenção de 1 a 6 meses e multa, para reclusão de 1 a 4 anos e multa, deixando, portanto, de caracterizar-se como infração penal de menor potencial ofensivo. Assim, aquele que, agindo *amoris causa*, prestasse a criminoso auxílio para tornar seguro o proveito de "crime", não responderia como coautor do delito anterior, nem como receptador da *res*, nem como reciclador dos ativos dele derivados. No entanto, nenhuma dessas propostas foi aprovada.

Barros aponta a aparente desproporção do marco punitivo mesmo na lei atualmente em vigor: "O critério do legislador foi simplista e contraria o princípio da proporcionalidade"[273]. Por sua vez, já na primeira edição de sua obra, Tigre Maia asseverava que, malgrado sua autonomia típica, o crime de lavagem de dinheiro guarda uma nota de acessoriedade: "Consequentemente, não há como justificar-se uma apenação completamente desproporcional àquela que é cominada para determinados crimes antecedentes"[274].

O problema não é desconhecido na doutrina estrangeira. Segundo Richards, "no final dos anos 1980, chamou a atenção da Comissão que as diretrizes adotadas pareciam os crimes de lavagem de dinheiro desproporcionalmente à conduta criminosa subjacente. Em 1992, a Comissão instituiu um Grupo de Trabalho sobre Lavagem de Dinheiro para examinar essa questão"[275].

Na Alemanha, o §261, inciso (1), do Código Penal pune o crime de lavagem de dinheiro (*Geldwache*) com pena privativa de liberdade de 3 meses a 5 anos. Conforme Kai Ambos, pela regra do inciso (4) os

---

[273] BARROS, Marco Antônio de. Lavagem de capitais e obrigações civis correlatas. São Paulo: RT, 2004, p. 182.
[274] MAIA, Rodolfo Tigre. Lavagem de dinheiro. São Paulo: Malheiros, 1999, p. 94.
[275] RICHARDS, James R. Transnational criminal organizations, cybercrime and Money laundering. Boca Raton: CRC Press, 1999, p. 151.

crimes "especialmente graves" têm pena de 6 meses a 10 anos de prisão e multa[276].

O Código Penal italiano (art. 648-bis) estabelece para o crime de *riciclaggio* pena de 4 a 12 anos de reclusão, e multa. No entanto, contém uma regra especial de diminuição, sendo a pena máxima de 6 anos e multa, quando os delitos antecedentes forem punidos com pena de prisão inferior a 5 anos[277].

Segundo o Código Penal da França (art. 324-1), a pena para o crime de *blanchiment d'argent* é de até 5 anos de prisão e multa. A pena pode ir até 10 anos de reclusão e multa (art. 324-2) quando o crime é cometido de forma habitual ou por meio de organização criminosa. Quando o crime ou a contravenção antecedente for punível com pena privativa de liberdade superior à da pena de prisão prevista nos arts. 324-1 ou 324-2, o branqueamento de capitais é sancionado com as penas da infração antecedente de que tenha conhecimento o autor do crime[278].

Na Argentina, o art. 303 do Código Penal (incluído pela Lei 26.683/2011), prevê pena de 3 a 10 anos de prisão e multa para o crime de *lavado de activos*. A lei amaina a pena da figura típica básica dispondo que, se o valor dos bens for inferior a 300 mil pesos, a pena será de 6 meses a 3 anos de prisão. Já o art. 306 estabelece a escala penal de 5 a 15 anos e multa, se o crime de lavagem de ativos tiver por fim o financiamento do terrorismo, na forma do art. 41-quinquies do Código Penal.[279]

Carlos Aránguez Sánchez, comentando o art. 301 do Código Penal espanhol[280], acentua que a pena própria do delito de lavagem de dinheiro marca sua autonomia em relação ao crime antecedente. Para ele, a lavagem de dinheiro tem um conteúdo de injusto diverso e por isso não

---

[276] AMBOS, Kai. Lavagem de dinheiro e direito penal. Tradução, notas e comentários sob a perspectiva brasileira de Pablo Rodrigo Alflen da Silva. Porto Alegre: Sergio Fabris Editor, 2007, p. 130.

[277] ITÁLIA. Il codice penale italiano. Disponível em: http://www.perrupato.it/codici/codice_penale.htm. Acesso em: 20 jun. 2023.

[278] FRANÇA. Le code pénal. Disponível em: www.legifrance.gouv.fr. Acesso em: 20 jun. 2023.

[279] ARGENTINA. Código Penal de la Nación Argentina. Disponível em: http://servicios.infoleg.gob.ar/infolegInternet/anexos/15000-19999/16546/texact.htm#6. Acesso em: 20 jun. 2023.

[280] Este artigo tipifica o crime de lavagem de ativos, prevendo pena de 6 meses a 6 anos de prisão.

haveria porque vincular sua pena à sanção do crime-base. No entanto, o autor espanhol, assinala que *"La pena de prisión de seis meses a seis años nos parece un marco excesivamente amplio, y que, sin duda, refleja las dudas que el legislador tiene sobre cuál es la auténtica lesividad del delito"*. E conclui: *"[...] la amplitud del margen en el que se mueve la pena de prisión (de seis meses a seis años) resulta muy cuestionable. El legislador debería concretar más los límites de la pena, pues se permite una discrecionalidad judicial excesiva a la hora de fijar la pena"*[281]. Em caso de imprudência grave, a pena da lavagem na Espanha é de 6 meses a 2 anos, e multa, conforme o mesmo art. 301.

Segundo o art. 5º da Diretiva (UE) 2018/1673, os Estados-Membros da União Europeia devem assegurar que a lavagem de dinheiro seja punível "com sanções penais efetivas, proporcionadas e dissuasivas". As mais graves modalidades de lavagem devem ser punidas "com uma pena de prisão máxima não inferior a quatro anos".

Entre os países pesquisados, apenas os Estados Unidos preveem pena de até 20 anos de prisão *ou* multa, para o crime em tela (*laundering of monetary instruments*), como se vê na seção 1956 do Título 18 do *U.S. Code*. A possibilidade de aplicação apenas da pena de multa dá bastante flexibilidade à escala penal[282].

Ao final, o que se vê é que não há no direito comparado um critério uniforme quanto à amplitude do rigor sancionatório. No entanto, há uma clara opção por uma abordagem de proporcionalidade. Para crimes antecedentes não graves, é relevante o problema da escala penal. Esta inadequação existe na atual legislação brasileira[283]. Infrações penais de menor potencial ofensivo e infrações de bagatela devem resolver-se com a utilização de tipos penais subsidiários, ou mediante a aplicação dos princípios da oportunidade da ação penal, da insignificância, da razoabilidade e da proporcionalidade, e, sobretudo, com uma política criminal de bom senso, afastando-se, nestes casos de escassa ofensividade, a incidência da regra mais rigorosa da Lei de Lavagem de Dinheiro.

---

[281] ARÁNGUEZ SÁNCHEZ, Carlos. El delito de blanqueo de capitales. Madrid: Marcial Pons, 2000, pp. 296-300.

[282] ESTADOS UNIDOS DA AMÉRICA. U. S. Code. Disponível em: www.law.cornell.edu/uscode/18/1956.html. Acesso em: 20 jun. 2023.

[283] Compare-se a pena do crime de descaminho (1 a 4 anos de reclusão) e verifique-se a pena da lavagem de ativos oriundos do crime de descaminho (3 a 10 anos). A desproporção é flagrante.

De qualquer modo, entendemos que a Lei 9.613/1998 pode ser mais bem pensada nesta parte, para tornar dissuasivas e proporcionais as penas privativas de liberdade previstas para o tipo principal de reciclagem e suas formas equiparadas, tendo em conta os crimes graves e os delitos de menor gravidade. O ideal seria que a pena do crime de lavagem estivesse vinculada, por algum critério de proporcionalidade, à pena do delito antecedente, como se dá nas legislações de outros povos. Para crimes mais leves, penas mais brandas, inclusive em caso de lavagem, de modo que se possa privilegiar as penas alternativas, as saídas consensuais e adotar, quando necessário, penas de multa dissuasivas e medidas de constrição pecuniária rigorosas. Como o legislador não trouxe este critério, cabe ao magistrado realizar a dosimetria proporcional da pena, levando em consideração também a gravidade da infração antecedente.

Considerando as penas aplicáveis, o crime de lavagem de dinheiro não admite transação penal (art. 76 da Lei 9.099/1995) nem suspensão condicional do processo (art. 89 da mesma lei). No entanto, em sendo a pena mínima em abstrato inferior a 4 anos, admite-se a formalização de acordo de não persecução penal (ANPP), previsto no art. 28-A do CPP e no §3º do art. 1º da Lei 8.038/1990, se presentes os demais requisitos legais, notadamente quando não houver concurso de infrações na mesma ação penal.

A individualização da pena nos crimes de lavagem de dinheiro segue os critérios gerais do Código Penal, adotando-se o método trifásico (art. 68), partindo-se das circunstâncias judiciais (art. 58), sendo possível a substituição de penas privativas de liberdade (arts. 43 e 44) e fixando-se o regime de execução penal na forma dos arts. 33 a 36. A progressão de regime também seguirá a regra geral da LEP, nos termos do art. 112. Sobre a dosimetria, o STJ decidiu:

> Nos crimes de lavagem ou ocultação de bens, direitos e valores, é legítima a exasperação da pena-base pela valoração negativa das consequências do crime em decorrência da movimentação de expressiva quantia de recursos, que extrapole o elemento natural do tipo.[284]

---

[284] STJ, Jurisprudência em Teses, Edição 167, de 9 de abril de 2021, Tese 8. Disponível em: https://scon.stj.jus.br/SCON/jt/toc.jsp. Acesso em: 20 jun. 2023.

4.3 O sujeito ativo do crime de lavagem de dinheiro

O delito de lavagem de dinheiro está previsto no art. 1º e respectivos parágrafos da Lei 9.613/1998. Trata-se de crime *comum*, ou seja, de delito em que não se exige do sujeito ativo qualquer qualidade especial, podendo ser cometido por qualquer pessoa, inclusive por aquele que não cometeu o crime antecedente, hipótese em que a questão do dolo assumirá especial relevância[285].

A lavagem de dinheiro pode ser praticada por um terceiro alheio à infração penal antecedente (heterolavagem) ou pelo próprio autor da infração penal antecedente (autolavagem). Segundo o STJ:

> É desnecessário que o autor do crime de lavagem de dinheiro tenha sido autor ou partícipe da infração penal antecedente, basta que tenha ciência da origem ilícita dos bens, direitos e valores e concorra para sua ocultação ou dissimulação.[286]

4.3.1 *A autolavagem*

No que concerne ao sujeito ativo do crime de lavagem de dinheiro, a principal discussão diz respeito à possibilidade de o autor ou partícipe do crime antecedente ser também punido por este delito, a denominada autolavagem.

Embora não houvesse previsão da punição da autolavagem na Convenção de Viena, de 1988, a análise do histórico do surgimento do delito parece não permitir dúvidas de que, nos primórdios, as razões de política criminal para justificar o delito apontam para a possibilidade de punição do sujeito ativo do crime antecedente que realizasse manobras fraudulentas com vistas a iludir a prática do delito prévio.

---

[285] Segundo o STJ, é "desnecessário que o autor do crime de lavagem tenha sido autor ou partícipe do delito antecedente, bastando que tenha ciência da origem ilícita dos bens e concorra para sua ocultação ou dissimulação". Ver: STJ, RHC 154.162/DF, Rel. Min. Sebastião Reis Júnior, 6ª Turma, julgado em 22/03/2022; STJ, AgRg no HC 603.357/MS, Rel. Min. Felix Fischer, Corte Especial, julgado em 23/03/2021; STJ, HC 545.395/RO, Rel. Min. Reynaldo Soares da Fonseca, 5ª Turma, julgado em 05/03/2020; STJ, AP 458/SP, Rel. Min. Fernando Gonçalves, Rel. p/ Acórdão Min. Gilson Dipp, Corte Especial, julgado em 16/09/2009.

[286] STJ, Jurisprudência em Teses, Edição 166, de 26 de março de 2021, Tese 1. Disponível em: https://scon.stj.jus.br/SCON/jt/doc.jsp?livre=%27166%27.tit.. Acesso em: 20 jun. 2023.

A despeito disso, a Convenção de Mérida, promulgada no Brasil pelo Decreto 5.678/2006 (art. 23, 1, *b*) e a Convenção de Palermo, internalizada pelo Decreto 5.015/2004 (art. 6, 2., *e*), estabeleceram a possibilidade de os países signatários excepcionarem o autor do crime antecedente da punição pelo crime de lavagem, "se assim exigirem os princípios fundamentais de direito interno".

No seio da União Europeia, as atuais previsões quanto à autolavagem resultam do art. 3º, §5º da Diretiva (UE) 2018/1673, segundo o qual os Estados-Membros devem adotar as medidas necessárias para assegurar que as formas de lavagem referidas no mesmo artigo "constituam infrações penais puníveis quando praticados por pessoas que tenham praticado ou participado na atividade criminosa da qual provêm os bens." Essa diretiva teve de ser transposta obrigatoriamente pelos Estados Membros da União até 3 de dezembro de 2020.[287]

Por isso, na Espanha, há previsão expressa de que o autor do crime antecedente seja responsabilizado por lavagem de dinheiro, como se vê no art. 301.1 do Código Penal espanhol, após a reforma de 2010, ao usar a expressão "cometida por él o por cualquiera otra persona", referindo-se à atividade delitiva antecedente.

O Código Penal italiano estabelece um crime geral de lavagem de capitais (art. 648-bis) e, desde 2014, admite a autolavagem, punindo o autor do crime antecedente com pena menor do que a do tipo geral. Este dispositivo exclui da tipicidade o mero gozo pessoal desses bens (art. 648-ter.1). De igual modo, embora admitindo a autolavagem, o Código Penal alemão, no § 261, estabelece limitações à punição do autor do crime antecedente nos casos de ocultação do produto do crime. Como visto, a lei brasileira silencia sobre o sujeito ativo do delito, pois não exclui a possibilidade de autolavagem nem estabelece qualquer limitação à punibilidade do autor da infração penal antecedente.

---

[287] Diretiva 2018/1673: "Artigo 3º. Infrações de branqueamento de capitais (...) 5. Os Estados-Membros tomam as medidas necessárias para assegurar que os comportamentos referidos no n. 1, alíneas a) e b), constituam infrações penais puníveis quando praticadas por pessoas que tenham praticado ou participado na atividade criminosa da qual provêm os bens". Cf. UNIÃO EUROPEIA. Diretiva (UE) 2018/1673 do Parlamento Europeu e do Conselho, de 23 de outubro de 2018, relativa ao combate ao branqueamento de capitais através do direito penal. Disponível em: https://eur-lex.europa.eu/legal-content/PT/TXT/?uri=CELEX%3A32018L1673/. Acesso em: 20 jun. 2023.

Dado o silêncio do legislador, uma parcela da doutrina passou a defender que não seria possível a punição do autor da infração antecedente pela lavagem de capitais[288].

Como acima explicitado, após a vigência da Diretiva (UE) 2018/1673, as leis dos Estados Membros da União Europeia passaram a admitir a autolavagem, tal como ocorreu na Itália, mesmo antes disso, a partir de 2014. Contudo, na Espanha, sob a vigência da lei anterior, que também nada dizia sobre o tema, parcela da doutrina admitia a exclusão da responsabilidade do autor do crime antecedente, sob o argumento de que haveria consunção[289] entre o delito prévio e as condutas posteriores de lavagem ou, ainda, utilizando-se da justificativa da inexigibilidade de conduta diversa do autor do crime antecedente, à luz do princípio da não-autoincriminação[290]. A jurisprudência espanhola, sob a vigência da lei anterior, afastava a punição do autor do crime antecedente nos casos em que houvesse uma identidade na autoria delitiva de ambos os crimes, coincidência do objeto econômico e punição pelo delito-base[291].

A maior parte da doutrina no Brasil, contudo, sustenta a possibilidade de punição do autor do crime antecedente, sob o argumento de que, via de regra, há diferença quanto ao bem jurídico resguardado e de que não houve exoneração legislativa da autolavagem, a exemplo do que teria ocorrido com outros delitos, como a receptação (art. 180, CP) ou o favorecimento real (art. 340, CP)[292].

Na jurisprudência dos tribunais superiores, verificam-se julgados que admitem a punição do autor da infração antecedente, sob o argumento

---

[288] DELMANTO, Roberto; DELMANTO JR. Roberto; DELMANTO, Fábio M. de Almeida. Leis penais especiais comentadas. São Paulo: Saraiva, 2014, p. 552.

[289] Para mais detalhes, ver: CORDERO, Isidoro Blanco. El delito de blanqueo de capitales, pp. 633-638.

[290] Idem, ibidem, pp. 639-641.

[291] Idem, ibidem, p. 637. Importante destacar que, mesmo sob a vigência da lei anterior, não era absoluto o afastamento da punição do autor do crime antecedente na jurisprudência espanhola. Neste sentido, o acórdão da Segunda Sala do Tribunal Supremo da Espanha, em 18 de julho de 2006, estabeleceu expressamente que não haveria a exclusão, em todo o caso, do concurso real de crimes, hipótese que poderia ser reconhecida pelo Supremo Tribunal em sessão composta de, no mínimo, cinco magistrados. Idem, ibidem, p. 643.

[292] BOTTINI; BADARÓ. Op. cit., p. 74; BALTAZAR JR. Op. cit., p. 2.179; PRADO. Op. cit., p. 507.

de que há "diversidade de bem jurídico e autonomia do delito"[293] ou de que a lavagem não é mero exaurimento do crime anterior[294].

No âmbito do STF, a questão foi intensamente debatida no caso mensalão. Quando do recebimento da denúncia, restou assentado pelo plenário da Corte que: "V – Não sendo considerada a lavagem de capitais mero exaurimento do crime de corrupção passiva, é possível que dois dos acusados respondam por ambos os crimes, inclusive em ações penais diversas"[295]. Posteriormente, contudo, no julgamento dos Sextos Embargos infringentes, a Corte Suprema considerou que, conquanto seja possível a autolavagem, não haveria este crime no caso em tela, porque os atos de ocultação foram realizados antes do recebimento do produto do crime, enquadrando-se no tipo de corrupção passiva[296].

De todo modo, a Suprema Corte firmou o entendimento sobre a possibilidade da autolavagem, o que pode ser extraído de julgados posteriores[297].

No STJ, a questão está definida em prol da possibilidade de autolavagem:

> Embora a tipificação da lavagem de dinheiro dependa da existência de uma infração penal antecedente, é possível a autolavagem – isto é, a imputação simultânea, ao mesmo réu, da infração antecedente e do crime de lavagem –, desde que sejam demonstrados atos diversos e autônomos daquele que compõe a realização da primeira infração penal, circunstância na qual não ocorrerá o fenômeno da consunção.[298]

Não parece haver dúvidas que a legislação brasileira não limitou nem excluiu a punição do autor da infração antecedente. Foi uma acertada

---

[293] STJ, AP 458, Redator p/ o Acórdão Min. Gilson Dipp, j. em 16/09/2009; STJ, RESP 1.234.097/PR, Rel. Min. Gilson Dipp, j. em 03/11/2011.
[294] STF, Inq. 2471/SP, Rel. Min. Ricardo Lewandowski, j. em 29/09/2011; STF, HC 92.279/RN, Rel. Min. Joaquim Barbosa, j. em 24/06/2008.
[295] STF, Inq. 2471, Rel. Min. Ricardo Lewandowski, Tribunal Pleno, julgado em 29/09/2011.
[296] STF, AP 470 EI-sextos, Rel. Min. Luiz Fux, Rel. p/ o Acórdão Min. Roberto Barroso, Tribunal Pleno, julgado em 13/03/2014.
[297] STF, AP 996, Rel. Edson Fachin, Segunda Turma, julgado em 29/05/2018; AP 694, Rel. Min. Rosa Weber, Primeira Turma, julgado em 02/05/2017.
[298] STJ, Jurisprudência em Teses, Edição 166, de 26 de março de 2021, Tese 7. Disponível em: https://scon.stj.jus.br/SCON/jt/doc.jsp?livre=%27166%27.tit.. Acesso em: 20 jun. 2023.

decisão, haja vista que também o autor da infração penal antecedente pode realizar atos de lavagem de capitais que ponham em perigo ou causem lesão à transparência dos fluxos financeiros e à livre concorrência.

No entanto, pensamos que devem ser fixados marcos restritivos para que haja a punição pela autolavagem, sob pena de excessiva intervenção penal, além do *bis in idem*. Pela interpretação restritiva é também a posição de Gustavo Badaró e Pierpaolo Bottini[299].

Nesta linha de intelecção, para Luz, o primeiro marco restritivo que pode ser adotado se refere à atipicidade dos casos em que o autor da infração penal antecedente realiza a *mera utilização ou fruição do produto/ proveito da infração antecedente*, ou aqueles em que há *a conversão deste produto/proveito em outros ativos com o intuito de usufruir deles*. Nestes casos, haveria mero exaurimento do crime antecedente e seria difícil sustentar uma nova punição sem que houvesse ofensa ao princípio do *ne bis in idem*, uma vez que a maioria das infrações antecedentes que geram resultado financeiro já contêm uma reprovabilidade para o gozo do produto delitivo.

Questão tormentosa, contudo, é diferenciar as hipóteses fáticas que configurariam mera fruição ou conversão daquelas que representam efetivamente o crime de lavagem de capitais.

A jurisprudência dos EUA traz bons critérios que podem ser utilizados por nós. Conforme ensina Blanco Cordero, aquele país adota a distinção entre o "investimento e a lavagem de dinheiro", admitindo esta última hipótese apenas nos casos em que haja provas diretas ou indiciárias de "intenção de ocultar ou encobrir a origem dos bens" ou de evitar a comunicação do fato à unidade de inteligência financeira responsável pela prevenção ao delito de lavagem[300].

Com base nesta premissa, a jurisprudência estadunidense afastou a imputação por lavagem de capitais em casos nos quais os criminosos compraram um veículo com os bens de origem delitiva (*United States vs. Sanders*), ou na situação em que houve a compra de cavalos com dinheiro de crime antecedente, sem intenção "de deixar um rasto material que permitiria crer que o dinheiro procedia de outra fonte" distinta do ato criminoso (*United States vs. Garcia-Emanuel*).

---

[299] BADARÓ; BOTTINI. Op. cit., p. 64.
[300] CORDERO, Isidoro Blanco. Op. cit., p. 659.

Nada obstante, a jurisprudência norte-americana entende que haveria indícios de lavagem de capitais nas hipóteses em que o sujeito se utiliza de identidade falsa ou de terceiros para usufruir do bem (*United States vs. Willey*), e também nos casos em que o sujeito, ainda que em nome próprio, faz transferência da conta corrente para um Estado distante do seu local de trabalho ou de residência, enganando os empregados da instituição financeira com falsas declarações sobre seus rendimentos (*United States vs. Tencer*), ou ainda na hipótese de depósitos fracionados, como *smurfing* (*United States vs. Villarini*)[301].

Conforme já adiantado, estes critérios podem auxiliar a interpretação da lei brasileira e restringir a punição da autolavagem, evitando a ofensa ao princípio que veda a dupla incriminação. Isto porque, muito embora os casos de mera fruição ou conversão possam configurar, a partir de interpretação puramente literal, a ocultação da propriedade, da natureza ou da localização de bens oriundos de infração penal, para Martins Luz, não se pode admitir a criminalização, porque, nesta hipótese, para além da ausência de finalidade específica de ocultar ou dissimular, não há burla à transparência dos fluxos financeiros, já que o sujeito realiza diretamente as condutas, sem escamotear ou encobrir o seu próprio ilícito.

Note-se que os critérios jurisprudenciais permitem a criminalização quando efetivamente houver conduta voltada a utilizar o bem sem transparência, escondendo a sua real origem. Poderíamos acrescentar, ainda, que é possível a punição também nos casos em que há "sucessivos negócios de compra e venda"[302], os quais podem ter o condão de transformar o produto da infração penal e ocultá-lo.

No Brasil, os tribunais superiores têm seguido esta linha, ao afirmarem que "o mero proveito econômico do produto do crime não configura lavagem de dinheiro, que requer a prática das condutas de *ocultar ou dissimular*"[303]. Também o TRF-4 entendeu que não há crime quando o sujeito realiza o "pagamento de contas com valores provenientes do crime, sem camuflar ou dissimular a origem dos valores"[304].

---

[301] CORDERO, Isidoro Blanco. Op. cit., pp. 661-666.
[302] BALTAZAR JR. Op. cit., p. 2.183.
[303] STJ, AP 458, Relator p/ acórdão Min. Gilson Dipp, j. em 16/09/2009.
[304] TRF-4, AC 19997000013518-3, Rel. Des. Fed. Maria de Fátima Freitas Labarrère, 7ª Turma, j. em 19/06/2007.

A Corte Especial do STJ também já teve a oportunidade de decidir no mesmo sentido, afirmando que "(o) mero proveito econômico do produto do crime não configura lavagem de dinheiro, que requer a prática das condutas de ocultar ou dissimular" de modo que "não há que se falar em lavagem de dinheiro se, com o produto do crime, o agente se limita a depositar o dinheiro em conta de sua própria titularidade, paga contas ou consome os valores em viagens ou restaurantes"[305].

Outro ponto que merece reflexão, ainda tratando da temática da fruição direta do produto do crime, é trazido por Blanco Cordero à luz da jurisprudência espanhola após a reforma de 2010. Ensina o autor que a Corte Suprema da Espanha, já depois da alteração legislativa, adotou uma interpretação restritiva para a punição da autolavagem, que é afastada nos casos em que há identidade entre os valores e bens oriundos do crime antecedente e a realização de atos de conversão e transmissão sobre estes mesmos bens. Por outro lado, ainda segundo o autor, a Corte Suprema espanhola permite a punição quando não houver identidade entre o objeto de ambos os crimes, ou seja, nos casos em que o patrimônio ilícito procede de uma atividade delitiva prévia àquela que é objeto de investigação. Um exemplo por ele trazido ocorre quando o sujeito utiliza os valores decorrentes de sua atividade permanente de tráfico e não aqueles conectados a uma concreta operação[306].

Não há qualquer sentido na adoção desta posição, pois a distinção quanto ao objeto material da ação não altera a essência da conduta, ou seja, não afasta o fato de que o sujeito utilizou bens provenientes de crime de forma direta e sem ocultação. No mais, há de se concordar com Faraldo Cabana quando a autora afirma que esta interpretação transforma o crime de lavagem em um delito de enriquecimento ilícito[307]. Assim, entende Martins Luz, que a mera fruição de qualquer produto de infração antecedente, desde que preenchidos os elementos diferenciadores apontados acima, não pode ensejar a punição pela autolavagem, ainda que corresponda exatamente ao produto do crime investigado.

---

[305] STJ, AP 458/SP, Rel. Min. Fernando Gonçalves, Rel. p / Acórdão Min. Gilson Dipp, Corte Especial, j. em 16/09/2009.
[306] CORDERO. Op. cit., p. 652.
[307] CABANA, Patrícia Faraldo. Antes y después de la tipificación expresa del autoblanqueo de capitales. Estudios penales y criminológicos, 2014, 34(34), pp. 41-79. Disponível em: https://revistas.usc.gal/index.php/epc/article/view/1898. Acesso em: 20 jun. 2023.

Parte da doutrina também questiona a punição do autor do crime antecedente que introduz o produto do crime diretamente no sistema financeiro, sem interpostas pessoas ou sem ocultação, a exemplo da hipótese em que o sujeito ativo deposita a quantia na sua própria conta corrente[308]. Note-se que a hipótese é alterada quando o sujeito deposita os valores em contas fraudulentas ou de interpostas pessoas físicas ou jurídicas[309], ou na hipótese em que há *smurfing* (depósito fracionados de pequenos valores na conta corrente do próprio criminoso, com vistas a impedir a aplicação do dever de comunicar)[310], porque, neste caso, há burla aos fluxos financeiros.

Além disso, entende-se não ser possível a punição do sujeito nos casos a mera ocultação em sua própria residência do produto da infração penal[311], no próprio veículo ou, ainda, junto ao corpo. Ainda que a interpretação literal da expressão localização possa conduzir a tal conclusão, não há prejuízo ao bem jurídico nestas hipóteses, por ausência de "ato

---

[308] Em sentido contrário, o STF entendeu que "a possível introdução dos recursos públicos já desviados no sistema financeiro nacional, a partir do depósito em contas-correntes do acusado e de terceiros, expõe a deflagração de atos subsequentes e autônomos do delito-base, propensos a higienizar o produto gestado pela prática de infrações penais contra a Administração Pública. Tal quadro se adequa, portanto, mesmo que em caráter ainda precário, ao figurino legal do crime de lavagem de capitais, mais propriamente ao inciso V do art. 1º da Lei n. 9.613/1998, em sua redação original". (STF, Inq 3508, Rel. Min. Alexandre de Moraes, Primeira Turma, j. em 20/02/2018).

[309] Trata-se de entendimento adotado pelo STF no julgamento do RHC 80.816/SP, no qual ficou consignado que "(o) depósito de cheques de terceiro recebidos pelo agente, produto de concussão, em contas-correntes de pessoas jurídicas às quais contava ele ter acesso, basta a caracterizar a figura de 'lavagem de capitais' mediante ocultação da origem, da localização e da propriedade dos valores respectivos (L. 9.613, art. 1º, caput): o tipo não reclama nem êxito definitivo da ocultação, visado pelo agente, nem o vulto e a complexidade dos exemplos de requintada 'engenharia financeira transnacional, com os quais se ocupa a literatura (STF, RHC 80.816/SP, Rel. Min. Sepúlveda Pertence, j. em 10/01/2001).

[310] STF, AP 996, Rel. Min. Edson Fachin, j. em 29/05/2018.

[311] Acertadamente, a nosso ver, o STF entendeu estar configurada a lavagem de capitais na hipótese em que "os denunciados providenciaram a remoção do dinheiro acumulado no apartamento de familiar para o imóvel que lhes foi emprestado e onde foi localizado pela autoridade policial, o que, isoladamente, configura, sem equivocidade, a ocultação da localização e da propriedade desses valores ilícitos, mormente porque também caracterizado o dolo de reinserção do capital espúrio no mercado financeiro como ativos legais". Vide a AP 1030, Rel. Min. Edson Fachin, Segunda Turma, j. em 22/10/2019.

de mascaramento"[312] idôneo a afastar a transparência dos fluxos financeiros e permitir a conversão do produto do crime em ativos legítimos[313]. Em 2020, o ministro Luiz Roberto Barroso adotou tal entendimento ao afastar, em cognição sumária, a ocorrência de lavagem de capitais imputada a parlamentar que escondeu dinheiro nas suas próprias vestes[314].

4.3.2 *Autolavagem e corrupção ativa e passiva*

Questão relevante em matéria de autolavagem diz respeito à possibilidade, ou não, de concurso entre esse crime e os delitos de corrupção ativa ou passiva.

Quanto à corrupção passiva, a matéria foi intensamente discutida no âmbito da AP 470, o caso "Mensalão", quando o plenário da Suprema Corte se debruçou sobre a hipótese de recebimento de vantagem indevida de corrupção passiva de forma escamoteada, por intermédio de terceiros, em operação realizada em uma instituição financeira que não notificou os fatos ao Banco Central ou ao COAF, a despeito de ter conhecimento sobre o verdadeiro beneficiário final dos valores[315].

De acordo com o Ministro Joaquim Barbosa, relator da referida ação penal, tal mecanismo de pagamento "permitiu que os fatos permanecessem encobertos por quase dois anos", impedindo-se "a identificação da origem criminosa, da localização e da propriedade do dinheiro, até que as diligências de busca e apreensão decretadas nestes autos levassem à descoberta dos documentos mantidos ocultados"[316], de modo que não seria possível falar em mero exaurimento do crime antecedente e sim em lavagem de capitais.

No julgamento da ação penal, formou-se uma corrente minoritária de ministros que afastavam a existência do crime de lavagem de capitais

---

[312] BOTTINI; BADARÓ. Op. cit., p. 120. No mesmo sentido: MORO, Sérgio. Crime de lavagem de dinheiro. São Paulo: Saraiva, 2010, p. 34. Em sentido oposto, BALTAZAR JR. Op. cit., p. 2.189.

[313] Em sentido contrário, Carla Veríssimo de Carli. Op. cit., p. 236.

[314] Para o ministro, tal conduta não causa "um embaraço de tal monta à persecução penal que chegue ao ponto de caracterizar a lavagem de dinheiro", de modo que não haveria ofensa ao bem jurídico resguardado que, a seu ver, seria a administração da justiça (STF, Pet 9.218/DF, j. em 15/10/2020).

[315] STF, AP 470, inteiro teor, Rel. Min. Joaquim Barbosa, j. em 17/12/2012, p. 665.

[316] Idem, ibidem, p. 667.

pelo então presidente da Câmara dos Deputados ao tempo dos fatos, o que motivou a oposição de embargos infringentes pela defesa do acusado.

No julgamento dos sextos embargos infringentes, o plenário da Suprema Corte firmou modificou o entendimento para firmar o posicionamento de que "(o) recebimento de propina constitui marco consumativo do delito de corrupção passiva, na forma objetiva 'receber', sendo indiferente que seja praticada com elemento de dissimulação" de modo que somente haveria autolavagem quando o agente realizasse "atos de ocultação autônomos do produto do crime antecedente (já consumado), não verificados na hipótese"[317].

Desde este julgamento paradigmático, a jurisprudência da Suprema Corte considera que o recebimento de propina de forma escamoteada integra o tipo de corrupção passiva e que a autonomia da lavagem pressupõe a realização de atos após o recebimento da quantia[318].

No âmbito do STJ, também foi firmada a premissa de que somente é possível falar-se de lavagem de dinheiro nos casos em que se verifica a prática de atos "diversos e autônomos daquele que compõe a realização do primeiro crime"[319].

Pensamos, concordando com Bottini e Badaró[320], que tal entendimento é adequado. Com efeito, tanto nas hipóteses em que o ato de

---

[317] STF, AP 470 EI-sextos, Rel. Min. Luiz Fux, Rel. p/ o acórdão Min. Roberto Barroso, Tribunal Pleno, j. em 13/03/2014.

[318] STF, AP 694, Rel. Min. Rosa Weber, Primeira Turma, j. em 02.05.2017; STF, AP 644, Rel. Min. Gilmar Mendes, Segunda Turma, j. em 27/02/2018; STF, Inq 3982, Rel. Min. Edson Fachin, Segunda Turma, j. em 07/03/2017; STF, Inq 3515, Rel. Min. Marco Aurélio, Primeira Turma, j. em 08/10/2019; STF, AP 1002, Rel. Min. Edson Fachin, Segunda Turma, julgado em 09/06/2020.

[319] Tese 7 do Jurisprudência em Teses sobre Lavagem de Dinheiro n. 167: "Embora a tipificação da lavagem de dinheiro dependa da existência de uma infração penal antecedente, é possível a autolavagem – isto é, a imputação simultânea, ao mesmo réu, da infração antecedente e do crime de lavagem –, desde que sejam demonstrados atos diversos e autônomos daquele que compõe a realização da primeira infração penal, circunstância na qual não ocorrerá o fenômeno da consunção."

[320] Segundo Bottini e Badaró: "Assim, se a ocultação ou dissimulação típica da lavagem de dinheiro se limitar ao recebimento 'indireto' dos valores, há contingência entre os tipos penais, aplicando-se o instituto da consunção. Isso não impede a verificação do concurso material entre lavagem de dinheiro e corrupção passiva se constatado no caso concreto outro ato de ocultação ou dissimulação para além do recebimento indireto, como, por exemplo, o envio de dinheiro para o exterior, para contas de terceiros, ou a simulação de negócios

ocultação ocorre antes ou de forma concomitante à efetiva disponibilização da propina, não é possível, em regra, falar-se em lavagem de dinheiro, uma vez que neste momento não há produto do crime.

Distinta é a hipótese em que é possível comprovar que o valor pago a título de propina já representa, *per se*, um bem, direito ou valor proveniente de infração penal antes de chegar ao destinatário. Poder-se-ia pensar, por exemplo, nos casos em que há desvio de verbas públicas de algum contrato firmado com particulares para fins de pagamento de propina ao funcionário público. Nesta hipótese, totalmente distinta do mero pagamento com recursos angariados pelo particular, caso comprovado o nexo causal entre os valores e outro crime antecedente, é possível falar-se em lavagem de dinheiro.

No que tange ao corruptor ativo, também pensamos que não é possível, a priori, haver concurso entre os crimes de lavagem e corrupção ativa nas hipóteses de pagamento de forma escamoteada.

Sabe-se que o ato de pagar não integra o tipo penal da corrupção ativa tradicional (art. 333, CP), apenas o da corrupção ativa em transações internacionais (art. 337-B, CP). Nada obstante, o ato de pagar é exaurimento da modalidade tradicional de corrupção ativa, ficando abarcado na carga ilícita deste delito.

Adicionalmente, como já tivemos a oportunidade de afirmar anteriormente:

> "(...) os valores pagos a título de vantagem indevida representam, para o corruptor ativo, um decréscimo patrimonial, não sendo possível falar-se em produto de crime. Na perspectiva do corruptor ativo, o valor direcionado para o pagamento da vantagem indevida é um mero instrumento do crime, pois não configura benefício auferido com a prática delitiva. E, como instrumento do crime – e não produto – não pode ser objeto material da lavagem de dinheiro. (...) A rigor, o valor correspondente à vantagem indevida é destinado ao corruptor passivo, sendo produto do crime apenas para este. E, importante mencionar, a natureza ilícita posteriores com a finalidade de conferir aparência lícita aos recursos recebidos. A menção ao recebimento indireto no tipo penal de corrupção passiva não implica salvo conduto para qualquer comportamento de ocultação posterior" (Op. cit., p. 128).

somente se verifica quando o destinatário da vantagem indevida tem disponibilidade sobre esta.[321]

No mesmo sentido, Nuno Brandão afirma que:

(...) a corrupção ativa é, por definição, insuscetível de gerar vantagens aptas a serem lavadas. Nesta modalidade de corrupção o corruptor abre mão do bem que forma o suborno, pelo que, como é óbvio, deixa essa vantagem de poder ser lavada em seu benefício. Claro que do ato funcional que figura como contrapartida da vantagem poderão resultar benefícios patrimoniais para o corruptor, esses, sim, suscetíveis de serem lavados em seu benefício. Mas o branqueamento da vantagem propriamente dita, a que integra a factualidade típica dos crimes de corrupção, parece-nos só ser cogitável no plano da corrupção passiva (...)[322].

Este entendimento foi adotado pelo TRF da 2ª Região no julgamento da apelação da apelação n. 0022500-03.2014.4.02.5101/RJ.

Por fim, em relação à corrupção ativa, valem as mesmas considerações que foram realizadas quanto à corrupção passiva: caso haja demonstração de que valor da propina seja, *per se*, proveniente de infração penal anterior, é possível falar-se em ocultação ou dissimulação para fins de configuração do delito de lavagem de dinheiro.

4.3.3 O recebimento de honorários maculados e o crime de lavagem de capitais

No tópico sobre o sujeito ativo do crime, também é relevante a discussão sobre a possibilidade de o advogado figurar como autor, coautor ou partícipe do delito de lavagem de capitais.

---

[321] BOTTINI, Pierpaolo; LUZ, Ilana Martins. Sobre o concurso de crimes e o conflito aparente de normas entre os delitos de corrupção ativa internacional e lavagem de dinheiro. Disponível em: https://www.migalhas.com.br/depeso/373708/concurso-de-crimes-entre-a-corrupcao-ativa-e-a-lavagem-de-dinheiro. Acesso em: 20 jun. 2023.

[322] BRANDÃO Nuno. Corrupção e Lavagem De Dinheiro: Os casos de entrega dissimulada e de recebimento indireto da vantagem indevida. Disponível em: Diálogos em homenagem ao 80º Aniversário de J. J. Gomes Canotilho. Belo Horizonte: Fórum, 2021, p. 902.

De partida, cumpre assinalar que não existe qualquer vedação à inclusão de um advogado como sujeito ativo do delito em tela, quando este efetivamente se envolver, de forma dolosa, em operações de ocultação ou dissimulação do produto ou proveito de infração penal.

O que se pretende aqui avaliar é a hipótese de o recebimento de honorários maculados configurar o crime de lavagem de capitais, tema que se tornou ainda mais complexo após a Lei 14.365/2022, que alterou o Estatuto da Ordem dos Advogados do Brasil.

Na análise do direito comparado, tem-se que, nos EUA, país pioneiro na criminalização do delito de lavagem de dinheiro, há exclusão da incriminação do recebimento de honorários advocatícios (doutrina do *safe harbor*), uma vez que a expressão" transações monetárias", incluída na redação do crime (18 U.S.C. §1957) expressamente exclui as hipóteses de "transações necessárias para preservar o direito de uma pessoa à defesa letrada garantido pela Sexta emenda"[323]. Assim, o advogado que, no exercício da profissão, recebe honorários maculados não comete o crime, em que pese possa haver o confisco desses honorários caso comprovada sua procedência ilícita[324].

Na Alemanha – país no qual a incriminação da lavagem de capitais é consideravelmente ampla, incluindo as condutas de adquirir, guardar ou utilizar bens que tenham sua origem em delitos antecedentes inseridos em um rol taxativo quando o autor tem conhecimento[325] (§261(2) StGB[326]) – em 2004 e 2015 a Corte Federal Constitucional decidiu que esse tipo penal deve ser interpretado de forma restritiva, para criminalizar apenas as hipóteses em que o advogado "sabia seguramente que os

---

[323] CORDERO, Isidoro Blanco. Op. cit., p. 737.
[324] Op. cit., p. 737.
[325] Como afirma Blanco Cordero, a legislação alemã prevê uma norma de isolamento, que é "dirigida precisamente a aislar al autor del delito previo y a sus ganancias delictivas haciéndolas no aptas para la circulación (aislamiento económico del autor del delito previo) sancionando a quien realice negocios con él a sabiendas del origen de sus bienes. Persigue una especie de excomunión económica de los delincuentes y castiga a quien quiebra dicha excomunión económica. El tipo penal abarca todos los negocios que se llevan a cabo con delincuentes, cualquiera que sea la cuantía de los mismos, y la finalidad a la que estén destinados". Op. cit., p. 742.
[326] ALEMANHA. German Criminal Code. Translation provided by Prof. Dr. Michael Bohlander. Translation completely revised and regularly updated by Ute Reusch. Disponível em: https://www.gesetze-im-internet.de/. Acesso em: 20 jun. 2023.

valores provinham de um dos crimes antecedentes"[327], excluindo-se o crime nos casos de negligência e dolo eventual[328].

No Brasil, o tema foi objeto de alguns projetos de lei que visavam a transformar em ilícita a conduta do advogado pelo recebimento de honorários dos seus clientes acusados da prática delitiva, entre os quais se destacam os projetos 6.413/2005, 577/2003, 596/2003, 712/2003, 5562/2005, todos considerados inconstitucionais pela Comissão de Constituição, Justiça e Cidadania da Câmara dos Deputados, por violação ao princípio da presunção de inocência, à indispensabilidade do advogado para a administração da justiça bem assim ao direito de defesa[329]. Foi nessa toada que veio o art. 24-A da Lei 14.365/2022, em sentido diametralmente oposto, garantir a liberação de valores bloqueados em nome de clientes acusados de qualquer crime, salvo narcotráfico, para o pagamento de verbas honorárias e despesas atinentes à defesa.

O mero recebimento de honorários advocatícios por serviços efetivamente prestados pelo advogado encontra-se no limite do risco permitido, de modo que não deve haver incriminação do profissional, por si só, haja vista que tal criminalização colocaria em risco o exercício do direito de defesa e a própria inviolabilidade do advogado, tão caros ao Estado Democrático de Direito.

Conforme bem destacado por Rodrigo Sanches Rios, a análise do caso deve ser feita à luz da categoria do risco permitido, de modo que "(u)ma atuação pautada no cumprimento das regras deontológicas da profissão, atinentes à normativa extrapenal referente às suas prerrogativas, capaz de demonstrar a inexistência de qualquer liame de instrumentalidade com a conduta do agente do delito principal"[330] deve afastar a imputação delitiva ao defensor.

---

[327] ESTELLITA, Heloisa. Recebimento de honorários maculados: quebra de sigilo bancário e fiscal, lavagem de dinheiro e receptação. Revista do Instituto de Ciências Penais, Belo Horizonte, v. 5, n. 1, p. 165-189, 2020. Disponível em: 10.46274/1809- 192XRICP2020v5p165-189. Acesso em: 20 jun. 2023.

[328] CORDERO, Isidoro Blanco. Op. cit., p. 764.

[329] BRASIL. Câmara dos Deputados. Disponível em: https://www.camara.leg.br/proposicoesWeb/prop_mostrarintegra;jsessionid=42F3277D758B0B906B36FB49295BD97A.node2?codteor=367338&filename=Avulso+-PL+6413/2005. Acesso em: 20 jun. 2023.

[330] SANCHEZ RIOS, Rodrigo. Direito penal econômico: advocacia e lavagem de dinheiro: questões de dogmática jurídico-penal e de política criminal. São Paulo: Saraiva, 2010. – (Série GVlaw), p. 238.

Tal entendimento está de acordo com a ideia de que a proteção ao bem jurídico – ordem econômica – não se dá de maneira integral, devendo, ao revés, ser subsidiária e respeitar os princípios, direitos e garantias reconhecidos pelo ordenamento jurídico.

No caso do defensor criminal, a questão assume especial relevância, haja vista que a criminalização do advogado afeta, de maneira reflexa, o próprio direito de defesa do cidadão, uma vez que: a) compromete a liberdade e independência do advogado, que pode não focar nos interesses do cliente com medo de ter sua própria esfera de liberdade atingida; b) pode estremecer a relação de confiança que deve existir entre o advogado e o seu cliente, porquanto a deflagração de investigações ou ações penais contra o advogado pode fazer com que este tenha, para o exercício da própria defesa, de revelar fatos de que tomou conhecimento em situação de sigilo; c) pode ensejar diligências investigativas desnecessárias contra os advogados, as quais também comprometerão o exercício da defesa e o sigilo profissional[331].

Neste sentido, a autorregulamentação do padrão ético e regras para o estabelecimento e recebimento de honorários advocatícios é medida que se impõe, e o Conselho Federal da Ordem dos Advogados do Brasil (OAB) deveria deliberar sobre a matéria, com o fim de evitar que os advogados sejam submetidos a investigações ou ações penais sem que haja critérios para definição do limite do risco permitido. Para Aras, os padrões éticos da profissão jurídica devem ser elevados, e as ordens de advogados devem instituir diretrizes deontológicas para o recebimento de honorários que se *sabe* têm origem ilícita.[332] Como visto, os honorários maculados são um problema já enfrentado por cortes nos Estados Unidos[333] e na Alemanha.[334] Ademais, quanto aos deveres de confor-

---

[331] CORDERO, Blanco. Op. cit., p. 783.

[332] Para um estudo sobre o tema dos honorários maculados, vide: ESTELLITA, Heloisa. Recebimento de honorários maculados: quebra de sigilo bancário e fiscal, lavagem de dinheiro e receptação. Revista do Instituto de Ciências Penais, Belo Horizonte, v. 5, n. 1, p. 165-189, 2020. Disponível em: 10.46274/1809- 192XRICP2020v5p165-189. Acesso em: 20 jun. 2023.

[333] Sobre honorários maculados, vide o caso *Caplin and Drysdale v. United States* (SCOTUS, 1989) e o caso *United States v. Monsanto* (SCOTUS, 1989). No âmbito regional, vide também o caso *United States v. Velez* (11th. Circuit, 2009).

[334] Em 2001, a Corte Federal de Justiça (*Bundesgerichtshof – BGH*) manteve a condenação por lavagem de dinheiro de dois advogados criminalistas que aceitaram honorários que sabiam serem derivados de um crime-catálogo na forma do art. 261.1 do Código Penal alemão

midade, deve-se ter como parâmetros as Recomendações 22 e 23 do GAFI; a Diretiva 2015/849, da União Europeia;[335] e o precedente da Corte Europeia de Direitos Humanos nesta temática, o caso *Michaud v. França*, de 2012.[336]

No final de 2020, foi submetida ao Conselho Federal da OAB[337] uma proposta de regulamentação dos deveres de *compliance* por advogados, nos termos do art. 9º, inciso XIV, da Lei 9.613/1998. Uma das preocupações dos autores da proposta foi a regulação do pagamento de honorários feitos por terceiros, os mecanismos admitidos para a comprovação da prestação dos serviços jurídicos e os contratos verbais. Em relação a tais temas, a proposta previa:

(StGB). Resumiu a Corte: „Ein Strafverteidiger, der Honorar entgegennimmt, von dem er weiß, daß es aus einer Katalogtat im Sinne von § 261 Abs. 1 Satz 2 StGB herrührt, kann sich wegen Geldwäsche strafbar machen". Cf. ALEMANHA. BundesGerichtshof. BGH, Urteil vom 4. Juli 2001 – 2 StR 513/00 – Landgericht Frankfurt am Main. Disponível em: https://juris.bundesgerichtshof.de/cgi-bin/rechtsprechung/document.py?Gericht=bgh&Art=en&Datum=2001&Seite=42&nr=21352&pos=1276&anz=2408. Acesso em: 20 jun. 2023. Como se vê em decisões de 30 de março de 2004 (BVerfGE 110, 226) e de 28 de julho de 2015 (BvR 2558/14, 2 BvR 2573/14, 2 BvR 2571/14), do *BundesVerfassungsGericht*, ou BVerfGE), é restrita a possibilidade dessa imputação a advogados. Conforme o Tribunal Constitucional Federal (BVerfGE), só há interferência justificada na liberdade de exercício da profissão se o advogado criminalista tiver a certeza, no momento da aceitação dos honorários ou de seu adiantamento, de que os valores provêm de um dos crimes antecedentes do art. 261 do StGB.

[335] UNIÃO EUROPEIA. Diretiva (UE) 2015/849 do Parlamento Europeu e do Conselho, de 20 de maio de 2015, relativa à prevenção da utilização do sistema financeiro para efeitos de branqueamento de capitais ou de financiamento do terrorismo, que altera o Regulamento (UE) nº 648/2012 do Parlamento Europeu e do Conselho, e que revoga a Diretiva 2005/60/CE do Parlamento Europeu e do Conselho e a Diretiva 2006/70/CE da Comissão. Disponível em: https://eur-lex.europa.eu/legal-content/PT/TXT/?uri=CELEX%3A32015L0849. Acesso em: 20 jun. 2023.

[336] TRIBUNAL EUROPEU DE DIREITOS HUMANOS. Affaire Michaud c. France. Arrêt 6 décembre 2012. Disponível em:https://hudoc.echr.coe.int/fre#{%22languageisocode%22:[%22FRE%22],%22appno%22:[%2212323/11%22],%22documentcollectionid2%22:[%22CHAMBER%22],%22itemid%22:[%22001-115055%22]}. Acesso em: 20 jun. 2023.

[337] BREDA, Juliano. Proposta de provimento que institui medidas de prevenção à lavagem de dinheiro para advogados e sociedades de advogados, de 3 de dezembro de 2020. Disponível em: https://www.conjur.com.br/dl/proposta-oab-preve-advogados-comuniquem.pdf. Acesso em: 20 jun. 2023.

Art. 3º. A prestação de serviços profissionais por advogado, individualmente ou integrado em sociedades, será contratada na forma do disposto no artigo 48 do Código de Ética de Disciplina da OAB.

Art. 4º. É permitido o pagamento dos honorários advocatícios por terceiros não beneficiários dos serviços profissionais, desde que justificada.

Art. 5º. É legítima a contratação de diversos advogados ou de distintas sociedades de advogados para atuação consultiva ou litigiosa sobre o mesmo objeto, aplicando-se nesse caso todas as obrigações previstas neste provimento.

Art. 6º. Aplicam-se as disposições artigo 49 do Código de Ética e Disciplina da OAB aos honorários profissionais para a prestação de serviços de consultoria, assessoria e direção jurídicas, ainda que prestados de maneira verbal.

Art. 7º. Respeitado o disposto no art. 7º, II, da Lei 8.906/1996, a comprovação da prestação de serviços advocatícios poderá ser feita:

I – na prestação de serviços litigiosos, por meio do contrato de honorários, petições, arrazoados, participação em audiências, despachos, sustentações orais, ou outro meio hábil produzidos pelo advogado ou pela sociedade de advogados, desde que os autos não estejam sujeitos a segredo de justiça;

II – se os autos estiverem em segredo de justiça, a entrega de petições e arrazoados dependerá de autorização judicial ou da emissão de certidão que comprove a intervenção do advogado ou sociedade de advogados nos autos;

III – na prestação de serviços consultivos, se obtido o consentimento prévio e escrito do beneficiário da prestação dos serviços, por meio da entrega dos respectivos documentos, ou, sendo negado o consentimento, por meio de declaração emitida pelo advogado ou pela sociedade de advogados, da qual deverão constar:

a) a identificação completa do contratante pagador e dos beneficiários da prestação de serviços, pessoa física ou jurídica;

b) o período em que o serviço foi prestado;

c) o preço total pago pelo serviço e descritivo do tempo gasto na prestação dos serviços;

d) os advogados diretamente envolvidos na prestação dos serviços;

e) a identificação do procedimento administrativo, judicial, ou de outra natureza, e a área de conhecimento do direito relacionada ao serviço prestado, salvo em caso de consultoria preventiva;

f) a informação de que os advogados ou os sócios administradores da sociedade de advogados se responsabilizam pessoalmente pela veracidade e efetiva prestação dos serviços em questão.

IV – se os serviços advocatícios foram prestados exclusivamente de maneira verbal, por meio de declaração emitida pelo advogado ou pela sociedade de advogados, da qual deverão constar:
a) indicação da área de conhecimento
b) o meio utilizado;
c) o período em que o serviço foi prestado;
d) o preço total pago pelo serviço e o descritivo do tempo gasto na prestação dos serviços;
f) os advogados diretamente envolvidos na prestação dos serviços;
g) a informação de que os advogados ou os sócios administradores da sociedade de advogados se responsabilizam pessoalmente pela veracidade e efetiva prestação dos serviços em questão.

Vê-se que o projeto de regulamentação, se aprovado fosse, permitiria o pagamento de honorários por terceiros, quando houvesse justificação concreta, que deveria ser previamente aferida na casuística cotidiana. Em acréscimo, havia a previsão de mecanismos detalhados que fazem parte da praxe da advocacia e permitem avaliar a efetiva prestação dos serviços jurídicos.

A proposta fazia, ainda, menção à proibição do repasse de valores a terceiros pelos advogados sem que existisse contrato (art. 8ª), bem assim exigia a observância da Instrução Normativa RFB 1.761/2017 para o recebimento, total ou parcial, de valores em espécie.

Infelizmente, tal regulamentação foi rejeitada, advindo posteriormente a Lei 14.365/2022, que enfraqueceu ainda mais a *compliance* advocatícia,[338] no aspecto da prevenção, pois permitiu expressamente no novo §4º do art. 5º do Estatuto da Ordem a celebração de contratos verbais, sem procedimentos de *accountability* claros. Simultaneamente, o novo §14 do art. 7º do Estatuto da OAB determina que cabe privativamente ao Conselho Federal da OAB poderia, em processo disciplinar

---

[338] No caso *Michaud vs. França*, de 2012, a Corte Europeia de Direitos Humanos (CEDH) decidiu que a sujeição dos advogados a deveres de *compliance* em certas circunstâncias é compatível com a Convenção Europeia de Direitos Humanos.

próprio, dispor, analisar e decidir sobre a prestação efetiva do serviço jurídico realizado pelo advogado. E o §15 deste mesmo artigo passou a prever que é também do Conselho Federal a competência para "dispor, analisar e decidir sobre os honorários advocatícios dos serviços jurídicos realizados pelo advogado, resguardado o sigilo". O §14º deve ser lido com a ressalva do inciso XXXV do art. 5º da Constituição, sob pena de afastar indevidamente qualquer espécie de escrutínio externo sobre contratos simulados.

Para concluir o exame esta temática, importa referir que a solução da controvérsia no âmbito do tipo objetivo afigura-se mais adequada do que a solução pelo elemento subjetivo do agente, haja vista que a subjetividade da matéria abre mais espaço para violações indevidas da atividade profissional por meio de medidas investigativas que podem ser tidas por inidôneas. Por outro lado, há necessidade de prever parâmetros claros para a imputação quando de fato o advogado abandonar sua condição de defensor, para converter-se em cúmplice de crimes graves ou em beneficiário de lavagem de capitais.

4.3.4 *Responsabilidade criminal de pessoas jurídicas por crimes de lavagem de dinheiro*

Embora não prevista pela Lei 9.613/1998, nada impede que o legislador institua a responsabilidade penal de pessoas jurídicas pelos crimes de lavagem de dinheiro e de financiamento do terrorismo.

A Nota Interpretativa à Recomendação (NIR) 3 do GAFI deixa claro que é esperada a responsabilização criminal de pessoas jurídicas, quando compatível com o direito interno.[339] De qualquer sorte, a responsabilização de pessoas jurídicas (no plano civil, administrativo ou criminal) não deve impedir a responsabilização das pessoas físicas pelos mesmos fatos.[340]

---

[339] As Convenções de Palermo e de Mérida tratam da responsabilidade penal de pessoas jurídicas em termos semelhantes, nos arts. 10 e 25, respectivamente.
[340] FINANCIAL ACTION TASK FORCE. International Standards on Combating Money Laundering and the Financing of Terrorism & Proliferation, FATF, Paris, France, 2022. Disponível em: https://www.fatf-gafi.org/content/dam/recommandations/FATF%20Recommendations%202012.pdf.coredownload.inline.pdf . Acesso em: 20 jun. 2023. Vide a NIR 3, item 7.c.

Essa possibilidade é admitida pelo art. 173, §5º, da Constituição brasileira, que prevê que o legislador pode estabelecer a responsabilidade de pessoas jurídicas por crimes contra a ordem econômico-financeira.

> § 5º A lei, sem prejuízo da responsabilidade individual dos dirigentes da pessoa jurídica, estabelecerá a responsabilidade desta, sujeitando-a às punições compatíveis com sua natureza, nos atos praticados contra a ordem econômica e financeira e contra a economia popular.

4.4 O elemento subjetivo do crime de lavagem de dinheiro

Quanto ao elemento subjetivo dos crimes, é de se afirmar, em primeiro lugar, que, no Brasil, não foi tipificada a modalidade culposa da lavagem de dinheiro, uma vez que esta, nos termos do art. 18 do Código Penal, é modalidade excepcional que deve vir destacada na lei, o que não se verifica. Desta forma, todos os crimes cujos elementos objetivos foram objeto de análise só são punidos na modalidade dolosa.

Nada obstante, em que pese haver consenso sobre a impossibilidade de aceitação da modalidade culposa, a questão do elemento subjetivo doloso é mais complexa do que a leitura superficial possa, em princípio, indicar. Isto porque há dúvidas quanto à admissão do dolo eventual na lavagem de capitais.

Com amparo nos ensinamentos de Kai Ambos[341], adotamos como premissa que a verificação do elemento subjetivo da lavagem de capitais deve ser bipartida, envolvendo a análise das exigências legais, primeiramente quanto ao grau de conhecimento da origem criminosa dos bens, direitos ou valores e, em um segundo momento, quanto à finalidade específica de realização da conduta.

Neste sentido, com relação ao *caput*, parcela da doutrina afirma que é necessário que haja a completa e plena consciência da origem ilícita dos bens, o que restringe a punição ao dolo direto. Esta é a opinião, por exemplo, de Badaró e Bottini que, a partir de uma interpretação sistemática do ordenamento jurídico, afirmam que o comportamento incriminado pressupõe "ciência de um estado/fato/circunstância anterior",

---

[341] AMBOS, Kai. Lavagem de dinheiro e direito penal. Tradução, notas e comentários sob a perspectiva brasileira de Pablo Rodrigo Alflen da Silva. Porto Alegre: Sergio Fabris Editor, 2007, p. 27.

e, face à ausência de previsão da expressão "deve saber", não haveria extensão da punição em casos de dolo eventual, diferentemente do que ocorre nos crimes de perigo de contágio venéreo (art. 130, CP), na receptação qualificada (art. 180, §1º, CP) e no excesso de exação (art. 316, §1º, CP)[342].

Baltazar Jr. adota raciocínio diverso, ao afirmar que seria possível o dolo eventual tendo em vista que não houve uma opção clara do legislador em afastá-lo, o que seria reforçado pela retirada da expressão "sabendo serem oriundos do crime" que foi suprimida na redação final da lei, com o objetivo de permitir a aplicação do dolo eventual à hipótese do *caput* nos termos da exposição de motivos. Aras adota esta posição, tal como explicitada pelo próprio legislador.

Já Luz pensa que assiste razão a Badaró e Bottini, quando limitam o elemento subjetivo do *caput* ao dolo direto, primeiro porque a exposição de motivos não integra o texto de lei e não representa interpretação autêntica. Ademais, a aceitação do dolo eventual representaria uma opção de política criminal que ampliaria demasiadamente o tipo e engessaria a economia moderna, haja vista que "sempre é possível duvidar da procedência de determinado capital ou dinheiro" uma vez que "a fungibilidade do bem impede – em geral – o reconhecimento seguro da sua origem"[343]. Em acréscimo, há que se ter em mente a ideia de que a proteção aos bens jurídicos pela lei penal deve ser feita sempre de forma subsidiária e fragmentária, deixando que outros ramos do ordenamento cuidem das hipóteses menos gravosas.

Quanto à análise acerca da finalidade específica do *caput* do tipo penal de lavagem, é necessário avaliar se há algum fim transcendental para a realização das condutas de ocultar ou de dissimular. Consoante assinala Mariângela Gomes, em alguns tipos penais, deve haver determinada "finalidade, direção ou sentido que o autor deve imprimir à sua conduta"[344], de modo que esses elementos passam a fazer parte da estrutura típica da norma e devem ser exigidos no caso concreto para a configuração do crime. Luiz Régis Prado ensina que, nestes tipos penais,

---

[342] BADARÓ; BOTTINI, 2012, p. 96.
[343] BADARÓ; BOTTINI, 2012, p. 96.
[344] GOMES, Mariângela Gama de Magalhães. Teoria geral da parte especial do direito penal. São Paulo: Atlas, 2014, p. 53.

o desvalor da ação não se esgota no dolo, exigindo-se do agente, quando da realização da conduta, uma intenção que extrapole os limites do âmbito objetivo do tipo. De se destacar que esta intenção não precisa, necessariamente, ser alcançada, bastando que esteja presente na realização da conduta incriminada.

Segundo se acredita, o tipo do *caput* – e também no § 1º, como se demonstrará – exige a presença de uma finalidade específica, qual seja, a realização de atos de ocultação ou de dissimulação com o *propósito de reinserção*, uma vez que a lavagem de capitais congrega ação e finalidade, sendo ambas exigíveis para a verificação do fenômeno. Assim, um elemento subjetivo especial encontra-se implícito no tipo, à luz de uma interpretação teleológica[345], e que consiste na intenção final de reinserir o capital na economia após a ocultação, de modo que o crime é classificado como um delito de intenção, nos quais o autor "busca um resultado compreendido no tipo (intenção de realizar atos posteriores), mas que não precisa necessariamente alcançar"[346].

Baltazar Jr. refuta este entendimento, afirmando que no caput apenas há a exigência do dolo quanto à ocultação e à dissimulação, não havendo a previsão do dolo específico[347].

Com relação ao tipo do §1º do art. 1º, que, como visto, representa uma antecipação punitiva das condutas do *caput*, também se discute a possibilidade de imputação por dolo eventual ou por dolo direto, quanto à ciência de que os bens procedem diretamente de infração penal anterior. Para certo segmento da doutrina, no §1º, o elemento subjetivo especial está implícito nas formulações e, conforme se entende, há ainda a finalidade consequente de ocultar ou de dissimular a reintrodução dos bens no sistema econômico formal.

Por fim, quanto ao § 2º, inciso I, do art. 1º da Lei 9.613/1998, a alteração legislativa promovida em 2012, que suprimiu a referência ao conhecimento da origem criminosa, promoveu um "movimento legislativo para a admissão do dolo eventual", embora com a utilização de uma técnica legislativa inadequada[348]. Então, neste caso, haveria a possi-

---

[345] BADARÓ; BOTTINI, 2012. Op. cit., p. 103.
[346] PRADO, 2014, p. 396.
[347] BALTAZAR JR. Op. cit., p. 2.183.
[348] BADARÓ; BOTTINI. Op. cit., p. 112.

bilidade de incriminar aquele que, com dolo eventual, reinsere o produto do crime na economia, após as fases de ocultação e dissimulação. Quanto ao §2º, inciso II, há a exigência do dolo direto pela expressão "tendo conhecimento" prevista na lei.

A posição restritiva de admitir o dolo eventual apenas na hipótese do §2º, I, é rechaçada por uma parcela considerável da doutrina[349], que acolhe esta modalidade também no *caput*, com o argumento da ausência de vedação legal. Na jurisprudência, também encontramos julgados que admitem a punição a título de dolo eventual, mormente com a utilização da teoria da cegueira deliberada para justificar a punição neste sentido.

Por força disso, faz-se necessário tecer mais alguns comentários sobre a temática com o fim de aprofundar as discussões sobre os limites do dolo eventual e da aplicação da teoria da cegueira deliberada, o que se fará no apartado abaixo.

4.4.1 *Dolo eventual e cegueira deliberada*

Não é pretensão deste estudo rememorar as origens históricas da teoria da cegueira deliberada, haja vista que o leitor pode encontrar farta literatura aprofundada a respeito[350]. Para os objetivos propostos, importa dizer que a teoria da cegueira deliberada foi desenvolvida no sistema jurídico da *common law* para equiparar as situações de ignorância deliberada ou provocada àquelas de conhecimento real, possibilitando a punição do agente nos dois casos.

Com a aplicação de tal teoria, "o sujeito que provoca deliberada ou intencionalmente a sua própria cegueira, porque isso interessa para facilitar ou fazer mais cômoda sua decisão moral, é tratado como o que realiza o fato delitivo de forma intencional ou deliberada"[351], de modo

---

[349] Para um resumo, ver: PRADO, Rodrigo Leite. Dos crimes. Aspectos subjetivos. In: CARLI, Carla Veríssimo de. Lavagem de dinheiro: prevenção e controle penal. Porto Alegre: Verbo jurídico, 2013, p. 281.

[350] ROBBINS, Ira P. The Ostrich Instruction: Deliberate Ignorance as a Criminal Mens Rea, 81 J. Crim. L. & Criminology 191 (1990-1991); RAGUÉS I VALLÈS, Ramon. La ignorancia deliberada en Derecho penal. Barcelona: Atelier, 2007; LUCCHESI, Guilherme Brenner. Punindo a culpa como dolo. O uso da cegueira deliberada no Brasil. São Paulo: Marcial Pons, 2018.

[351] Sánchez, Bernardo Feijoo. La teoría de la ignorancia deliberada en derecho penal: una peligrosa doctrina jurisprudencial. Indret: Revista para el Análisis del Derecho, ISSN-e 1698-739X, Nº. 3, 2015, 29, p. 3.

que a punição poderia ser vista como um suposto da *actio libera in causa*, pois aquele que num primeiro momento "leva a cabo um plano sem nenhum tipo de investigação e opta por permanecer em ignorância da realidade" deve ser castigado como se tivesse agido com o conhecimento exigido para o crime[352].

A teoria foi desenvolvida nos EUA, para equiparar as situações em que o sujeito, a despeito de não ter o real conhecimento (*knowledge*) de que os bens derivam de atividade ilegal, age com consciência da elevada probabilidade de tais bens serem produto de condutas ilegais, criando barreiras à aquisição de tal conhecimento. A teoria é amplamente aceita nos EUA, mas, a despeito disso, recebe crítica de alguns doutrinadores, os quais consideram que os conceitos de conhecimento efetivo e ignorância deliberada são distintos e não intercambiáveis, que tal teoria ampliaria a discricionariedade dos magistrados e, ainda, que seria contrária à cláusula do devido processo legal estabelecida na Constituição dos EUA[353].

Na tradição da *civil law*, a doutrina foi aplicada pelo Tribunal Supremo espanhol, conforme narram Blanco Cordero[354] e Bernardo Feijoo Sánchez.

No Brasil, a pesquisa documental permite encontrar julgados em que a teoria da cegueira deliberada foi aplicada para justificar a presença do dolo eventual. O primeiro é o caso do assalto à unidade do Banco Central em Fortaleza, Ceará, em que dois réus foram condenados em primeira instância por lavagem de dinheiro por terem vendido nove veículos, no valor de 980 mil reais em espécie aos assaltantes do banco com inobservância às normas de vigilância impostas na Lei de Lavagem para comerciantes de bens de luxo[355].

De acordo com o juiz sentenciante, a cegueira deliberada seria aceita pelas Cortes americanas nas hipóteses em que: a) o agente tiver conhecimento da elevada probabilidade de que os bens, direitos ou valores

---

[352] CORDERO, Isidoro Blanco. Op. cit., p. 833.
[353] CORDERO, Isidoro Blanco. Op. cit., p. 835.
[354] CORDERO, Isidoro Blanco. Op. cit., p. 840; SÁNCHEZ, Bernardo Feijoo. Op. cit., passim.
[355] BRASIL. Tribunal Regional Federal (5ª Região). Ação Penal Pública n. 2005.81.00.014586-0. Juiz Federal Danilo Fontenelle Sampaio. 11ª Vara Federal. Fortaleza, 28 de junho de 2007. Diário Oficial do Estado, Fortaleza, 24 de julho de 2007. Disponível em: http://www.jfce.jus.br/consultaProcessual/resimprsentintegra.asp?CodDoc=2177598. Acesso em: 20 jun. 2023.

envolvidos eram provenientes de crime; b) houver indiferença quanto ao conhecimento; e c) houver prova da escolha de se manter ignorante. Tal teoria, ainda na visão do magistrado, poderia ser assimilada ao dolo eventual, o que permitiria a sua utilização nos casos de lavagem de capitais no Brasil, haja vista que o tipo do *caput* admitia o dolo eventual. Assim, os vendedores dos carros deveriam ser condenados por lavagem de capitais, por não se absterem de negociação suspeita com os assaltantes do Banco Central, e também por não terem comunicado tal fato às autoridades responsáveis.

A sentença foi reformada pelo TRF-5, sob o argumento de que a aplicação da teoria da cegueira deliberada nos moldes da sentença conduziria à responsabilidade penal objetiva. Além disso, acrescentou o Tribunal Regional Federal que o tipo penal do art. 1º, § 2º, inciso I, vigente ao tempo dos fatos, exigia que o agente soubesse da proveniência criminosa dos bens, de modo que não haveria como aplicar a teoria, pois as provas dos autos não permitiam concluir que os sócios tivessem agido com dolo direto ou eventual.[356]

Posteriormente, a teoria da cegueira deliberada foi aplicada no julgamento da AP 470, caso Mensalão, no voto da ministra Rosa Weber. A julgadora considerou que seria possível o dolo eventual na lavagem de dinheiro nas hipóteses em que o sujeito envolvido nos atos de ocultação e dissimulação, embora não soubesse da origem criminosa dos bens, tenha "ciência da elevada probabilidade dessa procedência criminosa"[357] e que tal modalidade de dolo seria admissível no caso do art. 1º, *caput*, da Lei 9.613/1998 em face da falta de vedação legal, bem como à luz da exposição de motivos, argumentos já apresentados acima. Na sequência, a ministra afirmou que o direito comparado da *common law* desenvolveu a teoria da cegueira deliberada, que poderia ser aplicada no Brasil com vistas a justificar a punição a título de dolo eventual, mormente por já ter sido adotada pelo Supremo Tribunal espanhol, de tradição do *civil law*.

Aplicando a teoria ao caso concreto (Mensalão), a ministra Rosa Weber assentou que os dirigentes das empresas que realizaram "as com-

---

[356] TRF-5, Apelação Criminal 14586-40.2005.4.05.8100/CE. Disponível em: https://www4.trf5.jus.br/data/2008/10/200581000145860_20081022.pdf. Acesso em: 20 jun. 2023.
[357] Vide a p. 1.271 do acórdão da AP 470/DF (STF).

plexas transações de ocultação e dissimulação do dinheiro recebido" para pagamento de propina dificilmente teriam ciência, com absoluta certeza, da procedência criminosa dos valores, mas:

> "(...) ao realizarem a tarefa para agentes públicos, em contato direto com M.V., e ao concordarem em realizar operações de ocultação e dissimulação da entrega desse dinheiro aos parlamentares, parece-me óbvio que tinham ciência da elevada probabilidade da origem criminosa dos valores envolvidos e, mesmo assim, persistiram na conduta, evitando-se aprofundar a respeito e assumindo o risco de lavar o produto do crime"[358].

Por fim, a ministra Weber tentou afastar as críticas a essa teoria, ao afirmar que sua aplicação não representa ampliação indevida do alcance do tipo penal, e tampouco levaria à equiparação do dolo eventual à situação de mera suspeita da procedência ilícita dos bens. Concluiu afirmando que o reconhecimento do dolo eventual somente ocorreria quando o agente (i) praticasse a ocultação ou a dissimulação, (ii) com ciência da elevada probabilidade de que os bens provenham de infração antecedente e, ainda assim, (iii) continuasse indiferente na conduta delitiva de ocultação ou de dissimulação, evitando de forma deliberada aprofundar o seu conhecimento[359].

Outro caso que pode ser citado ocorreu no âmbito da operação Lava Jato e se refere à condenação de um assessor parlamentar que cedeu ao chefe sua própria conta para recebimento de depósitos vultosos sem origem identificada. Na visão do juízo, seria possível a punição com base na teoria da cegueira deliberada, haja vista que isto revelaria, no mínimo, indiferença quanto ao crime praticado pelo empregador[360].

Conforme Guilherme Lucchesi, há, ainda, outros casos em que a teoria da cegueira deliberada foi aplicada, a maioria deles com pouco prestígio doutrinário e ausência de diversidade das obras citadas[361]. Após longa e profunda análise da doutrina e jurisprudência nacionais e

---

[358] Vide a p. 1.300 do acórdão da AP 470.
[359] Vide a p. 1.301 do acórdão da AP 470.
[360] TRF-4, 13ª Vara Federal de Curitiba, Ação Penal n. 5023135-31.2015.4.04.7000/PR.
[361] LUCCHESI, Guilherme Brenner. Punindo a culpa como dolo. O uso da cegueira deliberada no Brasil. São Paulo: Marcial Pons, 2018, p. 45.

estrangeiras, para a qual se remete o leitor, Lucchesi faz críticas à aplicação da teoria da cegueira deliberada como equivalente ao dolo eventual no Brasil.

Sem a intenção de substituir a consulta à obra em referência, é possível destacar que, em primeiro lugar, o autor defende a impossibilidade de equiparar o dolo eventual à cegueira deliberada porque esta última foi concebida para assumir distintas funções àquelas supostamente desempenhadas no direito brasileiro. Nos Estados Unidos, a teoria é desenvolvida com o fim de ampliar, por analogia, diz ele, o âmbito de incidência da categoria do conhecimento (*knowledge*), ao passo que, no Brasil, utiliza-se para justificar o dolo eventual[362].

Em segundo lugar, pontua o autor que os requisitos utilizados no Brasil para fins de aplicação da cegueira deliberada não se confundiriam com os requisitos trazidos pela doutrina estadunidense. Isto seria facilmente constatável, pois, a uma, a teoria original da cegueira deliberada não traz o requisito da indiferença[363]. A rigor, a teoria cegueira deliberada desenvolvida nos Estados Unidos exige uma *elevada probabilidade da ciência de elemento constitutivo do crime, além da realização proposital de condutas positivas com o fim de evitar tal conhecimento*. Os dois critérios representariam, para ele, um conceito mais exigente que não se confundiria com o simples agir com indiferença, omitindo-se de conhecer a verdade, tal como entendeu o STF na AP 470[364].

Acrescenta Guilherme Lucchesi que, além da indiferença não fazer parte do desenvolvimento teórico nos Estados Unidos, não seria possível identificar indiferença com o dolo eventual, uma vez que aquela é um conceito indeterminado que amplia demasiadamente o dolo sem a fixação de hipóteses concretas[365].

A partir da análise dogmática dos casos em que a cegueira deliberada foi aplicada, Lucchesi pretendeu demonstrar que, no caso brasileiro, não haveria lacunas de punibilidade que precisassem ser colmatadas com a referida teoria – ao contrário do que se verifica nos Estados Unidos[366] – de modo que sua utilização seria desnecessária – porque os

---

[362] Op. cit., p. 154.
[363] Op. cit., p. 155.
[364] Op. cit., p. 159.
[365] Op. cit., p. 157.
[366] Op. cit., p. 174.

casos eram dolosos e a teoria foi utilizada de forma equivocada ou como "adorno" por parte do julgador[367] – ou que teria sido incorretamente aplicada para permitir a punição em casos em que não havia dolo ou não havia prova suficiente do dolo[368].

A despeito do exposto, o autor reconhece que "é possível que algumas situações de cegueira deliberada possam ser consideradas dolosas caso preenchidos os requisitos para a configuração do dolo, a depender do que se entenda por *conhecimento*, categoria central à definição de dolo"[369].

Assim, no nosso entender, caso abandonada a premissa de que o dolo é um elemento ontológico que "se situa na cabeça do autor" e que "compete ao jurista identificar"[370], aceitando-se que os elementos do dolo, em especial o conhecimento, podem ser "estabelecidos a partir de critérios atributivo-normativos"[371], alguns casos de cegueira deliberada podem servir de justificativa para se aferir o dolo eventual.

Neste sentido, seria possível atribuir o conhecimento nas hipóteses em que haja a demonstração de que: a) há uma situação concreta de elevada probabilidade de existência de crime antecedente[372], requisito que pode ganhar concretude para os sujeitos obrigados na Lei de Lavagem de Dinheiro com as hipóteses de operações suspeitas previstas para cada setor econômico, nas resoluções específicas; b) o autor tem ciência desta elevada probabilidade[373], ainda que tal consciência possa ser aferida na esfera do profano (sem necessidade que o autor domine todos os elementos juridicamente exigidos para o delito); c) houve "a criação consciente de barreiras ao conhecimento, com a intenção de deixar de tomar conhecimento da atividade ilícita"[374], o que, conforme ensinam Badaró e Bottini, não se confunde com "a desídia ou a negligência na

---

[367] Op. cit., p. 187.
[368] Op. cit., p. 190.
[369] Op. cit., p. 163.
[370] BUSATO, Paulo. Dolo e significado. In: BUSATO, Paulo César (coord.). Dolo e Direito Penal: modernas tendências. São Paulo, Atlas, 2014, p. 63.
[371] Op. cit., p. 155.
[372] BOTTINI; BADARÓ. Op. cit., p. 98.
[373] LUCCHESI, Guilherme. Op. cit., p. 157.
[374] BOTTINI; BADARÓ. Op. cit., p. 98.

criação de mecanismos de controle de atos de lavagem de dinheiro"[375]; e d) que o agente sabia que tais barreiras facilitariam o ilícito[376].

Assim, em linhas conclusivas, não é possível concordar com a aplicação da teoria da cegueira deliberada nos amplos moldes feitos pela jurisprudência brasileira, que equiparam o dolo a uma mera situação de indiferença, ou que a utilizam como justificativa teórica para punir sem provas, devendo, caso se adote a punibilidade da lavagem de capitais a título de dolo eventual, aplicar conceitos restritos nos termos acima expostos.

4.4.2 *Culpa*

No Brasil, não há modalidade culposa do crime de lavagem de dinheiro. Sua existência depende de previsão expressa do legislador, o que não ocorreu.

4.5 Consumação e tentativa do crime de lavagem de dinheiro

Art. 1º. (...)

§ 3º A tentativa é punida nos termos do parágrafo único do art. 14 do Código Penal.

Diz o §3º do art. 1º da Lei 9.613/1998 que se pune a tentativa na forma prevista no Código Penal. Esta previsão legal é repetitiva, porque, salvo disposição legal em contrário, a parte geral do Código Penal sempre se aplica às leis especiais.

Como quer que seja, no que tange ao *caput* do art. 1º, entende-se que a lavagem de dinheiro é um crime material e de resultado naturalístico. Tal é o entendimento de Bottini e Badaró, os quais afirmam que "a descrição do comportamento encerra uma alteração naturalística no objeto do delito, no estado da coisa"[377].

No que tange à dissimulação, a consumação ocorre com a realização do ato jurídico fictício que visa a conferir uma aparência lícita ao bem, direito ou valor proveniente, direta ou indiretamente, do crime antecedente. A dissimulação é um crime material e instantâneo.

---

[375] Idem, ibidem.
[376] Idem, ibidem.
[377] BOTTINI; BADARÓ. Op. cit., p. 245.

Com relação à ocultação, embora se trate de modalidade de crime material, de resultado, não se exige que o bem seja eternamente escondido e nunca descoberto, bastando que se concretize, por qualquer meio, o resultado de encobrimento, de modo que estamos de acordo com Carla Veríssimo de Carli, quando afirma que não é necessário que a ocultação ocorra "de maneira irreversível (ao ponto de não ser mais possível identificar sua origem dos bens, determinar sua propriedade e recuperá-lo)". Este entendimento permite concluir que as condutas que gerem a ocultação, a dificuldade de identificação da real propriedade, origem, localização, movimentação ou natureza do bem serão consumadas e que a cada novo ato haverá uma nova consumação delitiva.

Sobre a ocultação, há a divergência quanto à natureza permanente ou instantânea deste crime. Trata-se de definição da mais alta relevância prática, notadamente após a alteração em 2012, por força do teor da Súmula 711 do Supremo Tribunal Federal, que reconhece a possibilidade de aplicação da lei penal mais grave ao caso concreto quando esta tiver vigência antes da cessação da permanência do crime. Assim, caso a modalidade "ocultar" tenha natureza permanente, as ocultações ainda em curso no momento da vigência, porém iniciadas antes dela, poderão ser consideradas típicas e passíveis de repressão criminal. Além disso, os crimes permanentes admitem a prisão em flagrante a qualquer momento, e só iniciam a contagem do prazo prescricional após a cessação da permanência.

Consoante assinala Mariângela Gomes, a natureza instantânea ou permanente do crime relaciona-se à forma de afetação aos imperativos das normas tuteladas. Assim, o crime será instantâneo quando a conduta humana, simultaneamente à violação da norma penal, "destrói o bem jurídico protegido ou coloca em andamento as condições que depois produzem a sua destruição, sem que, devido à natureza do bem protegido, seja possível prolongar a conduta"[378]. No caso do crime permanente, "a violação do imperativo da norma se prolonga por um determinado período de tempo, durante o qual se lesiona, sem destruir, o bem jurídico protegido"[379]. No estado permanente, a consumação se protrai

---

[378] GOMES, Mariângela Gama de Magalhães. Teoria geral da parte especial do direito penal. São Paulo: Atlas, 2014, p. 53.
[379] Ibid., loc. cit.

no tempo, porque o bem jurídico permanece afetado pelo agente, de modo que "[...] o tipo penal incrimina não só a conduta inicial, mas também a conduta sucessiva de manutenção da situação lesiva, que se dá pela forma omissiva"[380].

Assim, verifica-se que, nos crimes permanentes, há a proibição inicial em relação à conduta e, uma vez violada esta proibição, subsiste uma nova reprimenda, dependente da primeira, que obriga o sujeito a cessar a conduta criminosa. A existência dos crimes permanentes pressupõe, como assinala a autora, a existência de um bem não destrutível pela conduta do autor, ou seja, de um bem que, após cessada a prática delitiva, "reviva em sua plenitude"[381].

Desta forma, se o bem for destrutível a partir da conduta do autor, não há que se falar em crime permanente, e sim em crime instantâneo, ainda que os efeitos da conduta sejam eternos, como no caso do homicídio, em que a conduta do sujeito destrói o bem jurídico "vida", e a norma não pretende se faça cessar a morte, porque esta já terá ocorrido. A característica do bem não é a base da definição do crime permanente, mas o pressuposto para esta: bens destrutíveis não podem ser alvo de crimes permanentes.

Feitas as considerações sobre o crime permanente ou instantâneo, cumpre investigar qual a natureza jurídica da modalidade "ocultar".

Para Badaró e Bottini, a dúvida consiste em saber se, na ocultação, há a repressão da conduta inicial de esconder e da continuidade desta enquanto o bem estiver oculto ou se o ato de esconder e consumar a ocultação seria instantâneo e a permanência neste estado seria um efeito permanente da conduta instantânea382. Concluem tais autores assinalando que o crime seria instantâneo com efeitos permanentes, pois se consuma no momento da realização da conduta, e não haveria um comportamento delitivo constante, embora o autor continue auferindo os benefícios da conduta. Lembrando o que já se disse anteriormente, Bottini e Badaró consideram o bem jurídico resguardado pela Lei 9.613/1998 como sendo a administração da justiça. Heloísa Estellita concorda com os autores em relação à natureza instantânea do crime[383].

---

[380] GOMES. Op. cit., p. 53.
[381] Ibidem, p. 55.
[382] BADARÓ; BOTTINI, 2012, p. 75.
[383] ESTELLITA, Heloisa; BOTTINI, Pierpaolo Cruz. Alterações na legislação de combate à lavagem: primeiras impressões. Boletim IBCCrim, São Paulo, v. 20, n. 237, p. 2, ago. 2012.

Para nós, o crime de lavagem, na modalidade ocultar, é permanente, por duas razões: em primeiro, pelo pressuposto de que a ordem econômica não é um bem passível de destruição a partir de uma única conduta de ocultação, tendo em vista que a livre iniciativa e a transparência dependem da ação de uma multiplicidade de atores; em segundo lugar, porque o sujeito, ao encobrir o capital auferido com a prática do crime, continua afetando a transparência dos fluxos financeiros com a manutenção do bem ocultado, de modo que a norma impõe, sim, a cessação da prática de ocultar. Marco Antônio de Barros também defende que o crime é permanente[384].

O STF já se manifestou pela natureza permanente do crime, que permitiria, inclusive, a aplicação da lei mais gravosa na vigência da permanência.[385] Também para o STJ:

> O crime de lavagem de bens, direitos ou valores, quando praticado na modalidade típica de ocultar, é permanente, protraindo-se sua execução até que os objetos materiais do branqueamento se tornem conhecidos.[386]

Quanto ao crime do §1º, trata-se de modalidade formal, que, a rigor, representa uma antecipação punitiva de formas de ocultação ou de dissimulação específicas que poderiam ser abarcadas no caput. Assim, o crime se realiza quando o sujeito realizar as condutas descritas nos incisos, independentemente da efetiva ocultação ou dissimulação[387], que poderá configurar a hipótese do caput. As modalidades guardar e ter em depósito são permanentes e as demais são instantâneas.

A reinserção se consuma quando há a utilização do objeto do crime antecedente na atividade econômica, sendo modalidade formal e instantânea.

---

[384] BARROS, 2007, p. 63.
[385] STF, AP 863, Rel. Min. Edson Fachin, j. em 23/05/2017; STF, HC 167132 AgR, Rel. Min. Ricardo Lewandowski, Segunda Turma, j. em 14/06/2019.
[386] STJ, Jurisprudência em Teses, Edição 166, de 26 de março de 2021, Tese 8. Disponível em: https://scon.stj.jus.br/SCON/jt/doc.jsp?livre=%27166%27.tit. Acesso em: 20 jun. 2023.
[387] BALTAZAR JR. Op. cit., p. 2.199.

4.6 A causa especial de aumento de pena do §4º do art. 1º da Lei 9.613/1998

Art. 1º. (...).

§ 4º A pena será aumentada de 1/3 (um terço) a 2/3 (dois terços) se os crimes definidos nesta Lei forem cometidos de forma reiterada, por intermédio de organização criminosa ou por meio da utilização de ativo virtual.

A Lei 14.478/2022 (Lei dos Criptoativos) deu nova redação ao §4º do art. 1º da Lei 9.613/1998, com vigência iniciada em 20 de junho de 2023. Os crimes de lavagem de dinheiro previstos no art. 1º da Lei 9.613/98 podem ter suas penas aumentadas se cometidos de forma reiterada, por meio de organização criminosa ou por meio da utilização de ativos virtuais. A norma é, nesta parte, irretroativa.

Chama a atenção a amplitude desta causa de aumento, porque a escala penal da lavagem de dinheiro já é bastante elástica, de 3 a 10 anos de reclusão. Se for considerado o máximo aumento possível, de dois terços, a pena do crime de lavagem de dinheiro poderá ultrapassar os 16 anos de reclusão, sem prejuízo da pena da infração penal antecedente.

Com relação à majorante em virtude das organizações criminosas, a redação deste dispositivo é criticável por uma série de fatores. Na data da publicação da Lei de Lavagem de Dinheiro em 1998 não havia o conceito legal de organização criminosa. Na verdade, havia uma confusão de conceitos, pois a Lei 9.034/1995, principalmente após a alteração promovida pela Lei 10.217/2001, equiparava as organizações criminosas ao tipo penal então existente de quadrilha. Esta deficiência só foi superada com a Lei 12.694/2012 e depois com a Lei 12.850/2013, que conceituaram organização criminosa.

O segundo problema do §4º do art. 1º da Lei 9.613/1998 estava em que o dispositivo original fazia menção apenas aos crimes dos antigos incisos ligados ao *caput* do art. 1º, silenciando quanto aos delitos de lavagem previstos nos §§1º e 2º do mesmo artigo. Por isso, em assertiva irretocável, Tigre Maia alertava que "não se pode ampliar o alcance do dispositivo para os tipos derivados constantes dos §§1º e 2º, sob pena de violação do princípio da reserva legal"[388]. Tal falha legislativa foi corrigida

---

[388] MAIA, Rodolfo Tigre. Lavagem de dinheiro (lavagem de ativos proveniente de crime). Anotações às disposições da lei n. 9.613/98. São Paulo: Malheiros, 1999, p. 104.

com a Lei 12.683/2012, que deu nova redação ao referido §4º, permitindo a incidência da causa de aumento de pena em qualquer das formas de lavagem, seja a básica (*caput*), sejam as equiparadas (§§1º e 2º).

Para Aras, o terceiro elemento criticável no §4º em tela estava na impossibilidade de os crimes previstos no inciso VIII do art. 1º, revogado em 2012, terem suas penas aumentadas quando praticados por intermédio de organizações criminosas. A falha ali se devia ao legislador de 2002, pois o antigo inciso VIII do art. 1º da Lei 9.613/1998 – decorrente do art. 7º da Convenção sobre o Combate à Corrupção de Funcionários Públicos Estrangeiros em Transações Comerciais de 1997 – fora introduzido na Lei de Lavagem de Dinheiro pela Lei 10.467/2002. Assim, além de incluir o inciso VIII no art. 1º, aquela lei deveria ter corrigido o §4º do mesmo art. 1º da Lei 9.613/98, mas não o fez.[389] De novo, este problema foi superado pela Lei 12.683/2012, que suprimiu o rol do art. 1º.

Antes do advento das Leis 12.694/2012 e 12.850/2013, o §4º do art. 1º da Lei 9.613/1998 era objeto de severas críticas da doutrina. Para Callegari, como o legislador brasileiro até então não tipificara o crime de associação em organização criminosa não era "possível a aplicação do aumento da pena contido neste preceito"[390]. Barros, que também era contrário à aplicação do inciso VII do art. 1º da Lei 9.613/1998, mantinha coerência e afirmava que a parte final do §4º era inócua, porque então não existia definição legal do que seria "organização criminosa". Então, para tais autores, em entendimento também adotado por Luz, havia impedimento de aplicação da pena.[391]

Em outra direção, Edilson Mougenot Bonfim e Márcia Monassi Mougenot Bonfim festejaram o §4º do art. 1º da Lei 9.613/1998, porque consideravam que a reciclagem era essencial à criminalidade organizada, e o combate à lavagem contribuía para reduzir as vantagens do crime organizado. Mas os autores advertiam que, se uma organização criminosa praticasse somente o crime-base, mas não cometesse a lavagem de

---

[389] O § 4º originalmente dizia: "A pena será aumentada de um a dois terços, nos casos previstos nos incisos I a VI do caput deste artigo, se o crime for cometido de forma habitual ou por intermédio de organização criminosa".

[390] CALLEGARI, André Luís. Lavagem de dinheiro: aspectos penais da Lei n. 9.613/98. 2.ed. Porto Alegre: Livraria do Advogado, 2008, p. 159.

[391] BARROS, Marco Antônio de. Lavagem de capitais e obrigações civis correlatas. São Paulo: Editora Revista dos Tribunais, 2004, p. 201.

dinheiro, não incidiria a causa especial de aumento de pena do §4º do art. 1º da lei em tela.[392]

Aras também aponta um quarto ponto a lamentar no exame do §4º, naquele contexto, era que o legislador excluíra do campo de incidência da referida causa de aumento os crimes de lavagem de dinheiro praticados por organizações criminosas, quando o crime antecedente não fosse um dos delitos listados nos incisos I a VI, revogados em 2012. Isto porque o Congresso Nacional confundiu os crimes praticados por organização criminosa, como *modus operandi* referido pelo inciso VII do art. 1º da Lei 9.613/1998, com a lavagem de dinheiro concretizada por grupos criminosos organizados.

Ainda segundo o entendimento de Aras, uma coisa é a organização criminosa *praticar* crime produtor de ativos ilícitos; coisa diversa é uma organização criminosa *lavar* dinheiro oriundo dessa conduta precedente (inciso VII do art. 1º da Lei 9.613/1998, revogado), ou de um dos crimes listados nos antigos incisos I a VI e VIII do art. 1º. A causa de aumento do §4º recai sobre o crime de lavagem, e não sobre o crime antecedente. Tigre Maia segue a mesma orientação, ao apontar a contradição do dispositivo, causada pela preocupação do legislador em evitar uma dupla valoração do mesmo fato (crime praticado por organização criminosa). Com isso, o "legislador confundiu a autoria dos crimes pressupostos com a autoria do crime de lavagem de dinheiro"[393], posições subjetivas que nem sempre correspondem.

De fato, pela lei brasileira, pode haver *autolavagem*, quando o reciclador lava o dinheiro sujo que ele mesmo obteve, respondendo pela infração penal antecedente e pelo crime de lavagem de ativos em concurso material. E pode haver *heterolavagem*, quando o autor da reciclagem dos ativos ilícitos não teve sequer participação na infração antecedente. Nesta hipótese, o dono do dinheiro sujo continuará a responder em concurso material por lavagem e pelo delito-base, ao passo que o reciclador incidirá apenas no crime de lavagem de ativos. Esta é a lavagem *terceirizada*. Portanto, nem sempre o autor (ou os autores) da lavagem de dinheiro corresponde(m) ao autor (ou autores) do crime pressuposto.

---

[392] BONFIM, Edilson Mougenot; BONFIM, Márcia Monassi Mougenot. Lavagem de dinheiro. 2.ed. São Paulo: Malheiros, 2008, p. 65.
[393] MAIA, Rodolfo Tigre. Lavagem de dinheiro (lavagem de ativos proveniente de crime). Anotações às disposições da lei n. 9.613/98. São Paulo: Malheiros, 1999, p. 104.

Tem razão Tigre Maia em afirmar que o legislador enxergou um *bis in idem* onde não havia (art. 1º, inciso VII, *versus* §4º, da Lei 9.613/1998), pois ainda não havia sido tipificado o crime de formação de organização criminosa, "mas simplesmente um conceito jurídico-penal que reverbera processualmente, atraindo um tratamento mais severo no Direito adjetivo Penal"[394].

Essas deficiências desapareceram com a Lei 12.683/2012, tornando o §4º do art. 1º da Lei 9.613/1998 aplicável como causa de aumento de pena a todas as modalidades do crime de lavagem de dinheiro. E isto quando os delitos forem praticados de forma habitual, ou *por intermédio* de organização criminosa. Cuida-se, na parte final, de norma penal em branco. O que é "organização criminosa"? Já sabemos que o conceito legal se extrai do art. 1º da Lei 12.850/2013.

A tabela abaixo auxilia a compreender a questão da aplicabilidade ou não do §4º, no que se refere apenas às organizações criminosas (OC).

Tabela 1: casos de incidência do §4º do art. 1º da Lei 9.613/98

INFRAÇÃO PENAL ANTECEDENTE	CRIME DE LAVAGEM DE DINHEIRO	CAUSA DE AUMENTO DE PENA
Não praticada por OC	Não praticado por OC	Não incide
Não praticada por OC	Praticado por OC	Incide
Praticada por OC	Não praticado por OC	Não incide
Praticada por OC	Praticado por OC	Incide

Para Luz, caso o delito antecedente que gere produto apto à lavagem seja praticado por organizações criminosas, não seria possível aplicar a referida majorante, sob pena de *bis in idem*.

Há precedente de aplicação do §4º do art. 1º da Lei 9.613/1998 mesmo antes das leis de 2012 e 2013, que conceituaram organizações criminosas. Na Apelação Criminal n. 2003.36.00.008505-4/MT (caso Arcanjo), o Tribunal Regional Federal da 1ª Região compôs o conceito de organização criminosa a partir da doutrina, determinando que a pena do crime de lavagem de dinheiro seria aumentada se o cometido por intermédio de organização criminosa (Lei 9.613/1998, §4º do art. 1º)[395].

---

[394] MAIA, Rodolfo Tigre. Lavagem de dinheiro (lavagem de ativos proveniente de crime). Anotações às disposições da lei n. 9.613/98. São Paulo: Malheiros, 1999, p. 104.

[395] TRF-1, 3ª Turma, Rel. Des. Fed. Tourinho Neto, j. em 25/07/2006.

Nesta linha, pode-se lembrar também o Habeas Corpus 34.835/GO, julgado pelo STJ, no qual se entendeu que a causa de aumento de pena em questão era circunstância objetiva, de fácil verificação e que deve ser objeto de fundamentação na sentença condenatória[396].

No que tange à segunda hipótese de majoração, qual seja, referente à reiteração delitiva, trata-se da aplicação de maior reprovação aos casos em que o(s) agente(s) da lavagem atuam de forma habitual, com a prática de vários atos do crime. O STJ entende que não é possível cumular esta majorante com a regra da continuidade delitiva, prevista no art. 71 do CP[397], sob pena de *bis in idem*.

> A incidência simultânea do reconhecimento da continuidade delitiva (art. 70 do CP) e da majorante prevista no § 4º do art. 1º da Lei n. 9.613/1998, nos crimes de lavagem de dinheiro, acarreta *bis in idem*.[398]

Adicionalmente, a Corte Superior entende que não é possível cumular esta majorante nos casos em que haja condenação por organização criminosa, uma vez que "a prática reiterada da lavagem corresponde justamente ao núcleo nominal "infrações penais" referido no art. 1º, § 1º, da Lei 12.850/2013"[399].

Por sua vez, a Lei 14.478/2022 modificou a Lei 9.613/1998, para criar uma terceira causa especial de aumento de pena, no §4º do art. 1º, quando o crime de lavagem de dinheiro for cometido "por meio da utilização de ativo virtual." A partir da entrada em vigor da Lei dos Criptoativos, em 20 de junho de 2023,[400] qualquer operação de dissimulação ou de ocultação ou utilização de bens, direitos e valores, tendo como objeto criptoativos, levará a um aumento de pena de 1/3 (um terço) a 2/3 (dois terços) por força da nova majorante.

---

[396] STJ, HC 34.835/GO, 6ª Turma, Rel. Min. Paulo Medina, j. em 09/12/2005.
[397] STJ, AgRg nos EDcl no RESP 1.667.301/SP, Rel. Min. Nefi Cordeiro, Sexta Turma, j. em 05/09/2019.
[398] STJ, Jurisprudência em Teses, Edição 167, de 9 de abril de 2021, Tese 9. Disponível em: https://scon.stj.jus.br/SCON/jt/toc.jsp. Acesso em: 20 jun. 2023.
[399] STJ, AgRg no REsp n. 1.943.370/RS, Rel. Min. Ribeiro Dantas, Quinta Turma, j. em 9/11/2021.
[400] Conforme o art. 14 da Lei 13.448/2022, o prazo de *vacatio legis* foi de 180 dias, e a publicação da lei no D.O.U. ocorreu em 22 de dezembro de 2022. Contados esses 180 dias na forma do art. 8º, §1º, da Lei Complementar 95/1998, chegamos a 20 de junho de 2023 como data da vigência.

Os ativos virtuais são definidos no art. 3º da Lei dos Criptoativos, consistindo na "representação digital de valor que pode ser negociada ou transferida por meios eletrônicos e utilizada para realização de pagamentos ou com propósito de investimento". Segundo a lei, não são ativos virtuais a moeda nacional e moedas estrangeiras; a moeda eletrônica, nos termos da Lei 12.865/2013; os instrumentos que provejam ao seu titular acesso a produtos ou serviços especificados ou a benefício proveniente desses produtos ou serviços, a exemplo de pontos e recompensas de programas de fidelidade; nem as representações de ativos cuja emissão, escrituração, negociação ou liquidação esteja prevista em lei ou regulamento, a exemplo de valores mobiliários e de ativos financeiros.

Para incidência da causa especial de aumento de pena, não importa se houve o envolvimento de prestadores de serviços de ativos virtuais ou se estes estão ou não autorizados pelo Banco Central a funcionar, nos termos da Lei 14.478/2022 e do Decreto 11.563/2023.

4.7 Delação premiada e colaboração premiada

Art. 1º. (...).
§ 5º A pena poderá ser reduzida de um a dois terços e ser cumprida em regime aberto ou semiaberto, facultando-se ao juiz deixar de aplicá-la ou substituí-la, a qualquer tempo, por pena restritiva de direitos, se o autor, coautor ou partícipe colaborar espontaneamente com as autoridades, prestando esclarecimentos que conduzam à apuração das infrações penais, à identificação dos autores, coautores e partícipes, ou à localização dos bens, direitos ou valores objeto do crime.

Trataremos nesta Parte de um tema relacionado à investigação criminal apenas para guardar a ordem sequencial dos comentários aos artigos da Lei 9.613/1998.

O §5º do art. 1º da Lei de Lavagem de Dinheiro regula a colaboração premiada unilateral, quando aplicada a essa espécie delitiva. Tal dispositivo, que já constava da redação original da lei de 1998, foi levemente modificado pela Lei 12.683/2012. Segundo entende o STJ:

> O art. 1º, § 5º, da Lei n. 9.613/1998 trata da delação premiada, ato unilateral, praticado pelo agente que, espontaneamente, opta por prestar auxílio tanto à atividade de investigação, quanto à instrução procedimental, independente de prévio acordo entre as partes interessadas,

cujos benefícios não podem ultrapassar a fronteira objetiva e subjetiva da demanda, dada sua natureza endoprocessual.[401]

É preferível chamar a colaboração premiada unilateral de "delação premiada", lembrando que a *delação* em sentido estrito é apenas uma das facetas desse instituto. O legislador de 2012 limitou-se a reescrever o §5º do art. 1º da Lei 9.613/1998. A proposta inicial do Senado era mais ousada. Continha uma disciplina específica para a colaboração premiada, um *modus faciendi*. O texto sancionado resultou do poder revisional da Câmara dos Deputados e pouco mudou o instituto existente até então, que se achava pulverizado em vários diplomas, sendo o principal deles, à época, a Lei 9.807/1999 (Lei de Proteção a Vítimas, Testemunhas e ao Réu Colaborador). Só em 2013 a Lei do Crime Organizado trouxe uma disciplina compreensiva da colaboração premiada, que é de natureza bilateral, pois depende de acordo entre as partes.

Apesar das alterações promovidas pela Lei Anticrime de 2019, a colaboração premiada (bilateral) ainda carece de aperfeiçoamento normativo, para estabelecer ao menos uma principiologia comum à subespécie da delação premiada (colaboração premiada unilateral).

Até 2013, o procedimento a ser adotado pelas partes para a pactuação e implantação da colaboração (consensual) não estava detalhado na lei; foi construído a partir do direito comparado, de regras do direito internacional (art. 26 da Convenção de Palermo e art. 37 da Convenção de Mérida) e da aplicação analógica (art. 3º do CPP) de institutos similares, como a transação penal e a suspensão consensual do processo da Lei 9.099/1995; o acordo de leniência da Lei 8.884/1994, agora substituída pela Lei 12.529/2011 (Lei do Sistema Brasileiro de Defesa da Concorrência); o termo de compromisso previsto no art. 60 da Lei 12.651/2012 (Código Florestal); e os acordos cíveis do art. 585, inciso II, do CPC/1973 (então vigente) e do art. 5º, §6º, da Lei 7.347/1985.

A praxe inaugurada pelo Ministério Público Federal no Paraná em 2003, de formalizar acordos de colaboração premiada inteiramente clausulados, foi logo amplamente utilizada no Brasil, não sem algumas críticas. De todo modo, desde que o primeiro desses acordos de cola-

---

[401] STJ, Jurisprudência em Teses, Edição 167, de 9 de abril de 2021, Tese 11. Disponível em: https://scon.stj.jus.br/SCON/jt/toc.jsp. Acesso em: 20 jun. 2023.

boração foi chancelado pela 2ª Vara Federal de Curitiba, em dezembro de 2003, parte expressiva da doutrina passou a admiti-los, e o direito pretoriano os reconheceu ainda que incidentalmente[402] ou diretamente como se deu no TRF-4 em 2009.

Este julgado do Tribunal Regional Federal da 4ª Região é o exemplo mais marcante dessa evolução, até o advento da Lei 12.850/2013. Ali o tribunal especificou minuciosamente o procedimento a ser adotado pelas partes convenentes e pelo juiz natural, exatamente como vinha sendo praticado no Paraná, na praxe forense.[403]

Após a Lei 12.683/2012, o §5º do art. 1º da Lei de Lavagem de Dinheiro passou a permitir a realização de acordo de colaboração premiada (bilateral) ou de delação premiada (unilateral) *a qualquer tempo*. Se já se admitia o benefício de redução de pena, manifestação do direito premial, na fase da investigação e durante a ação penal até a sentença de mérito, dali em diante poderia haver colaboração premiada mesmo após a decisão penal condenatória recorrível, e também na fase da execução penal. O §5º do artigo 1º da Lei 9.613/1998 diz expressamente, referindo-se à pena, que o juiz pode "*substituí-la, a qualquer tempo, por pena restritiva de direitos*".

A substituição da pena privativa de liberdade por sanção alternativa usualmente se faz na sentença penal condenatória, com base no art. 59, inciso IV, do CP. Para o crime de lavagem de dinheiro, porém, esta substituição poderá ocorrer "a qualquer tempo", quando se tratar de delação premiada (unilateral) ou de colaboração premiada (bilateral), sendo de se lembrar que, quanto a esta última, há regra clara na Lei 12.850/2013.

Ao relatar a matéria na CCJ do Senado, o senador Eduardo Braga esclareceu que tal dispositivo facultaria ao juiz "deixar de aplicar a pena ou de substituí-la por pena restritiva de direitos, *mesmo posteriormente ao julgamento*, no caso de criminosos que colaborem com a Justiça na

---

[402] Numa passagem do seu voto, o ministro Joaquim Barbosa, em *obiter dictum* em questão de ordem julgada em 2008 na ação penal do caso Mensalão, afirmou: "4. Necessidade da denúncia para possibilitar o cumprimento dos termos da Lei n° 9.807/99 e do acordo de colaboração firmado pelo Ministério Público Federal com os acusados." (STF, Pleno, AP 470, QO-3, Rel. Min. Joaquim Barbosa, j. em 23/10/2008).

[403] TRF-4, 7ª Turma, Correição Parcial 2009.04.00.035046-4/PR, Rel. Des. Fed. Néfi Cordeiro, j. em 03/09/2009.

apuração das infrações penais ou na recuperação dos valores resultantes dos crimes"[404].

Em se tratando de norma mais benéfica para o réu colaborador, esta regra pode retroagir para beneficiar condenados por lavagem de dinheiro, mesmo que a decisão condenatória tenha transitado em julgado.

Além disso, este dispositivo autoriza a aplicação dos benefícios da delação premiada tanto para o crime de lavagem de dinheiro quanto para as infrações penais antecedentes que a ela se refiram.

Se a colaboração ocorrer antes do trânsito em julgado da decisão judicial condenatória, competirá ao juiz da condenação ou ao tribunal, em modo originário ou em grau recursal, conceder os benefícios devidos ao colaborador, com base no acordo de colaboração ou por força da delação premiada unilateral. Por outro lado, a prevalecer a vontade do legislador, caberá ao juiz da execução penal modificar o título sentencial, alterar o regime prisional ou aplicar qualquer dos benefícios penais admitidos pela Lei 9.613/1998 ou pela norma geral, a Lei 9.807/1999, ou ainda, pela Lei 12.850/2013.

Se assumir a forma bilateral, o compromisso de colaboração deverá ser mantido em autos próprios, será inicialmente sigiloso, estará sujeito a homologação judicial e será vinculante no momento da sentença quanto aos benefícios acordados e homologados, se a colaboração prometida for prestada. Trata-se do reconhecimento da colaboração premiada como técnica essencial à persecução de delitos em que o silêncio deve ser rompido por estímulos estatais (imunidade, redução de pena ou perdão judicial ou regime de execução menos gravoso). A legislação confere a necessária segurança ao colaborador de que sua contribuição processual será considerada por ocasião da sentença. Bentham, citando Beccaria, afirma sua indignação "[...] *com os soberanos ou juízes que, depois de ter atraído um delator com a oferta de uma recompensa, faltam com sua palavra ou a tornam ilusória*"[405].

Em 2022, a 6ª Turma do STJ decidiu que o acordo de colaboração premiada de que trata a Lei 12.850/2013 pode ser celebrado em

---

[404] Parecer do relator do SCD 209/2003, na Comissão de Constituição e Justiça do Senado Federal, em 30 de maio de 2012. Disponível em www.senado.gov.br. Acesso em: 20 jun. 2023.

[405] BENTHAM, Jeremias. As recompensas em matéria penal. São Paulo: Rideel, 2007, p. 78.

qualquer crime cometido em concurso de pessoas, não se exigindo que o objeto da persecução tenha relação com a atividade de organizações criminosas ou terroristas:

> 5. O fato de que nessa denúncia superveniente os investigados foram acusados da prática dos crimes referidos nos arts. 317, § 1º e 288, do Código Penal, e no art. 1º, da Lei n. 9.613/1998 (corrupção passiva, associação criminosa e lavagem de dinheiro), mas não pelo crime do art. 2º, c.c. o art. 1º, § 1º, da Lei n. 12.850/2013, não pode resultar no afastamento das provas obtidas no acordo de delação premiada. Inicialmente, não há como desconsiderar a hipótese de que o dominus litis forme nova convicção, ou que elementos de prova supervenientes lastreiem futura acusação pelo crime de organização criminosa. Ainda que assim não fosse, cabe enfatizar que há outras previsões legais de perdão judicial ou de causas de diminuição de pena de colaboradores, positivadas tanto no Código Penal quanto na legislação especial (como as referidas no § 4º, do art. 159, do Código Penal, referente ao crime de extorsão mediante sequestro; no § 2º do art. 25 da Lei n. 7.492/86 – que define os crimes contra o sistema financeiro nacional; no art. 8º, parágrafo único, da Lei n. 8.072/90 – Lei de Crimes Hediondos; no art. 1º, § 5º, da Lei 9.613/1998 – que dispõe sobre os crimes de "lavagem" ou ocultação de bens, direitos e valores; ou nos arts. 13 e 14 da Lei n. 9.807/1999 – que estabelece normas para a organização e a manutenção de programas especiais de proteção a vítimas e a testemunhas ameaçadas). Considerada a conjuntura de que prerrogativas penais ou processuais como essas a) estão esparsas na legislação; b) foram instituídas também para beneficiar delatores; e que c) o Código de Processo Penal não regulamenta o procedimento de formalização dos acordos de delação premiada; e d) a Lei n. 12.850/2013 não prevê, de forma expressa, que os meios de prova ali previstos incidem tão-somente nos delitos de organização criminosa; não há óbice a que as disposições de natureza majoritariamente processual previstas na referida Lei apliquem-se às demais situações de concurso de agentes (no que não for contrariada por disposições especiais, eventualmente existentes). A propósito, pelo Supremo Tribunal Federal, foram diversos os recebimentos de denúncias (Inq 4011, Rel. Ministro Ricardo Lewandowski, Segunda Turma, julgado em 12/06/2018, DJe 18/12/2018; Inq 3982, Rel. Ministro Edson Fachin, Segunda Turma,

julgado em 07/03/2017, DJe 02/06/2017; v.g.), e houve inclusive condenação (AP 694, Rel. Ministra Rosa Weber, Primeira Turma, julgado em 02/05/2017, DJe 30/08/2017), lastreados em elementos probatórios oriundos de colaborações premiadas em que não houve a imputação específica ou condenação pelo crime de "promover, constituir, financiar ou integrar, pessoalmente ou por interposta pessoa, organização criminosa", previsto no art. 2º da Lei n. 12.850/2013. Ademais, "o argumento de que só os crimes praticados por organização criminosa são capazes de gerar o benefício da colaboração não pode prosperar, pois, muitas vezes, não há uma estrutura propriamente de organização (ou estrutura empresarial) e nem por isso os associados à prática delitiva cometem delitos que não mereceriam um acordo com o Estado" (CALLEGARI, André Luís. Colaboração Premiada: aspectos teóricos e práticos. Série IDP: Linha Pesquisa Acadêmica. São Paulo: Saraiva Educação, 2019, p. 16). Por todos esses fundamentos, é de se concluir que em quaisquer condutas praticadas em concurso de agentes é possível celebrar acordo de colaboração premiada.[406]

4.8 Outros meios especiais de obtenção de provas

Art. 1º. (...).

§ 6º Para a apuração do crime de que trata este artigo, admite-se a utilização da ação controlada e da infiltração de agentes.

Embora se trate de meios especiais de obtenção de prova, vinculados à investigação de crimes graves, e não de institutos de direito penal, para os fins didáticos desta obra, trataremos nesta parte dessas duas novas técnicas especiais de investigação introduzidas pelo Pacote Anticrime.

4.8.1 *Técnicas especiais de investigação (TEI) e lavagem de dinheiro*

Segundo Hans G. Nilsson, não existe uma definição internacional consensual sobre o que são as técnicas especiais de investigação (TEI).[407] Embora disseminadas em todo o mundo, inclusive nos Estados Unidos e

---

[406] STJ, HC 582.678/RJ, 6ª Turma, Rel. Min. Laurita Vaz, j. em 14/06/2022.

[407] NILSSON, Hans G. Special investigation techniques and developments in mutual legal assistance: the crossroads between police cooperation and judicial cooperation. Disponível em: http://www.unafei.or.jp/english/pdf/PDF_rms/no65/RESOURCE-DivisionNo04.pdf. Acesso em: 20 jun. 2023.

em Estados europeus, é difícil defini-las. Entretanto, em todas elas avulta uma característica primordial: o sigilo.

As TEI, mais conhecidas no Brasil como meios especiais de obtenção de provas, são empregadas usualmente na investigação do terrorismo e de crimes graves praticados por organizações criminosas, cuja persecução é regida pelo subconjunto de leis do processo penal de emergência. O conceito de "crime grave", sedimentando no art. 2º da Convenção das Nações Unidas contra o Crime Organizado Transnacional (Convenção de Palermo), tem sido utilizado para delimitar o seu campo de incidência, à luz do princípio da excepcionalidade. Por "crime grave" entende-se toda infração penal cuja pena máxima não seja inferior a quatro anos. Essa mesma técnica foi adotada pela Lei 12.850/2013.

Na categoria dos "crimes graves" seguramente está a lavagem de dinheiro, não havendo óbices à utilização das TEI também para a apuração dos crimes antecedentes à lavagem de ativos, qualquer que seja a pena cominada. Tenha-se em mira, porém, que este postulado fixa a abrangência mínima dessas ferramentas, segundo um *standard* internacional. Mas cada Estado pode permitir o uso de uma ou mais de uma dessas técnicas especiais de investigação para a averiguação de crimes que não se amoldem ao conceito de infrações penais graves.

Certo é que a utilidade das TEI não pode ser ignorada, especialmente no que diz respeito à persecução do terrorismo e da criminalidade organizada, já que a estruturação dos entes criminosos de tipo mafioso inutiliza os mecanismos tradicionais de investigação, exclusivamente baseados na prova testemunhal ou na prova documental.

No campo da lavagem de dinheiro e da delinquência econômica em geral, as TEI podem ser muito úteis, pois tais delitos de criminalidade difusa deixam poucos vestígios e são executados com a percepção de que é fundamental não deixar elementos rastreáveis. Em tal cenário, buscas e apreensões ordinárias não resolvem o problema da materialidade delitiva. Por outro lado, é bastante reduzida a possibilidade de conseguir prova testemunhal viável, capaz de delimitar com o grau de certeza necessário o funcionamento do esquema criminoso organizado. Por fim, como a ocultação e a dissimulação são elementos-chave no crime de lavagem de dinheiro, as TEI são imprescindíveis para a localização de ativos reciclados.

Assim, diante da falta de testemunhas efetivas ou de testemunhas que tenham coragem ou condições de colaborar com a Polícia e o Ministério Público e da dificuldade de reconstruir a trilha documental (*paper trail*), é fundamental a utilização de tais técnicas especiais de investigação para descobrir e apurar esses crimes graves

4.8.2 *Ação controlada em lavagem de ativos*

A ação controlada, como técnica especial de investigação (TEI) voltada para a apuração de crimes graves, está prevista na Lei do Crime Organizado e em tratados das Nações Unidas, a exemplo do art. 20 da Convenção de Palermo de 2000, contra o crime organizado transnacional (Decreto 5.015/2004) e do art. 1º, alínea "l" e do art. 11 da Convenção de Viena de 1988 contra o tráfico de drogas (Decreto 154/1991). Com o advento do Pacote Anticrime também passou a ser objeto do §6º da Lei de Lavagem de Dinheiro.

A Recomendação 31 do GAFI também se refere expressamente a esta técnica, como fundamental para a persecução da lavagem de dinheiro, das infrações antecedentes e do financiamento ao terrorismo:

> Os países deveriam assegurar que as autoridades competentes que conduzem investigações estão em condições de utilizar um vasto conjunto de técnicas adequadas à investigação do branqueamento de capitais, de infrações subjacentes associadas e do financiamento do terrorismo. Estas técnicas de investigação incluem: operações encobertas, interceptação de comunicações, acesso a sistemas informáticos e entregas controladas. Além disso, os países deveriam dispor de mecanismos eficazes para identificar, em tempo útil, se as pessoas singulares ou coletivas são titulares ou detêm o controle de contas. Deveriam igualmente dispor de mecanismos que assegurem que as autoridades competentes dispõem de um processo de identificação de ativos que não implique a notificação prévia do titular. Ao conduzir investigações de branqueamento de capitais, infrações subjacentes associadas e de financiamento do terrorismo, as autoridades competentes deveriam estar em condições de obter o acesso a todas as informações relevantes que a UIF detenha.[408]

---

[408] GRUPO DE AÇÃO FINANCEIRA. Padrões Internacionais de Combate à Lavagem de Dinheiro e ao Financiamento do Terrorismo e da Proliferação: as Recomendações do Gafi.

Antes da Lei 13.964/2019, a Lei de Lavagem de Dinheiro já previa uma forma muito específica de ação controlada, no seu art. 4º-B, introduzido pela Lei 12.683/2012.

> Art. 4º-B. A ordem de prisão de pessoas ou as medidas assecuratórias de bens, direitos ou valores poderão ser suspensas pelo juiz, ouvido o Ministério Público, quando a sua execução imediata puder comprometer as investigações.

O §6º do art. 1º não deixa dúvidas quanto à possibilidade do emprego de ação controlada nos casos de lavagem de dinheiro, sejam aqueles cometidos por organizações criminosas (regidos pelos arts. 8º e 9º da Lei 12.850/2013), seja nos crimes de lavagem cometidos fora desse contexto de criminalidade organizada.

Como o legislador de 2019 não especificou os requisitos, limites e procedimento da ação controlada nos casos comuns de lavagem de dinheiro, aplica-se analogicamente o previsto nos arts. 8º e 9º da Lei 12.850/2013. É de se lembrar que a ação controlada também está prevista no art. 53, inciso II, da Lei 11.343/2006.

4.8.3 *Infiltração de agentes em lavagem de dinheiro*

A Lei de Lavagem de Dinheiro silenciava sobre a aplicação da infiltração de agentes policiais para apurar crimes nela previstos. No entanto, seja na vigência da Lei 9.034/1995 e ainda mais após a incidência da Lei 12.850/2013, não havia dúvida quanto à possibilidade de adoção desse meio especial de obtenção de prova nesses crimes.

Assim, caso estivessem presentes as premissas de abrangência previstas no art. 1º e no §2º, incisos I e I, da Lei 12.850/2013, era possível empregar infiltração policial para apuração de lavagem de capitais praticada por organização criminosa ou por organização terrorista ou em seu proveito, ou para apuração de lavagem de dinheiro transnacional.

Também seria possível o emprego dessa técnica especial quando o crime antecedente fosse o tráfico de drogas, dada a previsão expressa da infiltração policial no art. 53, inciso I, da Lei 11.343/2006. O mesmo se

---

Disponível em: https://www.fatf-gafi.org/media/fatf/documents/recommendations/pdfs/FATF-40-Rec-2012-Portuguese-GAFISUD.pdf. Acesso em: 20 jun. 2023.

diga em relação à ação controlada, prevista no inciso II do mesmo artigo. Também já era possível, desde a Lei 13.441/2017, o emprego da infiltração digital de agentes, no contexto dos art. 190-A e seguintes do Estatuto da Criança e do Adolescente.

A novidade introduzida pelo §6º do art. 1º permite que essa TEI seja empregada em qualquer crime de lavagem de dinheiro, cometido em concurso de agentes, ou no contexto do §2º, inciso II, do art. 1º da Lei 9.613/1998, ou por meio de associação criminosa (art. 288 do CP).

Como a Lei Anticrime não especificou o procedimento a ser adotado para a infiltração policial em caso de lavagem de dinheiro (art. 1º, §6º, da Lei 9.613/1998), segue-se por analogia aquele previsto nos arts. 10 a 14 da Lei das Organizações Criminosas, de 2013.

PARTE III
ASPECTOS PROCESSUAIS DA LEI DE LAVAGEM DE DINHEIRO

PARTE II

1. AÇÃO PENAL NO CRIME DE LAVAGEM DE DINHEIRO

A Lei 9.613/1998 nada diz sobre a ação penal nos crimes de lavagem de capitais. Como é da tradição do direito brasileiro, neste caso, todos os crimes nela elencados são de ação penal pública incondicionada.

De fato, conforme o art. 100 do Código Penal, a ação penal é pública, "salvo quando a lei expressamente a declara privativa do ofendido". Essa mesma regra aplica-se às infrações penais antecedentes. Tenha-se em conta o caso do estelionato, que, desde a vigência do Pacote Anticrime em 23 de janeiro de 2020, é um crime de ação penal pública condicionada à representação da vítima, ressalvadas as exceções legais do §5º do art. 171 do Código Penal. Devido à autonomia típica e processual do crime de lavagem de dinheiro, é pública incondicionada a ação penal pelo delito do art. 1º da Lei 9.613/1998 que tenha como infração antecedente o delito de estelionato.

2. RITO PROCESSUAL

Art. 2º O processo e julgamento dos crimes previstos nesta Lei:
I – obedecem às disposições relativas ao procedimento comum dos crimes punidos com reclusão, da competência do juiz singular;

O rito da ação penal nos crimes de lavagem de dinheiro segue a regra geral do CPP. Adota-se o procedimento comum ordinário. O dispositivo é desnecessário porque o art. 394, inciso I, do CPP, já diz, desde 2008, que o procedimento ordinário tem por objeto crimes cuja sanção máxima cominada seja igual ou superior a 4 anos de prisão. Como vimos, a pena do crime de lavagem de dinheiro vai de 3 a 10 anos.[409]

Há pelo menos três exceções ao procedimento ordinário. Quando os crimes em questão forem praticados por autoridades detentoras de prerrogativa de foro em relação a infrações penais praticadas durante o exercício do cargo, cujos fatos forem relacionados à função (nos termos do quanto decidido pelo STF na questão de ordem da AP 937/RJ[410],

---

[409] Vide o art. 17-A da Lei 9.613/1998 que manda aplicar subsidiariamente o CPP aos processos de lavagem de dinheiro, naquilo que não forem incompatíveis.

[410] "3. Para assegurar que a prerrogativa de foro sirva ao seu papel constitucional de garantir o livre exercício das funções – e não ao fim ilegítimo de assegurar impunidade – é indispensável que haja relação de causalidade entre o crime imputado e o exercício do cargo. A experiência e as estatísticas revelam a manifesta disfuncionalidade do sistema, causando indignação à sociedade e trazendo desprestígio para o Supremo. 4. A orientação aqui preconizada encontra-se em harmonia com diversos precedentes do STF. De fato, o Tribunal adotou idêntica lógica ao condicionar a imunidade parlamentar material – i.e., a que os protege por 2 suas opiniões, palavras e votos – à exigência de que a manifestação tivesse relação com o exercício do mandato. Ademais, em inúmeros casos, o STF realizou interpretação restritiva

de relatoria do Min. Roberto Barroso), o inquérito e a ação penal tramitarão perante o tribunal competente, na forma dos arts. 92, 102, 105 e 108 da Constituição Federal. O rito será o da Lei 8.038/1990 e o dos respectivos regimentos internos. Como se nota da linha de precedentes do STF e do STJ nessa matéria, essa restrição ao foro especial aplica-se a parlamentares em geral, não alcançando autoridades do Judiciário e do Ministério Público.[411]

Já nos crimes de lavagem de dinheiro cometidos em concurso com crimes eleitorais, o procedimento a ser observado será o do Código Eleitoral, conforme os arts. 355 a 364 daquele diploma. A ação penal terá curso perante a Justiça Eleitoral.[412]

A terceira exceção diz respeito aos crimes militares impróprios, previstos no art. 9º, inciso II, do Código Penal Militar. Desde a entrada em vigor da Lei 13.491/2017, ampliou-se a competência da Justiça Militar, com o que crimes comuns previstos na legislação extravagante podem ser qualificados como delitos militares impróprios. Assim, o delito de lavagem de dinheiro poderá ser julgado pela Justiça Militar, seguindo-se o procedimento do Código de Processo Penal Militar (Decreto-lei 1.002/1969).

Podemos imaginar uma quarta exceção, que incidiria no caso de crime de lavagem de dinheiro em concurso com delito de competência do tribunal do júri. Neste caso, observa-se o procedimento especial, bifásico, para os crimes de competência do tribunal popular, prevalecendo a competência do tribunal popular, nos termos do art. 78, inciso I, do CPP.

---

de suas competências constitucionais, para adequá-las às suas finalidades. Precedentes. II. Quanto ao momento da fixação definitiva da competência do STF" (AP 937 QO, Rel. Roberto Barroso, Tribunal Pleno, julgado em 03/05/2018).

[411] STJ, HC 684.254/MG, 5ª Turma, Rel. Min. Reynaldo Soares da Fonseca, j. em 26/11/2021.
[412] STF, Inq 4435 AgR-quarto, Rel. Min. Marco Aurélio, j. em 14/03/2019.

3. AUTONOMIA PROCESSUAL DO CRIME DE LAVAGEM DE DINHEIRO

Art. 2º. O processo e julgamento dos crimes previstos nesta Lei:
II – independem do processo e julgamento das infrações penais antecedentes, ainda que praticados em outro país, cabendo ao juiz competente para os crimes previstos nesta Lei a decisão sobre a unidade de processo e julgamento;

A ação penal pelo crime de lavagem de dinheiro não depende do julgamento ou sequer da persecução da infração penal antecedente. Há, evidentemente, uma relação de acessoriedade entre esses delitos, mas a lavagem de dinheiro tem autonomia típica e processual. Sobre isso, diz o STJ:

> O crime de lavagem ou ocultação de bens, direitos e valores, tipificado no art. 1º da Lei n. 9.613/1998, constitui crime autônomo em relação às infrações penais antecedentes.[413]

O melhor modelo para a compreensão da autonomia do crime de lavagem é o dos crimes de receptação e favorecimento real. Há quem diga que não seria possível equiparar a lavagem de dinheiro à receptação, mas ambos têm natureza parasitária, na medida em que só existem se houver um delito anterior que gere algum ativo, que será objeto do crime posterior. Obviamente, há várias diferenças entre esses dois crimes, mas o modelo é útil para seu diagnóstico.

---

[413] STJ, Jurisprudência em Teses, Edição 166, de 26 de março de 2021, Tese 6. Disponível em: https://scon.stj.jus.br/SCON/jt/doc.jsp?livre=%27166%27.tit.. Acesso em: 20 jun. 2023.

Assim, não é necessário que o autor da infração penal antecedente seja processado ou condenado para que se viabilize a persecução criminal pelo crime de lavagem de ativos. Dizendo de outro modo, não é preciso a prova cabal da infração penal antecedente para haver um processo ou a condenação pelo crime de lavagem de dinheiro.

Observe-se que este sempre foi o modelo da receptação. Neste aspecto, os tipos são tão parecidos que, não fosse pela questão do bem jurídico, poder-se-ia estudá-los sob a denominação de *delitos de encobrimento*, gênero que englobaria, além da lavagem e da receptação, o crime de favorecimento real do art. 349 do Código Penal.

Então, seguindo sempre o modelo de uma infração penal anterior e autônoma em relação ao crime acessório, mas também autônomo, não é necessário que haja comprovação *cabal* da culpabilidade do autor da infração antecedente para se conseguir a punição do autor do delito consequente, que é a lavagem de dinheiro.

Cabe ao juiz que julgará a causa ter em conta os indícios da infração penal antecedente, segundo o *standard* probatório fixado pela lei. Para Aras, basta que haja indícios suficientes da existência do crime anterior, para a persecução e a condenação de alguém por lavagem de dinheiro. De fato, no "melhor dos mundos" deveríamos julgar as duas infrações penais conjuntamente ou – melhor ainda – julgar a lavagem de dinheiro depois que já houvesse condenação definitiva pelo crime ou contravenção anterior. No entanto, não se vive no "melhor dos mundos", vivemos *neste mundo* e precisamos fazer valer a opção do legislador, que foi a da *acessoriedade relativa ou limitada*, e não a da *acessoriedade* máxima, pois, do contrário, ter-se-ia o efeito de tornar praticamente impossível punir alguém por lavagem de dinheiro quando não houvesse, simultaneamente, a imputação pela infração penal antecedente.

Para Luz, os indícios são suficientes apenas para o recebimento da denúncia, mas, no momento da condenação, dada a produção probatória realizada, "o juiz deve", conforme ensinam Bottini e Badaró, "formar sua convicção acerca do antecedente, sempre com base na presunção da inocência e na ordem de oneração probatória própria do processo penal"[414]. Como afirmam Luciana Furtado de Moraes e Patrícia Maria

---

[414] BOTTINI Pierpaolo Cruz; BADARÓ, Gustavo. Lavagem de dinheiro: aspectos penais e processuais penais. 3.ed. São Paulo: Revista dos Tribunais, 2012, p. 107.

Núñez Weber: "diferentemente do momento do recebimento da denúncia, para fins de condenação, serão necessários elementos probatórios mais precisos, mesmo que circunstanciais ou indiciários, desde que convincentes, de que o objeto da lavagem tenha origem em infração penal antecedente."[415] Assim, ainda que não seja necessário esperar o trânsito em julgado da infração antecedente, para a coautora, é necessário que o juiz, na condenação, justifique, com as provas juntadas nos autos, a tipicidade e ilicitude da infração penal antecedente.

Nos termos do art. 3º, §3º da Diretiva (UE) 2018/1673, que pode servir de parâmetro, os Estados-Membros da União Europeia devem assegurar em suas leis que uma condenação anterior ou simultânea pela atividade criminosa de que os bens provenham não é condição prévia para uma condenação pelo crime de lavagem de dinheiro. Além disso, o direito interno dos Estados da UE deve permitir a condenação por lavagem de dinheiro "quando se tiver determinado que os bens provêm de uma atividade criminosa, sem que haja necessidade de determinar todos os elementos factuais ou todas as circunstâncias relacionadas com essa atividade criminosa, incluindo a identidade do autor da infração".[416]

Um ponto importante a discutir está na relação entre os crimes tributários e a lavagem de dinheiro. Para Aras, tendo em vista que é possível imputar o crime de lavagem de dinheiro oriundo de sonegação fiscal fraudulenta, o que acontece com o delito de reciclagem se houver a extinção da punibilidade do crime tributário em função do pagamento dos tributos? Tendo em conta a autonomia do delito de lavagem de dinheiro, esta subsistirá. Conforme o art. 2º, inciso II, da Lei 9.613/1998, a ação penal por este crime "independe do processo e julgamento das infrações penais antecedentes", já que este tipo penal tem autonomia processual em relação à infração penal antecedente. Ademais, nos termos do §1º do art. 2º, os fatos previstos na Lei 9.613/1998 são puníveis ainda

---

[415] WEBER, Patrícia Maria Núñez, MORAES, Luciana Furtado de. Infrações penais antecedentes. In: CARLI, Carla Veríssimo de. Lavagem de dinheiro: Prevenção e controle penal. Porto Alegre: Verbo Jurídico, 2013, p. 372.
[416] UNIÃO EUROPEIA. Diretiva (UE) 2018/1673 do Parlamento e do Conselho, de 23 de outubro de 2018 relativa ao combate ao branqueamento de capitais através do direito penal Disponível em: https://www.bportugal.pt/sites/default/files/anexos/legislacoes/diretiva1673ano2018.pdf. Acesso em: 20 jun. 2023.

que desconhecido ou isento de pena o autor, ou extinta a punibilidade da infração penal antecedente.

A utilização do modelo da receptação torna fácil a compreensão do fenômeno: a morte do autor do roubo não isenta o receptador. A extinção da punibilidade do roubador por prescrição, por exemplo, também não exime o autor da receptação. *Mutatis mutandi*, esta autonomia típica também adorna o crime de lavagem de dinheiro destacando-o *processualmente* das infrações penais antecedentes.

> O reconhecimento da extinção da punibilidade pela prescrição da infração penal antecedente não implica atipicidade do delito de lavagem (art. 1º da Lei n. 9.613/1998).[417]

---

[417] STJ, Jurisprudência em Teses, Edição 167, de 9 de abril de 2021, Tese 4. Disponível em: https://scon.stj.jus.br/SCON/jt/toc.jsp. Acesso em: 20 jun. 2023.

4. INFRAÇÕES PENAIS ANTECEDENTES EXTRATERRITORIAIS

Art. 2º. O processo e julgamento dos crimes previstos nesta Lei:
II – independem do processo e julgamento das infrações penais antecedentes, ainda que praticados em outro país, (...);

O inciso II do art. 2º diz que o processo e julgamento do crime de lavagem de dinheiro no Brasil independe do processo e julgamento das infrações penais antecedentes, ainda que cometidas no exterior.

Trata-se de hipótese na qual o crime de lavagem é praticado inteiramente no Brasil, ou, ao menos, em parte sob jurisdição nacional e na qual as infrações penais antecedentes ocorreram fora do território nacional. Por força da regra da territorialidade prevista no art. 5º do CP, uma vez que parte do crime – ação, omissão ou resultado – ocorreram no território nacional, será possível haver a persecução criminal da lavagem de dinheiro no Brasil mesmo que, na jurisdição brasileira, não se realize ou não se possa realizar a processo e julgamento das infrações penais antecedentes.[418]

> A autoridade judiciária brasileira é competente para julgar os crimes de lavagem ou ocultação de dinheiro cometidos, mesmo que parcialmente, no território nacional, bem como na hipótese em que os crimes antece-

---

[418] STJ, RHC 78.684/SP, relator Ministro Joel Ilan Paciornik, Quinta Turma, j. em 4/12/2018.

dentes tenham sido praticados em prejuízo da administração pública, ainda que os atos tenham ocorrido exclusivamente no exterior.[419]

Assim, mesmo que um crime de corrupção ou o narcotráfico seja cometido no exterior, observado o princípio da dupla incriminação, poderá ocorrer aqui o processo pelo crime de lavagem de dinheiro, quando sujeito à jurisdição brasileira, nos termos dos arts. 5º a 7º do CP.

É necessário, contudo, que se obedeça à regra da dupla imputação, o que implica no dever da acusação de comprovar que a conduta descrita também é criminosa no exterior, ainda que não haja coincidência do *nomen juris*[420]. Conforme já decidido pelo STF, meros ilícitos cíveis ou infrações não preenchem este requisito, ainda que a conduta seja criminosa no Brasil[421].

Um ponto interessante a ser analisado se refere às ações penais que versam sobre atos de lavagem anteriores a 2012, na hipótese em que não haja permanência do crime durante a vigência da alteração promovida pela Lei 12.683/2012, que suprimiu o rol dos crimes antecedentes. Nestes casos, a lei vigente ao tempo dos fatos era clara no sentido de que havia um rol de crimes antecedentes que poderiam gerar produto apto a ser submetido às condutas de lavagem de dinheiro.

Assim, nesta hipótese, os órgãos de persecução penal devem se atentar ao fato de que o crime realizado no exterior deve ter compatibilidade com os crimes listados no antigo rol existente na legislação brasileira, ainda que distinto o seu *nomen juris*[422]. Assim, para fatos ocorridos até 2012, não seria possível, por exemplo, cogitar-se de lavagem de dinheiro a partir de crimes de roubo realizados no exterior, visto que o roubo não era crime antecedente à época dos fatos.

Outro ponto que merece atenção está no fato de que a lei previa, em sua redação original, que os crimes contra o sistema financeiro nacional poderiam gerar produtos aptos à lavagem de dinheiro. Assim, pensamos que, caso tenha ocorrido crimes contra o sistema financeiro de outro

---

[419] STJ, Jurisprudência em Teses, Edição 167, de 9 de abril de 2021, Tese 2. Disponível em: https://scon.stj.jus.br/SCON/jt/toc.jsp. Acesso em: 20 jun. 2023.
[420] BADARÓ; BOTTINI. Lavagem de Dinheiro. São Paulo: RT, 2016, pp. 108-109.
[421] STJ, HC 163.612/DF, Rel. Min. Rosa Weber, d. em 07/10/2019.
[422] Neste sentido: HC 94.965/SP, relator Ministro Felix Fischer, Quinta Turma, j. em 10/03/2009.

país, se não houver compatibilidade entre estes e algum delito do antigo rol dos crimes antecedentes, não seria possível falar-se em lavagem no Brasil.

Por fim, é de se afirmar que a jurisprudência do STJ entende pela possibilidade de aplicação da extraterritorialidade incondicionada da lei brasileira (art. 7º, I, b, CP), nos casos em que os atos de lavagem são praticados no exterior, na hipótese em que os bens lavados são oriundos de crimes contra a administração pública brasileira[423].

---

[423] STJ, RHC 80.618/PR, Rel. Min. Felix Fischer, Quinta Turma, j. em 16/05/2017.

5. UNIDADE DE PROCESSO E JULGAMENTO

Art. 2º. O processo e julgamento dos crimes previstos nesta Lei:
II – (...), cabendo ao juiz competente para os crimes previstos nesta Lei a decisão sobre a unidade de processo e julgamento;

O inciso II do art. 2º da Lei 9.613/1998 contém também uma regra de competência. Ordena que cabe ao juiz competente para o julgamento do crime de lavagem de dinheiro decidir pela reunião dos processos para julgamento conjunto da lavagem e da ou das infrações penais antecedentes, objeto de ações penais noutros juízos.

É uma regra de juízo prevalente, que se acresce àquelas do CPP. Diz o art. 79 do CPP que a conexão e a continência importarão unidade de processo e julgamento, como regra geral. Evidentemente, se as infrações penais antecedentes estiverem submetidas à competência de um tribunal, caberá a essa corte decidir sobre a unidade de processo e julgamento, tendo em conta o princípio hierárquico relativo à organização piramidal do Poder Judiciário.

Note-se que, segundo o art. 82 do CPP, se, não obstante a conexão ou continência, forem instauradas ações penais diferentes, a autoridade de jurisdição prevalente deverá "avocar os processos que corram perante os outros juízes, salvo se já estiverem com sentença definitiva". A diferença em relação à lavagem de dinheiro é que, por força do inciso II do art. 2º da Lei 9.613/1998, que serve como regra especial, será o juiz competente para o seu julgamento que decidirá sobre a reunião ou a manutenção da separação dos processos, sem prejuízo dos conflitos de competência cabíveis. No ponto, diz o STJ:

Compete ao juízo processante do crime de lavagem de dinheiro apreciar e decidir a respeito da união dos processos (art. 2º, II, da Lei n. 9.613/1998), examinando caso a caso, com objetivo de otimizar a entrega da prestação jurisdicional.[424]

---

[424] STJ, Jurisprudência em Teses, Edição 167, de 9 de abril de 2021, Tese 3. Disponível em: https://scon.stj.jus.br/SCON/jt/toc.jsp. Acesso em: 20 jun. 2023.

6. QUESTÕES RELATIVAS À COMPETÊNCIA PARA O JULGAMENTO

Art. 2º....
III – são da competência da Justiça Federal:
 a) quando praticados contra o sistema financeiro e a ordem econômico-financeira, ou em detrimento de bens, serviços ou interesses da União, ou de suas entidades autárquicas ou empresas públicas;
 b) quando a infração penal antecedente for de competência da Justiça Federal.

O inciso III do art. 2º da Lei 9.613/1998 trata das questões de competência. Fortemente baseado no art. 109 da Constituição, este inciso tem dois preceitos.

Na alínea *a*, consideram-se crimes de competência federal os delitos de lavagem de dinheiro praticados contra o Sistema Financeiro Nacional (SFN) ou contra a ordem econômico-financeira. O dispositivo repete o que consta do art. 109, inciso VI, da Constituição, que exige a interposição de lei expressa, para que tais delitos sejam considerados de competência federal. Neste sentido, a letra *a* do inciso III acaba sendo inócua, porque não federalizou de fato os crimes de lavagem de dinheiro "quando praticados contra o SFN e a ordem econômica". Como todo crime de lavagem de dinheiro atinge a ordem econômico-financeira (este é o seu bem jurídico), somente um delito de especial gravidade e grande impacto no SFN ou na ordem econômica poderia ser levado a julgamento pela Justiça Federal.

Há um segundo preceito, também irrelevante, na alínea *a* do dispositivo, que se remete ao inciso IV do art. 109 da Constituição, repetindo-o *ipsis literis*. Trata-se de cláusula "B.I.S.", para aferição da competência federal pelo ferimento de bens, interesses ou serviços da União. O dispositivo limita-se a repetir o que já diz o texto constitucional.

Na alínea *b*, há uma regra útil, que adensa o teor da Súmula 122 do STJ, na medida em que afirma que é de competência da Justiça Federal o julgamento da lavagem de dinheiro quando a infração penal antecedente pertencer a essa jurisdição.

Assim, se as infrações antecedentes forem de competência federal, também a lavagem de dinheiro relativa a esses delitos será julgada pela Justiça Federal. Lembremos que, nos termos do inciso IV do art. 109, da Constituição, as contravenções penais nunca são apreciadas pelos juízes federais de primeira instância. Logo, se a infração penal antecedente for uma contravenção, a competência para o julgamento da lavagem de dinheiro será da Justiça Estadual.

Se o crime antecedente for de competência estadual, também a lavagem de dinheiro será de competência estadual, com uma exceção, que veremos no tópico seguinte.

6.1 A competência federal em lavagem de dinheiro transnacional

Outro problema relacionado ao tema da competência – e que merece algumas palavras – gira em torno da *competência transnacional em lavagem de dinheiro*.

Segundo o art. 109, inciso V, da Constituição Federal, nos crimes de lavagem de dinheiro que tenham alguma interação com o exterior (sejam iniciados fora do Brasil e consumados aqui ou vice-versa), a competência será federal.

O problema se estabelece quando temos um crime antecedente que não seja de competência federal, mas uma, duas ou três etapas do procedimento de lavagem – para ficar no modelo clássico tripartite de *captação*, *dissimulação* e *integração* – ocorrem no exterior. Não importa quantas. Se pelo menos uma destas fases acontecer no estrangeiro ou vice-versa, o crime de lavagem de dinheiro será de competência federal, devido à transnacionalidade do crime e à incidência do inciso V do art. 109 da CF. Essa norma é integrada pelos textos das Convenções de Viena (1988),

Paris (1997), Palermo (2000) e Mérida (2003)[425] que contêm mandados convencionais de criminalização do delito de lavagem de dinheiro, de modo que os Estados signatários estão obrigados a criminalizar a lavagem de dinheiro. O Brasil é parte desses quatro tratados.

Com essa premissa, chegamos ao seguinte ponto: como o inciso V, do art. 109, da CF, estabelece que, se o crime estiver previsto em algum tratado internacional e se essa conduta em algum momento tocar o território de dois ou mais Estados – os chamados *crimes à distância* –, ter-se-á então uma das causas da competência federal, ainda que não seja o crime antecedente um dos que pertencem normalmente à competência federal, pela regra do inciso IV do art. 109 da Constituição. Estando a lavagem de dinheiro prevista naqueles tratados, basta que essa infração tenha tocado concreta ou potencialmente o território de dois ou mais países, sendo um deles o Brasil, para que se configure a competência federal, mas com base no inciso V do mesmo artigo. Sequer é necessário que o crime de lavagem, em qualquer das suas três etapas, tenha ocorrido no território de uma ou de outra nação. Basta somente que o crime antecedente tenha sido praticado no território nacional e a lavagem inteiramente no território de outro país ou no estrangeiro, para que se dê à Justiça Federal a competência para esta causa. Como consequência, o crime antecedente – se já não for um "crime federal" – será atraído para o âmbito federal por força da Súmula 122 do STJ.

Evidentemente, se a infração penal antecedente for uma contravenção penal, o fenômeno da transnacionalidade não mudará a competência para o julgamento dela, que continuará a ser da Justiça Estadual, uma vez que as contravenções não pertencem à Justiça Federal de primeira instância (art. 109, IV) e porque o Decreto-lei 3.688/1941 determina que a lei contravencional brasileira somente se aplica às contravenções cometidas no território nacional, afastando o inciso V do art. 109 da Constituição.

6.2 As varas especializadas em lavagem de dinheiro

No âmbito federal, desde a Resolução CJF 314/2003, existem varas especializadas em lavagem de dinheiro, normalmente nas capitais, por vezes

---

[425] São quatro importantes documentos de cooperação penal internacional para o combate ao crime organizado transnacional no caso de Palermo, para o enfrentamento à corrupção nos casos de Mérida e de Paris, e para a luta contra o narcotráfico, no caso de Viena.

com abrangência territorial estadual ou de grandes regiões. Tal ato foi substituído pela Resolução CJF 273/2013, que estabeleceu que os TRFs deveriam especializar varas para julgamento de crimes contra o SFN, lavagem de dinheiro e crime organizado.

Vale lembrar que o CNJ expediu sua Recomendação 3/2006, mediante a qual conclamou os tribunais de apelação da Justiça Estadual e da Justiça Federal a criar varas especializadas em crime organizado.

Na ADI 4414, o STF declarou a inconstitucionalidade em parte da Lei 6.806/2007, de Alagoas,[426] que, entre outras coisas, criou uma vara colegiada de primeiro grau em Maceió, com competência para crime organizado em todo o Estado. Foi reconhecida a possibilidade de especialização de juízos no âmbito dos Estados. Destacamos os pontos pertinentes da ementa:

> 1. Os delitos cometidos por organizações criminosas podem submeter-se ao juízo especializado criado por lei estadual, porquanto o tema é de organização judiciária, prevista em lei editada no âmbito da competência dos Estados-membros (art. 125 da CRFB). Precedentes (ADI 1218, Relator(a): Min. MAURÍCIO CORRÊA, Tribunal Pleno, julgado em 05/09/2002, DJ 08-11-2002; HC 96104, Relator(a): Min. RICARDO LEWANDOWSKI, Primeira Turma, julgado em 16/06/2010, Dje-145; HC 94146, Relator(a): Min. ELLEN GRACIE, Segunda Turma, julgado em 21/10/2008, Dje-211; HC 85060, Relator(a): Min. EROS GRAU, Primeira Turma, julgado em 23/09/2008, Dje-030; HC 91024, Relator(a): Min. ELLEN GRACIE, Segunda Turma, julgado em 05/08/2008, Dje-157). Doutrina (TOURINHO FILHO, Fernando da Costa. Código de Processo Penal Comentado, 12ª ed. São Paulo: Saraiva, 2009. p. 278-279). (...)
>
> 19. Os juízes integrantes de Vara especializada criada por Lei estadual devem ser designados com observância dos parâmetros constitucionais de antiguidade e merecimento previstos no art. 93, II e VIII-A, da Constituição da República, sendo inconstitucional, em vista da necessidade de preservação da independência do julgador, previsão normativa segundo a qual a indicação e nomeação dos magistrados que ocuparão a referida Vara será feita pelo Presidente do Tribunal de Justiça, com a aprovação do Tribunal.

---

[426] STF, Pleno, ADI 4414/AL, Rel. Min. Luiz Fux, j. em 31/05/2012.

20. O mandato de dois anos para a ocupação da titularidade da Vara especializada em crimes organizados, a par de afrontar a garantia da inamovibilidade, viola a regra da identidade física do juiz, componente fundamental do princípio da oralidade, prevista no art. 399, § 2º, do CPP ("O juiz que presidiu a instrução deverá proferir a sentença"), impedindo, por via oblíqua, a aplicação dessa norma cogente prevista em Lei nacional, em desfavor do Réu, usurpando a competência privativa da União (art. 22, I, CRFB).[427]

Os procedimentos de especialização de varas *ratione materiæ* se robusteceram com a Lei 12.694/2012, depois alterada pelo Pacote Anticrime. Vários Estados criaram juízos especializados em criminalidade organizada, incorporando também a lavagem de dinheiro correlata.

Porém, em 2021, o TRF da 3ª Região com sede em São Paulo resolveu desconcentrar as varas especializadas em lavagem, ao adotar o Provimento CJF3R n. 49, de 6 de dezembro de 2021.

6.3 A competência da Justiça Militar para julgar lavagem de dinheiro

A competência da Justiça Militar foi significativamente ampliada com o advento da Lei 13.491/2017, que alterou a definição dos crimes militares impróprios, do inciso II do art. 9º do Código Penal Militar.

São considerados crimes militares impróprios os crimes previstos no Código Penal Militar e também os previstos na legislação penal extravagante, quando praticados: a) por militar em situação de atividade ou assemelhado, contra militar na mesma situação ou assemelhado; b) por militar em situação de atividade ou assemelhado, em lugar sujeito à administração militar, contra militar da reserva, ou reformado, ou assemelhado, ou civil; c) por militar em serviço ou atuando em razão da função, em comissão de natureza militar, ou em formatura, ainda que fora do lugar sujeito à administração militar contra militar da reserva, ou reformado, ou civil; d) por militar durante o período de manobras ou exercício, contra militar da reserva, ou reformado, ou assemelhado, ou civil; ou e) por militar em situação de atividade, ou assemelhado, contra o patrimônio sob a administração militar, ou a ordem administrativa militar.

---

[427] STF, Pleno, ADI 4414/AL, Rel. Min. Luiz Fux, j. em 31/05/2012.

Também ficam abarcados os crimes praticados por militar da reserva, ou reformado, ou por civil, contra as instituições militares, considerando-se como tais os delitos do inciso II, se cometidos: a) contra o patrimônio sob a administração militar, ou contra a ordem administrativa militar; b) em lugar sujeito à administração militar contra militar em situação de atividade ou assemelhado, ou contra funcionário de Ministério militar ou da Justiça Militar, no exercício de função inerente ao seu cargo; c) contra militar em formatura, ou durante o período de prontidão, vigilância, observação, exploração, exercício, acampamento, acantonamento ou manobras; d) ainda que fora do lugar sujeito à administração militar, contra militar em função de natureza militar, ou no desempenho de serviço de vigilância, garantia e preservação da ordem pública, administrativa ou judiciária, quando legalmente requisitado para aquele fim, ou em obediência a determinação legal superior.

Nestes casos, crimes previstos na legislação extravagante, como o delito de lavagem de dinheiro, podem ser submetidos a julgamento pela Justiça Militar da União ou dos Estados, observados os arts. 109, inciso IV, 124 e 125 da Constituição. Note-se, porém, que enquanto a Justiça Militar dos Estados só julga policiais e bombeiros militares, a Justiça Militar da União julga militares das Forças Armadas e também civis.

Vale lembrar que o art. 79, inciso I, do CPP (comum) determina a unidade de processo e julgamento nos casos de conexão e continência, salvo no concurso entre a jurisdição comum e a militar. Para esta situação, vale a regra da separação obrigatória. Contudo, como vários crimes previstos em leis especiais podem, desde 2017, ser classificados como delitos militares impróprios, o art. 79, I, CPP teve o seu alcance restringido pela Lei 13.491/2017.

Concretamente, pode-se ter um crime de lavagem de dinheiro em curso na Justiça Militar quando a conduta antecedente for praticada por militar em situação de atividade, ou assemelhado, contra o patrimônio sob a administração militar, ou a ordem administrativa militar, nos termos do art. 9º, inciso II, alíneas *c* e *e*, ou do inciso III, alínea *a*, do CPM.

Neste sentido, após a vigência da Lei 13.491/2017, que alterou o CPM, o STJ manteve na Justiça Estadual um crime de lavagem de dinheiro cometido por policial militar que não se encaixava nas hipóteses do art. 9º, incisos II e III, do CPM:

Do cotejo entre a decisão, a sentença e o texto do dispositivo legal, observa-se que a decisão foi expressa ao afirmar que não se tratava de suposto crime praticado no exercício da função militar (art. 9º, inciso II, alínea c, do CPM). Na sentença, o magistrado afirma que o crime não foi praticado em razão da função militar (art. 9º, inciso II, c, do CPM), nem contra militar ou assemelhado (art. 9º, inciso II, alínea a, do CPM), nem contra o patrimônio sob a administração militar, ou a ordem administrativa militar (art. 9º, inciso II, alínea e, do CPM), além do fato da sentença condenatória, ancorada em provas produzidas na marcha processual, substituir a decisão anterior.[428]

6.4 A competência da Justiça Eleitoral para julgar lavagem de dinheiro

Em 2019, o STF resolveu uma antiga controvérsia sobre a competência para o julgamento de crimes comuns conexos com crimes eleitorais. Interpretando o art. 78, inciso IV, do CPP e o art. 35, inciso II, do Código Eleitoral, à luz do art. 109, inciso IV, da Constituição, o STF firmou o entendimento de que prevalece o foro eleitoral, com força atrativa.

> COMPETÊNCIA – JUSTIÇA ELEITORAL – CRIMES CONEXOS. Compete à Justiça Eleitoral julgar os crimes eleitorais e os comuns que lhe forem conexos – inteligência dos artigos 109, inciso IV, e 121 da Constituição Federal, 35, inciso II, do Código Eleitoral e 78, inciso IV, do Código de Processo Penal.[429]

Assim, em havendo crime de lavagem de dinheiro conexo com crime de competência eleitoral, deve haver reunião de processos perante o Juízo Eleitoral para que ali se dê a persecução e o julgamento.

De acordo com o entendimento do STJ, em caso de arquivamento da investigação por crime eleitoral ou de sua prescrição, o processo pelo crime comum (seja ele o de lavagem ou qualquer outro) é de competência da Justiça Federal ou da Estadual, conforme o caso.[430] Ademais:

---

[428] STJ, AgRg no RHC 99.823/RJ, 6ª Turma, Rel. Min. Laurita Vaz, j. em 07/05/2019.
[429] STF, Pleno, Inq 4435 AgR-quarto, Rel. Min. Marco Aurélio, j. em 14/03/2019.
[430] Em sentido contrário, vide: STF, 2ª Turma, RHC 177.243/MG, Rel. Min. Gilmar Mendes, j. em 21/10/2021. Esse feito refere-se ao arquivamento em 2009 do Inq 2280/MG (caso Azeredo).

1. Existindo decisão da própria Justiça Eleitoral, reconhecendo sua incompetência para processar e julgar os crimes atribuídos ao acusado, não cabe a este Superior Tribunal, com base em elementos de convicção coletados durante a instrução, alcançar conclusão inversa do Juízo de conhecimento, que afirma inexistir vínculo das condutas atribuídas, em tese, ao ora agravante e demais réus, com a prática de crimes eleitorais.[431]
2.

No âmbito do STF, no entanto, o entendimento é oposto, uma vez que a 2ª Turma já decidiu que "(m)esmo operada a prescrição quanto ao crime eleitoral, subsiste a competência da Justiça Eleitoral".[432]

---

[431] STJ, AgRg no RHC n. 177.137/AC, Rel. Min. Sebastião Reis Júnior, 6ª Turma, julgado em 24/4/2023, DJe de 2/5/2023.
[432] STF, RHC 177.243, Rel. Min. Gilmar Mendes, Segunda Turma, j. em 29/06/2021.

7. AUTONOMIA TÍPICA E AUTONOMIA PROCESSUAL DO CRIME DE LAVAGEM DE DINHEIRO

Art. 2º. (...)
§1º A denúncia será instruída com indícios suficientes da existência da infração penal antecedente, sendo puníveis os fatos previstos nesta Lei, ainda que desconhecido ou isento de pena o autor, ou extinta a punibilidade da infração penal antecedente

Em matéria de infração penal antecedente, a lei brasileira adotou a regra da acessoriedade limitada. Isto significa que, embora a lavagem de dinheiro seja um crime dependente da prática de infração penal prévia, não é necessário que haja condenação pela infração penal antecedente para autorizar o processo pelo crime de lavagem de capitais.

Com amparo no art. 2º, §1º da Lei n. 9.613/1998, a jurisprudência do STF tem entendido que é suficiente a presença de "indícios suficientes da existência da infração penal antecedente".[433] Este será o requisito indiciário da denúncia no tocante à infração penal antecedente. De se lembrar que o art. 3º, §3º, alínea *b*, da Diretiva (UE) 2018/1673, estabelece que a condenação por lavagem deve ser possível nos Estados Membros da União Europeia quando se tiver determinado que os bens provêm de uma atividade criminosa, sem que haja necessidade de determinar todos os elementos factuais ou todas as circunstâncias rela-

---

[433] STF, HC 93.368/PR, Rel. Min. Luiz Fux, Primeira Turma, j. em 09/08/2011; STF, HC 94.958/SP, Rel. Min. Joaquim Barbosa, j. em 09/12/2008.

cionadas com essa atividade criminosa, incluindo a identidade do autor da infração".[434]

No entanto, o STF entende que o órgão acusador deve "descrever minimamente os fatos específicos que constituíram os crimes antecedentes da lavagem de dinheiro", a exemplo "das licitações que supostamente teriam sido fraudadas ou os contratos que teriam sido modificados ou os valores espuriamente auferidos com essas fraudes".[435] De igual forma, não é possível oferecer denúncia nos casos em que não há indícios da infração penal antecedente, mas mera incompatibilidade financeira com as declarações de renda[436].

Para a viabilidade da denúncia por lavagem de capitais, o STJ exige a justa causa duplicada:

> Nos crimes de lavagem de dinheiro, a denúncia é apta quando apresentar justa causa duplicada, indicando lastro probatório mínimo em relação ao crime de lavagem de dinheiro e à infração penal antecedente.[437]

Porém, a descrição da infração penal antecedente não precisa ser exaustiva, bastando a demonstração de que os bens, direitos e valores objeto material dos atos de dissimulação ou de ocultação são oriundos dessa infração penal anterior.

> A aptidão da denúncia relativa ao crime de lavagem de dinheiro não exige uma descrição exaustiva e pormenorizada do suposto crime prévio, bastando, com relação às condutas praticadas antes da Lei n. 12.683/2012, a presença de indícios suficientes de que o objeto material da lavagem seja proveniente, direta ou indiretamente, de um daqueles crimes mencionados nos incisos do art. 1º da Lei 9.613/1998.[438]

---

[434] UNIÃO EUROPEIA. Diretiva (UE) 2018/1673 do Parlamento e do Conselho, de 23 de outubro de 2018 relativa ao combate ao branqueamento de capitais através do direito penal. Disponível em: https://www.bportugal.pt/sites/default/files/anexos/legislacoes/diretiva1673ano2018.pdf. Acesso em: 20 jun. 2023.
[435] STF, HC 132.179/SP, Rel. Min. Dias Toffoli, j. em 26/09/2017.
[436] TRF-1, RSE 2007.61.810118502, 2ª Turma, j. em 21/07/2009.
[437] STJ, Jurisprudência em Teses, Edição 166, de 26 de março de 2021, Tese 2. Disponível em: https://scon.stj.jus.br/SCON/jt/doc.jsp?livre=%27166%27.tit.. Acesso em: 20 jun. 2023.
[438] STJ, Jurisprudência em Teses, Edição 166, de 26 de março de 2021, Tese 3. Disponível em: https://scon.stj.jus.br/SCON/jt/doc.jsp?livre=%27166%27.tit.. Acesso em: 20 jun. 2023.

Além da autonomia processual, a lei previu a autonomia material, que implica em dizer que as causas pessoais de isenção de pena do autor da infração antecedente ou a extinção da punibilidade deste não afastam a punição pela lavagem. Contudo, no nosso entender, eventual exclusão da tipicidade ou da ilicitude do fato, por serem circunstâncias objetivas que afastam o próprio injusto penal, devem impedir a criminalização da lavagem.

Sobre a autonomia do crime de lavagem de dinheiro, o STJ reconheceu mais de uma vez que este delito "constitui crime autônomo em relação às infrações antecedentes".[439] Ademais, como entende o STJ:

> O reconhecimento da extinção da punibilidade pela prescrição da infração penal antecedente não implica atipicidade do delito de lavagem (art. 1º da Lei n. 9.613/1998).[440]

---

[439] STJ, 5ª Turma, AgR no RESP 1.840.416/PR, Rel. Min. Felix Fischer, j. em 06/10/2020.
[440] STJ, Jurisprudência em Teses, Edição 167, de 9 de abril de 2021, Tese 4. Disponível em: https://scon.stj.jus.br/SCON/jt/toc.jsp. Acesso em: 20 jun. 2023.

8. A APLICAÇÃO DO ART. 366 DO CPP AOS CRIMES DE LAVAGEM DE DINHEIRO

Art. 2º (...)
§ 2º. No processo por crime previsto nesta Lei, não se aplica o disposto no art. 366 do Decreto-Lei nº 3.689, de 3 de outubro de 1941 (Código de Processo Penal), devendo o acusado que não comparecer nem constituir advogado ser citado por edital, prosseguindo o feito até o julgamento, com a nomeação de defensor dativo.

O §2º do art. 2º da Lei 9.613/1998 criou um injustificável entrave ao vedar a aplicação do art. 366 do CPP às ações penais por lavagem de dinheiro. O art. 366 do CPP prevê que, se o réu, citado por edital, não comparecer nem constituir advogado, o processo deverá ser suspenso. O dispositivo atende aos direitos constitucionais à ampla defesa e ao contraditório. Em regra, não se deve julgar (e condenar) um réu *in absentia*. O art. 366 do CPP admite a produção antecipada de provas e determina a suspensão do curso do prazo prescricional, o que permite a perfeita conformação dos interesses contrapostos.

A situação legal era pior, pois a redação original do §2º proibia a aplicação do art. 366 do CPP, sem apontar que regra seguir em situações como a acima descrita. No entanto, a Lei 12.683/2012 corrigiu o texto[441] para determinar que o feito prossiga com a nomeação de dativo, aqui se entendendo também o defensor público.

---

[441] Apesar da impropriedade lógica que ainda contém, no tocante à citação por edital.

Entendemos que essa vedação é inconstitucional, violando o princípio da isonomia, bem como os direitos ao contraditório e à ampla defesa do acusado. O direito à ampla defesa não se esgota na defesa técnica, incluindo, ainda, a autodefesa, que fica prejudicada com a previsão em tela.

Não por outra razão, este dispositivo é alvo de questionamento no Supremo Tribunal Federal no bojo da ação direta de inconstitucionalidade 4.841/DF ajuizada pela Confederação Nacional de Profissões Liberais (CNPL).[442]

No caso concreto, a solução deve ser de aplicação do art. 366 do CPP nas situações ali previstas, seja para as infrações penais antecedentes (que já regula), seja para o crime de lavagem de dinheiro. No entanto, em 2022, o STJ decidiu pela inaplicabilidade do art. 366 do CPP aos crimes de lavagem de ativos:

> 2. Em razão da expressa previsão legal para o prosseguimento do feito (art. 2º, § 2º, da Lei nº 9.613/1998), a aplicação da regra prevista no art. 366 do Código de Processo Penal consubstanciaria um prêmio para o infrator do delito e um obstáculo à descoberta de outros crimes praticados com a lavagem ou a ocultação de dinheiro. 3. No caso, deve ser aplicado o princípio da especialidade, seguindo a regra de que lei especial derroga a geral, o que afasta o conflito aparente de normas. 4. Ordem de habeas corpus denegada.[443]

---

[442] Na data de fechamento desta obra, a ação se encontrava conclusa ao ministro Nunes Marques, relator, sem previsão de data para julgamento.
[443] STJ, HC 571.463/SP, Rel. Min. Laurita Vaz, Sexta Turma, j. em 29/03/2022.

9. LIBERDADE PROVISÓRIA E DIREITO DE APELAR EM LIBERDADE

(Revogado)
Art. 3º Os crimes disciplinados nesta Lei são insuscetíveis de fiança e liberdade provisória e, em caso de sentença condenatória, o juiz decidirá fundamentadamente se o réu poderá apelar em liberdade.

Revogado pela Lei 12.683/2012, o art. 3º da Lei de Lavagem de Dinheiro considerava o crime de lavagem de dinheiro inafiançável. Esse dispositivo era contraproducente, uma vez que a liberdade provisória mediante o pagamento de fiança é um meio idôneo para o enfrentamento dos crimes econômicos, sendo certo que o instituto em tela pode e deve integrar a estratégia de persecução patrimonial do Estado.

A possibilidade de liberdade provisória com fiança favorece o *jus libertatis* do acusado, sem deixar de lado as garantias necessárias ao êxito da persecução criminal. A permissão desse tipo de garantia pecuniária representa um reforço na estratégia legal de "sufocação econômica" de grupos criminosos organizados. Neste sentido, busca-se eliminar ou restringir os meios econômicos de tais entes, a fim de dificultar sua subsistência ou a concretização de seus negócios ilícitos.[444]

Também se vedava a liberdade provisória sem fiança. A restrição era inconstitucional, uma vez que não autorizada pelo art. 5º da Constituição, mesmo à luz do inciso LXVI e também segundo a ótica da pre-

---

[444] Vide o art. 7º, inciso I, da Lei 9.613/1998, que prevê, em caso de condenação, a perda dos valores utilizados para prestar a fiança.

sunção de inocência. Não se pode admitir uma prisão *ex lege*, a partir de um juízo prévio abstrato de periculosidade de todo e qualquer autor do crime de lavagem de dinheiro, que prescinda de fundamentação adequada, nos termos dos arts. 312 e 313 do CPP e do art. 93, inciso IX, da Constituição.

Com a revogação, o crime de lavagem de dinheiro, no tocante às cautelares prisionais e não prisionais, segue as regras gerais do CPP, sobretudo as dos arts. 282, 312, 319 e 320. Em caso de condenação, a fiança pode ser declarada perdida, nos termos da Lei 9.613/1998, e seu valor é recolhido ao Fundo Nacional de Segurança Pública, nos termos do art. 3º, inciso VII, da Lei 13.756/2018, sendo receitas do Fundo "as fianças quebradas ou perdidas, em conformidade com o disposto na lei processual penal".

O artigo revogado também estabelecia que o juiz deveria decidir de modo fundamentado, se o réu poderia apelar em liberdade. Tratava-se de inversão da lógica do direito de liberdade, que é a regra até o trânsito em julgado da sentença penal condenatória. Ao contrário do que dizia o dispositivo, o juiz deve fundamentar a prisão preventiva ou a prisão decorrente da sentença, nos termos do art. 283 do CPP.

> Art. 283. Ninguém poderá ser preso senão em flagrante delito ou por ordem escrita e fundamentada da autoridade judiciária competente, em decorrência de prisão cautelar ou em virtude de condenação criminal transitada em julgado.

O art. 594 do CPP tinha redação semelhante, e foi revogado pela Lei 11.719/2008. No particular, no HC 88.420/PR, julgado em 2007, o STF afastou a validade de tal dispositivo:

> I – Independe do recolhimento à prisão o regular processamento de recurso de apelação do condenado.
> II – O decreto de prisão preventiva, porém, pode subsistir enquanto perdurarem os motivos que justificaram a sua decretação.
> III – A garantia do devido processo legal engloba o direito ao duplo grau de jurisdição, sobrepondo-se à exigência prevista no art. 594 do CPP.
> IV – O acesso à instância recursal superior consubstancia direito que se encontra incorporado ao sistema pátrio de direitos e garantias fundamentais.

V – Ainda que não se empreste dignidade constitucional ao duplo grau de jurisdição, trata-se de garantia prevista na Convenção Interamericana de Direitos Humanos, cuja ratificação pelo Brasil deu-se em 1992, data posterior à promulgação Código de Processo Penal.

VI – A incorporação posterior ao ordenamento brasileiro de regra prevista em tratado internacional tem o condão de modificar a legislação ordinária que lhe é anterior.

VII – Ordem concedida.[445]

---

[445] STF, 1ª Turma, HC 88.420/PR, Rel. Min. Ricardo Lewandowski, j. em 17/04/2007.

10. MEDIDAS ASSECURATÓRIAS QUANTO AO CRIME DE LAVAGEM DE DINHEIRO

Art. 4º. O juiz, de ofício, a requerimento do Ministério Público ou mediante representação do delegado de polícia, ouvido o Ministério Público em 24 (vinte e quatro) horas, havendo indícios suficientes de infração penal, poderá decretar medidas assecuratórias de bens, direitos ou valores do investigado ou acusado, ou existentes em nome de interpostas pessoas, que sejam instrumento, produto ou proveito dos crimes previstos nesta Lei ou das infrações penais antecedentes.

A persecução patrimonial é um dos aspectos mais importantes da atividade estatal de enfrentamento de delitos que geram proveito econômico. As medidas cautelares patrimoniais, ou de natureza real, estão reguladas no CPP e no Decreto-lei 3.240/1941. São elas o sequestro, que se aplica ao produto ou proveito do crime, e o arresto, que pode atingir o patrimônio lícito do agente.[446] Há também a hipoteca legal que recai sobre imóveis, nos termos do art. 134 do CPP.

Tais medidas cautelares prestam-se a assegurar o resultado útil de medidas de confisco previstas, entre outras leis, nos arts. 91 e 91-A do CP ou no art. 7º, inciso I, da Lei 9.613/1998, assim como garantir a existência de bens suficientes para a reparação do dano causado à vítima, para o pagamento de despesas processuais e de sanções pecuniárias. Tais medidas podem alcançar os suspeitos e acusados, pessoas físicas,

---

[446] Note a redação dos §§2º e 4º do art. 4º da Lei 9.613/1998.

e também as pessoas jurídicas a eles ligadas. Conforme entendimento do STJ:

> É possível o deferimento de medida assecuratória em desfavor de pessoa jurídica que se beneficia de produtos decorrentes do crime de lavagem, ainda que não integre o polo passivo de investigação ou ação penal.[447]

O art. 4º da Lei de Lavagem de Dinheiro trata genericamente das medidas cautelares patrimoniais, permitindo que sejam decretadas pelo juiz, de ofício, por representação do delegado de Polícia ou por requerimento do Ministério Público.[448]

De logo, é preciso observar a incompatibilidade dessa providência cautelar com a atuação de ofício do juiz, seja à luz do art. 3º-A do CPP[449], seja à luz do art. 282 do CPP, cujo § 2º diz que as medidas cautelares pessoais devem ser "decretadas pelo juiz a requerimento das partes ou, quando no curso da investigação criminal, por representação da autoridade policial ou mediante requerimento do Ministério Público." Também a vítima, inclusive a Fazenda Pública, pode pleitear medidas cautelares, especialmente as destinadas a assegurar a reparação do dano.

Observe-se, porém, que o art. 127 do CPP continua a permitir que nas medidas cautelares reais o juiz atue de ofício. Entendemos que tanto este artigo quanto o art. 4º da Lei de Lavagem de Dinheiro sofreram o impacto das alterações promovidas no CPP pela Lei Anticrime, que apontam claramente para a restrição da iniciativa de ofício do juiz na atividade cautelar, *in genere*.

Como quer que seja, as medidas assecuratórias na persecução patrimonial dos crimes de lavagem de dinheiro e de suas infrações antecedentes recairão sobre bens móveis ou imóveis, direitos ou valores – uma palavra, ativos – que estejam em nome do suspeito, do investigado ou

---

[447] STJ, Jurisprudência em Teses, Edição 167, de 9 de abril de 2021, Tese 14. Disponível em: https://scon.stj.jus.br/SCON/jt/toc.jsp. Acesso em: 20 jun. 2023.

[448] Vide a Resolução n. 780 – CJF, de 8 de agosto de 2022, que dispõe sobre a guarda e a destinação de bens e materiais apreendidos ou constritos em procedimentos criminais no âmbito da Justiça Federal.

[449] Cuja eficácia foi suspensa por medida cautelar na ADI 6298/DF, concedida pelo Min. Luiz Fux em 22/01/2020. Essa ação direta de inconstitucionalidade e as a ela apensas não haviam sido julgadas até 27 de março de 2023.

do acusado, ou ainda que tenham sido atribuídos a interpostas pessoas, como testas-de-ferro ou "laranjas", inclusive pessoas jurídicas. Tais ativos podem ser o produto ou o proveito da infração antecedente ou do próprio crime de lavagem de dinheiro. No campo da lavagem de ativos, entre os bens sujeitos a sequestro ou a arresto estão também os instrumentos dos crimes em tela, não importando se são de natureza lícita ou ilícita.

Para a decretação das medidas assecuratórias basta a existência de indícios suficientes da materialidade, esse é o seu *standard* probatório, e da autoria de infração penal, no binômio antecedente-consequente. Conforme o art. 4º, §16, inciso I, da Lei 12.850/2013, não é possível decretar medidas cautelares patrimoniais apenas com base em declarações isoladas (isto é, não corroboradas) de investigado ou réu colaborador.[450]

Cabe ao peticionante estimar o valor do produto ou proveito do crime ou precificar o valor do dano, das despesas e das multas incidentes, para que a constrição patrimonial não seja desproporcional e não se enseje a hipótese prevista no art. 36 da Lei 13.869/2019.

10.1 Alienação antecipada: requisitos gerais

Art. 4º. (...)

§ 1º. Proceder-se-á à alienação antecipada para preservação do valor dos bens sempre que estiverem sujeitos a qualquer grau de deterioração ou depreciação, ou quando houver dificuldade para sua manutenção.

Incluída na Lei de Lavagem de Dinheiro pela Lei 12.683/2012, a alienação antecipada de bens está regulada no §1º do art. 4º da Lei 9.613/1998 e, mais detalhadamente, no art. 4º-A da Lei 9.613/1998. Assim, remetemos o leitor ao tópico 10.5, abaixo, sem esquecer que o art. 144-A do CPP também cuida desse instituto.

10.2 Revogação das medidas assecuratórias

Art. 4º. (...)

§ 2º. O juiz determinará a liberação total ou parcial dos bens, direitos e valores quando comprovada a licitude de sua origem, mantendo-se a constrição dos bens, direitos e valores necessários e suficientes à repara-

---

[450] Vide ainda os §§6º-A e 6º-B do art. 7º do EOAB, introduzidos pela Lei 14.365/2022.

ção dos danos e ao pagamento de prestações pecuniárias, multas e custas decorrentes da infração penal.

O §2º do art. 4º da Lei 9.613/1998 permite a revisão das medidas assecuratórias, para revogá-las integralmente ou reduzi-las, se o investigado ou acusado puder comprovar a licitude da origem dos bens, isto é, que não são produto nem proveito de infração penal. Em caso de liberação parcial de bens, o juiz manterá sob constrição os ativos necessários e suficientes à reparação do dano causado à vítima, ao pagamento de penas pecuniárias e despesas processuais.

Como se vê, bens de origem lícita do agente estão sujeitos a tais medidas cautelares patrimoniais.

No particular, tem relevância o art. 24-A do Estatuto da Ordem dos Advogados do Brasil, que assim dispõe:

> Art. 24-A. No caso de bloqueio universal do patrimônio do cliente por decisão judicial, garantir-se-á ao advogado a liberação de até 20% (vinte por cento) dos bens bloqueados para fins de recebimento de honorários e reembolso de gastos com a defesa, ressalvadas as causas relacionadas aos crimes previstos na Lei nº 11.343, de 23 de agosto de 2006 (Lei de Drogas), e observado o disposto no parágrafo único do art. 243 da Constituição Federal.
>
> § 1º O pedido de desbloqueio de bens será feito em autos apartados, que permanecerão em sigilo, mediante a apresentação do respectivo contrato.
>
> § 2º O desbloqueio de bens observará, preferencialmente, a ordem estabelecida no art. 835 da Lei nº 13.105, de 16 de março de 2015 (Código de Processo Civil).
>
> § 3º Quando se tratar de dinheiro em espécie, de depósito ou de aplicação em instituição financeira, os valores serão transferidos diretamente para a conta do advogado ou do escritório de advocacia responsável pela defesa.
>
> § 4º Nos demais casos, o advogado poderá optar pela adjudicação do próprio bem ou por sua venda em hasta pública para satisfação dos honorários devidos, nos termos do art. 879 e seguintes da Lei nº 13.105, de 16 de março de 2015 (Código de Processo Civil).
>
> § 5º O valor excedente deverá ser depositado em conta vinculada ao processo judicial.

10.3 Comparecimento pessoal do proprietário ou posseiro

Art. 4º. (...)

§ 3º. Nenhum pedido de liberação será conhecido sem o comparecimento pessoal do acusado ou de interposta pessoa a que se refere o caput deste artigo, podendo o juiz determinar a prática de atos necessários à conservação de bens, direitos ou valores, sem prejuízo do disposto no §1º.

O §3º do art. 4º da Lei 9.613/1998 cria um requisito especial para a restituição de bens submetidos a medidas cautelares patrimoniais nos crimes de lavagem de dinheiro e nas infrações penais antecedentes. Tais ativos só serão restituídos mediante comparecimento pessoal do investigado ou acusado ou da interposta pessoa dada como proprietária ou posseira.

Por comparecimento pessoal, entende-se a apresentação do requerente em juízo, seja fisicamente, telepresencialmente ou por meio de petição escrita, com a devida identificação pessoal e representação processual adequada. O ideal seria a realização de uma audiência, com a presença das partes, para o debate oral quanto à restituição desses ativos. No entanto, a lei brasileira não previu esse procedimento. O comparecimento pessoal serve como mecanismo para propiciar a identificação do verdadeiro titular dos bens ligados aos crimes.

Caso não tenha sido implementada a alienação antecipada dos bens, prevista no §1º do art. 4º e no art. 4º-A da Lei 9.613/1998, o juiz deve nomear um administrador para a gestão e conservação patrimonial dos ativos, na forma dos arts. 5º e 6º da mesma lei.

10.4 Medidas assecuratórias para a reparação do dano e outros valores

Art. 4º. (...)

§ 4º Poderão ser decretadas medidas assecuratórias sobre bens, direitos ou valores para reparação do dano decorrente da infração penal antecedente ou da prevista nesta Lei ou para pagamento de prestação pecuniária, multa e custas.

Tal como se percebe da leitura do art. 4º, caput, assim como do §2º desse artigo, as medidas assecuratórias da Lei 9.613/1998 podem recair sobre patrimônio lícito do agente, sempre que for necessário garantir o dever de reparar o dano decorrente da infração penal antecedente ou do crime de lavagem de capitais.

Tais medidas também podem ser motivadas pela necessidade de garantir bens suficientes para o pagamento de penas pecuniárias e das custas processuais. Essas medidas só podem ser decretadas a pedido, nunca de ofício pelo juiz, com a devida fundamentação a respeito do valor da constrição patrimonial.

10.5 Alienação antecipada: procedimento

Art. 4º-A. A alienação antecipada para preservação de valor de bens sob constrição será decretada pelo juiz, de ofício, a requerimento do Ministério Público ou por solicitação da parte interessada, mediante petição autônoma, que será autuada em apartado e cujos autos terão tramitação em separado em relação ao processo principal.

A alienação antecipada de bens, direitos ou valores ligados à infração penal antecedente ou ao crime de lavagem de dinheiro está prevista tanto no art. 4º, §1º, quanto no art. 4º-A da Lei 9.613/1998. É também objeto da Resolução CNJ n. 356/2020, que dispõe sobre a alienação antecipada de bens apreendidos em procedimentos criminais.

A persecução de delitos de lavagem de dinheiro não será completa sem a recuperação dos ativos que tenham sido objeto da reciclagem. Muitas vezes, tais ativos são submetidos às medidas cautelares de sequestro, arresto e hipoteca legal e a procedimentos de busca e apreensão. Em se tratando de coisas móveis, fungíveis, de fácil deterioração ou de difícil conservação, pode-se proceder à alienação antecipada de tais bens, em leilão especialmente designado para este fim. Em suas metas 15 e 19, a ENCCLA 2005 procurou promover a utilização da alienação antecipada pelos órgãos de persecução[451].

Antes da Lei 12.683/2012 e da Lei 12.694/2012, a alienação antecipada podia decorrer da combinação do poder geral de cautela do juiz (art. 798 do CPC, c/c o art. 3º do CPP) com o disposto no art. 120, §5º do CPP (para o caso de busca e apreensão) e no art. 137, §1º do mesmo código (para o caso de sequestro de bens móveis).

---

[451] BRASIL. Ministério da Justiça. Estratégia Nacional de Combate à Corrupção e à Lavagem de Dinheiro. Disponível em www.mj.gov.br/drci. Acesso em: 20 jun. 2023. Vide também a Recomendação 14 da ENCCLA 2007.

Embora a Lei 9.613/98 fosse silente no ponto, juízes de varas especializadas em lavagem de dinheiro do País adotavam esse procedimento, seja mediante requerimento do Ministério Público Federal (MPF), seja por iniciativa dos próprios réus, ou mesmo *ex officio*, aqui admitida como ato de gestão e preservação. O procedimento introduzido pela Lei 12.683/2012 na Lei de Lavagem de Dinheiro ampliou o paradigma do art. 61, §§4º a 11, da Lei 11.343/2006 (Lei Antidrogas).

Com o advento da Lei 12.694/2012, a alienação antecipada foi introduzida no art. 144-A do CPP, com disciplina geral muito semelhante à da Lei de Lavagem de Dinheiro. Tal instituto permite ao juiz resguardar o interesse do réu inocente, preservando o valor de seus bens contra o risco de deterioração ou má conservação, e também atende ao interesse do Estado, em caso de condenação e perdimento de bens, garantindo que os ativos bloqueados tenham proveito para a vítima ou para o Estado, em sendo projetado o confisco.

Importante lembrar que a Lei Anticrime introduziu no CPP um novo art. 133-A, que se soma ao procedimento de alienação antecipada, na medida em que permite, para todo e qualquer crime, que o juiz autorize a utilização de bens sujeitos a medidas assecuratórias, especialmente veículos terrestres, embarcações e aeronaves, por órgãos de segurança pública ou por outras instituições estatais.

Observadas as premissas do §1º do art. 4º da Lei 9.613/1998 (risco de deterioração ou elevado custo ou dificuldade de manutenção), pode o juiz, de ofício ou a pedido do Ministério Público, do investigado ou acusado ou ainda da vítima, promover, em procedimento autônomo, apenso ao do inquérito, do PIC ou ao da ação penal, a alienação antecipada de bens vinculados ao crime de lavagem de dinheiro ou às infrações penais antecedentes.

Art. 4º-A. (...)

§ 1º. O requerimento de alienação deverá conter a relação de todos os demais bens, com a descrição e a especificação de cada um deles, e informações sobre quem os detém e local onde se encontram.

Na petição ao juízo competente, os legitimados devem descrever os bens a serem alienados, dando as características necessárias à sua identificação, sobre quem os detém e o local onde se encontram. Para os fins de alienação antecipada, os bens devem estar no Brasil.

É de se lembrar que, desde 2012, existe no País o confisco por equivalência, previsto nos §§1º e 2º do art. 91 do CP. Ali se admite seja decretada a perda de bens ou valores equivalentes ao produto ou proveito do crime quando estes não forem encontrados ou quando se localizarem no exterior. Para a garantia dessa providência de confisco, o §2º do referido artigo autoriza que as medidas assecuratórias previstas na legislação processual abranjam bens ou valores equivalentes do investigado ou acusado que estejam no Brasil, para posterior decretação de perda.

Os requerentes também devem avaliar os bens e indicar de que modo se relacionam à persecução criminal, notando-se que tal procedimento se aplica a bens, direitos ou valores já acautelados por ordem do juízo.

Art. 4º-A. (...).

§ 2º. O juiz determinará a avaliação dos bens, nos autos apartados, e intimará o Ministério Público.

A avaliação prévia deve constar, por estimativa, na petição. O valor oficialmente estimado pelo juízo advirá de procedimento próprio, por perito ou avaliador judicial. O Ministério Público deve ser intimado da avaliação, sendo lícito às partes a apresentação de suas próprias avaliações e a realização de impugnações ao valor estimado pelo avaliador judicial.

O art. 14 da Resolução 181/2017 do CNMP regula a persecução patrimonial pelo Ministério Público. Dali podem advir elementos não só para a alienação antecipada de ativos, mas para todos os procedimentos relativos a confiscos patrimoniais.

Art. 4º-A. (...).

§ 3º. Feita a avaliação e dirimidas eventuais divergências sobre o respectivo laudo, o juiz, por sentença, homologará o valor atribuído aos bens e determinará sejam alienados em leilão ou pregão, preferencialmente eletrônico, por valor não inferior a 75% (setenta e cinco por cento) da avaliação.

Uma vez avaliados os bens e ouvidas as partes sobre a estimativa oficial quanto ao laudo de avaliação, o juiz profere a decisão de homologação do valor aferido e ordena a alienação dos bens em leilão ou em pregão, que se realizará de preferência de forma eletrônica. O bem só será alienado se o lance alcançar pelo menos 75% do valor da avaliação judicial.

Art. 4º-A. (...).

§ 4º. Realizado o leilão, a quantia apurada será depositada em conta judicial remunerada, adotando-se a seguinte disciplina:

I – nos processos de competência da Justiça Federal e da Justiça do Distrito Federal:

a) os depósitos serão efetuados na Caixa Econômica Federal ou em instituição financeira pública, mediante documento adequado para essa finalidade;

b) os depósitos serão repassados pela Caixa Econômica Federal ou por outra instituição financeira pública para a Conta Única do Tesouro Nacional, independentemente de qualquer formalidade, no prazo de 24 (vinte e quatro) horas; e

c) os valores devolvidos pela Caixa Econômica Federal ou por instituição financeira pública serão debitados à Conta Única do Tesouro Nacional, em subconta de restituição;

II – nos processos de competência da Justiça dos Estados:

a) os depósitos serão efetuados em instituição financeira designada em lei, preferencialmente pública, de cada Estado ou, na sua ausência, em instituição financeira pública da União;

b) os depósitos serão repassados para a conta única de cada Estado, na forma da respectiva legislação.

Conforme o §4º do art. 4º-A da Lei de Lavagem de Dinheiro, os valores apurados no leilão serão recolhidos à uma conta judicial aberta em instituição financeira pública. Nos processos de competência da Justiça Federal ou da Justiça do Distrito Federal, tais depósitos serão feitos na Caixa Econômica Federal ou noutro banco público, de onde serão transferidos para a conta única do Tesouro Nacional.

Nos casos de competência dos Estados, os depósitos serão feitos em banco estadual ou banco federal, sendo também transferidos para a conta única da respectiva unidade da Federação.

A lei brasileira prevê várias destinações para valores confiscados ou para valores resultantes de alienação antecipada, como o Fundo Penitenciário Nacional (FUNPEN) e o Fundo Nacional Antidrogas (FUNAD).

Em qualquer caso, devem ser preservados os direitos da vítima ou do terceiro de boa-fé.

Art. 4º-A. (...).

§ 5º. Mediante ordem da autoridade judicial, o valor do depósito, após o trânsito em julgado da sentença proferida na ação penal, será:
I – em caso de sentença condenatória, nos processos de competência da Justiça Federal e da Justiça do Distrito Federal, incorporado definitivamente ao patrimônio da União, e, nos processos de competência da Justiça Estadual, incorporado ao patrimônio do Estado respectivo;
II – em caso de sentença absolutória ou extintiva de punibilidade, colocado à disposição do réu pela instituição financeira, acrescido da remuneração da conta judicial.

O §5º do art. 4º-A da Lei 9.613/1998 cuida do confisco ou perdimento patrimonial, alcançado após a alienação antecipada dos ativos. Se condenado o réu, os valores serão definitivamente incorporados ao Tesouro Nacional, no caso dos crimes de competência da Justiça Federal ou da Justiça do Distrito Federal.[452] Se o processo for de competência da Justiça Estadual, os valores confiscados serão incorporados ao patrimônio do respectivo Estado.

Se, por outro lado, o réu for absolvido ou for declarada a extinção da punibilidade, os valores transferidos antecipadamente ao tesouro público serão devolvidos, com as correções devidas.

Art. 4º-A. (...).

§ 6º. A instituição financeira depositária manterá controle dos valores depositados ou devolvidos.

O §6º do art. 4º-A da Lei de Lavagem de Dinheiro traz um dispositivo que soa exótico, pois determina que a instituição financeira recebedora dos depósitos ou transferências relativas a procedimentos de alienação antecipada tenha um registro das operações financeiras que realizar.

Não se tem notícia de bancos que não façam registros dessa natureza.

---

[452] STF, ADI 7171/DF, Pleno, Rel. Min. Alexandre de Moraes, j. em 24/10/2022. Ali o STF decidiu que não há na Lei de Lavagem de Dinheiro "ofensa ao regime federativo, tampouco tratamento discriminatório injustificado ao Distrito Federal. A Lei 9.613/1998, na redação pela Lei 12.683/2012, ao estabelecer uma ordenação em que os bens perdidos serão destinados à União ou aos Estados, a depender da respectiva competência do órgão julgador, respeita o pacto federativo, pois estabelece tratamento compatível com as peculiaridades que caracterizam o Distrito Federal". Por isso, a ação foi julgada improcedente.

Art. 4º-A. (...).

§ 7º. Serão deduzidos da quantia apurada no leilão todos os tributos e multas incidentes sobre o bem alienado, sem prejuízo de iniciativas que, no âmbito da competência de cada ente da Federação, venham a desonerar bens sob constrição judicial daqueles ônus.

Bens apreendidos ou congelados podem estar sujeitos a multas impostas pelo Poder Público ou à cobrança de tributos, como o IPTU (bens imóveis) ou o IPVA (veículos). O resultado econômico do leilão deve ser usado para quitar tais débitos. Porém, o legislador conclama a Administração Pública, sem ordenar, que sejam adotadas medidas legais no âmbito de suas competências para desonerar ativos sujeitos a medidas assecuratórias e que devam ser alienados antecipadamente, a fim de preservar o proveito econômico da persecução criminal.

Art. 4º-A. (...).

§ 8º. Feito o depósito a que se refere o § 4º deste artigo, os autos da alienação serão apensados aos do processo principal.

Uma vez concretizado o depósito dos valores obtidos no leilão, os autos da alienação antecipada serão apensados ao processo principal, se já não estiverem anexados a ele ou se não se tratar de processos eletrônicos.

Art. 4º-A. (...).

§ 9º. Terão apenas efeito devolutivo os recursos interpostos contra as decisões proferidas no curso do procedimento previsto neste artigo.

As partes e a vítima, assim como os terceiros de boa-fé, podem interpor recursos das decisões que mandarem alienar ativos antecipadamente ou que negarem a alienação antecipada de bens. O recurso será em regra o de apelação, uma vez que o tema não aparece na lista do art. 581 do CPP.

Tais recursos não terão efeito suspensivo, seja contra a decisão de avaliação, de alienação, de transferência de valores ou de sua restituição. Caso a parte deseje obter o efeito suspensivo, será possível a utilização de mandado de segurança com esta finalidade[453].

---

[453] No sentido de cabimento de mandado de segurança para garantir efeito suspensivo a recurso: STJ, AgRg no HC 43.969/SP, Rel. Min. Arnaldo Esteves Lima, 5ª Turma, julgado em 06/09/2005; STF, RMS 26.265/ES AgR, Rel. Min. Celso de Mello, j. em 16/09/2014.

Art. 4º-A. (...).

§ 10. Sobrevindo o trânsito em julgado de sentença penal condenatória, o juiz decretará, em favor, conforme o caso, da União ou do Estado:

I – a perda dos valores depositados na conta remunerada e da fiança;

II – a perda dos bens não alienados antecipadamente e daqueles aos quais não foi dada destinação prévia; e

III – a perda dos bens não reclamados no prazo de 90 (noventa) dias após o trânsito em julgado da sentença condenatória, ressalvado o direito de lesado ou terceiro de boa-fé.

O §10 do art. 4º-A da Lei cuida do confisco dos ativos, que se pode dar em prol da União ou dos Estados. O legislador não faz referência expressa ao Distrito Federal, porque nesse caso a perda se dá em proveito da União.[454]

Esta medida recairá sobre outros ativos, isto é, sobre aqueles que não tenham sido alienados antecipadamente (inciso II, primeira parte), ou sobre bens que não tenham sido destinados previamente a algum órgão público para utilização (inciso II, segunda parte). Recordemos que os valores resultantes da alienação antecipada são objeto do §5º do art. 4º-A.

Ativos utilizados para pagamento de fiança também podem ser confiscados na sentença penal condenatória (inciso I, parte final). Tal comando legal é repetido no art. 7º, inciso I, da Lei 9.613/1998, que autoriza a perda em favor da União ou dos Estados dos valores utilizados para prestar fiança, salvo se pertencentes a terceiro de boa-fé. Seu valor é recolhido ao Fundo Nacional de Segurança Pública (FNSP), nos termos do art. 3º, inciso VII, da Lei 13.756/2018. São receitas do Fundo "as fianças quebradas ou perdidas, em conformidade com o disposto na lei processual penal".

O inciso III também permite que o juiz decrete o perdimento de bens que não tenham sido reclamados por quem de direito no prazo de 90 dias, contados a partir do trânsito em julgado da decisão condenatória, sempre respeitados os direitos da vítima ou do terceiro de boa-fé. Vencido esse prazo, o confisco poderá ser ordenado.

---

[454] STF, ADI 7171/DF, Pleno, Rel. Min. Alexandre de Moraes, j. em 24/10/2022. Nesta ação direta, julgada improcedente pelo STF, decidiu-se que a Lei 9.613/1998 não feriu o pacto federativo nem deu ao DF tratamento discriminatório injustificado. Para o STF, a Lei 9.613/1998 adotou abordagem compatível com as peculiaridades do Distrito Federal.

Art. 4º-A. (...).

§ 11. Os bens a que se referem os incisos II e III do § 10 deste artigo serão adjudicados ou levados a leilão, depositando-se o saldo na conta única do respectivo ente.

Complementando a disciplina sobre a destinação dos ativos mencionados nos incisos II e III do parágrafo anterior, o §11 do art. 4º-A da Lei 9.613/1998 determina que, sendo os bens vendidos em leilão, o resultado auferido será depositado na conta única do Tesouro Nacional ou na conta do Tesouro do respectivo Estado. A norma se refere aos bens não reclamados em 90 dias do trânsito em julgado da condenação, aos bens não alienados antecipadamente e aos bens não previamente destinados a uso público. Caso haja interesse na utilização dos bens pelo Poder Público, não se fará o leilão para que os ativos sejam adjudicados ao ente competente.

Art. 4º-A. (...).

§ 12. O juiz determinará ao registro público competente que emita documento de habilitação à circulação e utilização dos bens colocados sob o uso e custódia das entidades a que se refere o caput deste artigo.

O §12 do art. 4º-A da Lei 9.613/1998 trata da regularização de bens que tenham sido confiscados ao final ou previamente destinados à União ou aos Estados, para utilização por órgãos responsáveis pela persecução criminal ou pelo julgamento. Assim, por exemplo, em caso de veículos automotores, o Detran deverá cumprir a ordem judicial de regularização do registro de propriedade.

O §12 se refere a entidades que seriam mencionadas no caput do art. 4º-A. Contudo, ao que parece, o legislador quis se referir aos entes listados no caput do art. 4º, isto é, à Polícia, ao Ministério Público e ao Judiciário.

É de se notar que a regularização dos bens poderá ocorrer ainda no curso do processo penal, antes da decisão condenatória transitar em julgado. É um dispositivo compatível com o §3º do art. 133-A do CPP, introduzido pela Lei 13.964/2019 (Pacote Anticrime), segundo o qual, em se tratando de veículo, embarcação ou aeronave, "o juiz ordenará à autoridade de trânsito ou ao órgão de registro e controle a expedição de certificado provisório de registro e licenciamento em favor do órgão público beneficiário, o qual estará isento do pagamento de multas, encargos e tributos anteriores à disponibilização do bem para a sua utilização, que deverão ser cobrados de seu responsável."

Art. 4º-A. (...).

§ 13. Os recursos decorrentes da alienação antecipada de bens, direitos e valores oriundos do crime de tráfico ilícito de drogas e que tenham sido objeto de dissimulação e ocultação nos termos desta Lei permanecem submetidos à disciplina definida em lei específica.

O último parágrafo do longo art. 4º-A da Lei 9.613/1998 é o §13. Serve como regra de exclusão, determinando que a destinação dos valores auferidos com a alienação antecipada de bens relacionados ao tráfico de drogas deve observar o disposto no art. 62 da Lei 11.343/2006. Vale neste aspecto o princípio da especialidade, prevalecendo o disposto na Lei Antidrogas, sempre que a infração penal antecedente do crime de lavagem de dinheiro for o narcotráfico.

Conforme o art. 62, se for comprovado o interesse público na utilização de quaisquer dos bens apreendidos, a Polícia Judiciária, a Polícia Militar e a Polícia Rodoviária poderão deles fazer uso, sob sua responsabilidade e com o objetivo de sua conservação, mediante autorização judicial, ouvido o Ministério Público e garantida a prévia avaliação dos respectivos bens.

Quanto aos valores obtidos com a alienação antecipada, o art. 62-A, com a redação dada pela Lei 13.886/2019, dispõe que o depósito, em dinheiro, de valores referentes ao produto da alienação ou a numerários apreendidos ou que tenham sido convertidos deve ser efetuado na Caixa Econômica Federal, por meio de documento de arrecadação destinado a essa finalidade. Conforme o §1º, tais depósitos devem ser transferidos, pela Caixa Econômica Federal, para a conta única do Tesouro Nacional, independentemente de qualquer formalidade, no prazo de 24 (vinte e quatro) horas, contado do momento da realização do depósito, onde ficarão à disposição do Fundo Nacional Antidrogas (Funad). Se o acusado for absolvido, o valor do depósito será devolvido a ele pela Caixa Econômica Federal no prazo de até 3 (três) dias úteis, acrescido de juros, na forma estabelecida pelo § 4º do art. 39 da Lei 9.250/1995. Por outro lado, se houver condenação e confisco, a União se torna proprietária em definitivo, respeitados os direitos de eventuais lesados e de terceiros de boa-fé.

11. SOBRESTAMENTO DE MEDIDAS DE CAUTELARES

Art. 4º-B. A ordem de prisão de pessoas ou as medidas assecuratórias de bens, direitos ou valores poderão ser suspensas pelo juiz, ouvido o Ministério Público, quando a sua execução imediata puder comprometer as investigações.

O art. 4º-B da Lei 9.613/1998, nela introduzido pela Lei 12.683/2012, estabelece que decretos de prisão preventiva ou temporária e a própria prisão em flagrante, assim como as medidas assecuratórias sobre bens, direitos ou valores (tais como o sequestro, o arresto, a hipoteca legal e a busca e apreensão ou qualquer outra cautelar de indisponibilidade de ativos) poderão ter sua execução suspensa ou retardada pelo juiz criminal, após prévio requerimento ou pronunciamento do Ministério Público, quando a sua execução imediata puder comprometer as investigações do crime de lavagem de dinheiro ou dos que lhe sejam conexos (infrações penais antecedentes ou não).

A Polícia Judiciária pode representar ao juiz pela suspensão ou retardamento da ação policial de que possa resultar em prisão em flagrante. Pode ainda representar para que mandado de prisão, ordem de busca e apreensão ou medidas assecuratórias sejam sustadas, por prazo razoável, para não pôr em risco a apuração das infrações antecedentes, a investigação do próprio crime de lavagem de dinheiro ou de outro delito conexo. Em caso de representação policial, o Ministério Público deve ser ouvido previamente. A decisão judicial deverá ser fundamentada, ainda que *per relationem*, se suficiente a motivação.

Esse procedimento acautelatório do resultado útil de uma investigação sobre lavagem de ativos não se confunde com a técnica especial de investigação denominada de ação controlada. Norma semelhante e de cunho mais geral encontrava-se no art. 2º, inciso II, da Lei 9.034/1995, havendo ainda regra especial para a ação controlada em narcotráfico, no art. 53, inciso II, da Lei 11.343/2006. A Lei do Crime Organizado disciplinou de forma mais adequada a ação controlada no Brasil, mediante o disposto no art. 3º, inciso III, combinado com os arts. 8º e 9º da Lei 12.850/2013. Com o advento da Lei Anticrime, a ação controlada passou a ser regulada também no §6º do art. 1º da Lei 9.613/1998.[455]

No retardamento da execução de ordens judiciais de natureza cautelar, o que se pretende é preservar a efetividade de uma diligência ou operação em curso. Havia medida similar no art. 4º, §4º, da Lei de Lavagem de Dinheiro, na redação anterior à Lei 12.683/2012. Uma vez concluídas as diligências necessárias, as medidas cautelares reais ou pessoais poderão ser executadas, se ainda presentes suas premissas.

RETARDAMENTO DE EXECUÇÃO DE MEDIDAS CAUTELARES	
REDAÇÃO ANTES DA LEI 12.683/2012	REDAÇÃO APÓS A LEI 12.683/2012
Art. 4º. (...) §4º. A ordem de prisão de pessoas ou da apreensão ou sequestro de bens, direitos ou valores, poderá ser suspensa pelo juiz, ouvido o Ministério Público, quando a sua execução imediata possa comprometer as investigações.	Art. 4º-B. A ordem de prisão de pessoas ou as medidas assecuratórias de bens, direitos ou valores poderão ser suspensas pelo juiz, ouvido o Ministério Público, quando a sua execução imediata puder comprometer as investigações.

---

[455] Vide o tópico 4.8.2 da Parte I.

12. ADMINISTRAÇÃO DE BENS SUBMETIDOS A MEDIDAS ACAUTELATÓRIAS

Uma das questões mais complexas da persecução patrimonial em geral é o da gestão dos bens apreendidos ou sujeitos a medidas cautelares reais.[456] O congelamento ou bloqueio de contas bancárias e de outros ativos financeiros não demanda maiores cuidados. No entanto, quando as medidas assecuratórias recaem sobre bens móveis que não possam ser alienados antecipadamente (obras de arte, por exemplo), ou sobre bens imóveis (hotéis, fazendas etc) ou ainda sobre semoventes (gado, por exemplo), os problemas são inúmeros.

Por isso, vários modelos de administração de bens têm sido adotados por outros países. Em alguns deles, como a França e o Paraguai, foram criadas agências de recuperação de ativos, como a *Agence de gestion et de recouvrement des avoirs saisis et confisqués*[457] (AGRASC). Embora o Brasil tenha criado em 2004, por decreto, no âmbito do Ministério da Justiça, o Departamento de Recuperação de Ativos e Cooperação Jurídica Internacional (DRCI), este órgão não é de fato uma *asset recovery agency* (ARA), pois se limita à tramitação de pedidos de cooperação passiva e ativa em geral e daqueles que visem à repatriação de bens, operando como auto-

---

[456] A Resolução nº 780/2022, do Conselho da Justiça Federal, dispõe sobre a guarda e a destinação de bens e materiais apreendidos ou constritos em procedimentos criminais no âmbito da Justiça Federal.

[457] Mais informações em: <http://www.justice.gouv.fr/justice-penale-11330/agrasc-12207/>, Acesso em: 20 jun. 2023.

ridade central. As atividades de persecução patrimonial que dão lugar a tais pedidos de cooperação internacional são, em regra, realizadas pelo Ministério Público ou pela Polícia. Ademais, se o DRCI não se ocupa do rastreamento internacional de ativos, tampouco faz a gestão patrimonial desses bens.

Na verdade, o órgão por excelência da gestão de ativos vinculados às atividades criminosas no Brasil é a Secretaria Nacional de Políticas sobre Drogas e Gestão de Ativos (SENAD), também pertencente ao Ministério da Justiça. Sua atuação rege-se pelo art. 20, inciso I, alínea *b*, do Anexo I do Decreto 11.348/2023, cabendo-lhe as ações de gestão de ativos sujeitos a perdimento em favor da União, em decorrência de prática e financiamento de crimes.

De fato, cabe à nova SENAD, no âmbito da União, nos termos dos incisos IV a VII do referido art. 20 gerir o Fundo Nacional Antidrogas e fiscalizar a aplicação dos recursos repassados pelo Fundo aos órgãos e às entidades conveniadas, exceto se transferidos a outros Ministérios; firmar contratos, convênios, acordos, ajustes e instrumentos congêneres com entes federativos, entidades, instituições e organismos nacionais e propor acordos internacionais, no âmbito de suas competências; analisar e propor a atualização da legislação pertinente à sua área de atuação; e executar ações relativas à gestão de ativos objeto de apreensão e perdimento, em favor da União, oriundos da prática de crimes.

Compete-lhe ainda, nos termos dos incisos X e XI do art. 20 do Anexo I, decidir quanto à destinação dos bens apreendidos e não leiloados, cujo perdimento seja decretado em favor da União, observado o disposto nos art. 4º e art. 5º da Lei nº 7.560/1986; e promover, em apoio ao Poder Judiciário, a alienação de bens sujeitos a perdimento em favor da União, antes ou após o trânsito em julgado da sentença condenatória.

Segundo o art. 21 do Anexo I do Decreto 11.348/2023, integra a SENAD uma Diretoria de Gestão de Ativos e Justiça, à qual compete, entre outras missões: I – gerir a destinação de bens, direitos e valores perdidos ou sujeitos a perdimento em favor da União, em razão da prática de crimes previstos na Lei nº 11.343/2006; II – alienar os ativos com perdimento decretado em favor da União ou em caráter cautelar, por determinação do Poder Judiciário, e recolher os valores destinados à capitalização dos respectivos fundos, quando couber; III – atuar junto aos órgãos do Poder Judiciário, do Ministério Público, da advocacia pública e de segurança pública, para a obtenção de informações sobre processos que envolvam a apreensão, a constrição e a indisponibilidade de bens, direitos e valores, além de realizar o controle do fluxo, a manutenção e a segurança das referidas informações, por meio de sistema informatizado de gestão; IV – propor ações e projetos que contribuam para a capitalização dos fundos geridos pelo Ministério, referentes à arrecadação de recursos provenientes da destinação de bens, direitos e valores perdidos ou sujeitos a perdimento em favor da União, pela prática de crime; VIII – recuperar, gerir e destinar ativos especiais; e IX – promover ações de apoio ao Poder Judiciário, com vistas a permitir a gestão e a alienação de empresas e de ativos empresariais perdidos ou sujeitos a perdimento em favor da União, em razão da prática de crime.

12.1 Procedimento para a designação de administrador

Art. 5º. Quando as circunstâncias o aconselharem, o juiz, ouvido o Ministério Público, nomeará pessoa física ou jurídica qualificada para a administração dos bens, direitos ou valores sujeitos a medidas assecuratórias, mediante termo de compromisso.

O art. 5º da Lei 9.613/1998 traz um regulamento tímido para a gestão de ativos congelados ou confiscados no âmbito da persecução patrimonial antilavagem de dinheiro.

O dispositivo permite que o juiz, de ofício ou mediante requerimento do Ministério Público, nomeie pessoa física ou pessoa jurídica, de direito público ou privado, para a administração dos bens submetidos ao arresto, sequestro ou à hipoteca legal. Essa pessoa atuará como auxiliar do juízo, mediante compromisso legal, cabendo-lhe cuidar adequadamente dos bens, para que sejam conservados ou valorizados. O administrador não pode usar os bens em seu proveito ou de terceiro nem os doar.

No âmbito federal, a SENAD pode ser nomeada administradora dos ativos, na forma dos arts. 20 e 21 do Anexo I do Decreto 11.348/2023.

A nomeação de administrador justifica-se quando há risco de deterioração dos bens, quando há possibilidade de alienação clandestina pelo seu detentor; quando a gestão patrimonial é ruinosa; ou quando o bem é utilizado para fins ilícitos.

Bens imóveis podem, todavia, ser mantidos em poder do investigado ou acusado, como depositário, desde que se faça a anotação da constrição cautelar no registro imobiliário, sem prejuízo de um regime constritivo sobre os frutos da exploração do bem.

Da decisão que determina o regime de administração de bens cabe a interposição de apelação e também a impetração de mandado de segurança.

12.2 Direitos e deveres do administrador

Art. 6º. A pessoa responsável pela administração dos bens:
I – fará jus a uma remuneração, fixada pelo juiz, que será satisfeita com o produto dos bens objeto da administração;
II – prestará, por determinação judicial, informações periódicas da situação dos bens sob sua administração, bem como explicações e detalhamentos sobre investimentos e reinvestimentos realizados.

O administrador nomeado pelo juiz será sempre uma pessoa física ou jurídica qualificada para a gestão patrimonial. Trata-se de atividade remunerada, que será satisfeita com os rendimentos produzidos pelo bem objeto da administração.

Cabe ao administrador desempenhar com zelo sua função, cabendo-lhe prestar informações periódicas ao juízo sobre a situação dos bens. O gestor também deve explicitar investimentos que faça em proveito do patrimônio administrado.

O Ministério Público terá vista desses relatórios, para promover as medidas necessárias ao bom desempenho da administração patrimonial. Obviamente, as medidas suscitadas pelo Parquet devem ser submetidas a contraditório, a fim de que o titular do domínio e eventualmente a vítima possam manifestar-se sobre a gestão.

O administrador pode ser substituído em caso de gestão ruinosa ou fraudulenta, mediante decisão judicial.

Todos os incidentes relativos à administração judicial devem tramitar em apenso ao processo principal, sem tumultuar sua marcha.

12.3. O papel do Ministério Público

Art. 6º. (...).
Parágrafo único. Os atos relativos à administração dos bens sujeitos a medidas assecuratórias serão levados ao conhecimento do Ministério Público, que requererá o que entender cabível.

Conforme o parágrafo único do art. 6º da Lei 9.613/1998, o Ministério Público opera como *custos legis* no procedimento de administração patrimonial de bens, direitos ou valores sujeitos a gestão por pessoa física ou jurídica. A atuação do Parquet tem em mira a preservação dos ativos, para eventual confisco ou restituição aos seus legítimos proprietários. Salvo previsão expressão em lei, não lhe compete administrar os bens apreendidos ou confiscados nem os gerir por meio de fundações ou de qualquer outro arranjo jurídico.

Na posição de *custos iuris*, caberá também ao Ministério Público verificar a ocorrência de crimes praticados pelo administrador, para a sua responsabilização civil e penal.

12.4 A apreensão e gestão de ativos virtuais

Nem a Lei 9.613/1998 nem a Lei 14.478/2022 (Lei dos Criptoativos) estabelecem o regime de alienação ou de gestão sobre ativos virtuais apreendidos, bloqueados ou sujeitos a medidas acautelatórias de cunho processual penal.

O objetivo das constrições judiciais sobre ativos virtuais é o seu confisco, ao final da persecução criminal. Uma vez que chaves criptográficas e dispositivos de armazenamento de criptomoedas sejam apreendidos pelos órgãos de persecução criminal, haverá a possibilidade de apreensão de criptomoedas para manutenção de sua custódia em carteira (*wallet*) sob controle da Polícia, do Ministério Público ou do Judiciário,[458] ou tendo uma *exchange* como depositária ou custodiante, nos termos do art. 5º, inciso IV, da Lei 14.478/2022.[459]

Pode-se, por outro lado, optar pela alienação dos ativos virtuais no mercado de criptoativos, por ordem judicial, com a intermediação de

---

[458] O ideal é que os criptoativos sejam transferidos para a *wallet* controlada pelo Poder Judiciário. Se a carteira for de papel, seu armazenamento deve ser feito em cofre no fórum em envelope lacrado diverso daquele em que estiver anotada a chave privada.

[459] Entre os serviços que podem ser prestados por um prestador do mercado de ativos virtuais está a custódia ou administração de ativos virtuais ou de instrumentos que possibilitem controle sobre ativos virtuais.

exchanges,[460] que são prestadores de serviços de ativos virtuais,[461] com base nos incisos I e V do referido art. 5º. Segundo o manual do MPF sobre o tema, a alienação por *exchanges* é recomendável, uma vez que estas, como regra, aplicam taxas menores do que as que são praticadas por leiloeiros.[462]

A decisão a ser tomada deve ser avaliada com cautela, pois no primeiro caso, corre-se o risco de desvalorização dos ativos virtuais apreendidos (em custódia), dada a sua volatilidade ao longo do tempo. No segundo caso, o risco da troca imediata por moeda fiduciária está na perda de eventual valorização dos mesmos ativos no decorrer dos anos. Como se sabe, a maioria dos ativos virtuais, com exceção dos casos de *stablecoins* atreladas à moeda fiat, é extremamente sensível à volatilidade do mercado, de modo que a decisão deve avaliar os dois riscos.

Uma vez apreendidos por ordem judicial, os ativos virtuais devem acompanhar o inquérito policial, digitalmente falando, ficando a ele vinculados na forma dos arts. 6º, inciso II; 11; e 118 do CPP. Não há, por ora, regulamentação do procedimento de guarda de ativos virtuais. A Resolução 780/2022, do Conselho da Justiça Federal (CJF), que dispõe sobre a guarda e a destinação de bens e materiais apreendidos ou constritos em procedimentos criminais no âmbito da Justiça Federal, não se aplica a criptoativos.

Como boa prática, a alienação se faz por leilão judicial, efetuado mediante oferta pública pelo valor de mercado na plataforma da *exchange* escolhida. Para evitar impactos no mercado, o leilão pode ser realizado por lotes.[463] O valor obtido em moeda fiduciária (reais) deve ser depositado em conta judicial.

---

[460] Conforme o art. 5º, inciso II, da Instrução Normativa RFB 1.888/2019, exchange é "a pessoa jurídica, ainda que não financeira, que oferece serviços referentes a operações realizadas com criptoativos, inclusive intermediação, negociação ou custódia, e que pode aceitar quaisquer meios de pagamento, inclusive outros criptoativos."

[461] Definidas pelo art. 5º da Lei 14.478/2022.

[462] BRASIL. Ministério Público Federal. Roteiro de atuação criptoativos persecução patrimonial. Brasília: MPF, 2023, disponível em: http://www.mpf.mp.br/atuacao-tematica/ccr2/publicacoes/roteiro-atuacoes. Acesso em: 20 jun. 2023, p. 74.

[463] No mesmo sentido, vide. MPF. Roteiro de atuação criptoativos persecução patrimonial. Op. cit., p. 74.

13. EFEITOS DA CONDENAÇÃO POR LAVAGEM DE DINHEIRO

Art. 7º. São efeitos da condenação, além dos previstos no Código Penal: Para os crimes em geral, os efeitos da sentença penal condenatória são regulados pelos arts. 91, 91-A e 92 do Código Penal. No entanto, a Lei 9.613/1998 tem regras próprias em condenações pelo crime de lavagem de dinheiro, como veremos a seguir.

13.1 A destinação dos bens confiscados

Art. 7º. (...)

I – a perda, em favor da União – e dos Estados, nos casos de competência da Justiça Estadual –, de todos os bens, direitos e valores relacionados, direta ou indiretamente, à prática dos crimes previstos nesta Lei, inclusive aqueles utilizados para prestar a fiança, ressalvado o direito do lesado ou de terceiro de boa-fé;

A principal diferença entre o inciso I do art. 7º da Lei 9.613/1998 e o inciso II do art. 91 do CP está no ente beneficiário do confisco patrimonial. No Código Penal, a perda do produto ou proveito do crime e dos seus instrumentos ilícitos se faz em favor da União. Na regulamentação da Lei de Lavagem de Capitais, os ativos são declarados perdidos em favor da União, nos casos de competência federal e do Distrito Federal, ou em proveito dos Estados, nos casos de competência estadual. Na ADI 7171/DF[464], o STF decidiu que não há no art. 7º da Lei de Lavagem de Dinheiro "ofensa ao regime federativo, tampouco de tratamento discri-

---

[464] STF, ADI 7171/DF, Pleno, Rel. Min. Alexandre de Moraes, j. em 24/10/2022.

minatório injustificado ao Distrito Federal". O tratamento dado ao DF pelo legislador é compatível com sua natureza.[465]

Quando o perdimento é em favor da União e não há destinação aos órgãos de persecução, na forma da Lei 9.613/1998, os recursos confiscados ou provenientes da alienação dos bens perdidos em favor da União Federal são recolhidos ao FNSP, nos termos do art. 3º, inciso VI, da Lei 13.756/2018, ressalvados os ativos vinculados ao FUNAD.

No âmbito do CP, a perda atinge apenas os instrumentos do crime, se forem coisas cujo fabrico, alienação, uso, porte ou detenção constituir fato ilícito. No campo da Lei 9.613/1998, pode haver o confisco de "todos os bens direitos e valores relacionados, direta ou indiretamente à prática dos crimes" de lavagem de ativos, inclusive os valores usados para o pagamento de fiança,[466] assim como o produto ou proveito das infrações antecedentes. Note que o §2º do art. 7º da Lei 9.613/1998 faz referência expressa aos instrumentos do crime.

Este é considerado um efeito automático da condenação, sem prejuízo do disposto no art. 91, §1º do CP, que cuida do confisco por equivalência, ou do art. 91-A do CP, que trata do perdimento alargado.

Em caso de condenação, também a fiança pode ser declarada perdida, nos termos do inciso I do art. 7º da Lei 9.613/1998, e seu valor é recolhido ao Fundo Nacional de Segurança Pública (FNSP), nos termos do art. 3º, inciso VII, da Lei 13.756/2018. São receitas do Fundo "as fianças quebradas ou perdidas, em conformidade com o disposto na lei processual penal".

13.2. Interdição para o exercício de cargo

Art. 7º. (...).
II – a interdição do exercício de cargo ou função pública de qualquer natureza e de diretor, de membro de conselho de administração ou de gerência das pessoas jurídicas referidas no art. 9º, pelo dobro do tempo da pena privativa de liberdade aplicada.

Também é efeito da condenação a interdição do exercício de cargo ou função pública de qualquer natureza pela pessoa condenada por lavagem de dinheiro. A proibição alcança entes da Administração Pública

---

[465] STF, ADI 7171/DF, Pleno, Rel. Min. Alexandre de Moraes, j. em 24/10/2022.
[466] Vide os arts. 343 e 344 do CPP.

direta e indireta, de todos os Poderes dos Municípios, dos Estados, do Distrito Federal e da União, e se refere a postos efetivos ou em comissão. Abarca também cargos eletivos, uma vez que incidirá o art. 15, inciso III, da Constituição e, já após o duplo grau, a causa de inelegibilidade prevista na Lei Complementar 64/1990, alterada pela Lei da Ficha Limpa.

O sentenciado por lavagem de dinheiro também pode ser proibido de funcionar como diretor ou como membro do conselho de administração ou como gerente das pessoas jurídicas listadas no art. 9º da Lei 9.613/1998 como sujeitos obrigados. Trata-se de uma medida semelhante ao *debarment*, do direito comparado, que equivale entre nós a uma declaração de inidoneidade. A razão é simples: quem foi condenado por lavagem de dinheiro não pode integrar órgão de gestão ou de direção de pessoas jurídicas obrigadas ao cumprimento de deveres de prevenção desse mesmo crime.

Os efeitos previstos pelo inciso II do art. 7º da Lei 9.613/1998, que se aplicam sem prejuízo do disposto no art. 92 do Código Penal, não são automáticos e devem ser devidamente motivados na sentença penal condenatória, cabendo ao Ministério Público requerer sua aplicação.

Em qualquer dos casos, no setor público ou no setor privado, a interdição perdurará pelo dobro da pena privativa de liberdade aplicada.

13.3. Destinação direta aos órgãos de persecução penal

Art. 7º. (...).
§1º. A União e os Estados, no âmbito de suas competências, regulamentarão a forma de destinação dos bens, direitos e valores cuja perda houver sido declarada, assegurada, quanto aos processos de competência da Justiça Federal, a sua utilização pelos órgãos federais encarregados da prevenção, do combate, da ação penal e do julgamento dos crimes previstos nesta Lei, e, quanto aos processos de competência da Justiça Estadual, a preferência dos órgãos locais com idêntica função.

O §1º do art. 7º da Lei 9.613/1998 cuida da destinação de bens confiscados para incorporação ao patrimônio de órgãos de persecução penal. Têm preferência as agências estaduais que tenham realizado a investigação, promovido o processo ou realizado o julgamento da causa de que tenha resultado uma condenação por lavagem de dinheiro. No que diz respeito aos processos de competência federal, a lei manda que os bens sejam destinados aos órgãos federais de persecução criminal, a saber, a Polícia Federal, a Polícia Rodoviária Federal, o Ministério Público Federal e a Justiça Federal.

A lei determina que a União e os Estados devem regulamentar, por decreto presidencial ou governamental, respectivamente, tal forma de destinação. No âmbito da União, foi baixado o Decreto 11.008/2022, cujo art. 3º manda destinar 90% dos ativos à Polícia Federal e os outros 10% à Polícia Rodoviária Federal. Evidentemente, tal decreto violou os termos da Lei 9.613/1998, ao excluir a destinação direta ao Ministério Público e ao Poder Judiciário, instituições que também deveriam ter sido contempladas na regulamentação.

Já os recursos decorrentes da alienação de bens, direitos e valores oriundos do crime de tráfico ilícito de drogas e que tenham sido objeto de dissimulação e ocultação, na forma prevista na Lei 9.613/1998, serão destinados ao Fundo Nacional Antidrogas (FUNAD), nos termos do parágrafo único do art. 243 da Constituição e do § 13 do art. 4º-A da Lei 9.613/1998.

O art. 133-A do CPP institui a disciplina geral sobre a destinação direta de bens.

13.4 Instrumentos do crime sem valor econômico

Art. 7º. (...).

§ 2º. Os instrumentos do crime sem valor econômico cuja perda em favor da União ou do Estado for decretada serão inutilizados ou doados a museu criminal ou a entidade pública, se houver interesse na sua conservação.

O §2º do art. 7º da Lei 9.613/1998 dialoga com o inciso II do *caput*, na medida em que, deixando claro que se permite o confisco de quaisquer instrumentos do crime, estatui que aqueles que não tenham valor econômico sejam inutilizados ou doados a museu criminal ou a entidade pública que considere haver interesse na sua conservação.

Obviamente, os instrumentos do crime de valor econômico poderão ser confiscados, com ou sem alienação antecipada, sem prejuízo de sua destinação a órgãos públicos para utilização, se for o caso.

Tal como previsto no art. 124-A do CPP, se houver valor artístico ou cultural, tais bens podem ser entregues a museu público.

14. RECUPERAÇÃO E REPATRIAÇÃO DE ATIVOS

Pouco a pouco, o Estado brasileiro tem aperfeiçoado seus mecanismos de prevenção e repressão à lavagem de dinheiro e os instrumentos para a recuperação de ativos. A Estratégia Nacional de Combate à Corrupção e Lavagem de Dinheiro (ENCCLA), realizada pela primeira vez em 2003, em Goiás, tem cumprido a tarefa de reunir todos os órgãos envolvidos com o problema da lavagem de dinheiro, a corrupção e financiamento do terrorismo e de apresentar metas ou ações anuais para cumprimento pelos órgãos responsáveis, como o Banco Central, a Receita Federal, o Ministério da Justiça, a Comissão de Valores Mobiliários (CVM), o COAF, e o Ministério Público, só para citar alguns.

Diversos normativos relativos à prevenção da lavagem de capitais e vários dos instrumentos de investigação e de persecução hoje existentes e em utilização pela Polícia, pelo Ministério Público e pelo Poder Judiciário foram desenhados ou definitivamente implementados graças às metas e às ações da ENCCLA. É o que se deu com o Cadastro Nacional dos Clientes do Sistema Financeiro Nacional (CCS), criado por uma emenda à Lei 9.613/1998, que nela introduziu o art. 10-A. Tal cadastro, administrado pelo Banco Central do Brasil, somente foi implantado em virtude de negociações da primeira reunião da Estratégia Nacional de Combate à Lavagem de Dinheiro no início do século 21.

A implantação do BACENJUD – hoje Sistema de Busca de Ativos do Poder Judiciário (SISBAJUD) – sistema de bloqueio de valores em contas de instituições financeiras em tempo real, em uso em diversos juízos cíveis, criminais e trabalhistas do País, também derivou de uma meta da

ENCCLA. O mesmo aconteceu com o Sistema de Investigação de Movimentações Bancárias (SIMBA), que serve à transmissão e cumprimento de ordens de quebra de sigilo bancário. Desenvolvido pelo Ministério Público Federal, o SIMBA foi universalizado a partir da Estratégia Nacional.

Fruto da meta 4 da ENCCLA 2006, o Sistema de Informações ao Judiciário (INFOJUD), criado pela Receita Federal, permite ao Poder Judiciário o acesso eletrônico a informações sobre os contribuintes brasileiros.

Também merecem menção outras iniciativas isoladas de órgãos públicos integrantes do sistema de prevenção e combate à lavagem de dinheiro. O Banco Central do Brasil estabeleceu regras tornando obrigatória a declaração de capitais brasileiros no exterior (CBE), desde que ultrapassassem a cifra de cem mil dólares, conforme a Resolução CMN 2.911/2001. Esta matéria é hoje regulada pela Resolução BCB 279/2022.

Segundo o art. 10 da Resolução BCB 279/2022, a declaração CBE anual deve ser enviada quando os capitais brasileiros no exterior, em 31 de dezembro, totalizarem quantia igual ou superior a US$ 1.000.000,00 (um milhão de dólares dos Estados Unidos da América) ou seu equivalente em outras moedas. Já a declaração trimestral deve ser enviada quando os capitais brasileiros no exterior, em 31 de março, 30 de junho e 30 de setembro, totalizarem quantia igual ou superior a US$ 100.000.000,00 (cem milhões de dólares dos Estados Unidos da América) ou seu equivalente em outras moedas.

Tais instrumentos e normativos facilitam o rastreamento doméstico e internacional de ativos. A falta de declaração CBE pode configurar o crime de evasão de divisas, previsto no art. 22, parágrafo único, da Lei 7.492/1986.

14.1 Bloqueio de ativos no exterior

Previstas no art. 4º da Lei 9.613/1998, as medidas assecuratórias sobre bens, direitos e valores são fundamentais para a persecução patrimonial exitosa no enfrentamento à lavagem de capitais. Em regra, os crimes de lavagem de ativos são planejados e se consumam dentro do País, sem transição por território estrangeiro. Estas situações podem estar sujeitas à competência da Justiça estadual, distrital ou federal. Às vezes, porém, há elementos de estraneidade na lavagem de dinheiro, que tornam a reciclagem transnacional e fazem valer a competência federal, por força do art. 109, inciso V, da Constituição, uma vez que a própria lavagem de dinheiro está prevista em tratados internacionais das quais o Brasil é parte, como as convenções de Viena (1988), Palermo (2000) e Mérida (2003).

Nos casos de lavagem de capitais por meio de remessas ao exterior, grandes somas desviadas de órgãos públicos municipais, estaduais e federais ou obtidas em atividades ilícitas como o tráfico de drogas, de armas, de bens culturais, de animais silvestres, de madeira de lei ou de pessoas, acabam sendo remetidos ao exterior, para facilitar sua ocultação e impedir a tributação no Brasil e a punição dos responsáveis pelas infrações antecedentes. Em tais hipóteses, a prática de um crime contra o Sistema Financeiro Nacional (a evasão de divisas do art. 22 da Lei 7.492/1986), associado à lavagem de dinheiro, também atrairá a competência da Justiça Federal, em função da conexão e da Súmula 122 do STJ[467].

Em tais casos será necessário rastrear as remessas para o estrangeiro, para posterior bloqueio de bens e final repatriação. Para isto, alguns cuidados são necessários, para que se dê a legalização documental das provas obtidas fora do Brasil. Esta legalização será feita pela via convencional, na forma prevista num tratado em vigor, por meio da autoridade central; ou pela via diplomática, se for necessária uma promessa de reciprocidade; ou pela via da autenticação consular; ou ainda por meio da Convenção da Apostila de 1961, quanto a documentos públicos. A cautela na persecução probatória ativa no exterior é necessária para que não seja violada a regra constitucional que veda a utilização no processo de provas obtidas ilicitamente. Apesar dos avanços do CPC e da Lei de Migração, não ainda há disciplina legal suficiente para a cooperação jurídica internacional no Brasil em matéria penal.

Antes, porém, ainda no plano doméstico, para o êxito da investigação, é preciso identificar corretamente a remessa dos ativos e o alvo subjetivo da persecução. De nada adianta, desferir tiros a esmo, ou realizar

---

[467] Súmula 122 do STJ: Compete à Justiça Federal o processo e julgamento unificado dos crimes conexos de competência federal e estadual, não se aplicando a regra do art. 78, II, «a», do Código de Processo Penal.

as chamadas *fishing expeditions*, destinadas a "pegar o que aparecer" nas pesquisas bancárias e de outros bens no exterior. Neste esforço, o Ministério Público e a Polícia, na sua persecução patrimonial,[468] poderão realizar coleta de inteligência patrimonial no exterior, a partir de contatos diretos com autoridades congêneres,[469] no que se denomina *pre-MLA*, uma etapa anterior à *Mutual Legal Assistance (MLA)*, assistência jurídica mútua, que pode ser ativa ou passiva. A obtenção de inteligência patrimonial no exterior também pode ser feita por meio do COAF, no âmbito do Grupo de Egmont.

Após a confirmação da existência dos ativos no exterior, o pedido é remetido a este ou àquele país. As medidas de bloqueio no exterior serão ordenadas pela autoridade competente local, fundadas no direito interno, com a necessidade de atendimento a diferenciados *standards* probatórios, a depender do país.

É usual que se faça a cooperação ativa para a persecução por meio de pedidos de auxílio direto ao exterior, com base em tratados bilaterais de assistência jurídica mútua em matéria penal ou com fundamento em tratados internacionais, a exemplo das Convenções de Viena (1988), Palermo (2000), Mérida (2003), ou do Protocolo de San Luis, do Mercosul (2001), ou ainda da Convenção de Nassau (1992). Admite-se ainda a realização de pedidos mediante promessa de reciprocidade.

Qualquer que seja o veículo escolhido para a cooperação internacional, cabe à autoridade brasileira requerente apresentar um rol das perguntas que espera ver respondidas pela testemunha, suspeito ou réu, quando da audiência no Estado estrangeiro. Pode-se também solicitar autorização para que a oitiva no exterior seja acompanhada por representantes dos órgãos de persecução brasileiros presencialmente, ou ainda que a coleta do depoimento seja realizada diretamente por tais agentes públicos. Pode-se também realizar oitivas por videoconferência transnacional. No caso Banestado,[470] por exemplo, em mais de uma oportunidade, pela via do MLAT Brasil/Estados Unidos, o Ministério Público Federal colheu diretamente depoimentos nos EUA, com o

---

[468] Vide o art. 14 da Resolução CNMP 181/2017.
[469] Vide, por exemplo, a Recomendação Rec(2000)19, adotada pelo Conselho de Ministros do Conselho da Europa em 6 de outubro de 2000, §§ 37 e 39.
[470] Também conhecido como caso CC-5 (1996-2006).

acompanhamento de autoridades da Procuradoria dos Estados Unidos e do Departamento de Segurança Interna (DHS).

Em regra, os pedidos de cooperação podem ser formulados pela autoridade judiciária, pela autoridade ministerial ou pela autoridade policial. Em alguns tratados bi ou multilaterais, somente o juiz ou o membro do Ministério Público podem firmar tais pedidos[471], que sempre deverão ser traduzidos para o idioma do Estado requerido e instruídos com os documentos pertinentes.

Na persecução probatória com o exterior, nos crimes de sua competência ou atribuição, os juízes de Direito e os membros do Ministério Público dos Estados e do Distrito Federal tramitam seus pedidos ativos por meio do Departamento de Recuperação de Ativos e Cooperação Jurídica Internacional (DRCI), órgão do Ministério da Justiça que atua como autoridade central brasileira para a maior parte dos tratados de cooperação internacional. Em matéria penal, há apenas duas exceções: o tratado bilateral com o Canadá e o tratado multilateral com os países da CPLP, conhecido como Convenção da Praia, de 2005, no qual a tramitação[472] se faz por intermédio da Secretaria de Cooperação Internacional (SCI) da Procuradoria Geral da República.

Nestas duas hipóteses e nos casos de atribuição do Ministério Público Federal, os pedidos de cooperação devem tramitar por intermédio da Secretaria de Cooperação Internacional (SCI), que se encarregará de traduzi-los, quando for o caso, de registrá-los – para fins estatísticos e para controle do princípio da reciprocidade – e, por fim, de remetê-los diretamente ao exterior[473]. Fora desses casos, a SCI também tramitará os pedidos do MPF por intermédio do DRCI, sem prejuízo dos contatos diretos com seus congêneres, uma prática internacional recomendada em diversos foros internacionais.

---

[471] Vide o art. 4º do Protocolo de San Luis (Acordo de Assistência Judiciária em Matéria Penal no Mercosul), aprovado pelo Decreto 3.468, 17 de maio de 2000.

[472] Inclusive para pedidos de autoria dos Ministérios Públicos Estaduais.

[473] Para os fins do tratado bilateral em matéria penal entre o Brasil e o Canadá, a SCI/PGR é a autoridade central, recebendo diretamente os pedidos oriundos de Ottawa (assistência passiva), e também os provenientes de autoridades federais e estaduais brasileiras (assistência ativa) para encaminhamento àquele país. Vide o Decreto 6.747/2009. Assim também se dá nos pedidos de qualquer órgão do Ministério Público brasileiro, no âmbito da Convenção da CPLP, de 2005. Vide o parágrafo único do art. 1º do Decreto 8.861/2016.

Nas suas rogatórias ao exterior, os juízes de Direito e os juízes federais dirigem-se diretamente ao DRCI. A Polícia Federal tem também uma unidade de interlocução interna, responsável pelas providências de cooperação internacional, além de representar no Brasil a Interpol, em Lyon, e manter acordo de cooperação com a Europol, na Haia, e atuar na Ameripol em Bogotá. A interlocução dos MPs estaduais, nos pedidos ativos, também é operada com o apoio do DRCI.

Recebendo o pedido da autoridade brasileira, o DRCI encarrega-se de fazer as anotações necessárias, para controle do fluxo dos pedidos, verifica o cumprimento das formalidades previstas no tratado ou no direito interno do Estado requerido e faz a tramitação para a autoridade central estrangeira. O departamento poderá ainda realizar a aproximação entre as autoridades competentes em cada país, a fim de facilitar o intercâmbio de informações e tornar mais célere o cumprimento do pedido de assistência internacional.

A existência de canais formais de cooperação, como os MLATs e os tratados multilaterais pertinentes, não invalida outras formas de assistência previstas na legislação dos países envolvidos e acolhidas pelo direito internacional. É o que se dá na hipótese de obtenção direta de provas no exterior mediante posterior consularização. De fato, a legalização consular encontra respaldo no ordenamento jurídico brasileiro[474], de modo que documentos obtidos diretamente no exterior podem ser apresentados à repartição consular brasileira com jurisdição sobre o local da emissão, para que sejam autenticados e tenham validade no Brasil. Ademais, os documentos estrangeiros remetidos diretamente a autoridades brasileiras por via diplomática sequer necessitam de legalização consular. É o que consta do art. 3º do Decreto 8.742/2016.

Quando se tratar de documentos públicos obtidos no exterior, a legalização documental também pode ser feita mediante o procedimento previsto na Convenção sobre a Eliminação da Exigência de Legalização de Documentos Públicos Estrangeiros (Convenção da Apostila), promulgada no Brasil pelo Decreto 8.660/2016.

---

[474] Vide os arts. 1º e 2º do Decreto 84.451/1980, que confere funções notariais aos cônsules. Este diploma foi revogado pelo Decreto 8.742/2016, que tem dispositivos similares.

14.2 Bloqueio de ativos no Brasil

Tradicionalmente, a cooperação internacional dava-se apenas por meio de cartas rogatórias, com a intervenção das Chancelarias, e por intermédio da Organização Internacional de Polícia Criminal (Interpol), no âmbito da chamada cooperação policial. Nos primeiros anos do século 21, diante de dificuldades no cumprimento de pedidos oriundos do exterior, devido à jurisprudência extremamente restritiva do STF, desenvolveu-se um caminho interno alternativo às rogatórias, denominado de auxílio "direto", baseado em tratados multilaterais sobre cooperação internacional ou em tratados bilaterais normalmente denominados de *Mutual Legal Assistance Treaties* (MLAT).

Em razão da Emenda Constitucional 45, de 30 de dezembro de 2004[475], as rogatórias passivas[476] deixaram de ser da competência do STF e passaram a receber *exequatur* do Superior Tribunal de Justiça. Tal requisito, todavia, não é exigido para cumprimento dos pedidos de assistência jurídica internacional, na chamada assistência "direta", agora objeto do CPC e do Regimento Interno do STJ, assim como de atos infralegais do Ministério da Justiça e da Procuradoria-Geral da República. Estes pedidos, quando chegam ao Brasil remetidos por autoridades de persecução estrangeiras, são distribuídos pelo Ministério da Justiça (DRCI) diretamente ao Ministério Público Federal, especificamente à sua Secretaria de Cooperação Internacional (SCI), para a promoção de diligências perante os juízos federais competentes, nos casos que demandem intervenção judicial, ou para a adoção das medidas cabíveis nas demais hipóteses[477].

Malgrado a falta de legislação ordinária completa sobre o tema, os pedidos passivos dessa natureza não violam a competência do STJ, nem desafiam reclamação, porquanto são em regra previstos em acordos bilaterais de cooperação internacional em matéria penal, que têm força de lei federal.[478] Aliás, são diferentes, em suas naturezas jurídicas, as rogatórias e os pedidos de auxílio direto. Isto porque naquelas, a autoridade

---

[475] Vide ainda a Resolução 9/05 do STJ, já revogada, e o Regimento Interno do STJ.
[476] Aquelas em que o Brasil é o Estado requerido.
[477] Vide a Portaria Conjunta MJ/PGR/AGU n. 1, de 27 de outubro de 2005.
[478] STJ, Corte Especial, Rcl 2645/SP, Rel. Min. Teori Zavascki, j. em 18/09/2009.

judicial competente[479] exerce um mero juízo de delibação, sem adentrar o mérito do rogado, ao passo que nestes a autoridade judiciária tem pleno conhecimento da matéria objeto do pedido, podendo analisá-lo a fundo, inclusive no que diz respeito à justa causa. Ademais, nem sempre os pedidos de cooperação demandam interferência direta ou autorização prévia do Judiciário do Estado requerido, como os pedidos de mera informação ou de coleta de depoimentos ou documentos não protegidos por sigilo.

Na cooperação passiva, os pedidos de assistência oriundos do exterior, seja por intermédio do DRCI ou da PGR/SCI,[480] devem ser executados pelo Ministério Público Federal, nos termos dos arts. 109, inciso X, da Constituição. A edição da Portaria Conjunta n. 1, de 27 de outubro de 2005, expedida pelo Ministério da Justiça, pela Procuradoria-Geral da República e pela Advocacia Geral da União confirma a atribuição do Ministério Público Federal para intervenções processuais desta natureza. O art. 1º da Portaria assim dispõe:

> Art. 1º Os pedidos de cooperação jurídica internacional passiva em matéria penal, que se sujeitam à competência da Justiça Federal e que não ensejam juízo de delibação do Superior Tribunal de Justiça, serão encaminhados pelo DRCI ao CCJI para que este proceda à distribuição dos pedidos às unidades do Ministério Público Federal com atribuição para promover judicialmente os atos necessários à cooperação.

Naturalmente, embora existam novos instrumentos de assistência judiciária internacional, não se pode prescindir dos meios tradicionais de cooperação, como são as cartas rogatórias. Normalmente, esses pedidos tramitam por meio das autoridades diplomáticas. Como dito acima, em geral as rogatórias são emitidas por autoridades judiciárias. Em alguns países europeus, como a Itália e a Suíça, membros do Ministério Público podem expedi-las.

Em todos os casos de cooperação, mas especialmente na cooperação probatória, é importante atentar para o princípio da especialidade, de modo a não invalidar a prova obtida e não prejudicar a continuidade da

---

[479] O STJ, conforme o art. 105 da Constituição.
[480] Casos do Canadá e dos países integrantes da CPLP.

cooperação internacional. Há limites na utilização documental. Assim, sempre convém, de antemão, solicitar ao Estado requerido autorização para o compartilhamento das provas obtidas com outros órgãos, assim como autorização para a utilização dos dados para imputação de crimes não indicados no pedido original, ou em investigações conexas ou ainda como prova emprestada.

De idêntica importância é a obrigação de manutenção do sigilo das provas obtidas. A previsão de confidencialidade pode derivar do próprio tratado ou da legislação do Estado requerido ou de ordem judicial expedida pela autoridade competente, quando do deferimento da assistência. A isso se somam as cautelas na proteção de dados pessoais, após as transferências internacionais, que devem observar o padrão mínimo de proteção vigente no país exportador, segundo a lógica do nível de proteção adequada.

Além de pedidos de obtenção de documentos relativos ao sigilo bancário ou ao sigilo fiscal ou à identificação e localização de bens no exterior, a cooperação jurídica internacional pode propiciar o bloqueio cautelar de ativos no Brasil para posterior confisco e repatriação, na forma prevista na Lei 9.613/1998, na Lei 13.260/2016 e nos tratados – como a Convenção de Mérida.

15. MEDIDAS ASSECURATÓRIAS PARA A REPATRIAÇÃO DE ATIVOS

Tais medidas podem ser adotadas na cooperação jurídica internacional ativa, quando o Brasil é o Estado requerente, ou na cooperação passiva, quando o Brasil é o Estado requerido. Em qualquer dos casos, deve-se observar a *lex diligentiæ*[481] e também o art. 1º, inciso I, do CPP, que institui o princípio da especialidade.

15.1 Cooperação ativa para a repatriação de ativos

É extremamente difícil recuperar ativos em casos domésticos de lavagem de dinheiro. Quando o crime é transnacional, as dificuldades se acentuam.

O primeiro passo das autoridades de persecução criminal é identificar o autor ou o suspeito do delito e também os ativos objeto da lavagem de dinheiro ou resultantes da infração antecedente. Cumprida essa meta, passa-se ao rastreamento dos valores, mediante o seguimento da trilha documental deixada pelos recicladores, durante as várias operações de dissimulação ou de ocultação. O art. 14 da Resolução 181/2017 do CNMP fornece um bom instrumento para essa atividade do Ministério Público: o procedimento de investigação patrimonial (PIP). O mesmo

---

[481] Vide no STJ o AgR no RESP 1.610.124/PR, 5ª Turma, Rel. Min. Félix Fischer, j. em 15/05/2018.

se diga, quanto à Policia, do art. 52, parágrafo único, inciso II, da Lei 11.343/2006.[482]

Se o rastreamento dos bens for bem sucedido, busca-se o bloqueio judicial dos ativos e de seus derivados, onde quer que estejam. Em alguns países o congelamento cautelar de ativos pode ser decretado provisoriamente por autoridades não judiciais, como o Ministério Público ou unidades de inteligência financeira. No Brasil, na cooperação passiva, adotam-se providências de rastreamento interno semelhantes às que seriam empregadas numa investigação patrimonial doméstica. Todavia, quando é necessário congelar ativos fora do País é necessária a expedição de um pedido de assistência internacional, seja pelo juiz, pelo Ministério Público ou pela Polícia, que tramitará por meio da autoridade central ou, não havendo tratado, pela via diplomática.

Recebido o pedido de assistência, a autoridade central brasileira (o DRCI ou a SCI) se encarregará de remeter o pedido à sua congênere no Estado requerido, para cumprimento da solicitação. Se todos os requisitos do pedido de cooperação fundado em tratado internacional estiverem presentes, a diligência de bloqueio será cumprida pelo Estado estrangeiro. Não existindo tratado específico em matéria penal, será possível a cooperação com base em promessa de reciprocidade ou com base em uma convenção multilateral sobre rogatórias.

Se os bens forem bloqueados no exterior, poderá haver a entrega imediata pelo Estado requerido ou a manutenção dos bens sob custódia, até a decisão em última instância do caso brasileiro, tudo a depender da legislação do país estrangeiro.

De todo modo, a repatriação dos ativos bloqueados no exterior não é um procedimento simples, porque exige um requerimento de assistência internacional específico, com base em tratado, em lei interna do Estado requerido ou em promessa de reciprocidade. Também pode surgir a necessidade de partilha de ativos ou *asset sharing*, procedimento

---

[482] Lei 11.343/2006: "Art. 52. (...). Parágrafo único. A remessa dos autos far-se-á sem prejuízo de diligências complementares: (...) II – necessárias ou úteis à indicação dos bens, direitos e valores de que seja titular o agente, ou que figurem em seu nome, cujo resultado deverá ser encaminhado ao juízo competente até 3 (três) dias antes da audiência de instrução e julgamento".

pelo qual o Estado requerido reserva para si parte dos valores indisponibilizados, ao menos para indenizar-se pela cooperação prestada.[483]

Como quer que seja, os valores que restem dos procedimentos internos ou internacionais de recuperação de ativos, após a indenização das vítimas e terceiros de boa-fé e depois da partilha internacional, deverão ser destinados à União, nas ações penais por lavagem de dinheiro de competência federal e nas de competência distrital. Nos casos de ações penais por lavagem de dinheiro de competência estadual, a repatriação ocorre em proveito dos Estados, conforme o art. 7º, inciso I, da Lei 9.613/1998.

A OEA recomenda, no art. 7º do Regulamento Modelo apresentado pela Comissão Interamericana para o Controle do Abuso de Drogas (CICAD), que os bens, produtos ou instrumentos de crimes declarados perdidos sejam destinados aos órgãos que tenham participado direta ou indiretamente do bloqueio ou do procedimento de perdimento.

15.2 Cooperação passiva para a repatriação de ativos

Art. 8º. O juiz determinará, na hipótese de existência de tratado ou convenção internacional e por solicitação de autoridade estrangeira competente, medidas assecuratórias sobre bens, direitos ou valores oriundos de crimes descritos no art. 1º praticados no estrangeiro.

O art. 8º da Lei 9.613/1998 cuida apenas da cooperação passiva com base em tratados (*caput*) ou em promessa de reciprocidade (§1º). Bloqueados os ativos no Brasil, a pedido de autoridade estrangeira, será necessário acautelá-los e aguardar a decisão final da ação penal ou da ação civil pública de extinção de domínio no exterior, para que sejam declarados definitivamente perdidos em favor do Estado requerente, ou restituídos ao réu declarado inocente ou ainda ao terceiro de boa-fé.

Para evitar a deterioração dos bens apreendidos, que podem ser veículos, aeronaves, imóveis ou semoventes, o juiz brasileiro, de ofício ou mediante requerimento do Ministério Público, de preferência em articulação com a autoridade estrangeira, poderá determinar a alienação antecipada de tais bens, para lhes preservar o valor, de forma que não haja

---

[483] Vide o §2º do art. 8º da Lei 9.613/1998, no tocante à partilha de ativos na cooperação passiva em matéria de lavagem de dinheiro.

prejuízo para o réu inocente, ou, na hipótese diversa, seja preservada alguma utilidade para o Estado requerente em caso de confisco no exterior.

As medidas acautelatórias no Brasil poderão ser decretadas com base em tratados bilaterais ou multilaterais, como a Convenção de Mérida, que regula a cooperação internacional em casos de corrupção (*lato sensu*) e lavagem de capitais. Segue-se, em todo o caso, a lei processual penal brasileira, especialmente o art. 4º da Lei 9.613/1998, conforme o princípio *lex diligentiæ*, salvo disposição especial em tratado (art. 1º, inciso I, do CPP).

Deve-se observar também, para os pedidos de natureza processual penal, o princípio da dupla incriminação. O cumprimento dos pedidos passivos de bloqueio é de competência das autoridades federais brasileiras, nos termos do art. 109, X, da Constituição.

15.3 Cooperação por promessa de reciprocidade

Art. 8º. (...).

§1º. Aplica-se o disposto neste artigo, independentemente de tratado ou convenção internacional, quando o governo do país da autoridade solicitante prometer reciprocidade ao Brasil.

A inexistência de um tratado bilateral ou de uma convenção multilateral entre o Estado requerente e o Brasil sobre medidas cautelares reais não impede a cooperação internacional para a recuperação de ativos. As medidas acautelatórias de interesse do Estado requerente podem ser cumpridas no Brasil, desde que haja uma promessa de reciprocidade.

Alguns países que seguem a tradição *common law* não podem cumprir pedidos sem tratado, o que significa que não podem aceitar e, portanto, não podem oferecer reciprocidade, que é um acordo *ad hoc*, de natureza política, entre duas soberanias. Em tais casos, a cooperação fica obstada. A promessa de reciprocidade na cooperação passiva será apresentada ao Estado brasileiro, endereçada ao Itamaraty. Convenções multilaterais em matéria penal podem servir de base para pedidos de cooperação, caso em que uma promessa de reciprocidade não seria necessária.

Na cooperação ativa, a promessa de reciprocidade é feita pelo Estado brasileiro, por intermédio do Itamaraty, após provocação das autoridades de persecução criminal. Toda promessa de reciprocidade é um ato político, de soberania, e, como tal, pode ser dispensada por um dos

Estados que cooperam, ou apresentar-se de forma heterogênea, com prestações diferentes.

O princípio da reciprocidade vem, historicamente, sendo aplicado tanto no caso de respeito às normas internacionais, quanto no de sua violação. Reciprocidade é medida de igualdade, que tem a finalidade de atingir o equilíbrio, agindo mais numa zona cinzenta entre o fato e o Direito, e possui natureza política. Por trás da reciprocidade encontra-se, bem assentado, o princípio da igualdade entre os Estados. É a regra costumeira do tratamento igual ou do quid pro quo. Fala-se em reciprocidade por identidade ou por equivalência: no primeiro caso, prestações idênticas; no segundo, prestações diferentes, mas de valor comparável.[484]

15.4 Partilha internacional de ativos na cooperação passiva

Art. 8. (...)

§2º. Na falta de tratado ou convenção, os bens, direitos ou valores privados sujeitos a medidas assecuratórias por solicitação de autoridade estrangeira competente ou os recursos provenientes da sua alienação serão repartidos entre o Estado requerente e o Brasil, na proporção de metade, ressalvado o direito do lesado ou de terceiro de boa-fé.

Tratados internacionais bilaterais e convenções multilaterais podem estabelecer regras específicas para a partilha internacional de ativos bloqueados e declarados perdidos em país estrangeiro.

A legislação brasileira contém apenas dois dispositivos sobre essa divisão de ativos recuperados por meio de cooperação internacional. O primeiro está no §2º do art. 8º da Lei 9.613/1998; e o segundo veio com o art. 15, §2º, da Lei 13.260/2016 (Lei Antiterrorismo). Como esclarece Aras, ambos são exemplos, para além dos casos do art. 9º do CP e dos arts. 100 a 105 da Lei de Migração, de eficácia de sentenças penais estrangeiras no Brasil. No particular, o STJ já decidiu, em relação ao crime de lavagem de dinheiro:

> A sentença penal estrangeira que determina a perda de bens imóveis do requerido situados no Brasil, por terem sido adquiridos com recursos provenientes da prática de crimes, não ofende a soberania nacional,

---

[484] Porto, Valéria. A aplicação do princípio da reciprocidade no direito internacional público: do bilateralismo à supranacionalidade. In: DPU, n. 26 – Mar-Abr/2009, p. 91.

porquanto não há deliberação específica sobre a situação desses bens ou sobre a sua titularidade, mas apenas sobre os efeitos civis de uma condenação penal, sendo certo que tal confisco, além de ser previsto na legislação interna, encontra arrimo na Convenção das Nações Unidas contra o Crime Organizado Transnacional (Convenção de Palermo), promulgada pelo Decreto n. 5.015/2004, e no Tratado de Cooperação Jurídica em Matéria Penal, internalizado pelo Decreto n. 6.974/2009. Precedente da Corte Especial.[485]

De fato, "a sentença estrangeira penal que dispõe sobre a perda de bens imóveis situados no Brasil, por terem sido adquiridos por meios decorrentes da prática de crimes, não ofende a soberania nacional". Trata-se de confisco de imóveis produto de crime, que diz respeito aos efeitos civis de uma condenação penal.[486]

Conforme o §2º do art. 8º da Lei 9.613/1998, na falta de previsão específica em tratado, a partilha de ativos confiscados no Brasil em pedido de cooperação passiva deve ser feita com a divisão dos valores pela metade entre o Estado requerente e o Estado requerido. A parte mantida no Brasil será incorporada ao Tesouro Nacional ou a algum dos fundos previstos em lei, conforme a regulamentação pertinente. Da negociação para a partilha passiva de ativos, participam o Ministério Público Federal, como órgão de execução; a Advocacia-Geral da União, como representante do interesse da União, com apoio dos órgãos de cooperação internacional do Ministério das Relações Exteriores e do Ministério da Justiça.

A repatriação decorrerá de sentença estrangeira proferida em processo penal ou em processo civil, conforme o caso, observando-se os procedimentos previstos para o confisco dependente de condenação criminal (*conviction-based confiscation*) e para o perdimento civil (*non*

---

[485] STJ, Corte Especial, AgInt na SEC 10.250/EX, Rel. Min. Luís Felipe Salomão, j. em 15/05/2019. Tratava-se de um pedido oriundo da Suíça. Vide no mesmo sentido: STJ, Corte Especial, SEC 10.612/EX, Rel. Min. Laurita Vaz, j. em 18/05/2016. Vide ainda homologação de sentença penal estrangeira suíça para confisco, mas por fraude: STJ, HDE, 5203/CH, Rel. Min. Antônio Carlos Ferreira, d. em 03/04/2023.
[486] STJ, HDE 4241/CH, Rel. Min. Humberto Martins, d. em 09/10/2020. O requerido foi condenado na Suíça por estelionato, fraude aos investidores do mercado financeiro, consumo de entorpecentes e descumprimento de deveres de prestação alimentícia.

conviction-based confiscation), conhecida como NCB. As ações de extinção de domínio, presentes na legislação de vários países, ingressam nesta última categoria.

O cumprimento de decisão estrangeira no Brasil faz-se mediante o procedimento de reconhecimento ou de execução, de competência do STJ, do qual resulta a concessão de *exequatur*, nos termos do art. 105 da Constituição e do art. 9º, inciso I, do Código Penal. A execução se dá na Justiça Federal.

A cooperação ativa para a repatriação de ativos ao Brasil é um tema da persecução criminal e, portanto, de competência do juiz natural e de atribuição dos Ministérios Públicos (MP Estadual, MP do Distrito Federal e Territórios, MP Federal ou MP Militar). As negociações com autoridades estrangeiras para os acordos casuísticos de partilha de ativos – os que ocorrem nos casos em que não há tratado – devem ocorrer com apoio dos órgãos de cooperação do Itamaraty e do Ministério da Justiça e eventual participação do representante legal da Fazenda Pública interessada.

Tais acordos de *asset sharing* devem ser homologados pelo juiz competente e, na falta de tratados, seguirão o direito interno do Estado requerido. Assim, se for necessário obter confisco de bens no Paraguai ou na Franca, as medidas confiscatórias e os procedimentos para reconhecimento destas decisões seguirão o previsto em algum tratado vigente, se houver, ou o que determina o direito interno de cada um desses países.

PARTE IV
DEVERES ADMINISTRATIVOS NA LEI DE LAVAGEM DE DINHEIRO

PART IV

1. CONSIDERAÇÕES INICIAIS

A reforma da Lei de Lavagem de Capitais em 2012 trouxe importantes modificações no âmbito do direito penal preventivo, ampliando o rol dos particulares, pessoas físicas e jurídicas, obrigados a colaborar com o poder público para prevenir o delito, dada a incapacidade da atuação isolada do Estado.

Nos arts. 9º a 12 da Lei 9.613/1998 há dispositivos que atribuem a pessoas físicas e jurídicas que atuam em setores estratégicos da atividade econômica a obrigação de se autorregularem de forma adequada no campo da prevenção da lavagem de capitais, do financiamento do terrorismo e da proliferação das armas de destruição em massa, assim como deveres de conformidade, para com a unidade de inteligência financeira, o COAF, e os órgãos públicos supervisores de cada nicho de mercado.

No art. 9º estão arrolados os sujeitos obrigados, pessoas físicas ou jurídicas de vários segmentos econômicos. Nos arts. 10 e 11 são estabelecidas as obrigações que as pessoas físicas ou jurídicas listadas no art. 9º devem cumprir.

Tais obrigações serão analisadas em tópicos próprios, mas, desde já, diga-se que o art. 10 determina a identificação e registro dos clientes (inciso I e II), a obrigação de manter os cadastros atualizados nos órgãos fiscalizadores e de atender às regulamentações do Coaf (incisos IV e V). De forma bem específica, no inciso III, encontra-se a norma que permite concluir que a Lei de Lavagem previu a autorregulação regulada obrigatória para os sujeitos obrigados, uma vez que há a expressa menção à necessidade de adotarem "políticas, procedimentos e controles internos, compatíveis com seu porte e volume de operações". Dispositivo semelhante está no art. 4º, incisos II e VII, da Lei 14.478/2022, quanto aos prestadores de serviços de ativos virtuais.

No art. 11 da Lei 9.613/1998, há a previsão de realizar a comunicação, em 24 horas, ao COAF, das operações suspeitas, acompanhadas da documentação exigida para a identificação do cliente (art. 10, incisos I e II). Além da declaração positiva, quando houver operações suspeitas, o inciso III desse artigo prevê a obrigação de comunicação negativa, que deverá ocorrer nas hipóteses em que a pessoa obrigada não tenha constatado operações suspeitas ou de valor acima do limite legal.

Trata-se de previsão para afastar futuras alegações do sujeito obrigado de erro sobre suas obrigações. O sujeito que apresenta a declaração negativa expressamente afirma ter consciência das obrigações previstas na lei, que se autorregulou de forma a prevenir a prática de lavagem de dinheiro e do financiamento do terrorismo e que não constatou qualquer operação suspeita. Isto terá consequências para a aplicação das sanções administrativas e pode repercutir na responsabilidade civil e criminal.

Como vimos na Parte I, esses órgãos públicos reguladores e os sujeitos obrigados que a eles se reportam compõem, junto com o COAF, o subsistema de prevenção à lavagem de ativos.

2. OS SUJEITOS OBRIGADOS PELA LEI DE LAVAGEM DE DINHEIRO

Art. 9º. Sujeitam-se às obrigações referidas nos arts. 10 e 11 as pessoas físicas e jurídicas que tenham, em caráter permanente ou eventual, como atividade principal ou acessória, cumulativamente ou não:
I – a captação, intermediação e aplicação de recursos financeiros de terceiros, em moeda nacional ou estrangeira;
II – a compra e venda de moeda estrangeira ou ouro como ativo financeiro ou instrumento cambial;
III – a custódia, emissão, distribuição, liquidação, negociação, intermediação ou administração de títulos ou valores mobiliários.
Parágrafo único. Sujeitam-se às mesmas obrigações:
I – as bolsas de valores, as bolsas de mercadorias ou futuros e os sistemas de negociação do mercado de balcão organizado;
II – as seguradoras, as corretoras de seguros e as entidades de previdência complementar ou de capitalização;
III – as administradoras de cartões de credenciamento ou cartões de crédito, bem como as administradoras de consórcios para aquisição de bens ou serviços;
IV – as administradoras ou empresas que se utilizem de cartão ou qualquer outro meio eletrônico, magnético ou equivalente, que permita a transferência de fundos;
V – as empresas de arrendamento mercantil (leasing), as empresas de fomento comercial (factoring) e as Empresas Simples de Crédito (ESC);

VI – as sociedades que, mediante sorteio, método assemelhado, exploração de loterias, inclusive de apostas de quota fixa, ou outras sistemáticas de captação de apostas com pagamento de prêmios, realizem distribuição de dinheiro, de bens móveis, de bens imóveis e de outras mercadorias ou serviços, bem como concedam descontos na sua aquisição ou contratação;

VII – as filiais ou representações de entes estrangeiros que exerçam no Brasil qualquer das atividades listadas neste artigo, ainda que de forma eventual;

VIII – as demais entidades cujo funcionamento dependa de autorização de órgão regulador dos mercados financeiro, de câmbio, de capitais e de seguros;

IX – as pessoas físicas ou jurídicas, nacionais ou estrangeiras, que operem no Brasil como agentes, dirigentes, procuradoras, comissionárias ou por qualquer forma representem interesses de ente estrangeiro que exerça qualquer das atividades referidas neste artigo;

X – as pessoas físicas ou jurídicas que exerçam atividades de promoção imobiliária ou compra e venda de imóveis;

XI – as pessoas físicas ou jurídicas que comercializem joias, pedras e metais preciosos, objetos de arte e antiguidades.

XII – as pessoas físicas ou jurídicas que comercializem bens de luxo ou de alto valor, intermedeiem a sua comercialização ou exerçam atividades que envolvam grande volume de recursos em espécie;

XIII – as juntas comerciais e os registros públicos;

XIV – as pessoas físicas ou jurídicas que prestem, mesmo que eventualmente, serviços de assessoria, consultoria, contadoria, auditoria, aconselhamento ou assistência, de qualquer natureza, em operações;

a) de compra e venda de imóveis, estabelecimentos comerciais ou industriais ou participações societárias de qualquer natureza;

b) de gestão de fundos, valores mobiliários ou outros ativos;

c) de abertura ou gestão de contas bancárias, de poupança, investimento ou de valores mobiliários;

d) de criação, exploração ou gestão de sociedades de qualquer natureza, fundações, fundos fiduciários ou estruturas análogas;

e) financeiras, societárias ou imobiliárias; e

f) de alienação ou aquisição de direitos sobre contratos relacionados a atividades desportivas ou artísticas profissionais;

XV – pessoas físicas ou jurídicas que atuem na promoção, intermediação, comercialização, agenciamento ou negociação de direitos de transferência de atletas, artistas ou feiras, exposições ou eventos similares;
XVI – as empresas de transporte e guarda de valores;
XVII – as pessoas físicas ou jurídicas que comercializem bens de alto valor de origem rural ou animal ou intermedeiem a sua comercialização;
XVIII – as dependências no exterior das entidades mencionadas neste artigo, por meio de sua matriz no Brasil, relativamente a residentes no País;
XIX – as prestadoras de serviços de ativos virtuais.

O art. 9º da Lei 9.613/1998 lista as pessoas obrigadas à adoção e cumprimento de políticas de conformidade (*compliance*) para a prevenção da lavagem de dinheiro (PLD) e do financiamento do terrorismo (FT) e da proliferação das armas de destruição em massa (FP). Entre os sujeitos obrigados estão diversas pessoas físicas e jurídicas. Em 2023, por força da Lei 14.478/2022 (Lei dos Criptoativos), ingressaram no rol dos sujeitos obrigados, no novo inciso XIX do art. 9º os prestadores de serviços de ativos virtuais, conhecidos internacionalmente por *virtual asset service providers* (VASP).[487]

Têm deveres gerais de conformidade as instituições financeiras no sentido mais amplo possível (art. 9º, incisos I, II e III, e parágrafo único); as empresas de arrendamento mercantil e fomento comercial; empresas que efetuem distribuição de bens móveis ou qualquer sorteio; filiais de empresas estrangeiras que exerçam quaisquer das atividades listadas no artigo; pessoas físicas ou jurídicas que comercializem joias, pedras e metais preciosos, objetos de arte, bens de luxo e alto valor, ou que recebam grande volume de dinheiro em espécie; pessoas físicas ou jurídicas que atuem com promoção imobiliária ou compra de bens imóveis;

---

[487] Observe, para esta categoria, a vigência da Lei 14.478/2022, o que se deu em 20 de junho de 2023, ao fim da *vacatio legis* de 180 dias. Note-se também que, para os VASPs, o art. 9º da Lei dos Criptoativos determina que o Banco Central do Brasil – competente conforme o Decreto 11.563/2023 – deve estabelecer "condições e prazos, não inferiores a 6 (seis) meses, para adequação das prestadoras de serviços de ativos virtuais que estiverem em atividade às disposições desta Lei e às normas por ele estabelecidas". Esse é o prazo de graça.

pessoas físicas ou jurídicas que representem interesses de estrangeiros que exerçam quaisquer das atividades previstas no artigo; juntas comerciais; pessoas que prestam serviço de assessoria, consultoria, contadoria, auditoria, aconselhamento em relação a compra de bens móveis, gestão de fundos, valores mobiliários ou outros ativos, abertura de contas, criação de sociedades, fundações ou fundos fiduciários de qualquer natureza, ou, ainda de operações financeiras, societárias ou imobiliárias ou de alienação; pessoas jurídicas ou físicas que atuem no mercado esportivo com negociação de direitos de atletas ou feiras; empresas de transporte de valores; empresas que atuam no agronegócio e prestadoras de serviços de ativos virtuais.

É extenso o rol de sujeitos obrigados, de modo a alcançar pessoas físicas e jurídicas que atuem em setores da economia sensíveis às práticas de lavagem de dinheiro e financiamento do terrorismo, os quais aparecem em muitos dos exemplos anteriormente listados quando às tipologias desse delito.

Os sujeitos obrigados podem ser supervisionados pelo Banco Central do Brasil (BACEN), pela Comissão de Valores Mobiliários (CVM), pela Superintendência de Seguros Privados (SUSEP), pela Superintendência Nacional de Previdência Complementar (PREVIC)[488] e por outros órgãos ou entes. Na falta de entidade reguladora, a supervisão é feita pelo COAF. Abaixo a tabela dos reguladores com seus respectivos mercados regulados:

---

[488] Todos esses órgãos, salvo o CNJ, fazem parte do plenário do COAF, na forma do art. 4º da Lei 13.974/2020.

ÓRGÃO REGULADOR	SETOR DE MERCADO
ANM	Pedras e metais preciosos na lavra[489]
ANS	Planos de saúde
BACEN	Instituições financeiras, inclusive prestadoras de serviços de ativos virtuais[490]
CFC	Contadores e empresas de contabilidade
CNJ	Notários públicos, tabeliães e oficiais de cartórios de imóveis
COFECI	Corretores de imóveis
COFECON	Economistas
CVM	Corretoras de valores mobiliários etc
DPF	Transporte e guarda de valores
DREI	Juntas comerciais
IPHAN	Obras de arte e antiguidades
MAPA	Semoventes[491]
OAB	Advogados[492]
PREVIC	Fundos de pensão
SECAP	Loterias e sorteios
SUSEP	Seguradoras etc.
COAF	Demais setores sem supervisor ou regulador específico

Em 2023, para dar cumprimento à Recomendação 15 do GAFI, a lista dos sujeitos obrigados, do art. 9º da Lei 9.613/1998, passou a ter um novo inciso, sujeitando aos deveres administrativos e de conformidade (*compliance*) as "prestadoras de serviços de ativos virtuais", conhecidas como *Virtual Asset Service Providers* (VASP). Dada a especificidade, novidade e particularidade dos riscos deste setor, para além da ausência de regulamentação até o momento de finalização deste livro, tratamos do tema no tópico a seguir.

---

[489] Resolução ANM 129, de 22 de fevereiro de 2023.
[490] Vide os arts. 1º e 2º do Decreto 11.563, de 13 de junho de 2023.
[491] Ainda sem regulamento específico PLD/FTP para o setor.
[492] Ainda não implementado. Como vimos, o Conselho Federal da Ordem dos Advogados do Brasil rejeitou proposta de regulamentação da matéria, que previa os deveres dos advogados relacionados à Política de Prevenção à Lavagem de Capitais nos casos em que o advogado executasse atividades não privativas da profissão, nos termos do art. 10 da proposta. Disponível em: https://www.conjur.com.br/dl/proposta-oab-preve-advogados-comuniquem.pdf. Acesso em: 20 jun. 2023.

Também analisaremos em tópicos distintos abaixo as apostas desportivas (*sports betting*) e a posição dos advogados como sujeitos obrigados, dois temas que têm cada vez mais relevância no Brasil. Comecemos, porém, pelo universo dos criptoativos.

2.1 Provedoras de ativos virtuais

Como antes vimos, o art. 9º da Lei 9.613/1998 foi alterado pela Lei 14.478/2022, conhecida como Lei dos Criptoativos. Este diploma incluiu os prestadores de serviços de ativos virtuais como sujeitos obrigados e classificou como instituição financeira para fins penais "a pessoa jurídica que ofereça serviços referentes a operações com ativos virtuais, inclusive intermediação, negociação ou custódia".

A partir da vigência dessa lei em 20 de junho de 2023 e do esgotamento do prazo de graça concedido pelo seu art. 9º, os prestadores de serviços de ativos virtuais, inclusive as *exchanges*, passaram a ter o dever de submeter comunicações de operações suspeitas ao COAF, por meio do SISCOAF. Referido setor já possui norma autorreguladora tratando da comunicação de operações suspeitas ao COAF.[493]

Findo o prazo de *vacatio legis*, as prestadoras de serviços de ativos virtuais estão obrigadas a comunicar essas operações ao COAF, mas, antes disso, muitas delas realizavam, de forma voluntária, essa comunicação, nos termos da norma autorreguladora que dispunha sobre a comunicação de operações suspeitas ao COAF.[494]

---

[493] O Código de Autorregulação das empresas que atuam com custódia, intermediação e corretagem de criptoativos inclui previsões de procedimentos idôneos à identificação dos clientes, funcionários, parceiros e prestadores de serviços terceirizados, registro de operações e de serviços financeiros, monitoramento, seleção e análise de operações e situações suspeitas e comunicação de operações ao Conselho de Controle de atividades Financeiras (COAF) (art. 3º, II, da Autorregulação de Prevenção à Lavagem de Dinheiro e Financiamento ao Terrorismo da ABCRIPTO). Trata-se de louvável mecanismo de autorregulação que se antecipou à lei brasileira, que permite a construção de negócios mais éticos. Disponível em: https://86613500-eaf4-4162-8d4d-c18355319852.filesusr.com/ugd/55dd41_6a8e32790b5a40a08478fabdf373c4d3.pdf. Acesso em: 20 jun. 2023.

[494] O Código de Autorregulação das empresas que atuam com custódia, intermediação e corretagem de criptoativos inclui previsões de procedimentos idôneos à identificação dos clientes, funcionários, parceiros e prestadores de serviços terceirizados, registro de operações e de serviços financeiros, monitoramento, seleção e análise de operações e situações suspeitas e comunicação de operações ao Conselho de Controle de atividades Financeiras

O dever de comunicação ao COAF surgiu com a Lei 14.478/2022. Segundo o Decreto 11.563/2023, tais prestadoras sujeitam-se a regulamentação, autorização e supervisão do BACEN, ressalvadas as competências da CVM, do SNDC e do COAF. E, nos termos da IN 1.888/2019, da RFB, todas as pessoas físicas ou jurídicas que negociam ativos virtuais também devem notificar à Receita Federal operações que, isolada ou individualmente, ultrapassem o valor de R$ 30 mil reais (artigo 6º, §1º da IN 1888/2019).

De acordo com o GAFI, considera-se prestadora de serviços de ativos virtuais – *Virtual Asset Service Provider* (VASP) – toda pessoa física ou jurídica não incluída nas demais recomendações do órgão e que realize uma ou mais das seguintes atividades: "i. troca entre ativos virtuais e moedas *fiat*; ii. troca entre uma ou mais formas de ativos virtuais; iii. transferência de ativos virtuais; iv. custódia ou administração de ativos virtuais ou de instrumentos que permitam o controle destes ativos; v. participação e prestação de serviços financeiros relacionados à oferta e/ou venda de um ativo virtual de um emissor".[495] Como se pode notar, o art. 5º da Lei 14.478/2022 adotou definição muito semelhante[496], porém excluindo do seu conceito as pessoas físicas que realizem tais atividades, o que Luz acredita ser um equívoco.

Com base no conceito legal de prestadoras de ativos virtuais, é possível categorizar os serviços das prestadoras de ativos virtuais quanto à forma de custódia e quanto ao tipo de transação ofertada.

(COAF) (art. 3º, II, da Autorregulação de Prevenção à Lavagem de Dinheiro e Financiamento ao Terrorismo da ABCRIPTO). Trata-se de louvável mecanismo de autorregulação que se antecipou à lei brasileira, que permite a construção de negócios mais éticos. Disponível em: https://86613500-eaf4-4162-8d4d-c18355319852.filesusr.com/ugd/55dd41_6a8e32 790b5a40a08478fabdf373c4d3.pdf. Acesso em: 20 jun. 2023.

[495] FINANCIAL ACTION TASK FORCE. International Standards on Combating Money Laundering and the Financing of Terrorism & Proliferation, FATF, Paris, France, 2022. Disponível em: https://www.fatf-gafi.org/content/dam/recommandations/FATF%20Recom mendations%202012.pdf.coredownload.inline.pdf . Acesso em: 20 jun. 2023, p. 132.

[496] Art. 5º Considera-se prestadora de serviços de ativos virtuais a pessoa jurídica que executa, em nome de terceiros, pelo menos um dos serviços de ativos virtuais, entendidos como: I – troca entre ativos virtuais e moeda nacional ou moeda estrangeira; II – troca entre um ou mais ativos virtuais; III – transferência de ativos virtuais; IV – custódia ou administração de ativos virtuais ou de instrumentos que possibilitem controle sobre ativos virtuais; ou V – participação em serviços financeiros e prestação de serviços relacionados à oferta por um emissor ou venda de ativos virtuais.

Quanto à forma de custódia, as VASPs podem ser custodiantes e não custodiantes, saber:

(a) custodiantes, que são aquelas que detêm o controle da chave privada dos ativos dos clientes, realizando diretamente as operações em nome destes clientes. Neste caso, as transações entre a prestadora e seus clientes, como regra, não são realizadas na rede *blockchain*, mas em um registro contábil específico, sob controle da empresa da criptoeconomia. O registro de transações na *blockchain* ocorre apenas nas hipóteses de transferência para endereços de outros usuários que não sejam clientes da prestadora, de depósitos/saques etc. Estas prestadoras devem fazer o registro detalhado das operações, com vistas a impedir que a sua concretização, por prescindir do registro em uma *blockchain*, sirva para a ocultação ou dissimulação de transações financeiras; e

(b) não custodiantes: são aquelas que não detêm a chave privada do usuário (dono das criptomoedas). Essas empresas permitem que os clientes acessem a *blockchain*, mantendo o controle dos seus ativos e, em alguns casos, servindo de facilitadoras para que os usuários encontrem interessados para transações diretas de ativos virtuais no formato *peer-to-peer*.

Quanto ao tipo de transação ofertada pelas VASPs, estas podem ser do tipo *Crito2fiat*; e *Crypto2Crypto*:

(a) *Cripto2fiat*: são aquelas prestadoras que permitem que os usuários ingressem ou saiam do mundo dos ativos virtuais para o mundo das moedas de uso corrente (moedas soberanas)[497]. Nestes casos, é possível que a prestadora faça as transferências da carteira (*wallet*) para a conta corrente do usuário, ou, ainda, que permita o saque em espécie do valor dos ativos virtuais convertidos em moeda fiduciária, como se fosse uma operação de câmbio.

(b) *Cripto2cripto*: são aquelas que permitem a troca entre os diversos tipos de ativos virtuais, como *bitcoins* (BTC), *ether* (ETH), *solana* (SOL), *cardano* (ADA) etc.

---

[497] Conforme o relatório da *Chainalysis*, "fiat off-ramp services like exchanges are crucial for money laundering, as those are the services where criminals can turn crypto into cash, which is likely their ultimate goal. Fiat off-ramps are also among the most heavily regulated cryptocurrency services, and their compliance teams have an important role to play in flagging incoming illicit funds and preventing them from being exchanged for cash". Cf. Crypto Crime Report. Op. cit., p. 47.

Adicionalmente, ainda podemos pensar em provedoras de serviços de ativos virtuais que realizam *Initial Coin Offerings* (ICO), que, como já vimos, são ofertas públicas de ativos virtuais, permitindo que empresas financiem seus projetos com ativos em um ambiente *blockchain*. Podemos vislumbrar, ainda, as prestadoras de serviços que atuam como intermediários entre clientes e empresas que desejem receber pagamentos por seus serviços em ativos virtuais. Por fim, pensamos que as empresas que permitam serviços de mistura ou mescla de ativos, por *mixers,* também estão enquadradas na lei brasileira, pois, como exposto acima no tópico sobre tipologias, o que os *tumblers* fazem não passa de um conjunto muito grande de transferências de ativos a diferentes endereços controlados por diversas pessoas, atividade enquadrável no art. 5º da Lei 14.478/2022.

Como os demais sujeitos obrigados, tais pessoas jurídicas deverão adotar mecanismos próprios de análise de riscos de lavagem de dinheiro e de financiamento do terrorismo e da proliferação (PLD/FTP), notadamente em atenção às tipologias do crime da Lei 9.613/1998; formar e manter cadastros atualizados sobre seus clientes segundo a lógica *Know Your Customer* (KYC), principalmente com vistas a mitigar as hipóteses de anonimato;[498] registrar detalhadamente as operações por eles realizadas; comunicar tais operações ao COAF, nas hipóteses legais de comunicação obrigatória (COA) e nas situações consideradas suspeitas (COS), que requerem uma análise específica da rede *blockchain* com ferramentas específicas de inteligência; e manter sigilo quanto a essas comunicações em relação a tais clientes, sem prejuízo da proteção de dados pessoais.

Sem dúvida, tendo em vista as características dos ativos virtuais, que favorecem a ocorrência de crimes, em especial a lavagem de dinheiro, a

---

[498] Depois do aumento da rapidez, da escalabilidade e da sustentabilidade das redes *blockchains* (especialmente com a introdução dos mecanismos de *Proof of Stake* – PoS), o próximo passo dos desenvolvedores será, sem dúvida, aumentar a privacidade das operações. Hoje a amplitude da transparência das operações financeiras nas *blockchains* é um limitador para sua universalização, já que muitos usuários querem ter na criptoeconomia pelo menos o mesmo nível de privacidade de que gozam nas transações bancárias tradicionais. Cf. COIN TELEGRAPH. After scalability, privacy is the next big thing in the blockchain space. Disponível em: https://cointelegraph.com/news/after-scalability-privacy-is-the-next-big-thing-in-the-blockchain-space, Acesso em: 20 jun. 2023.

inclusão das prestadoras de ativos virtuais como sujeitos obrigados da lei de lavagem é adequada e contribui para a segurança da criptoeconomia e a proteção do SFN.

2.2 Advogados como sujeitos obrigados

Os advogados como sujeitos obrigados também merecem um tópico à parte, devido à sensibilidade do tema. Essa profissão jurídica é fundamental para o funcionamento do Judiciário e para a tutela de direitos, tal como reconhece o art. 133 da Constituição.

Ainda assim, notários públicos e advogados estão sujeitos a deveres de conformidade, nos termos do art. 9º, parágrafo único, da Lei 9.613/1998.[499] Deve-se ter como parâmetro as Recomendações 22 e 23 do GAFI, que exigem que tais profissões cumpram os deveres administrativos de *compliance*, respeitadas, no caso dos advogados, as particularidades da defesa em juízo, especialmente a defesa em matéria penal.

De fato, a Recomendação 22, sobre o dever de devida diligência das atividades e profissões não-financeiras designadas (APnFD), exige a manutenção de registros previstos nas recomendações 10, 11 12, 15 e 17, por "advogados, tabeliães, outras profissões jurídicas independentes e contadores quando prepararem ou realizarem transações para seus clientes relacionadas às seguintes atividades", a saber: compra e venda de imóveis; gestão de dinheiro, títulos mobiliários ou outros ativos do cliente; gestão de contas-correntes, de poupança ou de valores mobiliários; organização de contribuições para a criação, operação ou administração de empresas; criação, operação ou administração de pessoas jurídicas ou

---

[499] Lei 9.613/1998: Art. 9º. (...). XIV – as pessoas físicas ou jurídicas que prestem, mesmo que eventualmente, serviços de assessoria, consultoria, contadoria, auditoria, aconselhamento ou assistência, de qualquer natureza, em operações: a) de compra e venda de imóveis, estabelecimentos comerciais ou industriais ou participações societárias de qualquer natureza; b) de gestão de fundos, valores mobiliários ou outros ativos; c) de abertura ou gestão de contas bancárias, de poupança, investimento ou de valores mobiliários; d) de criação, exploração ou gestão de sociedades de qualquer natureza, fundações, fundos fiduciários ou estruturas análogas; (e) financeiras, societárias ou imobiliárias; e f) de alienação ou aquisição de direitos sobre contratos relacionados a atividades desportivas ou artísticas profissionais.

outras estruturas jurídicas, e compra e venda de entidades comerciais.[500] A Recomendação 23 também é aplicável.[501]

Levemos em conta ainda a Diretiva 2015/849, da União Europeia;[502] e o precedente da Corte Europeia de Direitos Humanos nesta temática, o caso *Michaud v. França*, de 2012.[503] No considerando 9 da Diretiva UE 2015/849, explica-se:

> Os membros de profissões jurídicas independentes, tal como definidos pelos Estados-Membros, deverão estar sujeitos ao disposto na presente diretiva quando participarem em operações financeiras ou societárias, designadamente quando prestarem serviços de consultoria fiscal, em que existe um risco mais elevado de os seus serviços serem utilizados de forma abusiva para efeitos de branqueamento do produto de atividades criminosas ou para efeitos de financiamento do terrorismo. Deverão, todavia, prever-se isenções da obrigação de comunicar as informações obtidas antes, durante ou após o processo judicial ou durante a apreciação da situação jurídica de um cliente. Assim, a consultoria jurídica

---

[500] FINANCIAL ACTION TASK FORCE. International Standards on Combating Money Laundering and the Financing of Terrorism & Proliferation, FATF, Paris, France, 2022. Disponível em: https://www.fatf-gafi.org/content/dam/recommandations/FATF%20Recommendations%202012.pdf.coredownload.inline.pdf . Acesso em: 20 jun. 2023.

[501] GAFI: "Recomendação 23. APnFDs: outras medidas. As obrigações definidas nas recomendações 18 a 21 se aplicam a todas as atividades e profissões não-financeiras designadas, sujeitas às seguintes qualificações: (a) Advogados, tabeliães, outras profissões jurídicas independentes e contadores deveriam comunicar operações suspeitas quando, em nome de um cliente ou para um cliente, se envolverem em uma transação financeira relacionada às atividades descritas no parágrafo (d) da recomendação 22. Os países são fortemente encorajados a estenderem a obrigação de comunicação às outras atividades profissionais de contadores, inclusive a de auditoria".

[502] UNIÃO EUROPEIA. Diretiva (UE) 2015/849 do Parlamento e do Conselho de 20 de maio de 2015 relativa à prevenção da utilização do sistema financeiro para efeitos de branqueamento de capitais ou de financiamento do terrorismo, que altera o Regulamento (UE) n. 648/2012 do Parlamento Europeu e do Conselho, e que revoga a Diretiva 2005/60/CE do Parlamento Europeu e do Conselho e a Diretiva 2006/70/CE da Comissão. Disponível em: http://publications.europa.eu/resource/cellar/0bff31ef-0b49-11e5-8817-01aa75ed71a1.0018.01/DOC_1 . Acesso em: 20 jun. 2023. Vide especialmente o seu art. 2º, §3º, letra *b*; art. 14, §4º; e art. 34, §2º.

[503] TRIBUNAL EUROPEU DE DIREITOS HUMANOS. Affaire Michaud c. France. Arrêt 6 décembre 2012. Disponível em:https://hudoc.echr.coe.int/fre#{%22languageisocode%22:[%22FRE%22],%22appno%22:[%2212323/11%22],%22documentcollectionid2%22:[%22CHAMBER%22],%22itemid%22:[%22001-115055%22]}. Acesso em: 20 jun. 2023.

deverá continuar a estar sujeita à obrigação de segredo profissional, salvo se o membro de profissão jurídica independente participar em atividades de branqueamento de capitais ou de financiamento do terrorismo, se prestar consulta jurídica para efeitos de branqueamento de capitais ou de financiamento do terrorismo ou se o membro de profissão jurídica independente estiver ciente de que o cliente solicita os seus serviços para esses efeitos.[504]

Extrai-se dessa decisão que a consultoria jurídica estaria protegida pelo sigilo profissional, ao passo que a atividade de consultoria de outra natureza, para fins de participação em operações financeiras ou societárias, prestada por advogado, o sujeitaria ao dever de comunicar operações suspeitas. Este parece ser o entendimento de Bottini e Estellita que, em artigo publicado sobre o tema, defendem que "(a)quele que presta consultoria jurídica de qualquer espécie está exonerado do dever de comunicar previsto na Lei de Lavagem", ao passo que o advogado, "se prestar algum tipo de consultoria não jurídica, não estará atuando sob o regime jurídico do EOAB", tendo, portanto, o dever de comunicar nos casos em que "age como administrador de bens, mandatário para representação não processual, como gestor de negócios, ou presta consultoria em questão não jurídica", já que "tais atividades extrapolam o âmbito daquelas previstas no EOAB"[505]. Ainda de acordo com os autores, caso o advogado realize atividades mistas, ou seja, "preste serviços legais e simultaneamente exerça atividade entre as indicadas no art. 9º da Lei 9.613/1998, estará sujeito à regulamentação do setor e, assim, parte de suas atividades estará sujeita às medidas de controle e prevenção da lei de lavagem"[506]. Neste último sentido, é o precedente do TRF-1 citado pelos autores.[507]

Considerando a natureza peculiar da atividade dos advogados, o dever de comunicar à UIF recebe um filtro, para que as comunicações sejam feitas a órgãos equivalentes à nossa Ordem dos Advogados.

---

[504] Diretiva 2015/849. Op. cit., § 9.
[505] Disponível em: https://www.migalhas.com.br/depeso/245011/sigilo--inviolabilidade-e-lavagem-de-capitais-no-contexto-do-novo-codigo-de-etica. Acesso em: 20 jun. 2023.
[506] *Idem, ibidem.*
[507] TRF-1, AP nº 2007.34.00.004227-1-DF, j. 22/3/2010.

Para certas entidades obrigadas, os Estados-Membros deverão ter a possibilidade de designar um organismo de autorregulação adequado, como autoridade a informar em primeira instância, em vez da UIF. Em conformidade com a jurisprudência do Tribunal Europeu dos Direitos do Homem, um sistema de notificação em primeira instância a um organismo de autorregulação constitui uma salvaguarda importante de proteção dos direitos fundamentais no que diz respeito às obrigações de comunicação aplicáveis aos advogados. Os Estados-Membros deverão providenciar os meios e a forma de garantir a proteção do segredo profissional, da confidencialidade e da privacidade.[508]

Apesar dos 25 anos de vigência da Lei de Lavagem de Dinheiro no Brasil, completados em 4 de março de 2023, a OAB ainda não assumiu seu papel de agente supervisor das atividades realizadas por advogados, porém sujeitas a deveres de conformidade, o que pode prejudicar a avaliação do Brasil pelo GAFI, no mecanismo de revisão por pares (*peer review*), podendo resultar na inclusão do País em lista cinza (*grey list*),[509] pelo risco aumentado de envolvimento de advogados em esquemas de lavagem de capitais e de financiamento do terrorismo e da proliferação.

Uma das tipologias mais comuns envolvendo advogados é a celebração de contratos simulados para pagamento de honorários por serviços advocatícios não prestados. Obviamente, nestes casos, não haverá dever de comunicação, porque já então o advogado terá usado sua profissão para cometer crimes e, em tal situação, tem em seu benefício a garantia contra a autoincriminação. Em lugar de se aperfeiçoar a *accountability* desse segmento profissional, com obrigações de conformidade, a Lei 14.365/2022, que alterou o Estatuto da OAB, acabou por enfraquecê-la em detrimento da integridade da nobre profissão.[510]

---

[508] Diretiva 2015/849. Op. cit., § 39.

[509] Essa lista inclui os países *"under increased monitoring"*, sob escrutínio mais intenso do GAFI. Em 2023, o Brasil passou pela *peer review* do GAFI. Na data da editoração deste livro, o relatório periódico sobre o Brasil ainda não havia sido divulgado. O impacto dessa deficiência sistêmica pode-se dar na avaliação quanto ao cumprimento parcial ou o descumprimento das Recomendações 22 e 23 do GAFI.

[510] Vide, por exemplo, os §§4 do art. 4º e o novo art. 24-A da Lei 8.906/1994.

2.3 Casas de apostas, *sports betting*, corrupção e fraude no desporto

Uma das tipologias mais comuns de lavagem de dinheiro está relacionada às apostas, inclusive em loterias oficiais. É muito conhecido no Brasil o caso dos Anões do Orçamento, de 1993. Revelado pela CPI do Orçamento, antes da vigência da Lei 9.613/1998, escândalo que tornou nacionalmente conhecido um deputado federal flagrado com aumento patrimonial injustificado. Tal enriquecimento seria resultante de apostas vencedoras em jogos oficiais das loterias da Caixa Econômica Federal. Na verdade, tratava-se da compra de bilhetes premiados[511].

Outras modalidades de apostas, controladas por pessoas jurídicas de direito privado, não eram toleradas no Brasil. O art. 50 da Lei das Contravenções Penais (LCP) considera que apostas não autorizadas são *jogos de azar*, sujeitas a penas de prisão simples de 3 meses a 1 anos e multa. A alínea *c* do §3º do art. 50 da LCP[512] equipara apostas em competições desportivas a jogos de azar, o que envolve prognósticos em partidas de futebol, por exemplo.

Porém, em 2018, o art. 3º da Lei do Fundo Nacional e Segurança Pública (FNSP) abriu uma janela nesse marco jurídico, para admitir como sua fonte de financiamento as receitas decorrentes da exploração de loterias, nos termos desta legislação, criando-se a modalidade lotérica de apostas de quota fixa. O art. 14, §1º, inciso IV, da Lei 13.756/2018 regulou as loterias de prognósticos esportivos, como sendo aquelas nas quais "o apostador tenta prever o resultado de eventos esportivos". Nos termos do art. 29 da Lei em questão, as apostas esportivas podem ser de quota fixa, exploradas sob concessão da União. A destinação dos recursos das loterias de prognósticos esportivos é regulada, em percentuais, no art. 18 da Lei do FNSP, servindo para financiar a seguridade social, o FNSP, o Ministério do Esporte, o Comitê Olímpico Brasileiro, as entidades desportivas e as entidades de práticas desportivas constantes do concurso de prognóstico esportivo pelo uso de suas denominações, suas marcas e seus símbolos.

A promulgação da Lei 13.756/2018, ainda que pendente de regulamentação pelo Ministério da Fazenda, descriminalizou as apostas espor-

---

[511] WIKIPEDIA. Anões do Orçamento. Disponível em: https://pt.wikipedia.org/wiki/An%C3%B5es_do_Or%C3%A7amento. Acesso em: 20 jun. 2023.

[512] Como determina o art. 109, inciso IV, da Constituição, as contravenções penais são de competência estadual.

tivas de quota fixa em território nacional[513]. Nada obstante, as apostas esportivas que não são de quota fixa, ou seja, que não tenham o valor do prêmio fixado de antemão, não foram legalizadas no país. Nas apostas fixas, o apostador sabe quanto vai ganhar, se sua aposta estiver correta. Portanto, nelas, a probabilidade (*odd*), já é conhecida pelo apostador no momento da aposta.[514]

Em função dessa inovação legislativa, a lista de sujeitos obrigados da Lei de Lavagem de Dinheiro teve de ser alterada, para incluir as empresas de loterias de quotas fixas. A nova redação do inciso VI do parágrafo único do art. 9º da Lei 9.613/1998, foi dada pela Lei 14.183/2021. São pessoas obrigadas:

> VI – as sociedades que, mediante sorteio, método assemelhado, exploração de loterias, inclusive de apostas de quota fixa, ou outras sistemáticas de captação de apostas com pagamento de prêmios, realizem distribuição de dinheiro, de bens móveis, de bens imóveis e de outras mercadorias ou serviços, bem como concedam descontos na sua aquisição ou contratação;[515]

---

[513] Este entendimento também foi adotado pelo TJ/SP em duas oportunidades: TJ/SP, Apelação Criminal n. 0012146-32.2017.8.26.0405, Rel. Juíza Márcia de Mello Alcoforado Herrero, Turma Criminal do Colégio Recursal de Osasco, j. em 10/07/2022; TJ/SP, Ação Penal n. 1508083-45.2021.8.26.0405, 4ª Vara Criminal de Osasco, j. em 01/02/2022.

[514] Tramita no Congresso Nacional o PLS 845/2023, que dispõe sobre a regulamentação da modalidade lotérica denominada apostas de quota fixa, estabelecida pelo art. 29 da Lei 13.756/2018. O art. 2º, inciso II, do projeto define a loteria de apostas de quota fixa como a "modalidade lotérica que consiste em sistema de apostas relativas a eventos reais de temática esportiva, em que é definido, no momento de efetivação da aposta, quanto o apostador pode ganhar em caso de acerto do prognóstico". Caberá aos operadores "prevenir as tentativas de fraude e adotar as medidas de tratamento aplicáveis, quando for o caso, com o devido encaminhamento da ocorrência à autoridade competente" e adotar mecanismos de segurança e integridade para "mitigação de manipulação de resultados e de corrupção nos eventos reais de temática esportiva, por parte do operador das apostas de quota fixa". Ademais, se aprovado o projeto, a exploração da loteria de apostas de quota fixa ficará "condicionada à adoção e implementação de política, procedimentos e controle interno visando à prevenção à lavagem de dinheiro e ao financiamento do terrorismo e à prevenção a fraudes, conforme estabelecido nas normas editadas em ato do Ministério da Fazenda, relativas ao cumprimento dos deveres previstos nos arts. 10 e 11 da Lei nº 9.613, de 3 de março de 1998". Disponível em: https://www25.senado.leg.br/web/atividade/materias/-/materia/156004. Acesso em: 20 jun. 2023.

[515] Antes era: "VI – as sociedades que efetuem distribuição de dinheiro ou quaisquer bens móveis, imóveis, mercadorias, serviços, ou, ainda, concedam descontos na sua aquisição, mediante sorteio ou método assemelhado".

Apesar de muitas casas de *gambling* operarem diretamente no Brasil, aceitando apostas de brasileiros, pela *Internet*, a partir de suas sedes no exterior – em países como Malta, Chipre, Grécia e o Reino Unido – não há, ainda, regulamentação sobre a atividade em nosso País e sobre o licenciamento dessas empresas e o recolhimento de tributos. Todavia, as casas de *gambling*, ou mais especificamente, as de *sports betting*, estarão, de algum modo obrigadas ao cumprimento de deveres de conformidade PLD/CTF, seja no Brasil, conforme o art. 9º, parágrafo único, inciso VI, da Lei 9.613/1998, seja na jurisdição estrangeira, onde tiverem suas sedes. Essas operações *offshore* não podem ser consideradas ilícitas, porque a conduta é realizada fora do território nacional (local onde se hospeda o site[516]), de modo que não incide a lei brasileira em virtude do previsto no art. 2º da Lei das Contravenções Penais[517], que determina que vigora o princípio da territorialidade da lei contravencional.

Além das deficiências regulatórias na indústria de apostas esportivas, há um risco paralelo em relação à corrupção e à fraude no esporte, em práticas denominadas de *match-fixing*, ou seja, o acerto de resultados, por mecanismos popularmente conhecidos como "malas pretas", ou a coação para obtê-los. Eis, no primeiro caso, uma forma de corrupção privada no desporto, que tende a aumentar com a maior presença de interesses econômicos na definição fraudulenta de certos e determinados resultados em partidas e competições esportivas. Como se sabe, aposta-se de tudo, não só nos resultados das partidas, mas também em eventos aleatórios durante as disputas.

No Brasil, esse tipo de corrupção privada (desportiva) foi tipificada como crime em 2015, nas formas ativa e passiva, nos arts. 41-C e 41-D do Estatuto do Torcedor (Lei 10.671/2003), depois substituídos pelos arts. 198 e 199 da Lei Geral do Esporte – LGE (Lei 14.597/2023), que também introduziu um tipo específico de corrupção privada no seu

---

[516] Segundo decidido pela 3ª Seção do STJ, nos crimes praticados pela Internet, o local do fato é o local da hospedagem. CC n. 97.201/RJ, relator Ministro Celso Limongi (Desembargador Convocado do TJ/SP), Terceira Seção, julgado em 13/4/2011, DJe de 10/2/2012

[517] No mesmo sentido é o entendimento da Corregedoria Geral da Polícia Federal, do Ministério da Justiça e Segurança Pública, que já se manifestou pela inaplicabilidade da lei brasileira a jogos de azar implementados por páginas situadas no exterior. Vide o Parecer 453/2017-SELP/CGPJ/COGER/PF.

art. 165.[518] A fraude desportiva esta prevista no art. 200 da LGE. Tais crimes são antecedentes em lavagem de dinheiro. No Conselho da Europa, vigora desde 1º de setembro de 2019 a Convenção sobre a Manipulação de Competições Desportivas (CETS 215), conhecida como Convenção de Macolin, a cidade suíça onde este tratado foi concluído em 2014.[519]

O art. 3º, §5º da Convenção de Macolin conceitua aposta desportiva como "qualquer entrega de um valor monetário na expectativa de obtenção de um prémio de valor pecuniário, condicionada à realização de um facto futuro e incerto relacionado com uma competição desportiva". Essas apostas podem ser ilegais, irregulares ou suspeitas.[520]

A *aposta desportiva ilegal* é definida como "qualquer aposta desportiva cujo tipo ou operador não se encontre autorizado ao abrigo do direito aplicável na jurisdição onde se encontra o consumidor".

Já a aposta *desportiva irregular* é "qualquer aposta desportiva que não se enquadre nos padrões habituais ou previsíveis do mercado em causa ou efetuada no âmbito de competições desportivas com características invulgares.

Por fim, a *aposta desportiva suspeita* é "qualquer aposta desportiva que, de acordo com provas fiáveis e coerentes, pareça estar relacionada com uma manipulação da competição desportiva em que se enquadra".

Especificamente quanto à lavagem de dinheiro produto da manipulação de competições desportivas, o art. 16 da Convenção 215 do COE determina aos Estados Partes que tipifiquem as condutas previstas nas convenções de Varsóvia (2005), Palermo (2000) e Mérida (2003) como lavagem de dinheiro sempre que as infrações penais antecedentes geradoras do lucro forem uma das referidas nos arts. 15 e 17 da referida Convenção e também sempre que houver extorsão, corrupção ou fraude.[521]

---

[518] Em vigor desde 15 de junho de 2023, inclusive.
[519] Esta convenção é aberta a Estados que não integram o COE. Logo, o Brasil pode aderir a ela.
[520] CONSELHO DA EUROPA. Convenção do Conselho da Europa sobre a Manipulação de Competições Desportivas, concluída em Magglingen/Macolin, em 18 de novembro de 2014. Disponível em: https://rm.coe.int/cets-215-pt/16809ed391. Acesso em: 20 jun. 2023.
[521] Segundo o art. 15 da Convenção, "cada Parte deve garantir que o seu direito interno permita a aplicação de uma sanção penal à manipulação de competições desportivas, quando esta implique a prática de coação, fraude ou corrupção, conforme definido pelo seu direito interno." O art. 17 cuida do concurso de pessoas.

Ademais, o §3º do art. 16 da Convenção de Macolin exorta os Estados Partes a incluírem a manipulação de competições desportivas no âmbito da prevenção da lavagem de dinheiro, "exigindo que os operadores de apostas desportivas cumpram requisitos de diligência devida[522] relativamente à clientela, de conservação de registos e de prestação de informações".

Segundo o GAFI, a lavagem de dinheiro por meio de apostas legais e ilegais, especialmente na internet, é um problema cada vez maior.

> Os esportes que podem ser vulneráveis a problemas de lavagem de dinheiro são os grandes esportes (mundiais, como o futebol, ou nacionais, como o críquete, o basquete ou o hóquei no gelo); esportes como boxe, *kick boxing* e luta livre (esportes que tradicionalmente têm ligações com o meio criminoso devido à relação entre crime e violência); esportes de alto valor (como corridas de cavalos e carros, onde há amplas oportunidades para lavar grandes somas de dinheiro); esportes que usam transferências (de alto valor) de jogadores; esportes em que há muito dinheiro em circulação, que dão aos criminosos oportunidades de transformar dinheiro em ativos não monetários ou converter cédulas de baixa denominação em notas grandes. Este fato implica que praticamente todos os esportes podem ser alvo de criminosos, embora por razões diferentes.[523]

Assim, é importante que as pessoas jurídicas que atuem nesse setor estejam atentas aos riscos envolvidos na atividade. Sobre a vulnerabilidade do setor de jogos às condutas de LD/FT, o GAFI elaborou, em 2009, um relatório sobre os principais riscos desse segmento, entre os

---

[522] Segundo o inciso XI do art. 3º da Circular SUSEP n. 612, de 18 de agosto de 2020, devida diligência é o "conjunto de política, procedimentos e controles internos aplicados continuamente na verificação da identidade e da idoneidade de todos os clientes e relações de negócio, incluindo terceiros e beneficiários, de forma a identificar riscos de serem envolvidos em situações relacionadas à lavagem de dinheiro, bem como para prevenir e coibir o financiamento do terrorismo, com relação aos produtos comercializados, negociações privadas, operações de compra e venda de ativos e demais práticas operacionais".
[523] UNIÃO EUROPEIA. European Commission. Gambling Sector: Money laundering risks. 6 November 2017. Disponível em: https://www.asktheeu.org/en/request/4486/response/15002/attach/3/4203%201%20GAMBLINGWP.pdf. Acesso em: 20 jun. 2023.

quais destacamos[524]: a) a mera troca de dinheiro sujo por fichas de jogo, que ocorre quando o sujeito utiliza valores obtidos com a prática de crime para adquirir fichas e, na sequência, solicita o saque em dinheiro, sem a utilização das fichas em jogos; b) a compra de fichas de outros jogadores por preço maior; c) a utilização das fichas de jogo como moeda de transação em compras ilegais; d) a compra de fichas em valor maior do que o prêmio a ser arrecadado; e) a aquisição de fichas por diversas pessoas com transferência para um único destinatário, que resgata o prêmio; f) a abertura de conta com falsa identificação ou com negativa de apresentar a documentação correta; g) a mudança no padrão do jogo, com significativo aumento do volume de apostas; h) a realização de muitas apostas em valor individual pequeno com vistas a minimizar seu caráter suspeito; i) a compra de fichas de jogo em valor individual baixo a partir de transferências de múltiplas contas em instituições financeiras diversas; j) a transferência de ganhos no jogo para terceiros; e k) saques de ganhos por múltiplos meios (cartão, depósito em conta, espécie, etc.).

Não fosse pelas questões tributárias (maior arrecadação de impostos) e pela geração de empregos no País por essa indústria, a regulamentação do setor de *sports betting* seria (e é) essencial para o fortalecimento do ambiente de prevenção à lavagem de dinheiro no Brasil, assim como para a redução dos riscos de manipulação de resultados de eventos desportivos que o atual limbo propicia. Após mais de quatro anos de atraso, com inobservância do prazo previsto no art. 29, §3º da Lei 13.756/2018, há sinais de que a matéria será enfim regulamentada no País.[525]

---

[524] FAFT. *Vulnerabilities of cassinos and gaming sector*. Disponível em: https://home.treasury.gov/system/files/246/vulnerabilities-casinos-gaming-sector-032009.pdf p. 28/31. Aesso em: 16 abr. 2023.

[525] Mais informações em: https://exame.com/bussola/avancos-na-regulamentacao-e-tributacao-dos-sites-de-apostas-esportivas-no-brasil/. Acesso em: 20 jun. 2023.

3. DOS DEVERES ADMINISTRATIVOS PLD/FTP

A atuação de pessoas físicas e jurídicas em certos setores econômicos faz com que surjam determinadas obrigações voltadas a contribuir com a política pública de prevenção à lavagem (PLD) e ao financiamento do terrorismo e da proliferação de armas de destruição em massa (FTP). Assim, os sujeitos obrigados – pessoas físicas ou jurídicas que atuam em determinados segmentos da economia – devem cumprir certos deveres administrativos, que se inserem na ideia geral de conformidade (*compliance*).

A lei brasileira não oferece sistematização dos deveres de conformidade, ao contrário do que ocorre, por exemplo, com a legislação portuguesa. Porém, do conjunto normativo brasileiro, é possível extrair os seguintes deveres dos sujeitos obrigados: identificação, diligência, exame, conservação, comunicação, colaboração, segredo e formação (treinamento).

O dever de recusa de concretização de certas operações foi imposto apenas em situações pontuais. Já o dever de abstenção não está presente na lei nacional. Tais obrigações legais devem ser previstas pelos sujeitos obrigados em documentos escritos internos que conformam a política de *compliance* adotada pela empresa ou pelo negócio.

A seguir fazemos uma análise pormenorizada desses deveres com base em resoluções existentes sobre a temática. Antes, porém, tratamos do dever geral de conformidade PLD/FTP, que, no Brasil, decorre dos arts. 10 e 11 da Lei 9.613/1998.

3.1 O dever de conformidade (*compliance*)

É preciso remarcar a importância de que voltemos nossos olhos para o subsistema de *compliance* ou conformidade, que opera de modo semelhante a uma "torre de vigia". Daí se falar em *gatekeepers*.

Estamos inseridos numa sociedade e imersos num mercado que quer ser saudável e que pretende manter-se saudável. Neste contexto, as defesas orgânicas para evitar a intrusão de práticas financeiras nocivas, antes de responsabilidade única do estado, passaram a ser de atribuição de todos os agentes desse subsistema, ou seja, dos órgãos públicos e entes privados que o integram. Sinergicamente, tais pessoas e órgãos são encarregadas da proteção do sistema financeiro e da ordem econômica, em face da criminalidade organizada e da delinquência econômico-financeira.

Este é o contexto do atual estágio do capitalismo[526], no bojo do qual o Estado adota, para além da repressão, estratégias de prevenção ao delito, o que se dá por meio da previsão de deveres administrativos a determinados particulares, que devem se autorregular para cumprir as normas previstas pelo Estado, no fenômeno conhecido como autorregulação regulada[527].

Segundo Luiz Arroyo Jimenez, na autorregulação regulada, o Estado "faz possível a autorregulação, configura as estruturas e estabelece os processos através dos quais esta deve desenvolver-se, com a pretensão de que, através dela, seja possível satisfazer concretos fins ou interesses públicos"[528].

---

[526] Segundo David Levi-Feur, vivemos a época do *regulatory capitalism*, que pode ser resumido de acordo com cinco premissas:(1) Uma nova divisão de trabalho entre Estado e sociedade (por exemplo, privatização); (2) um aumento da delegação; (3) proliferação de novas tecnologias de regulação; (4) formalização de arranjos interinstitucionais e intrainstitucionais de regulação e (5) crescimento da influência de especialistas, em geral, e de redes internacionais de especialistas, em particular". Levi-Feur, David. The global diffusion of regulatory capitalism. The annals of the American Academy of Political and Social Science, [S.l.], n. 598, p. 12-32, mar. 2005. Disponível em: <http://poli.haifa.ac.il/~levi/levifaur-framework.pdf>. 27 Acesso em: 20 jun. 2023, p. 12.

[527] Nieto Martín, Adán. Responsabilidad social, gobierno corporativo y autorregulación: sus influencias en el derecho penal de la empresa. In: Bajo Fernández, Miguel; Bacigalupo, Silvina; Gómes-Jara Díez, Carlos (Coord.). Gobierno corporativo y derecho penal: mesas redondas derecho y economia. Madrid: Universitaria Ramón Areces, 2008, p. 133.

[528] Arroyo Jiménez, Luis. Introducción a la autorregulación. In: _____; Nieto Martín, Adán (Dir.). Autorregulación y sanciones. Valladolid: Lex Nova, 2008, p. 23.

Esse novo sistema de prevenção é extremamente inteligente e se coordena com o subsistema repressivo tradicional.[529] Integram-no, não só os sujeitos obrigados, que são listados na Lei 9.613/1998, mas também os órgãos supervisores do sistema nacional PLD/FTP, órgãos públicos, normalmente federais, encarregados do controle de certos nichos de mercado e da atividade econômico-financeira dos agentes privados e dos entes públicos que atuam na economia, como as estatais e as instituições financeiras oficiais.

Para que as regras de prevenção à lavagem de dinheiro funcionem, é preciso que haja uma adequada interação entre os agentes supervisores, como, por exemplo, a SUSEP ou o Banco Central, o COAF e os sujeitos obrigados. Em segundo lugar, deve haver, também, uma conexão entre o modelo de prevenção e o de repressão, de modo que, quando for necessário – e só quando for necessário – seja acionado o subsistema de repressão, permitindo que os órgãos de persecução criminal tenham acesso imediato aos dados pessoais e não pessoais que são registrados no subsistema de prevenção. Em outros termos, se o subsistema de prevenção não funcionar, o "organismo" sofrerá invasões de elementos deletérios à ordem econômico-financeira.

Assim, temos, atualmente, dois setores: o de prevenção e o de repressão. O primeiro visa a impedir que os ilícitos aconteçam e, para tanto, os sujeitos obrigados – bancos, corretores de valores imobiliários, corretores de imóveis, sociedades mercantis, *exchanges* –, enfim, todos os agentes econômicos que estão delimitados no art. 9º da Lei de Lavagem de Dinheiro têm que cumprir o seu papel, mediante a criação de uma estrutura interna empresarial, que, de forma eficaz, permita o monitoramento e a gestão de riscos inerentes à atividade econômica por eles exercida.

No contexto do sistema preventivo, os particulares obrigados devem implementar um programa de *compliance* eficaz, que envolve o comprometimento da alta gestão da empresa, o mapeamento de riscos que a atividade oferece para a lavagem de capitais e o financiamento do terrorismo, a análise do ambiente interno da empresa, a criação de códigos e políticas internas, o treinamento de funcionários, a aplicação de

---

[529] Ministério Público, Polícia e Judiciário.

sanções em casos de descumprimento das políticas de compliance[530], além de deveres específicos relacionados à lavagem de dinheiro e ao financiamento do terrorismo – como a identificação dos seus clientes e dos seus empregados (*Know Your Customer* e *Know Your Employee*) –, o registro de todas as operações e a comunicação das operações suspeitas, sem prejuízo das comunicações obrigatórias[531]. Estes deveres específicos serão explorados nas linhas abaixo.

Entre os deveres específicos, como se verá, assumem especial relevância as comunicações de operações suspeitas (COS), que devem ser sigilosas para o cliente, por óbvio, porque seu objetivo é auxiliar as autoridades a monitorar ou interromper um possível crime em andamento ou obstar uma futura conduta criminosa ou com aparência de criminosa, garantindo o bloqueio dos ativos envolvidos e a preservação de provas relevantes.

A maior parte dessas informações acaba sendo centralizada no COAF que, por meio dos seus modelos informáticos e do exame de analistas, escrutina e seleciona os casos que serão repassados ao subsistema de repressão[532], na forma de relatórios de inteligência financeira (RIFs), e, também, a congêneres no exterior, por meio de redes internacionais de unidades de inteligência financeira, que seguem

---

[530] Ver: LUZ, Ilana M.. Teoria Geral dos Elementos de um Programa de Compliance Eficaz. In: LEMOS, Bruno Espiñeira; GONÇALVES, Carlos Eduardo Gonçalves; HÖHN, Ivo; QUINTIERE, Victor Minervino (Orgs). Compliance e temas relevantes de direito e processo penal: estudos em homenagem ao advogado e professor Felipe Caldeira. Belo Horizonte: D'Plácido, 2018, v., p. 200.

[531] Sobre o tema, ver também a Resolução 36 do COAF de 10 de março de 2021, que disciplina a forma de adoção de políticas, procedimentos e controles internos de prevenção à lavagem de dinheiro, ao financiamento do terrorismo e ao financiamento da proliferação de armas de destruição em massa que permitam o atendimento ao disposto nos arts. 10 e 11 da Lei nº 9.613, de 3 de março de 1998, por aqueles que se sujeitem, nos termos do seu art. 14, § 1º, à supervisão do Conselho de Controle de Atividades Financeiras (COAF). Disponível em: https://www.gov.br/coaf/pt-br/acesso-a-informacao/Institucional/a-atividade-de-supervisao/regulacao/supervisao/normas-1/resolucao-coaf-no-36-de-10-de-marco-de-2021, Acesso em: 20 jun. 2023.

[532] Para mais detalhes, ver o nosso *podcast* sobre o tema. Cf. INSTITUTO BAIANO DE DIREITO PROCESSUAL PENAL. IBADPP Cast. Ep 50: Ilana Martins: o compartilhamento de relatórios do COAF com a Polícia e o Ministério Público. Disponível em: https://podcasts.apple.com/it/podcast/ep-50-ilana-martins-o-compartilhamento-de-relat%C3%B3rios/id1481137501?i=1000519822663, Acesso em: 20 jun. 2023.

o mesmo modelo de troca de informações, como ocorre com os integrantes do Grupo de Egmont.

Tais RIFs, após sua análise pelos órgãos de persecução criminal, podem ser utilizados para orientar a obtenção de provas a serem entranhadas[533] em ações penais, a consumação de providências cautelares, a realização de medidas persecutórias especiais como interceptações, a propositura de ações de improbidade e a instrução de inquéritos e processos disciplinares. Obviamente, tais RIFs não bastam por si para que se tenha justa causa para uma ação penal por lavagem de dinheiro ou financiamento do terrorismo, pois não são provas, são informes de inteligência, o que implica sua regência por um conjunto distinto de regras. É sempre necessário, ainda na fase da investigação, corroborar os elementos contidos na comunicação da UIF, pois esta relata apenas uma suposta ilicitude, a partir da análise de uma conduta econômico-financeira atípica, isto é, ilógica, pouco usual, rara ou fora dos padrões normais de mercado, que aciona um sinal de alerta (*red flag*) para os analistas de risco.

3.2 Dever de identificação (*Know Your Customer*)

Art. 10. As pessoas referidas no art. 9º:

I – identificarão seus clientes e manterão cadastro atualizado, nos termos de instruções emanadas das autoridades competentes;

O dever de identificação dos clientes está previsto, primeiramente, no art. 10, inciso I da Lei de Lavagem de Capitais. Referido dever é complementado pelas resoluções específicas para cada setor da atividade econômica, instituídas pelos órgãos supervisores. O dever de identificação, mais conhecido como *Know Your Customer* (KYC), é o mais basilar dos deveres impostos aos sujeitos obrigados nas políticas de colaboração

---

[533] Como documentos de inteligência, os RIFs não devem ser tratados como prova e não devem ser usados em inquéritos ou ações penais. Contudo, esta é a praxe no Brasil, que não configura uma boa prática dos órgãos de persecução criminal. É flagrante a deficiência da legislação brasileira no tópico, quanto aos elementos mínimos de convicção (justa causa) necessários para prosseguir com a apuração após o recebimento de um RIF. Noutros países, notadamente os de *common law*, esta questão é resolvida mediante o emprego de declarações juramentadas, denominadas *affidavits*, para postulação em juízo, com preservação das fontes de inteligência (no sentido usado na Lei do SISBIN e no art. 2º do Decreto 4.376/2002).

PLD/FTP, pois permite identificar quem realiza determinada operação ou participa de certa relação negocial[534].

Além da identificação do cliente, que deve ser completa e atualizada periodicamente, é necessária a identificação dos demais sujeitos que participam da relação jurídica ou econômica, quais sejam o procurador deste, se houver, e o destinatário final (beneficiário final ou *beneficial owner*) da operação, com todos os seus dados pessoais relevantes e necessários, inclusive quando houver a participação de pessoas jurídicas, como potenciais anteparos.[535]

A identificação do cliente, do procurador e do beneficiário deve ser realizada antes de se travar negócios com aquelas pessoas, e, se for uma relação contínua, os cadastros devem ser periodicamente atualizados. É importante, outrossim, que haja uma comprovação de que o cadastro foi efetuado pelo cliente, o que pode ocorrer por diversos meios, como mediante a apresentação de ficha cadastral escrita, um registro eletrônico quanto ao envio desta ficha e dos documentos necessários, um registro por central de atendimento telefônico, ou por atendimento presencial, apenas para exemplificar. Nos casos de atendimento online, há, atualmente, mecanismos que podem auxiliar o dever de identificação, como a biometria e o reconhecimento facial, que trazem mais segurança na identificação, porém mais riscos quanto à proteção de dados do cliente.

Conforme o §1º do art. 10 da Lei 9.613/1998, se o cliente do sujeito obrigado for uma pessoa jurídica, o dever de identificação deverá

---

[534] CORDERO, Isidoro Blanco. La prevención del blanqueo de capitales. In: NIETO MARTÍN, Adán (Dir.). Manual de cumplimiento penal en la empresa. Valencia: Tirant lo Blanch, 2015, p. 445.

[535] Em março de 2022, o GAFI adotou novos padrões globais para a determinação da propriedade efetiva de ativos, conforme a nova redação da Recomendação 24, "exigindo que os países garantam que as autoridades competentes tenham acesso a informações adequadas, precisas e atualizadas sobre os verdadeiros proprietários das empresas." O novo *standard* visa a impedir que criminosos usem empresas de fachada e outras espécies de pessoas jurídicas para lavagem de dinheiro. As informações sobre o beneficiário efetivo devem compor uma base de dados mantida por uma autoridade ou um órgão público. Cf. FINANCIAL ACTION TASK FORCE. Guidance on beneficial ownership for legal persons. Paris: FATF, March 2023. Disponível em:
https://www.fatf-gafi.org/en/publications/Fatfrecommendations/Guidance-Beneficial-Ownership-Legal-Persons.html. Acesso: 16 abr. 2023.

abranger a qualificação das pessoas físicas autorizadas a representá-la, bem como a de seus proprietários.

A expressão KYC envolve, assim, providências para identificá-lo, qualificá-lo e classificá-lo (IQC), mediante diligência devida. Segundo normativos do COAF, os procedimentos de *identificação* de clientes devem abranger a verificação e a validação da identidade do cliente, inclusive no contexto de operações não presenciais. Já os procedimentos de *qualificação* de clientes devem abranger providências voltadas à avaliação da compatibilidade entre a capacidade econômico-financeira do cliente e a operação a ele associada; a verificação da condição do cliente como pessoa exposta politicamente, nos termos da regulamentação do COAF[536]; e a obtenção das informações destinadas ao conhecimento de clientes necessárias à composição dos conjuntos mínimos de dados cadastrais especificados em normas do COAF aplicáveis ao segmento em que o supervisionado atue. Por fim, os procedimentos de *classificação* quanto ao risco devem considerar as categorias de risco definidas na avaliação interna de risco e contemplar as informações obtidas nos procedimentos de qualificação do cliente.[537]

Com a entrada em vigor da Lei 14.478/2022, foi criado o Cadastro Nacional de Pessoas Expostas Politicamente (CNPEP). Conforme o § 2º do art. 12-A, da Lei 9.613/1998, onde tal cadastro foi introduzido, as pessoas obrigadas devem adotar a consulta ao CNPEP entre seus procedimentos para cumprimento das obrigações previstas nos arts. 10 e 11 da Lei 9.613/1998, sem prejuízo de outras diligências exigidas na forma da legislação. Tal consulta passou, portanto, a ser uma rotina de *compliance*.

3.3 Dever de diligência

Os deveres de diligência somam-se aos deveres de identificação. Além de conhecer o cliente – *Know Your Client* (KYC) – e o procurador ou beneficiário das operações, em alguns casos, é necessário que os sujeitos obrigados conheçam a atividade exercida pelo cliente – *Know Your*

---

[536] Resolução COAF 40/2021. Disponível em: https://www.gov.br/coaf/pt-br/acesso-a-informacao/Institucional/a-atividade-de-supervisao/regulacao/supervisao/normas-1/resolucao-coaf-no-40-de-22-de-novembro-de-2021. Acesso em: 20 jun. 2023.

[537] Vide o art. 7º, §§3º, 4º e 5º, da Resolução COAF 36/2021, tomada como exemplo.

Business (KYB) –, e a finalidade que se pretende alcançar com a realização da operação feita com o cliente ou intermediário.

A diligência devida consiste no conjunto de políticas, procedimentos e controles internos aplicados continuamente na verificação da identidade e da idoneidade de todos os clientes e relações de negócio, incluindo terceiros e beneficiários, de forma a identificar riscos de serem envolvidos em situações relacionadas à lavagem de dinheiro ou ao financiamento do terrorismo e da proliferação, com relação aos produtos comercializados, negociações privadas, operações de compra e venda de ativos e demais práticas operacionais.[538]

Os deveres de diligência não se confundem com os deveres de identificação, pois aqueles visam a "aprofundar os aspectos pessoais e negociais com o cliente"[539]. No dever de identificação, o sujeito obrigado apenas coleta os dados do cliente e os mantém atualizados, ao passo que no cumprimento dos deveres de diligência, há a necessidade de estreitamento do vínculo para a confirmação da veracidade dos dados fornecidos pelo cliente, numa rotina de atenção constante. Além disto, os deveres de diligência implicam a adoção de procedimentos para comprovar o propósito e a índole da relação de negócios, ou seja, qual o objetivo do cliente ao realizar determinadas operações com o sujeito obrigado. Por óbvio que não é possível realizar a diligência sem a identificação do cliente, mas aquele é um dever muito mais específico.

Os deveres de diligência são cumpridos de acordo com o grau de risco que o agente econômico e a atividade por ele exercida representam. O meio mais idôneo de comprovação da veracidade das informações de identificação fornecidas pelo cliente, bem como do propósito de seus negócios, consiste na visita pessoal à sede da empresa ou local onde a pessoa física exerce suas atividades, com realização de um relatório por escrito[540]. Em alguns casos, no entanto, estas visitas podem dificultar a atividade comercial, de modo que o dever de diligência pode ser suprido

---

[538] BRASIL. Ministério da Fazenda. Superintendência de Seguros Privados. Circular SUSEP 612, de 18 de agosto de 2020. Disponível em: https://www.in.gov.br/en/web/dou/-/circular-susep-n-612-de-18-de-agosto-de-2020-275409238. Acesso em: 20 jun. 2023.

[539] LIMA, Carlos Fernando dos Santos. O sistema nacional antilavagem de dinheiro: as obrigações de compliance. In: CARLI, Carla Veríssimo de (Org.). Lavagem de dinheiro: prevenção e controle penal. Porto Alegre: Verbo Jurídico, 2010, p. 73.

[540] CORDERO, Isidoro Blanco. Op. cit., p. 452.

com a exigência de documentos hábeis a comprovar as informações descritas pelo cliente, minorando-se as chances de fraude na identificação.

Os deveres de diligência não foram expressamente previstos na Lei 9.613/1998, apenas em resoluções de órgãos supervisores, o que revela uma falha do legislador pátrio. Apenas a título exemplificativo, a Lei 25/2008, de Portugal, prevê expressamente os deveres de diligência nos arts. 11 (deveres de diligência simplificados) e 12 (deveres de diligência reforçados)[541]. Na Espanha, os deveres de diligência são extensamente detalhados nos arts. 3º a 16 da Lei 10/2010[542]. É recomendável que o legislador brasileiro adote previsões semelhantes às existentes nesses dois países para adensar a segurança jurídica em termos de PLD/FTP.

3.4 Dever de registro

Art. 10. As pessoas referidas no art. 9º:
II – manterão registro de toda transação em moeda nacional ou estrangeira, títulos e valores mobiliários, títulos de crédito, metais, ativos virtuais, ou qualquer ativo passível de ser convertido em dinheiro, que ultrapassar limite fixado pela autoridade competente e nos termos de instruções por esta expedidas;

Além de exigir o cumprimento dos deveres de identificação e de diligência em relação aos clientes e beneficiários, a lei brasileira também prevê a necessidade de registro das operações, sejam estas concretizadas ou meramente propostas. De nada adiantaria conhecer o cliente, estabelecer medidas de diligência quanto à atividade exercida por este e os propósitos da operação pretendida ou realizada, se não houvesse o registro final dos dados importantes dessa operação, mesmo quando esta não se realizasse. Por isto, o art. 10, inciso II, da Lei de Lavagem de Dinheiro determina que os sujeitos obrigados registrem as operações que realizarem em proveito de seus clientes ou a pedido deles, nos ter-

---

[541] PORTUGAL. Lei n. 25/2008, de 5 de junho. Estabelece medidas de natureza preventiva e repressiva de combate ao branqueamento de vantagens de proveniência ilícita e ao financiamento do terrorismo [...]. Diário da República, Lisboa, 5 jun. 2008. Disponível em: https://dre.pt/application/conteudo/449407. Acesso em: 20 jun. 2023.

[542] ESPANHA. Ley 10/2010, de 28 de abril, de prevención del blanqueo de capitales y de la financiación del terrorismo. Boletín oficial del Estado, Madrid, 29 de abril de 2010. Disponível em: http://www.boe.es/buscar/pdf/2010/BOE-A-2010-6737-consolidado.pdf. Acesso em: 20 jun. 2023.

mos determinados pelas resoluções regentes, sempre que superaram os patamares nelas estabelecidos.

O inciso II do art. 10 da Lei 9.613/1998 foi alterado pela Lei 14.478/2022 (Lei dos Criptoativos) para prever como dever administrativo dos sujeitos obrigados a manutenção de registro de toda transação com ativos virtuais que ultrapassar limite fixado pela autoridade competente e nos termos de instruções por esta expedidas. Tal autoridade é o Banco Central, nos termos dos arts. 1º e 2º do Decreto 11.563/2023, ressalvada a competência da CVM, com base no art. 3º do mesmo decreto. Até o presente momento, não foram fixados limites para transações em ativos virtuais, o que deve ocorrer após a plena eficácia da Lei dos Criptoativos, considerado o prazo de graça previsto no seu art. 9º.

Conforme vimos, o art. 3º da Lei 14.478/2022 considera ativo virtual a representação digital de valor que pode ser negociada ou transferida por meios eletrônicos e utilizada para realização de pagamentos ou com propósito de investimento. Não estão incluídos no conceito a moeda nacional e moedas estrangeiras; a moeda eletrônica, nos termos da Lei 12.865/2013; os instrumentos que ofereçam ao seu titular acesso a produtos ou serviços especificados ou a benefício proveniente desses produtos ou serviços, a exemplo de pontos e recompensas de programas de fidelidade; nem as representações de ativos cuja emissão, escrituração, negociação ou liquidação esteja prevista em lei ou regulamento, a exemplo de valores mobiliários e de ativos financeiros.

Nos termos do art. 5º da Instrução Normativa RFB 1.888/2019, criptoativo é "a representação digital de valor denominada em sua própria unidade de conta, cujo preço pode ser expresso em moeda soberana local ou estrangeira, transacionado eletronicamente com a utilização de criptografia e de tecnologias de registros distribuídos, que pode ser utilizado como forma de investimento, instrumento de transferência de valores ou acesso a serviços, e que não constitui moeda de curso legal". Esta é sem dúvida uma definição mais precisa.[543]

---

[543] Vide a definição de ativos virtuais no Glossário das 40 Recomendações do GAFI. Cf. FINANCIAL ACTION TASK FORCE. International Standards on Combating Money Laundering and the Financing of Terrorism & Proliferation, FATF, Paris, France, 2022. Disponível em: https://www.fatf-gafi.org/content/dam/recommandations/FATF%20Recommendations%202012.pdf.coredownload.inline.pdf . Acesso em: 20 jun. 2023, p. 132.

O registro pode não ser obrigatório para todas as operações realizadas, variando o dever de acordo com o setor econômico e a atividade exercida pela pessoa. Basicamente, exige-se a identificação da data da operação, de seu valor bruto, da forma de pagamento, a indicação do recibo de quitação e a identificação das situações de pagamento em espécie e dos beneficiários.

Em alguns casos, exige-se o registro da operação e da análise de risco desta, bem como da decisão de proceder, ou não, à comunicação de uma suspeita de atipicidade econômico-financeira ao COAF.

Assim, devem ser devidamente registradas quaisquer operações, acima de determinado valor, realizadas em moeda nacional ou estrangeira ou em ouro ou em ativos virtuais, por exemplo.

Segundo o §3º do art. 10, § 3º da Lei 9.613/1998, o registro de transações mencionado no inciso II do mesmo artigo deve ocorrer também quando a pessoa física ou jurídica, ou qualquer de seus entes coligados, houver realizado, em um mesmo mês-calendário, operações com uma mesma pessoa, conglomerado ou grupo que, em seu conjunto, ultrapassem o limite fixado pela autoridade competente.

Tem-se em vista o valor global de uma série de transações realizadas em um determinado período. Cuida-se de evitar que o fracionamento de operações, no interesse de uma mesma pessoa física ou jurídica, ou de um grupo econômico, permita-lhes escapar aos registros ou comunicações obrigatórios para fins de PLD/FTP. O marco temporal escolhido é o do mês-calendário.

3.5 Deveres de controle interno e de capacitação

Art. 10. As pessoas referidas no art. 9º:
III – deverão adotar políticas, procedimentos e controles internos, compatíveis com seu porte e volume de operações, que lhes permitam atender ao disposto neste artigo e no art. 11, na forma disciplinada pelos órgãos competentes;

O art. 10, inciso III, da Lei 9.613/1998 obriga os sujeitos listados na lei a adotarem políticas e procedimentos de controle interno compatíveis com o seu porte para atender às políticas de prevenção à lavagem de dinheiro e ao financiamento do terrorismo e da proliferação de armas de destruição em massa. Deste modo, os sujeitos obrigados devem instituir programas internos de conformidade, para a detecção e resposta a incidentes de lavagem de ativos e condutas correlatas, assim como orientações para o cumprimento das normas de *compliance* PLD/FTP.

Como resultado disto, outro dever importante se extrai do inciso III do art. 10 da Lei 9.613/1998: o referente à capacitação (formação) dos funcionários dos sujeitos obrigados. Tais entes devem propiciar treinamento PLD/FTP a seus dirigentes, gestores e colaboradores, divulgando a política antilavagem de capitais da pessoa jurídica e promovendo o conhecimento dos procedimentos idôneos ao cumprimento das obrigações legais impostas pela Lei 9.613/1998 e pela Lei 14.478/2020, cujo art. 4º, inciso VII, determina que os VASPs devem seguir as diretrizes de prevenção à lavagem de dinheiro e ao financiamento do terrorismo e da proliferação de armas de destruição em massa, em alinhamento com os padrões internacionais.

Agrega-se a esses deveres a obrigação dos sujeitos obrigados de conhecer seus empregados, prática que, como já sabemos, é conhecida por *Know Your Employee*. Diversos riscos negociais em PLD/FTP podem advir de condutas impróprias ou ilegais de funcionários ou dirigentes de uma pessoa jurídica.

3.6 Dever de sujeição a supervisão

Art. 10. As pessoas referidas no art. 9º:
IV – deverão cadastrar-se e manter seu cadastro atualizado no órgão regulador ou fiscalizador e, na falta deste, no Conselho de Controle de Atividades Financeiras (Coaf), na forma e condições por eles estabelecidas;

O inciso IV do art. 10 da Lei 9.613/1998 determina que os sujeitos obrigados se submetam à fiscalização pelos órgãos supervisores indicados na legislação pertinente, para fins de prevenção à lavagem de dinheiro e ao financiamento do terrorismo e à proliferação de armas de destruição em massa (PLD/FTP).

Cada setor regulado estará sujeito a um determinado supervisor, como vimos no tópico 2 da Parte IV. Esses órgãos supervisores baixam resoluções ou atos normativos infralegais similares, estipulando ou explicitando os deveres administrativos de cada segmento econômico nos temas de PLD e FTP.

O inciso IV do art. 10 da Lei 9.613/1998 deixa claro que na falta de um órgão regulador previsto em lei, caberá ao COAF supervisionar o mercado ou o nicho econômico para fins das políticas de PLD/FTP. Para o setor de criptoativos, o principal regulador é o Banco Central, sem prejuízo das competências da CVM.[544]

3.7 Dever de colaboração

Art. 10. As pessoas referidas no art. 9º:
V – deverão atender às requisições formuladas pelo Coaf na periodicidade, forma e condições por ele estabelecidas (...).

No art. 10, inciso V, da Lei 9.613/98, há a previsão de que os sujeitos obrigados devem atender às requisições do COAF, expedidas com base na lei ou nos termos das resoluções e normativos infralegais. Trata-se do dever de colaboração com a unidade de Inteligência financeira, atendendo ao que for possível para a elucidação dos fatos e para a prevenção da lavagem de capitais.

As requisições do COAF são obrigatórias, devendo ser cumpridas pelos sujeitos obrigados no prazo fixado, salvo motivo justificado, sob pena de desobediência e de responsabilização civil por falha de *compliance*. Os dados obtidos pelo COAF devem ser tratados de forma sigilosa e, quando de natureza pessoal, merecem a proteção conferida pelo art. 5º, inciso LXXIX, da Constituição.[545]

3.8 Dever de sigilo

Art. 10. As pessoas referidas no art. 9º:
V – deverão (...) preservar, nos termos da lei, o sigilo das informações prestadas.

Do inciso V do art. 10 da Lei 9.613/1998 também decorre um dever de confidencialidade, consistente na proibição de *tipping off*, isto é, os sujeitos obrigados não podem alertar seus clientes quando reportam operações suspeitas ao COAF.

---

[544] Vide os arts. 1º a 3º do Decreto 11.563/2023.
[545] Específico sobre proteção de dados pessoais no sistema de prevenção à lavagem de dinheiro, o art. 17-F da Lei 9.613/1998, ali inserido pela MPv 1.158/2023, perdeu sua eficácia em junho de 2023, tendo em vista o esgotamento do prazo da referida medida provisória, sem votação.

Assim, as comunicações realizadas ao COAF e ao órgão regulador setorial devem ser sigilosas. Trata-se de um dever óbvio, pois, caso o cliente realize, tente realizar ou tenha realizado uma operação de lavagem de ativos ou de financiamento do terrorismo, o vazamento da informação de que o COAF fora cientificado pode fazer com que se frustrem as medidas estatais posteriores de investigação e descobrimento dos fatos, inclusive o bloqueio de ativos.

Nada obstante, em que pese não ser permitido avisar ao cliente, mantendo-se um dever de sigilo, é recomendável que o sujeito obrigado torne público que se adequa às políticas PLD/FTP, de modo que todos os que com ela se relacionam saberão, de antemão, da possibilidade de comunicação das operações suspeitas, quando realizadas.

Esse dever é também mencionado no art. 11, inciso II, da Lei 9.613/1998, pois as pessoas obrigadas devem fazer comunicações ao COAF, abstendo-se de dar ciência de tal ato a qualquer pessoa, inclusive àquela à qual se refira a informação.

O art. 8º, inciso IV, da Lei 13.974/2020 também impõe um dever de sigilo aos integrantes da estrutura do COAF. É vedado a eles fornecer ou divulgar informações conhecidas ou obtidas em decorrência do exercício de suas funções a pessoas que não disponham de autorização legal ou judicial para acessá-las.

3.9 Abrangência do dever de identificação

Art. 10. (...)

§ 1º Na hipótese de o cliente constituir-se em pessoa jurídica, a identificação referida no inciso I deste artigo deverá abranger as pessoas físicas autorizadas a representá-la, bem como seus proprietários.

O dever dos sujeitos obrigados quanto à identificação de seus clientes, objeto do inciso I do art. 10 da Lei 9.613/1998, abrange a obrigação de também identificar seus sócios e representantes legais, assim como seus beneficiários, caso tais clientes sejam pessoas jurídicas. O objetivo é aclarar quem é o beneficiário final (*beneficial owner*) das operações.

A Recomendação 24 do GAFI trata especificamente do beneficiário final das transações no caso de pessoas jurídicas e outros arranjos, que, em alguns casos, podem ser utilizadas para ocultar a real pessoa física beneficiária das transações.

Adicionalmente, é importante apontar que a Resolução 50 da CVM estabelece regras específicas para os casos de patrimônio separado (*trusts*), um tipo de arranjo jurídico comum na *common law*, determinando, no art. 50, que os sujeitos regulados devem envidar esforços para identificar: I – a pessoa que instituiu o *trust* ou veículo assemelhado (*settlor*); II – o supervisor do veículo de investimento, se houver (*protector*); III – o administrador ou gestor do veículo de investimento (curador ou *trustee*); e IV – o beneficiário do *trust*, seja uma ou mais pessoas naturais ou jurídicas.[546]

A normatização brasileira é compatível com a Recomendação 25 do GAFI, que trata da transparência dessas estruturas jurídicas.[547] Conforme o art. 2º da Convenção da Haia sobre *Trusts*, "o termo *trust* se refere a relações jurídicas criadas – inter vivos ou após a morte – por alguém, o outorgante, quando os bens forem colocados sob controle de um curador para o benefício de um beneficiário ou para alguma finalidade específica." Segundo o tratado, no *trust*, os bens constituem um fundo separado e não são parte do patrimônio do curador; os títulos relativos aos bens do *trust* ficam em nome do curador ou em nome de alguma outra pessoa em benefício do curador; e o curador tem poderes e deveres, em respeito aos quais ele deve gerenciar, empregar ou dispor de bens em consonância com os termos do trust e os deveres especiais impostos a ele pela lei.[548] *Trusts* são um mecanismo legítimo, porém sua utilização

---

[546] Resolução CVM 50, de 31 de agosto de 2021, disponível em: https://conteudo.cvm.gov.br/legislacao/resolucoes/resol050.html. Acesso em: 20 jun. 2023.

[547] GAFI: "25. Transparência e propriedade de outras estruturas jurídicas. Os países deveriam adotar medidas para prevenir o uso indevido de estruturas jurídicas para lavagem de dinheiro e financiamento do terrorismo. em particular, deveriam assegurar que haja informações adequadas, precisas e atualizadas sobre os *express trusts*, inclusive informações sobre o instituidor, administrador e beneficiários, que possam ser obtidas ou acessadas de maneira tempestiva pelas autoridades competentes. Os países deveriam considerar medidas para facilitar o acesso a informações de propriedade e controle por instituições financeiras e APnFDs que sigam as obrigações definidas nas recomendações 10 e 22". Cf. FINANCIAL ACTION TASK FORCE. International Standards on Combating Money Laundering and the Financing of Terrorism & Proliferation, FATF, Paris, France, 2022. Disponível em: https://www.fatf-gafi.org/content/dam/recommandations/FATF%20Recommendations%202012.pdf.coredownload.inline.pdf . Acesso em: 20 jun. 2023.

[548] CONFERÊNCIA DA HAIA DE DIREITO INTERNACIONAL PRIVADO. Convenção sobre a lei aplicável ao trust e a seu reconhecimento, de 1º de julho de 1985. Disponível em:

é muito deturpada para a ocultação da titularidade do beneficiário final de bens, direitos e valores[549] e seu emprego pode configurar a prática de lavagem de capitais.[550]

3.10 Dever de conservação e prazo de retenção dos dados cadastrais e do registro de operações

Art.10. (...)

§ 2º Os cadastros e registros referidos nos incisos I e II deste artigo deverão ser conservados durante o período mínimo de cinco anos a partir do encerramento da conta ou da conclusão da transação, prazo este que poderá ser ampliado pela autoridade competente.

Segundo o §2º do art. 10 da Lei 9.613/1998, os sujeitos obrigados devem reter ou preservar os dados coletados de seus clientes no cumprimento dos deveres de conformidade PLD/FTP pelo prazo *mínimo* de 5 anos a contar do encerramento do relacionamento financeiro (fechamento "da conta") ou da conclusão de uma determinação transação ou operação financeira (por exemplo: uma transferência de valores). Também devem ser guardados pelo mesmo prazo os registros de operações financeiras concluídas ou iniciadas.

A autoridade competente, isto é, o órgão supervisor e o COAF poderão determinar que o prazo de retenção de dados (*data retention*) seja maior do que 5 anos. Em geral, as resoluções mantêm esse prazo. Porém, a Circular 3.461/2009 do BACEN previa o prazo de conservação de 10 anos para algumas hipóteses.[551] O novo regulamento, aprovado

---

https://www.hcch.net/pt/instruments/conventions/full-text/?cid=59/ Acesso em: 16 abr. 2023. O Brasil não é parte dessa convenção, que está em vigor desde 1992.

[549] FINANCIAL ACTION TASK FORCE. Guidance on beneficial ownership for legal persons. Paris: FATF, March 2023. Disponível em:
https://www.fatf-gafi.org/en/publications/Fatfrecommendations/Guidance-Beneficial-Ownership-Legal-Persons.html. Acesso: 16 abr. 2023.

[550] No caso do ex-deputado federal Eduardo Cunha – referente a um suposto esquema envolvendo a Compagnie Béninoise des Hydrocarbures Sarl –, a sentença condenatória reconheceu que "parte da propina teria sido destinada a contas no exterior em nome de *offshores* ou *trusts* que alimentavam cartões de crédito internacionais e que foram utilizados pelo ex-parlamentar e seus familiares". Cf. STF, 2ª Turma, RHC 1444.295/DF, Rel. Min. Edson Fachin, j. em 28/11/2017, p. 3 do voto do relator. A propina teria sido paga por meio de um *trust* em Edimburgo, p. 4.

[551] Vide o art. 11, inciso I, da referida Circular.

pela Circular 3.978/2020, especifica esse prazo mínimo de 10 anos no seu art. 67.

Embora o inciso III do art. 17-F da Lei 9.613/1998 determinasse,[552] quanto à proteção de dados pessoais, que deveria haver um prazo máximo de retenção, a lei federal não o definiu. Tal obrigação relaciona-se à Lei 13.709/2018 (LGPD), devendo-se observar a legalidade e a finalidade do tratamento dos dados e os direitos do titular, inclusive o direito à autodeterminação informativa, com as restrições previstas na Lei 9.613/1998. No particular, a Lei de Lavagem de Dinheiro vale como lei especial, prevalecendo, inclusive, a proibição do *tipping off*, prevista no inciso V do art. 10, sobre o direito de informação sobre o tratamento dos dados pessoais do titular. Esse e outros direitos poderão ser exercidos *ex post*.

Vale lembrar que a guarda dos dados pessoais e não pessoais serve também para comprovar que o sujeito obrigado cumpriu seus deveres de identificação, diligência e registro. Essas informações podem ser muito relevantes para mitigar a responsabilidade civil ou administrativa do ente obrigado, em casos de suspeita de falhas de *compliance*.

3.11 Registro de operações pelo valor global

Art. 10. (...)

§ 3º O registro referido no inciso II deste artigo será efetuado também quando a pessoa física ou jurídica, seus entes ligados, houver realizado, em um mesmo mês-calendário, operações com uma mesma pessoa, conglomerado ou grupo que, em seu conjunto, ultrapassem o limite fixado pela autoridade competente.

Segundo o inciso II do art. 10 da Lei 9.613/1998, cabe aos sujeitos obrigados manter registro de toda transação em moeda nacional ou estrangeira, títulos e valores mobiliários, títulos de crédito, metais, ou qualquer ativo passível de ser convertido em dinheiro, que ultrapassar limite fixado pela autoridade competente e nos termos de instruções por esta expedidas.

---

[552] O art. 17-F da Lei 9.613/1998, inserido na Lei de Lavagem de Dinheiro pela MPv 1.158/2023, perdeu sua eficácia em 1º de junho de 2023, tendo em vista o esgotamento do prazo da referida medida provisória, sem votação.

Deve haver comunicação obrigatória ao COAF sempre que a pessoa física ou jurídica e os entes ligados a ela realizarem, num mesmo mês-calendário, operações que, no total, ultrapassem o patamar mínimo de comunicação.[553] O objetivo da norma é prevenir o emprego de técnicas de *smurfing* ou fracionamento de operações em valores menores ou sua realização distribuída por diferentes pessoas físicas ou jurídicas pertencentes a um mesmo grupo ou ligadas a um mesmo titular.

3.12 O Cadastro de Clientes do Sistema Financeiro Nacional (CCS)

Art. 10-A. O Banco Central manterá registro centralizado formando o cadastro geral de correntistas e clientes de instituições financeiras, bem como de seus procuradores.

Incluído na Lei de Lavagem de Dinheiro pela Lei 10.701/2003, o art. 10-A da Lei 9.613/1998 determinou a criação no Banco Central do Brasil do Cadastro de Clientes do Sistema Financeiro Nacional (CCS).

Indexado a partir do CPF[554] e do CNPJ, mantidos pela Receita Federal, o CCS reúne informações sobre relacionamentos mantidos por pessoas físicas e jurídicas com instituições financeiras ou equiparadas. Trata-se de uma base de dados nacional unificada, que permite a localização, pelo CPF ou pelo CNPJ, de vínculo de um suspeito ou acusado ou de uma pessoa jurídica com um banco ou uma corretora de valores mobiliários, por exemplo.

Regulado pela Circular BACEN 3.347/2007, o CCS é fundamental para a operação do Sistema de Busca de Ativos do Poder Judiciário (SISBAJUD),[555] impropriamente conhecido como "penhora online", utilizado para quebra de sigilo bancário, localização e congelamento de valores depositados em instituições do SFN, mediante ordem judicial.

Países estrangeiros adotam sistemas similares, como é o caso da França com o seu *Fichier national des comptes bancaires et assimilés* (Ficobas).

---

[553] Vide o tópico 3.4 desta Parte.
[554] Desde a vigência da Lei 14.534/2023, o número de inscrição no Cadastro de Pessoas Físicas (CPF) tornou-se o número único e suficiente para identificação de todos os cidadãos nos bancos de dados dos serviços públicos.
[555] O SISBAJUD substituiu o BACENJUD em 2020.

3.13 Dever de verificação

Art. 11. As pessoas referidas no art. 9º:
I – dispensarão especial atenção às operações que, nos termos de instruções emanadas das autoridades competentes, possam constituir-se em sérios indícios dos crimes previstos nesta Lei, ou com eles relacionar-se;

O dever de exame ou verificação que se impõe aos sujeitos obrigados refere-se à obrigação de analisar a suspeição ou não de uma dada operação, tendo em conta a análise de risco, as tipologias clássicas e os sinais de alerta (*red flags*). Trata-se de dever positivado no art. 11, inciso I, da Lei 9.613/1998 e nos atos infralegais dos órgãos reguladores de cada setor econômico.

A lei estabeleceu que os agentes obrigados devem verificar as operações que apresentem sérios indícios de configurar os crimes de lavagem de capitais e suas infrações penais antecedentes, ao passo que as resoluções detalham o conceito, para estabelecer a obrigação de comunicar operações suspeitas também no campo da prevenção ao financiamento do terrorismo e da proliferação de armas de destruição em massa. A expressão "operação suspeita" é muito mais ampla do que a utilizada no inciso I. De fato, tal inciso refere-se somente àquelas transações que apresentem sérios indícios de ilicitude penal. No entanto, o §1º do art. 11 da Lei 9.613/1998 permite a ampliação do conceito.

Segundo se extrai das instruções, as operações suspeitas são divididas em duas categorias: aquelas que são consideradas aprioristicamente suspeitas, sendo listadas em um rol formulado previamente pelo COAF ou pelo órgão regulador próprio, com base nas tipologias de lavagem de capitais; e as operações suspeitas não catalogadas, que, embora não sejam previamente exemplificadas, são aquelas que podem ser consideradas suspeitas pelas suas características, partes envolvidas, valores, forma de realização, instrumentos utilizados ou pela falta de fundamento econômico ou legal. Assim, o conceito de operações suspeitas não é taxativo, mormente porque o crime de lavagem de capitais resulta da astúcia, perícia e inteligência dos seus executores no desenvolvimento de novos métodos de ocultação e dissimulação continuamente. Daí a importância de conhecer o mecanismo de funcionamento dos crimes quando do mapeamento de riscos, nos termos já expostos neste livro.

Os sujeitos obrigados, listados em lei, devem consultar os marcos regulatórios do seu segmento para identificar as características que tornam uma operação suspeita e elucidar em que situações devem comunicá-las ao COAF, pelo SISCOAF, e ao seu órgão regulador.

A detecção da operação suspeita pode ocorrer manualmente, com análise humana, por funcionário responsável pelo programa PLD/FTP da pessoa jurídica (*compliance officer*) ou, ainda, de forma automática, mediante o emprego de sistema digital de alertas, baseado em *red flags*, em listas de pessoas politicamente expostas (PEPs) e em listas de pessoas e entes submetidos a sanções soberanas ou onusianas devido ao seu envolvimento em atividades terroristas.[556] Na análise digital, podem ser empregados *softwares* ou modelos mais avançados de inteligência artificial. Em instituições financeiras, nas quais o volume de operações é muito elevado, é comum a combinação de ambos os métodos, ou seja, a existência de um sistema informático de detecção e alerta, conjugado com a análise humana.

No âmbito das provedoras de serviços de ativos virtuais, dada a novidade tecnológica que envolve a operação, pensamos ser recomendável que o sujeito obrigado se utilize com maior intensidade de serviços tecnológicos que permitam a análise aprofundada das transações, em especial os serviços voltados a identificar a utilização, ou não, de *mixers* e outros mecanismos de ocultação de informações sobre a transação.

3.14 Dever de comunicação

Art. 11. As pessoas referidas no art. 9º:
II – deverão comunicar ao Coaf (...), no prazo de 24 (vinte e quatro) horas, a proposta ou realização:
  a) de todas as transações referidas no inciso II do art. 10, acompanhadas da identificação de que trata o inciso I do mencionado artigo; e
  b) das operações referidas no inciso I;

O dever de comunicação abrange dois tipos de operações: as operações suspeitas (COS) e as operações de comunicação automática (COA).

---

[556] ARAS, Vladimir. O modelo de enfrentamento à lavagem de dinheiro e ao financiamento do terrorismo. In: PEDROSO, Fernando Gentil Gizzi de Almeida; Hernandes, Luiz Eduardo Camargo Outeiro; CARUZO, Tiago. Direito penal econômico: temas contemporâneos, Londrina: Thoth, 2023.

O dever de comunicação das operações suspeitas (COS) está intrinsecamente ligado ao dever de verificação e exame das transações. Nestes casos, o sujeito obrigado, à luz das premissas fixadas na sua análise de risco da operação e dos clientes, deve verificar e examinar as operações realizadas, com o fim de detectar, ou não, a existência de atividades financeiras atípicas que levantam suspeitas sobre a existência de atos tendentes a ocultar ou dissimular o produto/proveito de um crime ou contravenção. Caso esta análise conclua pela suspeição, o sujeito obrigado deve comunicar o fato ao COAF e ao seu órgão regulador, conforme cada marco regulatório.

Em existindo uma operação suspeita, nos termos definidos no ato infralegal pertinente, a lei determina que o sujeito obrigado deve comunicar sua existência, no prazo de 24 horas após a concretização da operação ou sua propositura. Pensamos que, em muitos casos, este prazo de 24h pode não ser suficiente para a efetiva conclusão, pelo sujeito obrigado, da suspeição ou não da operação.

Não por outra razão, a Circular 3.978/2020 do BACEN estabelece, no art. 39, que "(o) período para a execução dos procedimentos de monitoramento e de seleção das operações e situações suspeitas não pode exceder o prazo de quarenta e cinco dias, contados a partir da data de ocorrência da operação ou da situação"[557].

No âmbito da CVM também foi estabelecido marco distinto, no sentido de que o prazo de 24 horas para a comunicação deve contar não da data da operação em si, mas da data em que o sujeito concluiu a análise que caracterizou a atipicidade da operação realizada ou proposta, nos termos do art. 22, § 3º, da Resolução 50/2021.[558]

Para além da comunicação das operações suspeitas, o sujeito é obrigado a realizar comunicações obrigatórias de operações que ultrapassem o limite fixado pela autoridade competente, nos termos de instruções por ela expedidas. Trata-se da comunicação automática de operações (COA), que deve ser acompanhada da identificação completa das pessoas físicas e jurídicas envolvidas.

---

[557] Circular BACEN 3.978, de 23 de janeiro de 2020. Disponível em: https://www.bcb.gov.br/pre/normativos/busca/downloadNormativo.asp?arquivo=/Lists/Normativos/Attachments/50905/Circ_3978_v1_O.pdf. Acesso em: 20 jun. 2023.

[558] Resolução CVM 50, de 31 de agosto de 2021. Disponível em: https://conteudo.cvm.gov.br/legislacao/resolucoes/resol050.html. Acesso em: 20 jun. 2023.

Deve também o sujeito obrigado comunicar ao COAF todas as operações que possam constituir-se em sérios indícios dos crimes previstos na Lei 9.613/1998, ou com eles relacionar-se, na forma definida pelas instruções das autoridades competentes.

3.15 Dever de comunicação negativa

Art. 11. As pessoas referidas no art. 9º:
III – deverão comunicar ao órgão regulador ou fiscalizador da sua atividade ou, na sua falta, ao Coaf, na periodicidade, forma e condições por eles estabelecidas, a não ocorrência de propostas, transações ou operações passíveis de serem comunicadas nos termos do inciso II.

A reforma promovida pela Lei 12.683/2012 trouxe uma importante obrigação para os sujeitos obrigados, consistente no dever de comunicação negativa ao COAF ou ao órgão regulador próprio. Esta obrigação tem lugar quando o sujeito obrigado realizou adequadamente todas as medidas de identificação, diligência e exame e não encontrou operações suspeitas a serem comunicadas, nos termos do inciso III do art. 11 da Lei 9.613/1998.

Trata-se de declaração importante para que a pessoa obrigada demonstre que a não declaração não foi fruto de um esquecimento ou de negligência, e sim de um exame apurado das operações e não detecção de transação suspeita ou de situação que ensejasse comunicação obrigatória.

3.16 Poder regulamentar sobre operações suspeitas

Art. 11. (...)
§ 1º As autoridades competentes, nas instruções referidas no inciso I deste artigo, elaborarão relação de operações que, por suas características, no que se refere às partes envolvidas, valores, forma de realização, instrumentos utilizados, ou pela falta de fundamento econômico ou legal, possam configurar a hipótese nele prevista.

Este dispositivo permite aos órgãos reguladores dos agentes econômicos (sujeitos obrigados) e ao COAF especificar as características das operações financeiras sujeitas a comunicação por suspeição.[559] Essas são

---

[559] Vide o tópico 3.14 desta Parte.

exatamente aquelas operações que, nos termos de instruções emanadas das autoridades competentes, "possam constituir-se em sérios indícios dos crimes previstos nesta Lei, ou com eles relacionar-se".

Segundo o art. 8º, inciso V, do Anexo ao Decreto 9.663/2019, que aprovou o Estatuto do COAF, cabe ao plenário do órgão elaborar a relação de transações e operações suspeitas de que trata o §1º do art. 11 da Lei 9.613/1998.

3.17 Exclusão de responsabilidade civil e administrativa

Art. 11. (...)

§ 2º As comunicações de boa-fé, feitas na forma prevista neste artigo, não acarretarão responsabilidade civil ou administrativa.

Como consequência lógica do dever de comunicar ou de reportar operações suspeitas ou operações que superem o valor mínimo, o §2º do art. 11 da Lei 9.613/1998 instituiu uma regra expressa de exclusão da responsabilidade civil e administrativa dos sujeitos obrigados.

Com isto, as pessoas físicas ou jurídicas listadas no art. 9º da Lei de Lavagem de Dinheiro não podem ser sancionadas civil ou administrativamente se fizerem exatamente aquilo que a lei lhes ordenou, desde que atuem de boa-fé.

Evidencia-se que esta regra serve à proteção do patrimônio jurídico e econômico e da reputação dos sujeitos obrigados em face de irresignação de seus clientes ou de terceiros mencionados em comunicações de operações suspeitas para fins de prevenção à lavagem de dinheiro ou ao financiamento do terrorismo e à proliferação de armas de destruição em massa (PLD/FTP).

A isenção de responsabilidade, em caso de comunicação de boa-fé, alcança a pessoa física obrigada (a exemplo daquelas do parágrafo único do inciso IX, do art. 9º da Lei) e a pessoa jurídica obrigada, além das pessoas físicas para que para estas operem, como seus proprietários, sócios, controladores, administradores e funcionários.

É, portanto, uma forma de proteção pessoal ao grande gênero dos "colaboradores da Justiça" (*lato sensu*), que se assemelha aos escudos jurídicos criados para *whistleblowers*, na forma da Lei 13.608/2018. No particular, é necessário que o legislador, o COAF e os demais supervisores de segmentos econômicos adotem normas para prever medidas de proteção da integridade física e dos dados pessoais dos indivíduos integrantes de setores de *compliance* nos sujeitos obrigados e mecanismos de salvaguarda a atos violentos e represálias pessoais.

3.18 Dever de compartilhamento de comunicações de operações suspeitas

Art. 11. (...)

§ 3º O Coaf disponibilizará as comunicações recebidas com base no inciso II do caput aos respectivos órgãos responsáveis pela regulação ou fiscalização das pessoas a que se refere o art. 9º.

Este é um dever da UIF, e não dos sujeitos obrigados. Nos termos do §3º do art. 11 da Lei 9.613/1998, o COAF está obrigado a enviar aos órgãos reguladores de cada um dos segmentos ou setores de mercado ou aos entes supervisores específicos, como o BACEN, a CVM, o CNJ, a ANM ou o IPHAN, cópias das comunicações de operações suspeitas ou das comunicações que ultrapassem o valor mínimo legal que tenham recebido dos sujeitos obrigados.

Trata-se de regra de compartilhamento, que pode ter impacto sobre os direitos dos titulares, quando se tratar de dados pessoais, nos termos da LGPD, de 2018, e do art. 5º, inciso LXXIX, da Constituição.[560] Observe-se que o tratamento para fins de PLD/FTP tem base legal, finalidade legítima e determinada, para fins de supervisão, no âmbito de processos administrativos sancionadores ou de processos disciplinares, assim como para fins gerais de supervisão e controle. No relacionamento do COAF com a Polícia e o MP, haverá também a finalidade de difusão para persecução criminal.

Normalmente, o compartilhamento de dados entre o COAF e os demais entes supervisores é feito por meio do SISCOAF.

---

[560] O art. 17-F da Lei 9.613/1998, inserido pela MPv 1.158/2023, continha previsões específicas sobre proteção de dados pessoais no âmbito do COAF, mas perdeu sua eficácia em 1º de junho de 2023, tendo em vista o esgotamento do prazo da referida medida provisória, sem votação.

3.19 Dever de comunicação prévia de transferências internacionais e de saques e pagamentos em espécie

Art. 11-A. As transferências internacionais e os saques em espécie deverão ser previamente comunicados à instituição financeira, nos termos, limites, prazos e condições fixados pelo Banco Central do Brasil.

Este dispositivo rege o dever de comunicação automática de operações (COA) de transferências, saques e pagamentos em espécie.

As instruções dos órgãos supervisores, como o BACEN e o COAF, podem estabelecer limites para a comunicação obrigatória de qualquer transferência internacional a ser realizada para o exterior ou a ser recebida do estrangeiro. Normalmente, tais transferências são realizadas por sistemas como o da *Society for Worldwide Interbank Financial Telecommunication* (SWIFT), com identificadores como o *International Bank Account Number* (IBAN) ou o *Bank International Code* (BIC). Tais sistemas identificam universalmente qualquer conta mantida nas instituições financeiras que os utilizam. O IBAN é regulado pela Circular 3.625/2013 do BACEN.

Tais atos infralegais, expedidos conforme o poder regulamentar conferido pela Lei 9.613/1998 e por diplomas setoriais, estipulam também os valores de alerta compulsório para saques em espécie. O provisionamento de saque serve para impedir a eliminação do rastro de operações ilícitas mediante sua conversão em movimentações em espécie. Em 2017, este valor foi estabelecido em 50 mil reais, exigindo-se que o interessado informasse à instituição financeira com antecedência de 3 (três) dias, caso a retirada fosse em valor igual ou superior.[561]

3.20 Dever de recusa

Como visto, os sujeitos obrigados devem conhecer seus clientes (política KYC), os procuradores da operação, se houver, e seus beneficiários finais. Além disso, devem, em alguns casos, realizar medidas de diligência devida para confirmar a veracidade, ou não, das informações fornecidas pelos clientes.

---

[561] Vide a Circular 3.839/2017 do BACEN, que alterou a Circular 3.461/2009. Este diploma foi revogado pela Circular 3.978/2020. Note-se seu art. 36. Vide também a ação 13 da ENCCLA 2017 e a ação 7 da ENCCLA 2018.

Questão importante surge quando este cliente, ou o seu procurador, nega-se a fornecer as informações ou, embora fornecendo-as, opõe-se às medidas de diligência devida adotadas pelo sujeito obrigado, com o nítido propósito de impedir o conhecimento do cliente, da operação, dos negócios ou do beneficiário final (*beneficial owner*) da operação. Por certo, esta negativa impedirá o cumprimento dos deveres de identificação, diligência, registro, exame e comunicação de operações suspeitas pelo sujeito obrigado. Nestas situações, surge o questionamento sobre a existência, ou não, do dever do sujeito obrigado de recusar a realização de transações e negócios com o cliente.

A Lei 9.613/1998 não disciplina a questão, sendo omissa neste ponto. A Lei 25/2008, de Portugal, é expressa em afirmar, no seu art. 13, que todos os sujeitos obrigados devem recusar a realização de operações em todas as situações em que não for facultada a obtenção dos dados para a identificação do cliente, do representante deste, caso exista, e do beneficiário final da operação, bem como quando não for possível saber sobre a estrutura, a propriedade, o controle do cliente, bem como a natureza, a finalidade da relação do negócio, a origem e o destino dos ativos. A lei portuguesa determina, ainda, que, nessas hipóteses, o sujeito obrigado deve verificar se há risco de ocorrência de lavagem de capitais e, havendo, deve informar ao órgão competente.

Na Espanha, a Lei 10/2010 disciplina, igualmente, o tema, fazendo-o no art. 7º, §3º, no qual se prevê que os sujeitos obrigados não devem estabelecer relações negociais nem executar operações quando não seja possível a realização das medidas de diligência devida. Além disso, os sujeitos obrigados devem, nesta hipótese, verificar se o caso se encaixa nas hipóteses de situações suspeitas que merecem exame e informação ao órgão próprio, nos termos do art. 17 da lei local.

No Brasil, consoante destacamos, a Lei 9.613/1998 não disciplinou o dever de recusa, malgrado alguns atos normativos inferiores versarem sobre o tema,[562] sobretudo quanto à identificação do beneficiário final das operações.

---

[562] BRASIL. Conselho de Controle de Atividades Financeiras. Órgãos reguladores e fiscalizadores. Disponível em: https://www.gov.br/coaf/pt-br/assuntos/informacoes-as-pessoas-obrigadas/orgaos-reguladores-e-fiscalizadores. Acesso em: 20 jun. 2023.

Embora as Resoluções 06/1999[563], 07/1999[564], 08/1999[565] e 10/2001[566], todas do COAF, não disciplinassem o dever de recusa, estabeleciam que deviam ser consideradas suspeitas as operações em que houvesse comunicação falsa ou nas quais o cliente não fornecesse as informações adequadas ou, ainda, dificultasse os deveres de diligência. Percebe-se, claramente, que estas operações foram listadas e disciplinadas apenas como suspeitas, e não como operações proibidas.

As resoluções mais recentes do COAF, como as de números 23/2012, 25/2013, 30/2018 e 41/2022, também consideram as situações descritas como suspeitas, inovando em relação aos antigos normativos, ao preverem que, nestes casos, os sujeitos obrigados devem avaliar a conveniência, ou não, de realizar a operação. Também não se instituiu a proibição de realizar a operação em tais circunstâncias, deixando ao crivo dos sujeitos obrigados a decisão quanto à conveniência de concretizá-las, ou não, desde que se comunique sua ocorrência ao COAF.[567]

Neste mesmo sentido, a Resolução 1.530/2017, do Conselho Federal de Contabilidade (CFC)[568], nos termos do art. 3º, §3º, determina que fica a critério do sujeito obrigado, por conveniência, a realização de operações quando não for possível o cumprimento dos deveres de identi-

---

[563] Revogada pela Resolução COAF 35/2020. Era considerada operação suspeita o oferecimento de informação cadastral falsa ou a prestação de informação cadastral de difícil ou onerosa verificação.

[564] Revogada pela Resolução COAF 39/2021. Nos termos da Resolução COAF 7/1999, era considerada suspeita a operação em que o proponente não se dispunha a cumprir as exigências cadastrais ou tentava induzir os responsáveis pelo cadastramento a não manter em arquivo registros que pudessem reconstituir a operação pactuada.

[565] Revogada pela Resolução COAF 28/2016.

[566] Revogada pela Resolução COAF 37/2021.

[567] Tome-se como exemplo o parágrafo único do art. 3º da Resolução COAF 30, de 4 de maio de 2018, que diz: "Quando não for possível identificar o beneficiário final, as pessoas de que trata o art. 1º devem dispensar especial atenção à operação, avaliando a conveniência de realizá-la ou de estabelecer ou manter a relação de negócio". O art. 15, §4º da Resolução COAF 41, de 8 de agosto de 2022, tem redação semelhante.

[568] BRASIL. Conselho Federal de Contabilidade. Resolução CFC 1.445/2013. Dispõe sobre os procedimentos a serem observados pelos profissionais e Organizações Contábeis, quando no exercício de suas funções, para cumprimento das obrigações previstas na Lei 9.613/1998 e alterações posteriores. Diário oficial da União, Brasília, 30 jul. 2013. Disponível em: <http://www2.cfc.org.br/sisweb/sre/detalhes_sre.aspx?Codigo=2013/001445>. Acesso em: 20 jun. 2023.

ficação e diligência, da mesma forma. No art. 5º, inciso IV, tal resolução setorial prevê a suspeição das operações nesta hipótese, impondo aos contadores o dever de comunicação.

A Portaria 537, de 5 de novembro de 2013, do Ministério da Fazenda[569], que trata dos sujeitos obrigados que exercem atividades de loteria, dispõe, de igual forma, no seu art. 4º, parágrafo único, que o sujeito obrigado deve avaliar a conveniência de realizar ou manter a operação quando não for possível identificar o beneficiário final. No seu art. 6º, inciso V, considera-se operação suspeita aquela em que há resistência, por parte do cliente ou demais envolvidos, de apresentar os dados necessários ao dever de identificação, ou quando forem opostas dificuldades aos deveres de diligência.

A Resolução 1.902/2013, do Conselho Federal de Economia (COFECON)[570], também não prevê o dever de recusa, limitando-se a seguir o padrão das resoluções anteriormente mencionadas, qual seja, deixar a cargo do sujeito obrigado a decisão quanto à conveniência de realização ou continuação da operação (art. 5º, parágrafo único), que passa a ser considerada suspeita (art. 3º, inciso VII), quando houver resistência ao fornecimento de informações ou a prestação de informação falsa ou de difícil ou onerosa verificação, para a formalização do cadastro ou o registro da operação.

A Resolução 1.336/2014, do Conselho Federal de Corretores de Imóveis (COFECI)[571], segue a mesma linha, nos termos do seu art. 6º, parágrafo único,

---

[569] BRASIL. Ministério da Fazenda. Portaria 537, de 5 de novembro de 2013. Estabelece procedimentos a serem adotados por sociedades que distribuam dinheiro ou bens mediante exploração de loterias disciplinadas pelo Decreto-lei 204, de 27 de fevereiro de 1967, para fins de prevenção à lavagem de dinheiro e ao financiamento do terrorismo. Diário Oficial da União, Brasília, 7 nov. 2013. Disponível em: <https://www.fazenda.gov.br/institucional/legislacao/2013/portaria-no-537-de-05-de-novembro-de-2013-1>. Acesso em: 20 jun. 2023.
[570] BRASIL. Conselho Federal de Economia. Resolução n. 1.902, de 2013. Define as obrigações das pessoas físicas e das pessoas jurídicas que exploram atividade de economia e finanças, em razão dos crimes de lavagem ou ocultação de bens, direitos e valores previstos na Lei nº 9.613, de 3 de março de 1998. Brasília, 2013. Disponível em: http://www.cofecon.org.br/dmdocuments/Atos-Normativos/Res/2013/Res-2013%2816%29.pdf. Acesso em: 20 jun. 2023.
[571] BRASIL. Conselho Federal de Corretores de Imóveis. Resolução COFECI n. 1.336/2014. Altera a Resolução COFECI 1.168/2010 em conformidade com a nova redação da Lei

A Circular 612/2020[572], da Superintendência de Seguros Privados (SUSEP), também não institui dever de recusa. Mas a declaração para pagamento de indenização do Seguro por Danos Pessoais Causados por Veículos Automotores de Via Terrestre (DPVAT) estabelece, expressamente, que "a recusa em fornecer as informações e documentos requisitados no formulário não impede o pagamento da indenização do Seguro DPVAT", sendo, porém, a recusa passível de comunicação ao COAF.[573]

A Instrução Normativa DREI 76, de 2020, que deve ser observada pelas Juntas Comerciais, é omissa sobre o assunto, ressalvado o inciso XIII do art. 3º,[574] do mesmo modo que a Resolução Normativa 117/2005 da Agência Nacional de Saúde Suplementar (ANS), salvo pelo disposto no inciso II, letra "b", do seu art. 5º, que tratava a conduta de dificultar a identificação cadastral como indício da ocorrência de crimes previstos na Lei 9.613/1998. Este ato foi revogado pela Resolução Normativa ANS 529/2022, que cuida do tema também no seu art. 5º.[575]

De todas as circulares, instruções e resoluções que disciplinam o tema, apenas a Circular 3.461/2009, do BACEN[576], tratava do dever de recusa, determinando, no seu art. 5º, que as relações e negócios com os clientes só pudessem ser iniciados ou continuados após o cumprimen-

---

9.613/98 em face da edição da Lei 12.683/12. Brasília, 2014. Disponível em: http://www.cofeci.gov.br/arquivos/legislacao/2014/resolucao1336_2014.pdf. Acesso em: 20 jun. 2023.

[572] BRASIL. Ministério da Fazenda. Superintendência de Seguros Privados. Circular SUSEP 612, de 18 de agosto de 2020. Disponível em: https://www.in.gov.br/en/web/dou/-/circular-susep-n-612-de-18-de-agosto-de-2020-275409238. Acesso em: 20 jun. 2023.

[573] SEGURADORA LÍDER-DPVAT. Declaração: Circular Susep 445/12, prevenção à lavagem de dinheiro. [S.l.], 2013. Disponível em: http://www.dpvatsegurodotransito.com.br/static/documentos/declaracao_procurador_circular_SUSEP.pdf. Acesso em: 20 jun. 2023. Vide o art. 13. Inciso II, alínea *a*, da Circular SUSEP 445/2012.

[574] BRASIL. Secretaria Especial de Desburocratização, Gestão e Governo Digital. Secretaria de Governo Digital. Departamento Nacional de Registro Empresarial e Integração. Instrução Normativa DREI 76, de 9 de março de 2020. Disponível em: https://www.gov.br/economia/pt-br/assuntos/drei/legislacao/arquivos/legislacoes-federais/indrei76.pdf. Acesso em: 20 jun. 2023.

[575] BRASIL. Agência Nacional de Saúde Suplementar. Resolução Normativa 529, de 2022. Disponível em: https://www.ans.gov.br/component/legislacao/?view=legislacao&task=textoLei&format=raw&id=NDIyMw==. Acesso em: 20 jun. 2023.

[576] BRASIL. Banco Central do Brasil. Circular 3.461, de 24 de julho de 2009. Disponível em: https://www.bcb.gov.br/pre/normativos/circ/2009/pdf/circ_3461_v3_l.pdf. Acesso em: 20 jun. 2023.

to das obrigações de identificação e diligência. Tal normativo foi revogado pela Circular 3.978/2020, que manteve regra semelhante no seu art. 23.[577]

> Art. 23. É vedado às instituições referidas no art. 1º iniciar relação de negócios sem que os procedimentos de identificação e de qualificação do cliente estejam concluídos.
> Parágrafo único. Admite-se, por um período máximo de trinta dias, o início da relação de negócios em caso de insuficiência de informações relativas à qualificação do cliente, desde que não haja prejuízo aos procedimentos de monitoramento e seleção de que trata o art. 39.

Por seu turno, a Instrução 18/2014, da Superintendência Nacional de Previdência Complementar (PREVIC), tinha, no art. 5º, §6º, a proibição de iniciar uma relação ou realizar uma transação quando não fosse possível a completa identificação do cliente ou da contraparte. No entanto, esse ato foi revogado pela Instrução Normativa PREVIC 34/2020, que não tem dispositivo similar.[578]

Observa-se, por conseguinte, diante do quadro normativo ora analisado, que, no Brasil, salvo exceções, os sujeitos obrigados não devem impedir ou recusar a realização de operações em que não haja a possibilidade de identificação do beneficiário final ou do cumprimento da diligência devida, e sim, quando for o caso, devem comunicar ao COAF e ao órgão regulador próprio para as providências necessárias à prevenção e repressão da conduta.

Vicente Greco Filho e João Daniel Rassi assinalam que "os deveres genéricos de comunicação para órgãos estatais de controle não implicam dever específico de evitar o resultado"[579]. Na mesma linha de intelecção, Carlos Fernando de Santos Lima pontua que o dever de recusa não está genericamente previsto na lei brasileira, com exceção, dizia ele,

---

[577] BRASIL. Banco Central do Brasil. Circular 3.978, de 23 de janeiro de 2020. Disponível em: https://www.in.gov.br/en/web/dou/-/circular-n-3.978-de-23-de-janeiro-de-2020-239631175 . Acesso em: 20 jun. 2023.

[578] BRASIL. Superintendência Nacional de Previdência Complementar. Instrução Normativa PREVIC 34, de 2020. Disponível em: https://www.in.gov.br/en/web/dou/-/instrucao-normativa-previc-n-34-de-28-de-outubro-de-2020-285633819. Acesso em: 20 jun. 2023.

[579] GRECO FILHO, Vicente; RASSI, João Daniel. Lavagem de dinheiro e advocacia: uma problemática das ações neutras. Boletim IBCCrim, São Paulo, v. 20, n. 237, pp. 13-14, ago. 2012.

da circular do Bacen já mencionada. O autor vai além e afirma que se trata de uma solução "adequada ao nosso sistema de prevenção", pois, em muitos casos, para a detecção de elementos que corroborem a responsabilidade criminal, é "mais interessante a continuidade da operação, sob controle as autoridades (ação controlada), que a mera interrupção desta"[580]. Este é o mesmo entendimento defendido por Luz.[581]

Desta forma, caso o sujeito obrigado opte por realizar a operação sem a identificação adequada e sem a realização dos deveres de diligência, não haverá possibilidade de responsabilização civil ou administrativa, desde que tal fato seja comunicado ao COAF e ao órgão regulador do seu segmento. A constatação da inexistência de dever de recusa, na maioria dos casos, será essencial para que se avalie a posição de garante dos sujeitos obrigados na Lei de Lavagem de Capitais.

Um último ponto merece exame. O projeto de lei 2720/2023 pretende tipificar o crime de discriminação contra pessoas politicamente expostas (PEPS) e alterar o Código de Defesa do Consumidor para prescrever os procedimentos a serem adotados pelas instituições financeiras nos casos de negativa de abertura ou manutenção de conta de PEPs, que devem sujeitar-se a procedimentos mais rigorosos de *compliance* por parte dos sujeitos obrigados. Se este projeto for aprovado, ficará enfraquecida a prevenção da lavagem de dinheiro no Brasil, com repercussões negativas sobre o cumprimento de seus compromissos internacionais junto ao GAFI.[582]

Muito preocupante é a proposta de criminalização dos setores de conformidade de instituições financeiras, como se vê no art. 4º:

> Art. 4º Negar a celebração ou a manutenção de contrato de abertura de conta corrente, concessão de crédito ou de outro serviço, a qualquer pessoa física ou jurídica, regularmente inscrita na Receita Federal do Brasil, em razão da condição de pessoa politicamente exposta ou de

---

[580] LIMA. Op. cit., p. 75.
[581] Para análise mais aprofundada, ver: LUZ, Ilana Martins. Compliance e omissão imprópria. Belo Horizonte: D'Plácido, 2018.
[582] O substitutivo ao PL 2720/2023 foi aprovado pelo plenário da Câmara dos Deputados em 14 de junho de 2023. Na data em que escrevemos, o texto se encontrava no Senado Federal, casa revisora. O projeto ficou conhecido como "Lei Dani Cunha", por referência a sua autora, filha do ex-deputado Eduardo Cunha. Disponível em: https://www.camara.leg.br/proposicoesWeb/prop_mostrarintegra?codteor=2288817. Acesso em: 20 jun. 2023.

pessoa que esteja respondendo a investigação preliminar, termo circunstanciado, inquérito ou a qualquer outro procedimento investigatório de infração penal, civil ou administrativa, ou de pessoa que figure na posição de parte ré de processo judicial em curso:
Pena: reclusão, de 2 (dois) a 4 (quatro) anos, e multa.

Um ponto positivo do projeto está no seu art. 2º, que define legalmente pessoas politicamente expostas. Hoje tal definição existe apenas em atos infralegais dos órgãos supervisores.

3.21 Dever de abstenção

O dever de abstenção consiste na obrigação de interrupção da relação de negócios com o cliente, quando o sujeito obrigado detectar indícios da ocorrência do crime de lavagem de capitais[583]. Difere do dever de recusa pois, neste, o sujeito obrigado não inicia a relação com o cliente, porque não existem ou não foram fornecidos elementos idôneos à sua identificação, tampouco se propiciou o exercício do dever de diligência. No dever de abstenção, a relação negocial já existe e, durante a sua realização, podem ser detectados indícios da prática de lavagem de capitais.

Outra diferença é que, no dever de recusa, não há, necessariamente, indício do cometimento de crime, apenas suspeição em virtude da posição do cliente de negar ou dificultar os deveres de identificação ou diligência, ou da ocorrência de outras hipóteses de suspeição presentes nos regulamentos, ao passo que, no dever de abstenção, já há indícios da prática do crime ou contravenção penal, e não mera suspeição da operação. São deveres distintos, portanto.

Um ponto importante sobre o marco legal brasileiro diz respeito à existência, ou não, do dever de abstenção. A Lei 9.613/1998 não disciplina claramente esta temática. As resoluções, circulares e instruções normativas vigentes, por seu turno, também são omissas no ponto. Nada impede, porém, que os sujeitos obrigados adotem códigos de autorregulação que recomendem a cessação do relacionamento com o cliente envolvido em atividades criminosas. Tais práticas de autoproteção podem ensejar, por exemplo, o encerramento de contas bancárias

---

[583] CORDERO, Isidoro Blanco. Op. cit., p. 469.

ou o cancelamento de contratos, especialmente quando tais providências de cessação estiverem clausuladas nos ajustes bilaterais.

Da mesma forma que em relação ao dever de recusa, a lei brasileira poderia ter tratado da questão da abstenção, seja para afastar ou impor o dever de abstenção, neste último caso como fizeram a legislação portuguesa (art. 17) e a legislação espanhola (art. 19). Em ambos os países, há a previsão de que os sujeitos obrigados devem, em princípio, abster-se de executar operações que saibam ou suspeitem ser relacionadas a lavagem de dinheiro, cabendo-lhes comunicar o fato ao Procurador-Geral da República. No entanto, nos dois casos, é possível que, por recomendação do Procurador-Geral e da unidade de inteligência financeira, a continuação da operação seja conveniente, para não frustrar os interesses de prevenção e futura repressão ao crime. Em outros termos, mesmo que se saiba que a operação tem indícios da ocorrência de lavagem, o sujeito obrigado poderá dar-lhe curso para auxiliar na formação do conjunto probatório e nas investigações relacionadas ao crime, tal como uma ação controlada.

No Brasil, a lei não disciplina expressamente essa providência, mas, por força da redação do tipo penal, permanece a dúvida sobre a existência, ou não, do dever de abstenção. De todo modo, é possível o emprego de ação controlada para essa apuração, nos termos do §6º do art. 1º da Lei 9.613/1998 e da Lei 12.850/2013.

Com efeito, consoante demonstramos, a Lei 9.613/1998 criminaliza todas as fases da lavagem de capitais, incriminando a reintegração do capital com aparência lícita ao circuito econômico formal, após as fases de ocultação e dissimulação. Pune-se, outrossim, a utilização da economia como meio para a ocultação ou dissimulação de ativos de origem ilícita.

É o que se extrai do §1º, inciso II, e §2º, inciso I, do art. 1º da Lei de Lavagem de Dinheiro. Conforme estabelece o art. 1º, §1º, II, da Lei 9.613/1998, comete crime de lavagem de capitais quem adquire, recebe, troca, negocia, dá ou recebe em garantia, guarda, tem em depósito, movimenta ou transfere bens, direitos ou valores oriundos de infração penal com o objetivo de ocultar ou dissimular sua utilização.

Já o art. 1º, §2º, inciso I, da mesma Lei, estabelece que comete o delito aquele que utiliza, na atividade econômica ou financeira, bens oriundos de infração penal, o que representa a incriminação da última fase da lavagem de dinheiro.

Sendo assim, caso o sujeito obrigado se depare com indícios da prática de lavagem – que, repita-se, é ocorrência mais séria e específica do que a percepção de meras operações suspeitas[584] –, a dúvida é se deve haver a abstenção de realizar qualquer relação negocial com a parte, ou, ao revés, se é permitida a realização da atividade negocial mediante a comunicação ao COAF ou diretamente ao Ministério Público, ficando a critério do sujeito obrigado a opção por interromper, ou não, a prática da atividade.

Trata-se de questão controvertida. Salvo ordem judicial em contrário[585], a continuação das atividades – desde que regularmente comunicada ao COAF e ao órgão regulador do segmento, com a adoção de todos os protocolos previstos no marco regulatório – não redundará em responsabilidade administrativa, civil ou penal do sujeito obrigado ou de seus administradores, controladores, sócios ou funcionários.

Em primeiro lugar porque, caso o sujeito obrigado detecte a atividade ilícita e a comunique efetivamente ao órgão próprio, terá realizado a sua atividade nos limites do risco permitido pelo ordenamento, que lhe impõe apenas a comunicação e não lhe exige a abstenção do ato. O cumprimento dos deveres de *compliance* tem, neste aspecto, o condão de apontar os limites entre o risco permitido e o risco proibido, servindo como meio para garantir mais segurança jurídica à atividade empresarial.

Além disto, é de se assinalar que o sujeito que examina a atividade e comunica o fato ao órgão regulador e ao COAF, a depender do caso, ainda que realizasse o tipo objetivo – premissa da qual discordamos – não concretizaria o tipo subjetivo, uma vez que este exige a presença do elemento subjetivo especial consistente na intenção de "lavar" os ativos, de modo que esta intenção é absolutamente incompatível com a comunicação dos fatos à autoridade competente.

Caso a lei brasileira previsse o dever de abstenção e, ainda, caso houvesse a previsão da modalidade culposa, como no sistema espanhol, poder-se-ia cogitar de responsabilidade por culpa, desde que preenchidos os requisitos.

---

[584] Neste caso, não haverá mera suspeição de uma atividade que é comumente praticada para lavagem de dinheiro, mas sim a presença de outros elementos que servem como indícios da ocorrência deste crime.
[585] No curso de uma ação controlada, por exemplo.

Diferente, porém, é a situação do sujeito obrigado que identifica a operação com indícios de lavagem, não se abstém de concluí-la, tampouco comunica sua realização ao COAF. Este sujeito, sem dúvida, terá responsabilidade administrativa e também civil, e será possível cogitar de sua responsabilidade criminal, preenchidos os requisitos que apontamos na análise dogmática do tema.

3.22 Designação de um responsável de cumprimento

A nomeação de um responsável de cumprimento (*compliance officer*) é exigida pela Carta-Circular n. 1, de 1º de dezembro de 2014, do COAF. No art. 3º, há a expressa previsão de que os sujeitos obrigados designarão um administrador que responderá perante a unidade de inteligência financeira pelo cumprimento das obrigações previstas na Lei 9.613/1998 e nos atos infralegais de PLD/FTP. Há, ainda, a previsão de que o administrador deve indicar um funcionário subordinado que poderá acessar o SISCOAF, sob responsabilidade daquele administrador.

Assim, o programa de cumprimento voltado aos procedimentos PLD/FTP deve contar com um responsável, embora seja certo também que cabe ao sujeito obrigado difundir a noção de que cumprir tal política de conformidade é dever de todos os seus gestores, colaboradores e funcionários. A rigor, todos os funcionários são responsáveis pelo sucesso do programa de *compliance*, porém o *compliance officer* é o protagonista do programa, sendo o seu "principal gestor".

Não é suficiente a mera designação do responsável pela *compliance*, sendo imprescindível avaliar a sua localização na estrutura hierárquica da empresa, além da sua autonomia financeira e estrutural. Para além disso, é necessário investigar se o sujeito escolhido realmente é capacitado para ocupar o cargo.

3.23 O cadastro nacional de pessoas expostas politicamente

"Art. 12-A. Ato do Poder Executivo federal regulamentará a disciplina e o funcionamento do Cadastro Nacional de Pessoas Expostas Politicamente (CNPEP), disponibilizado pelo Portal da Transparência.

§ 1º Os órgãos e as entidades de quaisquer Poderes da União, dos Estados, do Distrito Federal e dos Municípios deverão encaminhar ao gestor CNPEP, na forma e na periodicidade definidas no regulamento de que trata o caput deste artigo, informações atualizadas sobre seus integrantes ou ex-integrantes classificados como pessoas expostas politicamente (PEPs) na legislação e regulação vigentes.

§ 2º As pessoas referidas no art. 9º desta Lei incluirão consulta ao CNPEP entre seus procedimentos para cumprimento das obrigações previstas nos arts. 10 e 11 desta Lei, sem prejuízo de outras diligências exigidas na forma da legislação.

§ 3º O órgão gestor do CNPEP indicará em transparência ativa, pela internet, órgãos e entidades que deixem de cumprir a obrigação prevista no § 1º deste artigo."

Após a entrada em vigor da Lei 14.478/2022, em 20 de junho de 2023, a Lei de Lavagem de Dinheiro passou a ter um novo art. 12-A, que criou o Cadastro Nacional de Pessoas Expostas Politicamente (CNPEP), que deve ser acessível pelo Portal da Transparência, mantido pela Controladoria Geral da União (CGU). A existência de um cadastro deste tipo facilita a análise de risco pelos sujeitos obrigados (art. 9º da Lei 9.613/998) no cumprimento de seus deveres administrativos de *compliance* para a prevenção à lavagem de dinheiro (PLD) e ao financiamento do terrorismo e à proliferação de armas de destruição em massa (FTP).

Conforme a Recomendação 12 do GAFI, em relação às pessoas expostas politicamente estrangeiras (PEPs), "além das medidas normais de devida diligência acerca do cliente", as instituições financeiras devem ser obrigadas a

> (a) ter sistemas adequados de gerenciamento de riscos para determinar se o cliente ou beneficiário é pessoa exposta politicamente; (b) obter aprovação da alta gerência para estabelecer (ou continuar, para clientes existentes) tais relações de negócios; (c) adotar medidas razoáveis para estabelecer a origem da riqueza e dos recursos; (d) conduzir monitoramento reforçado contínuo da relação de negócios.[586]

---

[586] FINANCIAL ACTION TASK FORCE. International Standards on Combating Money Laundering and the Financing of Terrorism & Proliferation, FATF, Paris, France, 2022. Disponível em: https://www.fatf-gafi.org/content/dam/recommandations/FATF%20Recommendations%202012.pdf.coredownload.inline.pdf . Acesso em: 20 jun. 2023, p. 16.

Ademais, as instituições financeiras devem ser obrigadas a "adotar medidas razoáveis para determinar se um cliente ou beneficiário é uma PEP ou pessoa que ocupa função importante em uma organização internacional." Em qualquer caso, exigências para todas as PEPs "também se aplicam a familiares ou pessoas próximas dessas PEPs."[587] Como decidido pelo STJ:

> Os familiares e parentes próximos de pessoas que ocupem cargos ou funções públicas relevantes – consideradas pessoas politicamente expostas (PPE), nos termos do art. 2º, da Resolução n. 29, de 19/12/2017, do COAF[588] – sujeitam-se ao controle estabelecido nos arts. 10 e 11 da Lei n. 9.613/1998 a fim de ser apurada a possível prática de lavagem de dinheiro.[589]

A lei federal deveria dizer quem são as pessoas expostas politicamente (PEPs) no Brasil. Na falta de previsão expressa na Lei 9.613/1998, atos infralegais as definem.[590] Em consequência da normativa internacional, um desses atos, a Resolução COAF 40/2021, dispõe sobre os procedimentos a serem observados em relação a pessoas expostas politicamente, por aquelas pessoas físicas e jurídicas que se sujeitam a sua supervisão, na forma do art. 14, §1º, da Lei 9.613/1998.

---

[587] FATF International Standards on Combating Money Laundering and the Financing of Terrorism & Proliferation. Op. cit., p. 16.

[588] Substituída pela Resolução COAF 40, de 22 de novembro de 2021. Disponível em:https://www.gov.br/coaf/pt-br/acesso-a-informacao/Institucional/a-atividade-de-supervisao/regulacao/supervisao/normas-1/resolucao-coaf-no-40-de-22-de-novembro-de-2021. Acesso em: 20 jun. 2023. Diz o art. 2º da Resolução que "as pessoas reguladas pelo Coaf devem dedicar especial atenção às operações ou propostas de operações envolvendo pessoa exposta politicamente, bem como com seus familiares, estreitos colaboradores e ou pessoas jurídicas de que participem, observando, nos casos de maior risco". Segundo o §1º deste artigo, "são considerados familiares os parentes, na linha direta, até o segundo grau, o cônjuge, o companheiro, a companheira, o enteado e a enteada."

[589] STJ, Jurisprudência em Teses, Edição 167, de 9 de abril de 2021, Tese 10. Disponível em: https://scon.stj.jus.br/SCON/jt/toc.jsp. Acesso em: 20 jun. 2023.

[590] O art. 2º do PL 2720/2023, aprovado na Câmara dos Deputados em 14 de junho de 2023, pretende conceituar legalmente as PEPs. No conceito estarão incluídos os familiares e os estreitos colaboradores das pessoas listadas, assim como as pessoas jurídicas de que a PEP participe.

Assim, são PEPs, nos termos do §1º do art. 1º da Resolução COAF 40/2021, os detentores de mandatos eletivos dos Poderes Executivo e Legislativo da União; os ocupantes de cargo, no Poder Executivo da União, de Ministro de Estado ou equiparado, de natureza especial ou equivalente; o Presidente, Vice-Presidente e Diretor, ou equivalentes, de entidades da administração pública indireta; e os ocupantes de cargos de Direção e Assessoramento Superior (DAS) de nível 6 ou equivalente; os membros do Conselho Nacional de Justiça, do Supremo Tribunal Federal, dos Tribunais Superiores, dos Tribunais Regionais Federais, dos Tribunais Regionais do Trabalho, dos Tribunais Regionais Eleitorais, do Conselho Superior da Justiça do Trabalho e do Conselho da Justiça Federal; os membros do Conselho Nacional do Ministério Público, o Procurador-Geral da República, o Vice-Procurador-Geral da República, o Procurador-Geral do Trabalho, o Procurador-Geral da Justiça Militar, os Subprocuradores-Gerais da República e os Procuradores-Gerais de Justiça dos Estados e do Distrito Federal; os membros do Tribunal de Contas da União, o Procurador-Geral e os Subprocuradores-Gerais do Ministério Público junto ao Tribunal de Contas da União; os Presidentes e Tesoureiros nacionais, ou equivalentes, de partidos políticos; os Governadores e Secretários de Estado e do Distrito Federal, os Deputados Estaduais e Distritais, os Presidentes, ou equivalentes, de entidades da administração pública indireta estadual e distrital e os Presidentes de Tribunais de Justiça, Militares, de Contas ou equivalentes de Estado e do Distrito Federal; os Prefeitos, os Vereadores, os Secretários Municipais, os Presidentes, ou equivalentes, de entidades da administração pública indireta municipal e os Presidentes de Tribunais de Contas de Municípios ou equivalentes.

Conforme o § 2º do art. 1º da mesma Resolução, também são consideradas pessoas expostas politicamente aquelas que, no exterior, sejam Chefes de Estado ou de Governo; políticos de escalões superiores; ocupantes de cargos governamentais de escalões superiores; oficiais generais e membros de escalões superiores do Poder Judiciário; executivos de escalões superiores de empresas públicas; e dirigentes de partidos políticos.

Nos termos do § 3º também são pessoas expostas politicamente os dirigentes de escalões superiores de entidades de direito internacional público ou privado.

Os §§4º e 5º do art. 1º da Resolução COAF 40/2021 dizem que, para identificação de pessoas expostas politicamente que se enquadrem no §1º desse artigo ou para confirmação do seu enquadramento em hipótese contemplada em tal dispositivo, devem ser consultadas bases de dados oficiais disponibilizadas pelo Poder Público, a exemplo da relação de pessoas expostas politicamente mantida pela Controladoria-Geral da União (CGU) no Portal da Transparência, disponibilizada também pelo Sistema de Controle de Atividades Financeiras (SISCOAF). Já, para identificação de pessoas expostas politicamente que se enquadrem nos §§ 2º e 3º deste artigo ou para confirmação do seu enquadramento em hipótese contemplada em tais dispositivos, deve-se recorrer a fontes abertas e a bases de dados públicas e privadas.

O CNPEP facilitará sobremaneira essa diligência devida e deverá ser obrigatoriamente consultado pelos operadores do subsistema de prevenção PLD/FTP no âmbito dos sujeitos obrigados, como mais um dever de conformidade (§2º do art. 12-A). Por outro lado, o novo art. 12-A, §1º, da Lei 9.613/1998, também cria um dever para os dirigentes máximos dos órgãos e entes do Poder Executivo e Legislativo dos Municípios, dos Estados, do Distrito Federal e da União, assim como para o Judiciário e o Ministério Público e os órgãos da Administração Indireta, cabendo-lhes comunicar periodicamente os dados pessoais dos PEPs e de pessoas que deixaram de sê-lo nos últimos 5 (cinco) anos, para alimentação do CNPEP.

Como prática de *naming and shaming*, o gestor do CNPEP deve manter na Internet a lista de órgãos e entidades públicos que deixarem de cumprir a obrigação prevista no § 1º do art. 12-A da Lei 9.613/1998. O Ministério Público Federal pode instaurar inquérito civil para fiscalizar o cumprimento dessa obrigação e promover ação civil pública para o caso de descumprimento ou formular compromisso de ajustamento de conduta para a solução da lide. Em caso de ajuizamento, a competência é federal, nos termos do art. 109, inciso IV, da Constituição.

4. RESPONSABILIDADE ADMINISTRATIVA POR FALHA DE *COMPLIANCE*

Art. 12. Às pessoas referidas no art. 9º, bem como aos administradores das pessoas jurídicas, que deixem de cumprir as obrigações previstas nos arts. 10 e 11 serão aplicadas, cumulativamente ou não, pelas autoridades competentes, as seguintes sanções:

I – advertência;
II – multa pecuniária variável não superior:
a) ao dobro do valor da operação;
b) ao dobro do lucro real obtido ou que presumivelmente seria obtido pela realização da operação; ou
c) ao valor de R$ 20.000.000,00 (vinte milhões de reais);
III – inabilitação temporária, pelo prazo de até dez anos, para o exercício do cargo de administrador das pessoas jurídicas referidas no art. 9º;
IV – cassação ou suspensão da autorização para o exercício de atividade, operação ou funcionamento.
§ 1º A pena de advertência será aplicada por irregularidade no cumprimento das instruções referidas nos incisos I e II do art. 10.
§ 2º A multa será aplicada sempre que as pessoas referidas no art. 9º, por culpa ou dolo:
I – deixarem de sanar as irregularidades objeto de advertência, no prazo assinalado pela autoridade competente;
II – não cumprirem o disposto nos incisos I a IV do art. 10;

III – deixarem de atender, no prazo estabelecido, a requisição formulada nos termos do inciso V do art. 10;
IV – descumprirem a vedação ou deixarem de fazer a comunicação a que se refere o art. 11.

§ 3º A inabilitação temporária será aplicada quando forem verificadas infrações graves quanto ao cumprimento das obrigações constantes desta Lei ou quando ocorrer reincidência específica, devidamente caracterizada em transgressões anteriormente punidas com multa.

§ 4º A cassação da autorização será aplicada nos casos de reincidência específica de infrações anteriormente punidas com a pena prevista no inciso III do caput deste artigo.

Caso os sujeitos obrigados, sejam eles pessoas físicas ou jurídicas, não cumpram as obrigações previstas nos arts. 10 e 11 da Lei 9.613/1998, estarão sujeitos às sanções administrativas previstas no art. 12, quais sejam, advertência; multa pecuniária de até 20 milhões de reais; inabilitação temporária, por até 10 anos, para o exercício do cargo de administrador das pessoas jurídicas obrigadas indicadas no art. 9º da Lei; e cassação ou suspensão da autorização para o exercício da atividade, operação ou funcionamento.

São sanções administrativas escalonadas quanto à gravidade da falha de *compliance*, para estimular os profissionais da área e as empresas nas quais trabalham a colaborar com o Estado nas atividades PLD/FTP. Observe-se que as punições podem ser impostas tanto aos sujeitos obrigados quanto aos administradores das pessoas jurídicas que descumprirem os deveres administrativos previstos nos arts. 10 e 11.

Tais sanções, que podem ser impostas cumulativamente, devem ser aplicadas após a conclusão de processo administrativo sancionador (PAS) no qual se observam o contraditório e ampla defesa. O PAS tem curso perante os órgãos supervisores ("autoridades competentes") ou o COAF. O art. 13 da Lei 9.613/1998, que estipulava linhas mínimas para esse procedimento, foi revogado pela Lei 13.974/2020, que agora o regula.

Nos termos do §1º do art. 12 da Lei 9.613/1998, a pena de advertência, a mais leve, é cabível quando o sujeito obrigado descumprir as instruções a que se referem os incisos I e II do art. 10 da Lei 9.613/1998, que dizem respeito à identificação de seus clientes, à manutenção de cadastro atualizado e à realização do registro de todas as transações financeiras superiores ao limite em reais ou o equivalente em moeda estrangeira.

Os parâmetros da multa são os das letras *a, b* e *c,* do inciso II, do art. 12 da Lei de Lavagem de Dinheiro. A multa não pode superar o dobro do valor da operação ou o dobro do lucro real obtido ou que seria alcançável com a operação, o que for maior, não podendo, porém, em qualquer dos casos ultrapassar a cifra de 20 milhões de reais por infração. Determina o §2º do art. 12 que a pena de multa é apropriada para os casos em que o sujeito obrigado, agindo por culpa ou dolo, deixar de sanar as irregularidades objeto de advertência, no prazo assinalado pela autoridade competente; não cumprir os deveres listados nos incisos I a IV do art. 10; deixar de atender, no prazo estabelecido, a requisição formulada nos termos do inciso V do art. 10; ou descumprirem a vedação ou deixarem de fazer a comunicação a que se refere o art. 11.

A pena em grau imediatamente superior à multa é a sanção de inabilitação temporária (*debarment*), que se justifica, conforme o §3º do art. 12, quando ocorrerem infrações graves quanto ao cumprimento das obrigações constantes da Lei 9.613/1998; ou quando houver reincidência específica, devidamente caracterizada em transgressões anteriormente punidas com multa.

As penas mais graves são, nesta ordem, as de suspensão e de cassação da autorização de funcionamento da pessoa obrigada. Estas sanções serão aplicadas, na forma do §4º do art. 12 da Lei 9.613/1998, em caso de reincidência específica em infrações punidas com inabilitação temporária.

No âmbito do art. 12 da Lei de Lavagem de Dinheiro, as sanções à pessoa jurídica são de natureza administrativa, uma vez que não há, no Brasil, responsabilidade penal da pessoa jurídica fora das previsões da Lei dos Crimes Ambientais. No entanto, também é viável a responsabilização civil de pessoas jurídicas e das pessoas físicas obrigadas por descumprimento dos deveres de *compliance*, na forma da Lei de Ação Civil Pública, de 1985, sem prejuízo das disposições da Lei de Improbidade Administrativa e da Lei Anticorrupção Empresarial, quando aplicáveis.

Segundo o art. 9º da Lei 13.974/2020, constituíam dívida ativa do Banco Central do Brasil os créditos decorrentes da atuação do COAF inscritos a partir de 20 de agosto de 2019. As multas aplicadas anteriormente integravam a Dívida Ativa da União. Na redação que lhe foi dada pela MPv 1.158/2023, agora constituem dívida ativa da União os créditos decorrentes da atuação do Coaf inscritos até 19 de agosto de 2019 e a partir de 12 de janeiro de 2023.

Cabe ao plenário do COAF, conforme o art. 8º, inciso VII, do Anexo ao Decreto 9.663/2019, estabelecer parâmetros adicionais de aplicação das penas previstas no art. 12 da Lei 9.613/1998, para as infrações previstas nos arts. 10 e 11 da Lei de Lavagem de Dinheiro.

As resoluções, instruções e circulares dos órgãos reguladores contêm disposições minuciosas sobre os deveres PLD/FTP, que, se descumpridos, podem ensejar a responsabilidade administrativa, nos termos da Lei 9.613/1998.

4.1 Processo administrativo sancionador

(Revogado)
Art. 13. O procedimento para a aplicação das sanções previstas neste Capítulo será regulado por decreto, assegurados o contraditório e a ampla defesa.

Antes de ser revogado pela Lei 13.974/2020, o art. 13 da Lei 9.613/1998 estabelecia que o processo administrativo sancionador (PAS), pela violação dos deveres dos arts. 10 e 11 da Lei de Lavagem de Dinheiro, deveria observar o contraditório e a ampla defesa. Determinava também que decreto regulamentar especificaria suas regras. Tratava-se do Decreto 2.799/1998, especialmente dos seus arts. 14 a 23.

Hoje o processo administrativo sancionador está regulado pela Lei 13.974/2020 e pelos arts. 18 a 28 do Anexo ao Decreto 9.663/2019, que aprovou o Estatuto do Conselho de Controle de Atividades Financeiras (COAF). A Lei 9.784/1999 aplica-se subsidiariamente aos processos administrativos sancionadores instituídos no âmbito do COAF.[591]

Segundo o art. 18 do Anexo ao Decreto 9.663/2019, o processo administrativo sancionador é um instrumento de supervisão que deve ser instaurado quando houver indícios da ocorrência das infrações administrativas previstas na Lei 9.613/1998. O processo deve observar os princípios da legalidade, da finalidade, da motivação, da razoabilidade, da proporcionalidade, da moralidade, da ampla defesa, do contraditório, da segurança jurídica, do interesse público e da eficiência, entre outros.

O Banco Central do Brasil, a Comissão de Valores Mobiliários, a Superintendência de Seguros Privados e os demais órgãos públicos responsáveis pela aplicação de penas administrativas previstas no art. 12

---

[591] Vide o §2º do art. 6º da Lei 13.974/2020.

da Lei 9.613/1998, devem observar seus procedimentos e, no que couber, o disposto no Estatuto do COAF, de 2019. O BACEN e a CVM também podem lançar mão da Lei 13.506/2017, que regula os Acordos Administrativos em Processos de Supervisão (APS).

Antes da instauração do processo, o COAF pode promover averiguações preliminares, em caráter reservado, na forma do art. 19 do Decreto. Diz o art. 20 que, uma vez concluídas tais averiguações, o COAF poderá propor a instauração do processo administrativo sancionador ou determinar o arquivamento da apuração preliminar, devendo neste caso, haver confirmação por órgão superior.

O processo administrativo sancionador deve ser instaurado no prazo de 30 dias úteis, contados da data de conhecimento da infração, do recebimento das comunicações de operações suspeitas ou superiores ao limite de alerta (inciso II do art. 11 da Lei 9.613/1998), ou do conhecimento das conclusões das averiguações preliminares. É o que determina o art. 21 do Estatuto.

No exercício da ampla defesa, conforme o art. 22 do Estatuto, o acusado terá 15 dias, contados da data de recebimento da intimação, para defender-se, podendo apresentar as provas de seu interesse, inclusive documentos a qualquer momento, antes do encerramento da instrução processual. A intimação do acusado pode ser feita por via postal, por meio eletrônico ou por edital publicado somente uma vez no Diário Oficial da União.

Conforme o §3º do art. 22 do Estatuto, o acusado pode acompanhar o processo administrativo presencialmente ou por via eletrônica, pessoalmente ou por seu representante legal, na hipótese de se tratar de pessoa jurídica, ou por advogado legalmente habilitado.

Caso o acusado, intimado, não apresentar sua defesa no prazo legal, incorrerá "em confissão quanto à matéria de fato, contra ele correndo os demais prazos, independentemente de nova intimação". Esta disposição do art. 23 do Estatuto é controvertida, pois pode impactar na cláusula do devido processo legal. Se for revel, o acusado poderá retomar sua participação no processo, em qualquer fase, recebendo-o tal como se encontrar. Por se tratar de processo administrativo sancionador, pensamos que essa regra é inadequada, pois mesmo no processo administrativo devem ser preservadas garantias mínimas ao acusado.

Estabelece o art. 24 do Estatuto que, após o prazo da defesa, admite-se a realização de diligências e a produção de provas de interesse do processo, "facultada a requisição de novas informações do acusado, esclarecimentos ou documentos, a serem apresentados no prazo fixado pela autoridade requisitante, mantendo-se o sigilo legal, quando for o caso."

Concluída a instrução, o plenário do COAF ou o órgão competente proferirá decisão em até 60 dias, conforme o art. 25. Da decisão do COAF cabe recurso ao Conselho de Recursos do Sistema Financeiro Nacional, em Brasília, tal como facultam o art. 6º, §1º, da Lei 13.974/2020 e o art. 27 do Estatuto.[592]

Segundo o art. 26 do Decreto, o COAF e os órgãos e entidades públicos competentes para a aplicação das penas administrativas da Lei 9.613/1998[593] fiscalizarão o cumprimento de suas decisões, podendo ocorrer execução na via judicial, em caso de desobediência, mediante atuação da Advocacia-Geral da União, na forma do art. 9º, §2º da Lei 13.974/2020 e do art. 30 do Anexo ao Decreto 9.663/2019.

Segundo o art. 4º, §2º, inciso II, da Lei 13.974/2020, cabe ao plenário do COAF decidir sobre infrações e aplicar as penalidades administrativas previstas no art. 12 da Lei 9.613/1998, em relação a pessoas físicas e pessoas jurídicas obrigadas pelo art. 9º, para as quais não exista órgão próprio fiscalizador ou regulador. Para os demais setores, o PAS será conduzido pelos respectivos órgãos reguladores ou supervisores. De fato, diz o art. 18, parágrafo único, do Estatuto do COAF, que o Banco Central do Brasil, a Comissão de Valores Mobiliários, a Superintendência de Seguros Privados e os demais órgãos ou entidades públicos responsáveis pela aplicação de penas administrativas previstas no art. 12 da Lei nº 9.613/1998, observarão seus procedimentos e, no que couber, o disposto no Estatuto.

O plenário do COAF é composto por 13 membros, incluído o presidente do COAF, nos termos do art. 4º, §1º, da Lei 13.974/2020. Todos os conselheiros devem ser servidores ocupantes de cargo efetivos, de reputação ilibada e reconhecidos conhecimentos em matéria de prevenção e combate à lavagem de dinheiro, escolhidos dentre integrantes dos quadros de pessoal dos órgãos e entidades federais ali listados.

---

[592] Vide o art. 6º, §1º, da Lei 13.974/2020.
[593] Vide o parágrafo único do art. 18 do Estatuto do COAF.

Cabe ao plenário do COAF, conforme o art. 8º, inciso VIII, do Anexo ao Decreto 9.663/2019 regulamentar as situações em que se aplica o rito sumário definido no Regimento Interno. Compete-lhe ainda, conforme o inciso IX, delegar ao presidente do COAF competência para julgar o mérito de processos administrativos sancionadores das infrações menores, previstas no inciso IV do art. 10 (dever de sujeição a registro) e no inciso III do art. 11 (dever de comunicação negativa) da Lei 9.613/1998.

4.2 Responsabilidade criminal dos sujeitos obrigados por falha de *compliance*

A responsabilidade criminal das pessoas físicas obrigadas e das pessoas naturais ligadas às pessoas jurídicas obrigadas pode dar-se no plano do concurso de agentes, nos termos do art. 29 do Código Penal, quando concorrerem dolosamente para a prática de lavagem de dinheiro.

Há também a possibilidade de responsabilidade criminal por omissão imprópria, nos termos do art. 13, §2º, do CP. A omissão é penalmente relevante quando o agente tem por lei o dever de impedir o resultado. Trata-se de um campo vasto a desbravar quando estamos diante de sujeitos obrigados que violam os deveres administrativos previstos na Lei 9.613/1998. Em tal caso, as pessoas físicas poderão responder por lavagem, se elas descumprirem deveres de *compliance*.

Se o agente, aqui na qualidade de garante – que tem por lei a obrigação de conhecer, registrar e reportar a operação suspeita e calar em relação ao cliente – assim não o faz, poderá ser responsabilizado por omissão, quando se consumar um crime de lavagem de dinheiro, que poderia ter sido interrompido, não fosse tal omissão. Conforme as Convenções de Mérida e de Palermo, pode-se inferir o dolo a partir de uma série de circunstâncias factuais objetivas. Um critério importante é o da ocorrência de tipologias e de bandeiras vermelhas (*red flags*), que são condutas concretas que apontam risco de *compliance* e são paradigmas de suspeição de operações, muitas vezes descritas objetivamente nos atos infralegais baixados pelos reguladores das atividades de *compliance* PLD/FTP dos sujeitos obrigados.

Luz sustenta que as pessoas físicas em questão não estão sujeitas à posição de garante em relação ao crime de lavagem de capitais, pois a lei brasileira não prevê os deveres de abstenção e de recusa de realização de operações suspeitas. Assim, para a coautora desta obra, os particulares não têm obrigação de impedir o resultado lesivo do crime de lavagem de dinheiro, o que afasta o dever de garante previsto no art. 13, §2º, do Código Penal. Nada obstante, pode incidir, para eles, o dever de garante nos termos do referido artigo quando o agente assume o compromisso de evitar a prática de atos de lavagem de dinheiro, o que pode ocorrer em empresas com programas de *compliance* PLD/FTP devidamente implantados.[594]

4.3 Responsabilidade civil por falhas de *compliance*

O descumprimento dos deveres administrativos de conformidade pode redundar na responsabilização penal dos agentes, como pessoas físicas, e pode repercutir na responsabilização civil de bancos e das pessoas jurídicas obrigadas em geral. Noutros países, entre eles os Estados Unidos[595] e a Suíça, não é incomum ver bancos firmarem acordos, com previsão de reparações pecuniárias, após a identificação de falhas de *compliance*. No caso Maluf, o Ministério Público de São Paulo e a Procuradoria do Município de São Paulo formalizaram compromissos de ajustamento de conduta com alguns bancos estrangeiros, por violação aos deveres de conformidade previstos na Lei 9.613/1998. Tais acordos redundaram no pagamento de compensações milionárias ao Estado e ao Município de São Paulo por descumprimento de deveres PLD/FTP.

A responsabilização de pessoas obrigadas perante o juízo cível poderia ser buscada mediante a instauração de inquérito civil, instruído

---

[594] Luz, Ilana Martins. *Compliance* e omissão imprópria. Belo Horizonte: D'Plácido, 2018, p. 272.

[595] Certa feita, na década de 2000, Aras presenciou a negociação de acordo entre a Promotoria de Nova York e um determinado banco dos Estados Unidos que havia violado deveres de *compliance*, conforme a legislação local. O promotor encarregado da causa em Manhattan propôs ao banco o pagamento de compensações econômicas para que seus agentes não fossem processados criminalmente pela prática de lavagem de dinheiro. No caso concreto, clientes da instituição financeira se valeram da estrutura bancária para suas fraudes. Sem dúvida, é possível fazer algo semelhante no Brasil, tanto para impedir a responsabilização criminal de pessoas físicas, por meio de ANPP, quanto, também no cível, mediante termos de ajustamento de conduta (TAC), para obter a adequação da atividade dos sujeitos obrigados aos normativos PLD/FTP.

pelo Ministério Público, podendo resultar na propositura de ação civil pública ou a formalização de um TAC. O primeiro acordo deste tipo no Brasil foi celebrado em São Paulo, no caso Maluf.[596]

4.4 Overcompliance

A expressão *overcompliance* descreve um conjunto de fenômenos de excesso de conformidade. O elemento comum a esses fenômenos é o risco, e mais precisamente, o interesse em evitá-lo ou eliminá-los.

O receio de sujeitar-se a sanções a ou a excessos sancionatórios é um dos problemas causados pelo emaranhado de regulamentações que recaem sobre os sujeitos obrigados, com o consequente risco de responsabilização cumulativa, em várias instâncias e setores governamentais. A expressão *overcompliance* também se remete à prática de exigir o cumprimento de requisitos não aplicáveis a certos segmentos de uma atividade ou do mercado, por excesso de cautela. Também ocorre *overcompliance* quando há erros para mais na classificação de clientes pessoas físicas e jurídicas, submetendo-os a um marco de exigências mais robustas do que as que lhes seriam aplicáveis, embora sem expressa previsão legal.

A expressão passou a ser largamente empregada no campo do direito internacional humanitário, na atuação de entidades de assistência internacional que operam em países sujeitos a regimes de sanções soberanas, de extração unilateral (*targeted sanctions*),[597] ou que foram alcançados por sanções de segurança coletiva impostas pelo Conselho de Segurança das Nações Unidas ou por organizações internacionais regionais, a exemplo de embargos comerciais, vetos migratórios e restrições de relacionamentos financeiros.[598]

---

[596] CONSULTOR JURÍDICO. Banco assina acordo de US $ 20 milhões para evitar processo. Conjur, 20 de fevereiro de 2014. Disponível em: https://www.conjur.com.br/2014-fev-24/banco-usado-maluf-assina-acordo-us-20-milhoes-evitar-processo. Acesso em: 20 jun. 2023.
[597] UNITED NATIONS. Guidance Note on Overcompliance with Unilateral Sanctions and its Harmful Effects on Human Rights. Special Rapporteur on unilateral coercive measures. Disponível em: https://www.ohchr.org/en/special-procedures/sr-unilateral-coercive-measures/resources-unilateral-coercive-measures/guidance-note-overcompliance-unilateral-sanctions-and-its-harmful-effects-human-rights. Acesso em: 20 jun. 2023.
[598] GORNY, Thorsten J. The Impact of Over-Compliance with Sanctions. Disponível em: https://www.sanctions.io/blog/the-impact-of-over-compliance-with-sanctions. Acesso em: 20 jun. 2023.

Em 2021, Alena Douhan, relatora especial das Nações Unidas sobre os impactos negativos das sanções unilaterais sobre o gozo dos direitos humanos, emitiu uma manifestação em que destaca os problemas decorrentes da *overcompliance*, na qual observou que:

> 64. (...) no caso de sanções unilaterais dos Estados Unidos, as empresas do setor financeiro são as primeiras a serem penalizadas. Como o sistema bancário internacional está interconectado, os bancos de fora dos Estados Unidos preferem abster-se de quaisquer transferências bancárias ou transformá-las num procedimento demorado e custoso. Essas políticas de redução de riscos impedem as transações e resultam no congelamento de recursos.[599]

Por outro lado, conforme a relatora especial da ONU, "as empresas privadas nos países-alvo relatam a relutância dos fornecedores em interagir diretamente com elas", o que as obriga a recorrer a intermediários, com aumento de tempo e custos empresariais.

Dificuldades similares são enfrentadas por ONGs que alocam recursos para fins humanitários em países sancionados, o que as obriga a "usar canais de pagamento informais ou dinheiro em espécie, criando riscos de segurança, tornando os ativos mais difíceis de rastrear e aumentando o risco de extorsão e uso indevido ou desvio de fundos para financiar o terrorismo". Organizações humanitárias também relatam "a crescente relutância dos doadores em fornecer ajuda humanitária (...) a países alvo de sanções impostas por seus próprios países, porque os doadores temem ser listados" como violadores. Estas restrições excessivas têm levado ao congelamento de contas bancárias dessas ONGs e as de seus funcionários.[600]

---

[599] UNITED NATIONS. Human Rights Council. Report of the Special Rapporteur on the negative impact of unilateral coercive measures on the enjoyment of human rights, Alena Douhan. A/HRC/48/59, 8 July 2021, § 64. Disponível em: https://documents-dds-ny.un.org/doc/UNDOC/GEN/G21/175/86/PDF/G2117586.pdf?OpenElement. Acesso em: 20 jun. 2023.

[600] UNITED NATIONS. Human Rights Council. Report of the Special Rapporteur on the negative impact of unilateral coercive measures on the enjoyment of human rights, Alena Douhan. A/HRC/48/59, 8 July 2021, § 65-66. Disponível em: https://documents-dds-ny.un.org/doc/UNDOC/GEN/G21/175/86/PDF/G2117586.pdf?OpenElement. Acesso em: 20 jun. 2023.

Esse quadro, no segmento da assistência humanitária, pode ser transplantado, guardadas as peculiaridades, para o campo da prevenção da corrupção e da lavagem de dinheiro, onde a *overcompliance* tem impactos negativos sobre o cumprimento de programas de integridade e de PLD//FTP, desestimula sua observância e aumenta demasiadamente os custos operacionais de conformidade corporativa. As medidas de sobreconformidade podem gerar, em razão disso, outras formas de responsabilização para os entes obrigados, notadamente na esfera civil, quando relacionamentos comerciais ou financeiros são rejeitados ou interrompidos.

Não custa lembrar que muitos dos sujeitos obrigados, especialmente as instituições financeiras, podem ter atuação multinacional, o que faz com que se sujeitem simultaneamente ao cumprimento das medidas ordinárias de PLD/CFT, do direito interno, e também devam cumprir as restrições relacionais decorrentes dos regimes de sanções unilaterais, baixados por países como os Estados Unidos, ou ainda pelo Conselho de Segurança das Nações Unidas, ou impostas pela União Europeia.

Assim, vê-se que a prática desproporcional de sobreconformidade pode ter origem em posturas estatais, diante de inúmeros atos legais e infralegais e de outras situações de exagero regulatório e de *enforcement*, somados à multiplicidade de reguladores e de entes sancionadores e de espécies de sanções. Pode também resultar de práticas dos próprios sujeitos obrigados, na implementação de seus programas de integridade, no relacionamento com seus clientes e potenciais clientes, como forma excessiva de autoproteção contra sanções de direito interno ou de direito internacional.

5. O CONSELHO DE CONTROLE DE ATIVIDADES FINANCEIRAS (COAF)

Art. 14. É criado, no âmbito do Ministério da Fazenda, o Conselho de Controle de Atividades Financeiras – Coaf, com a finalidade de disciplinar, aplicar penas administrativas, receber, examinar e identificar as ocorrências suspeitas de atividades ilícitas previstas nesta Lei, sem prejuízo das competências de outros órgãos e entidades.

O Conselho de Controle de Atividades Financeiras (COAF) é a unidade de inteligência financeira brasileira. Integra o subsistema de prevenção à lavagem de ativos e é o órgão de interlocução entre este segmento e o subsistema de repressão. O COAF também integra o Sistema Brasileiro de Inteligência (SISBIN).

Quando criado em 1998, o COAF estava vinculado ao Ministério da Fazenda. Por um curto período em 2019, essa agência mudou de nome – para UIF – e de sítio, integrando o Ministério da Justiça. Com a Lei 13.974/2020, o COAF foi inserido na estrutura do Banco Central do Brasil, autarquia vinculada ao Ministério da Economia. Após a MPv 1.158/2023, o COAF voltou ao Ministério da Fazenda. Porem, com a perda de eficácia desta medida provisória em 1º de junho de 2023,[601] o COAF mais uma vez foi movido, retornando ao Banco Central.

Conforme o art. 2º da Lei 13.974/2020, o COAF dispõe de autonomia técnica e operacional, atua em todo o território nacional e vincula-se administrativamente ao Banco Central do Brasil.

---

[601] Vide o Ato Declaratório 39, de 15 de junho de 2023, do presidente da Mesa do Congresso Nacional.

O COAF tem por competência disciplinar vários segmentos da economia que não tenham supervisores ou reguladores específicos; aplicar sanções administrativas; receber, examinar e identificar as comunicações de operações suspeitas de atividades ilícitas previstas na Lei 9.613/1998; e difundir inteligência financeira aos órgãos de persecução criminal. No papel de regulador, o COAF compartilha essa competência com outros órgãos e entidades, a exemplo do BACEN, da PREVIC, da SUSEP e da CVM, nos termos do §1º do art. 14 da Lei 9.613/1998 e do inciso II do §2º do art. 4º da Lei 13.974/2020.

O art. 3º da Lei 13.974/2020 aclara a competência da UIF brasileira, atribuindo-lhe as missões de produzir e gerir informações de inteligência financeira para a prevenção e o combate à lavagem de dinheiro; e promover a interlocução institucional com órgãos e entidades nacionais, estrangeiros e internacionais que tenham conexão com suas atividades. Para este último fim, cabe ao plenário do COAF, nos termos do art. 8º, inciso VI, do Anexo ao Decreto 9.663/2019,[602] manifestar-se sobre propostas de acordos internacionais, em matéria de sua competência,[603] ouvidos, quando for o caso, os demais órgãos ou entidades públicas envolvidas com a matéria. Na forma do art. 16 do seu Estatuto, o COAF pode compartilhar informações com autoridades pertinentes de outros países e de organismos internacionais, com base na reciprocidade ou em acordos, observando os parâmetros de intercâmbio de informações entre UIFs, fixados pelo Grupo de Egmont. A base legal para esse tipo de compartilhamento transnacional (art. 15 da Lei 9.613/1998 e o art. 2º, inciso II, da Lei 13.974/2020) deveria ser robustecida.[604]

Conforme o art. 9º da Lei 13.974/2020, a representação judicial do COAF compete à Procuradoria-Geral do Banco Central.

---

[602] O Decreto 9.663/2019 aprovou o Estatuto do COAF.

[603] Acordos com outras UIF, para cooperação direta, ou articulação internacional do COAF com o GAFI e o Grupo de Egmont, por exemplo. Segundo o art. 16 do Decreto 9.663/2019, que aprova o Estatuto do COAF, o órgão pode compartilhar informações com autoridades pertinentes de outros países e de organismos internacionais, com base na reciprocidade ou em acordos.

[604] ESTELLITA, Heloisa (2022). O RE 1.055.941: um pretexto para explorar alguns limites à transmissão, distribuição, comunicação, transferência e difusão de dados pessoais pelo COAF. Direito Público, 18(100), pp. 629-630. Disponível em: https://doi.org/10.11117/rdp.v18i100.5991. Acesso em: 20 jun. 2023.

5.1 O marco normativo do COAF

O marco jurídico que rege o COAF e que, de resto, conforma o sistema brasileiro de prevenção à lavagem de dinheiro, ao financiamento do terrorismo e à proliferação de armas de destruição em massa (PLD/FTP) é composto pela Lei 9.613/1998 (Lei de Lavagem de Dinheiro), pela Lei 13.260/2016 (Lei do Terrorismo), pela Lei 13.810/2019 (Lei do Regime de Sanções em Casos de Terrorismo), pela Lei 13.974/2020 (Lei do COAF) e pela Lei 14.478/2020 (Lei dos Criptoativos); por uma série de tratados internacionais – como as Convenções de Viena (1988), Nova York (1999), Palermo (2000), Mérida (2003) e Barbados (2002) –, assim como pelas 40 Recomendações do GAFI e pelos Princípios do Grupo de Egmont.

As Recomendações do GAFI estruturam o sistema PLD/CFT em todo o mundo. Sua natureza jurídica é controvertida. Uma corrente sustenta que se trata de direito flexível ou direito em formação (*soft law*), não vinculante. Outra corrente, na qual se coloca Aras, defende a ideia de que tais Recomendações são normas vinculantes, por força do art. 25 da Carta das Nações Unidas, de 1945;[605] da Resolução 1.617/2005 e da Resolução 2.253/2015, ambas do Conselho de Segurança das Nações Unidas.

De fato, no §7º da S/RES/1617 (2005), o CS/ONU conclamou fortemente os Estados Membros das Nações Unidas a implementar os padrões internacionais estipulados nas 40 Recomendações do GAFI sobre Lavagem de Dinheiro e das antigas 9 Recomendações Especiais sobre Financiamento do Terrorismo.[606]

Por sua vez, a S/RES/2253 (2015), que dispõe sobre o Comitê de Sanções relativo à Al-Qaeda e ao Estado Islâmico no Iraque e no Levante (ISIS), exortou veementemente todos os Estados Membros da ONU a implementarem os padrões internacionais incorporados pelo GAFI em suas 40 Recomendações revisadas em 2012 sobre o combate à lavagem de dinheiro e ao financiamento do terrorismo e da proliferação, espe-

---

[605] O art. 25 da Carta das Nações Unidas determina que os Membros das Nações Unidas concordam em aceitar e executar as decisões do Conselho de Segurança.
[606] NAÇÕES UNIDAS. Resolution S/RES/1617 (2005), adopted on 29 July 2005. Disponível em: https://documents-dds-ny.un.org/doc/UNDOC/GEN/N05/446/60/PDF/N0544660.pdf?OpenElement. Acesso em: 20 jan. 2023. Em 2012, as Recomendações 40 + 9 foram consolidadas nas atuais 40 Recomendações do GAFI.

cialmente sobre o bloqueio de ativos, realçando a importância da criação de órgãos e normas jurídicas necessárias para aplicar e fazer cumprir as sanções (*targeted financial sanctions*) que não estejam condicionadas à existência de processo penal, segundo um standard probatório de "indícios razoáveis" ou indícios suficientes" para sua implementação.[607] Esta resolução foi integrada ao ordenamento jurídico brasileiro pelo Decreto 8.799/2016 e, como todas as demais, do CS/ONU, tem força vinculante para os Estados Partes da ONU.

Note-se ainda, que, conforme o art. 4º da Convenção Interamericana contra o Terrorismo, assinada em Barbados, em 3 de junho de 2002 (Convenção de Barbados), os Estados Partes estão obrigados, pelo tratado, a incorporar a suas legislações os padrões internacionais adotados pelo GAFI.[608] Realmente, entre as medidas para prevenir, combater e erradicar o financiamento do terrorismo cada Estado Parte deverá estabelecer um regime jurídico e administrativo para prevenir, combater e erradicar o financiamento do terrorismo e propiciar uma cooperação internacional eficaz. Para este fim, os Estados Partes "utilizarão como diretrizes as recomendações desenvolvidas por entidades regionais ou internacionais especializadas, em particular, o Grupo de Ação Financeira (GAFI)" e, quando for cabível, as aprovadas pela Comissão Interamericana para o Controle do Abuso de Drogas (CICAD) e pelo Grupo de Ação Financeira da América do Sul (GAFISUD), hoje chamado Grupo de Ação Financeira da América Latina (GAFILAT).

A soma desses elementos leva Aras a concluir que, para os Estados Membros da ONU e os Estados Partes da Convenção de Barbados de 2002, as 40 Recomendações do GAFI passaram a integrar suas ordens jurídicas, com caráter vinculante, sobretudo, no caso do Brasil, após a Lei 13.810/2019. Segundo seu art. 6º, as resoluções sancionatórias do Conselho de Segurança das Nações Unidas e as designações de seus comitês de sanções são dotadas de executoriedade imediata na República Federativa do Brasil.

---

[607] NAÇÕES UNIDAS. Resolution S/RES/2253 (2015), adopted on 17 December 2015, §16. Disponível em: https://documents-dds-ny.un.org/doc/UNDOC/GEN/N15/437/45/PDF/N1543745.pdf?OpenElement. Acesso em: 20 jun. 2023.
[608] ORGANIZAÇÃO DOS ESTADOS AMERICANOS. Convenção Interamericana contra o Terrorismo, assinada em Barbados, em 3 de junho de 2002. Disponível em: http://www.planalto.gov.br/ccivil_03/_ato2004-2006/2005/decreto/d5639.htm. Acesso em: 20 jun. 2023.

5.2 Atividades de inteligência financeira

O COAF é uma unidade de inteligência financeira (UIF), conceito que se robusteceu no começo dos anos 1990, quando foram criadas as primeiras UIFs. A atividade de inteligência financeira importa a coleta, a análise e a difusão de informações necessárias ao enfrentamento de ilicitudes, para os fins de prevenção e repressão à lavagem de dinheiro e ao financiamento do terrorismo e, mais recentemente, à proliferação de armas de destruição em massa.

A Lei 9.613/1998 não conceitua diretamente "inteligência financeira". Mas o art. 1º, §2º, da Lei 9.883/1999 (Lei do SISBIN), que também se aplica ao COAF, define *inteligência* como a atividade que objetiva a obtenção, análise e disseminação de conhecimentos dentro e fora do território nacional sobre fatos e situações de imediata ou potencial influência sobre o processo decisório e a ação governamental e sobre a salvaguarda e a segurança da sociedade e do Estado.

Segundo a Lei, o Sistema Brasileiro de Inteligência visa a integrar as ações de planejamento e execução da atividade de inteligência do País, "com a finalidade de fornecer subsídios ao Presidente da República nos assuntos de interesse nacional". No campo da inteligência financeira, o COAF fornece subsídios aos órgãos de persecução criminal para orientar sua investigação sobre crimes de lavagem de dinheiro e infrações penais antecedentes, propiciando a tomada de decisões quanto à instauração, rumos ou encerramento de uma persecução penal.

Conforme a Lei 9.883/1999 e seu Decreto 4.376/2002, o SISBIN é responsável pela "obtenção e análise de dados e informações e pela produção e difusão de conhecimentos necessários ao processo decisório do Poder Executivo, em especial no tocante à segurança da sociedade e do Estado, bem como pela salvaguarda de assuntos sigilosos de interesse nacional". O campo de atuação do COAF é mais restrito, voltando-se à obtenção e análise de dados e informações e pela produção e difusão de conhecimentos para estratégias PLD/FTP.

5.3 Poder regulamentar do COAF

Art. 14. (...)

§ 1º As instruções referidas no art. 10 destinadas às pessoas mencionadas no art. 9º, para as quais não exista órgão próprio fiscalizador ou regulador, serão expedidas pelo COAF, competindo-lhe, para esses casos, a definição das pessoas abrangidas e a aplicação das sanções enumeradas no art. 12.

Os deveres administrativos que devem ser cumpridos pelos sujeitos obrigados listados no art. 9º da Lei de Lavagem de Dinheiro são complementados por instruções baixadas pelos órgãos reguladores de cada segmento econômico ou atividade. Diz o art. 8º, inciso IV, do Anexo ao Decreto 9.663/2019, que cabe ao plenário do COAF expedir as instruções destinadas às pessoas físicas e jurídicas obrigadas. Tal previsão estatutária corresponde ao disposto no §1º do art. 14 da Lei 9.613/1998.

Quando um determinado sujeito obrigado não está submetido diretamente a supervisão de um órgão federal específico indicado em lei (seja o BACEN, a CVM, a SUSEP, a PREVIC, a ANM ou outro qualquer), cabe ao COAF realizar esse papel, nos termos do art. 14, §1º, da Lei 9.613/1998. Para esse fim, o COAF baixa diversas resoluções regulatórias, a mais recente das quais a Resolução COAF 41, de 8 de agosto de 2022, que dispõe sobre o cumprimento dos deveres de prevenção à lavagem de dinheiro e ao financiamento do terrorismo e da proliferação de armas de destruição em massa (PLD/FTP) das empresas de fomento comercial ou mercantil (*factoring*), na forma do § 1º do art. 14 da Lei 9.613/1998.

É de se recordar ainda que para os fins do art. 11, inciso III, da Lei 9.613/1998, os sujeitos obrigados devem comunicar ao órgão regulador ou fiscalizador da sua atividade ou, na sua falta, ao COAF, os casos de não ocorrência de propostas, transações ou operações passíveis de comunicação.

Lembremos, por fim, que na forma do inciso II do §2º do art. 4º da Lei 13.974/2020, compete ao plenário do COAF decidir sobre infrações e aplicar as penalidades administrativas previstas no art. 12 da Lei 9.613/1998 às pessoas físicas e pessoas jurídicas obrigadas, para as quais não exista órgão próprio fiscalizador ou regulador. Esses dispositivos revelam a existência de um sistema de regulação compartilhado no ambiente PLD/FTP.

5.4 Mecanismos de coordenação e de intercâmbio de informações
Art. 14. (...)
§ 2º O COAF deverá, ainda, coordenar e propor mecanismos de cooperação e de troca de informações que viabilizem ações rápidas e eficientes no combate à ocultação ou dissimulação de bens, direitos e valores.

Para o bom desempenho de suas atividades, dentro de sua autonomia técnica e operacional, o COAF pode instituir mecanismos de colaboração e de troca de informações que viabilizem a persecução de crimes de lavagem de dinheiro.

Uma dessas ferramentas é o Sistema Eletrônico de Intercâmbio do COAF (SEI-C), mecanismo de veiculação de relatórios de inteligência financeira entre a unidade de inteligência financeira e os órgãos de persecução criminal.[609] Arranjos bilaterais ou multilaterais para a cooperação administrativa internacional, de forma direta, entre UIFs também podem basear-se no §2º do art. 14 da Lei 9.613/1998, sem prejuízo do art. 15 da mesma Lei.

O COAF coopera com mais facilidade com UIFs integrantes do Grupo de Egmont, que seguem os mesmos padrões internacionais para o intercâmbio de inteligência financeira. É o que ocorre com a *AUSTRAC* (Austrália), a *CTIF* (Bélgica), o *JAFIC* (Japão), o *FINCEN* (Estados Unidos),[610] o *MROS* (Suíça), a *SEPBLAC* (Espanha), o *TRACFIN* (França), a *UAF* (Chile) e as *UIFs* (Argentina, México, Portugal etc).

5.5 Acesso a dados cadastrais bancários e fiscais pelo COAF

Art. 14. (...)

§ 3º O COAF poderá requerer aos órgãos da Administração Pública as informações cadastrais bancárias e financeiras de pessoas envolvidas em atividades suspeitas.

O §3º do art. 14 da Lei 9.613/1998 foi incluído pela Lei 10.701/2003 e é uma norma autorizadora de acesso a dados pessoais de natureza bancária e financeira, mediante compartilhamento, necessários ao desempenho de suas atividades de produção de inteligência financeira. Trata-se de poder de instrução do COAF, que pode expedir solicitações a órgãos da Administração Pública de qualquer das unidades da Federação para obter dados cadastrais, de natureza bancária ou financeira, relativos a pessoas físicas e jurídicas envolvidas em atividades suspeitas.

Tais dados, essenciais ao funcionamento do COAF, são custodiados pela Receita Federal (os dados cadastrais fiscais) e pelo Banco Central

---

[609] Vide: STF, Pleno, RE 1.055.941 SP / RG, rel. min. Dias Toffoli, julgado em 04/12/2019.

[610] A CTIF belga e o FINCEN norte-americana foram as UIFs pioneiras para a formação do Grupo de Egmont, em 1995, em Bruxelas.

(os cadastros bancários), podendo ser acessados diretamente por meio do CCS, previsto no art. 10-A da Lei 9.613/1998, sistema sob controle do BACEN, ou por meio do InfoJud, instituído pela Receita Federal.

O inciso LXXIX do art. 5º da Constituição Federal e a Lei Geral de Proteção de Dados (LGPD), de 2018, regulam o tratamento de dados pessoais[611] realizado nos termos do §3º do art. 14 da Lei 9.613/1998.

5.6 Intercâmbio de informações

Art. 15. O COAF comunicará às autoridades competentes para a instauração dos procedimentos cabíveis, quando concluir pela existência de crimes previstos nesta Lei, de fundados indícios de sua prática, ou de qualquer outro ilícito.

O art. 15 da Lei de Lavagem de Dinheiro disciplina o intercâmbio de informações pelo COAF, por meio de difusões espontâneas ou por provocação. O modo de fazê-lo é pelo Sistema Eletrônico de Intercâmbio do COAF (SEI-C), que funciona como um portal para uso pelas autoridades de persecução e de Justiça Criminal, para auxiliar na investigação de crimes de lavagem de dinheiro e suas infrações antecedentes.[612] Outras autoridades, como a Receita Federal e o Banco Central, podem cadastrar-se no SEI-C e obter acesso a inteligência produzida pelo COAF, uma vez que o art. 15 da Lei 9.613/1998 menciona a difusão de informações sobre qualquer ilícito, incluindo, portanto, as infrações administrativas.

Este dispositivo também regula o dever do COAF de colaborar com os órgãos de persecução criminal, sobretudo o Ministério Público e a Polícia Judiciária, para a repressão aos crimes de lavagem de dinheiro e às infrações penais. Isto ocorrerá sempre que a análise realizada por sistemas de inteligência artificial e por analistas humanos concluir pela existência de infração penal ou seus indícios.

É neste dispositivo que se funda o dever do COAF de enviar relatórios de inteligência financeira (RIFs) aos órgãos de persecução criminal da União, dos Estados ou do Distrito Federal, na interconexão entre os

---

[611] O art. 17-F da Lei 9.613/1998, que resultou da MPv 1.158/2023, perdeu sua eficácia em 1º de junho de 2023.
[612] STF, Pleno, RE 1.055.941/SP RG, Rel. Min. Dias Toffoli, j. em 04/12/2019.

subsistemas de prevenção e repressão. Esse arranjo faz do COAF o órgão central da política brasileira de PLD e FTP.

Na forma do inciso XI do art. 9º do Anexo ao Decreto 9.663/2019, cabe ao presidente do COAF promover o intercâmbio de informações de inteligência financeira; e a articulação e a cooperação institucional com autoridades pertinentes, inclusive de outros países e de organismos internacionais, na prevenção e combate à lavagem de dinheiro e ao financiamento do terrorismo à proliferação de armas de destruição em massa (PLD/FTP).

O art. 11 do mesmo Estatuto regula as atividades da Diretoria de Inteligência Financeira do COAF, órgão ao qual compete receber dos sujeitos obrigados comunicações de operações suspeitas ou em espécie, examinar e identificar as ocorrências suspeitas de atividades ilícitas previstas na Lei 9.613/1998; receber relatos, inclusive anônimos, referentes a operações consideradas suspeitas; disseminar informações às autoridades competentes quando houver suspeita da existência de infrações penais ou indícios de sua prática; requerer informações mantidas nos bancos de dados de órgãos e entidades públicas e privadas; compartilhar informações com autoridades competentes de outros países e de organismos internacionais; coordenar e propor mecanismos de cooperação e de troca de informações, no País e no exterior, que viabilizem ações rápidas e eficientes na prevenção e no combate à lavagem de dinheiro e ao financiamento do terrorismo; e requisitar informações e documentos às pessoas de que trata o art. 9º da Lei 9.613/1998.

Conforme o art. 8º, inciso IV, da Lei 13.974/2020, é vedado às pessoas que integram a estrutura do COAF fornecer ou divulgar informações conhecidas ou obtidas em decorrência do exercício de suas funções a pessoas que não disponham de autorização legal ou judicial para acessá-las. O descumprimento desse dever de sigilo importa violação do art. 10 da Lei Complementar 105/2001.

> Art. 10. A quebra de sigilo, fora das hipóteses autorizadas nesta Lei Complementar, constitui crime e sujeita os responsáveis à pena de reclusão, de um a quatro anos, e multa, aplicando-se, no que couber, o Código Penal, sem prejuízo de outras sanções cabíveis.

Tais informes só podem ser enviados aos órgãos de persecução criminal com atribuição ou à autoridade judiciária competente ou ainda à autoridade com atribuição para a apuração de ilícitos de qualquer natureza, consoante o art. 15.

No julgamento do RE 1.055.941/SP, o STF decidiu que "é constitucional o compartilhamento dos relatórios de inteligência financeira da UIF e da íntegra do procedimento fiscalizatório da Receita Federal do Brasil – em que se define o lançamento do tributo – com os órgãos de persecução penal para fins criminais sem prévia autorização judicial, devendo ser resguardado o sigilo das informações em procedimentos formalmente instaurados e sujeitos a posterior controle jurisdicional" desde que este compartilhamento seja feito "unicamente por meio de comunicações formais, com garantia de sigilo, certificação do destinatário e estabelecimento de instrumentos efetivos de apuração e correção de eventuais desvios."[613] Em outros termos, a decisão veda que haja trânsito de RIFs via e-mail ou qualquer outro sistema sem controle de acesso, de recebimento e de compartilhamento. Apenas o sistema formal, SEI-C, é permitido nestes casos.

A decisão que entendeu pela constitucionalidade do compartilhamento de relatórios de inteligência apoiou-se nas seguintes premissas: (a) não haveria violação do sigilo financeiro, pois o RIF, embora tenha o detalhamento de certas movimentações e operações consideradas suspeitas, não inclui o extrato bancário do cidadão; e (b) o COAF tem autonomia para encaminhar, ou não, relatórios de inteligência, não sendo obrigado enviar ao MP caso não entenda cabível. Nada obstante, o STJ já entendeu posteriormente que, caso o MP tenha instaurado investigação com outras fontes, mesmo que o COAF não tenha concluído pela ilegalidade da operação, é possível que o MP obtenha acesso às informações, mas mediante autorização judicial.[614]

Outro ponto que ficou decidido no julgamento do RE 1.055.941/SP se refere à impossibilidade de elaboração de relatórios de inteligência financeira por encomenda,[615] ou seja, "contra cidadãos que não estejam sob investigação criminal de qualquer natureza ou em relação aos quais não haja alerta já emitido de ofício pela unidade de inteligência, com fundamento na análise de informações contidas na sua base de

---

[613] STF, Pleno, RE 1.055.941/SP RG, Rel. Min. Dias Toffoli, j. em 04/12/2019.
[614] STJ, RMS 42.120/SP, Rel. Min. Rogerio Schietti Cruz, Sexta Turma, j. em 25/05/2021.
[615] Estes não se confundem com os RIFs por intercâmbio.

dados"[616]. Assim, ao longo da discussão, ficou claro que as autoridades competentes não poderiam requisitar ao COAF o detalhamento de contas bancárias ou quaisquer outras informações que já não tenham sido previamente informadas à UIF pelos sujeitos obrigados. Nada obstante, o COAF pode, com base em seu poder de requisição previsto no art. 10, inciso V, da Lei 9.613/98, esclarecer o conteúdo de algumas informações sobre operações suspeitas já prestadas, sem fugir ao escopo do comunicado em questão. A ideia é evitar os casos *fishing expedition*.

Em caso de violação de sigilo funcional no âmbito do COAF, seu presidente deve proceder à apuração de responsabilidade dos servidores e demais pessoas que possam ter contribuído para o descumprimento do disposto no inciso IV do art. 8º da Lei 13.974/2020. Ao final da apuração, um relatório circunstanciado será enviado à autoridade policial ou ao Ministério Público para adoção das medidas cabíveis. Se o autor da infração for o dirigente do COAF, cabe ao Ministro da Fazenda adotar tais providências, nos termos do §3º do art. 8º.

Já vimos que, nos termos art. 11, inciso III, do Estatuto do COAF, cabe-lhe disseminar informações às autoridades competentes quando houver suspeita da existência de infrações penais ou indícios de sua prática.

Uma questão relevante é a do *tratamento* dos relatórios de inteligência financeira, os RIF, recebidos do COAF. Tais RIFs são elaborados pelo COAF, a partir dos dados repassados pelos sujeitos obrigados (art. 11, inciso I, do Estatuto) ou obtidos de outro modo pela UIF, como relatos anônimos de operações suspeitas (art. 11, inciso II, do Estatuto) ou dados requeridos a outros órgãos (inciso V) ou vindos de outros países (inciso VI) ou informações requisitadas dos sujeitos obrigados (inciso VIII).

Como são documentos de inteligência,[617] os RIFs não devem ser utilizados como provas, porque provas não são. Servem para orientar medidas investigativas dos órgãos de persecução criminal. Este entendimento está em consonância com o que foi decidido no RE 1.055.941/SP.

---

[616] Vide a p. 57 do acórdão do Tema 990.
[617] Conforme o art. 1º, §2º, da Lei 9.883/1999 (Lei do SISBIN), entende-se como inteligência a atividade que objetiva a obtenção, análise e disseminação de conhecimentos dentro e fora do território nacional sobre fatos e situações de imediata ou potencial influência sobre o processo decisório e a ação governamental e sobre a salvaguarda e a segurança da sociedade e do Estado.

Porém, se os RIFs não puderem ser utilizados para, por exemplo, pedir uma quebra de sigilo bancário ou fiscal, o que o Ministério Público terá para sustentar suas alegações diante do juiz? Diligências preliminares, no âmbito de notícias de fato, deverão ser realizadas para robustecer os indícios de autoria e materialidade de um crime de lavagem de dinheiro, especialmente com pesquisas em fontes abertas ou mediante diligências investigativas que prescindam de autorização judicial. Noutros países, como vimos alhures, adota-se o peticionamento com base em *affidavits* da autoridade investigante.

Importante que as autoridades de persecução observem a restrição quanto ao uso de RIFs em juízo. É necessário preservar tais fontes de prova como documento de inteligência financeira, e não as usar como se provas fossem. A rigor, essa restrição de uso existe para proteger o sistema de *compliance* e, mais especificamente, para preservar sua forma de funcionamento e também a segurança dos agentes que são dela encarregados, ou seja, os funcionários dos sujeitos obrigados (os oficiais de *compliance*) que comunicam operações suspeitas ao COAF.

Além da operacionalidade do subsistema de prevenção a restrição de uso dos RIFs presta-se a proteger a integridade física e psíquica dos funcionários dos sujeitos obrigados, ou deles próprios, quando pessoas físicas. A legislação brasileira deveria prever expressamente medidas de proteção a esses funcionários dos sujeitos obrigados e também aos servidores do COAF.

Apesar disso, no âmbito do STJ, há decisões sobre a possibilidade de utilizar os RIFs como meio de prova para justificar medidas invasivas em desfavor de investigados: no HC 191.378/DF, reconheceu-se a ilegalidade da quebra de sigilo fiscal com base unicamente no RIF, sem que tenha havido diligências investigativas prévias, uma vez que a mera constatação de movimentação atípica não seria suficiente para justificar tal medida.[618] Em outra oportunidade, quando do julgamento do HC 349.945/PE, o STJ entendeu em sentido diametralmente oposto, afirmando que o RIF poderia servir de justificativa para eventual pedido de quebra de sigilo bancário e fiscal, pois o RIF seria produto de

---

[618] STJ, HC 191.378/DF, Rel. Min. Sebastião Reis Júnior, Sexta Turma, julgado em 15/09/2011.

análise detalhada das comunicações recebidas pelos setores obrigados[619]. Por todos os fundamentos expostos, discordamos deste segundo precedente, mormente porque o *leading case* firmado pelo STF é claro em afirmar que o RIF não é meio de prova, e sim meio de obtenção de prova,[620] não se prestando a comprovar os indícios de causa provável que legitimem essa medida excepcional.

5.7 Composição do COAF
(Revogado)
Art. 16. O Coaf será composto por servidores públicos de reputação ilibada e reconhecida competência, designados em ato do Ministro de Estado da Economia dentre os integrantes do quadro de pessoal efetivo do Banco Central do Brasil, da Comissão de Valores Mobiliários, da Superintendência de Seguros Privados do Ministério da Economia, da Procuradoria-Geral da Fazenda Nacional do Ministério da Economia, da Secretaria Especial da Receita Federal do Brasil do Ministério da Economia, da Agência Brasileira de Inteligência do Gabinete de Segurança Institucional da Presidência da República, do Ministério das Relações Exteriores, do Ministério da Justiça e Segurança Pública, da Polícia Federal do Ministério da Justiça e Segurança Pública, da Superintendência Nacional de Previdência Complementar do Ministério da Economia e da Controladoria-Geral da União, indicados pelos respectivos Ministros de Estado,
§ 1º O Presidente do Coaf será indicado pelo Ministro de Estado da Economia e nomeado pelo Presidente da República.
§ 2º Caberá recurso das decisões do Coaf relativas às aplicações de penas administrativas ao Conselho de Recursos do Sistema Financeiro Nacional.

O art. 16 da Lei de Lavagem de Dinheiro sofreu meia dúzia de alterações desde 1998, a última delas por força da Lei 13.974/2020, que o revogou. Originalmente tal artigo dispunha sobre a composição da unidade de inteligência financeira brasileira, matéria ora regulada pelo

---

[619] STJ, HC 349.945/PE, Rel. Min. Nefi Cordeiro, Rel. p/ Acórdão Min. Rogerio Schietti Cruz, Sexta Turma, julgado em 06/12/2016.
[620] Aras anota sua divergência também neste ponto, ressaltando que o RIF é documento de inteligência.

art. 4º da Lei 13.974/2020, resultado da conversão da MPv 893, de 19 de agosto de 2019.

Ao longo dos anos, a redação do art. 16 da Lei 9.613/1998 permaneceu mais ou menos parecida com a editada em 1998, quando o COAF foi criado e integrava o Ministério da Fazenda. Em função da MPv 1.158/2023, por um curto período, o Conselho voltou à mesma pasta, mas acabou retornando ao Banco Central, a partir de 1º de junho, com a perda de eficácia deste diploma.

Sua composição é dada pelo §1º do art. 4º da Lei 13.974/2020. Seu plenário é composto pelo presidente do Coaf e de 12 (doze) servidores ocupantes de cargo efetivos, de reputação ilibada e reconhecidos conhecimentos em matéria de prevenção e combate à lavagem de dinheiro. Tais pessoas são escolhidos dentre integrantes dos quadros de pessoal do Banco Central do Brasil (BACEN); da Comissão de Valores Mobiliários (CVM); da Superintendência de Seguros Privados (SUSEP); da Procuradoria-Geral da Fazenda Nacional (PGFN); da Secretaria Especial da Receita Federal do Brasil (RFB); da Agência Brasileira de Inteligência (ABIN); do Ministério das Relações Exteriores (MRE); do Ministério da Justiça e Segurança Pública (MJSP); da Polícia Federal (PF); da Superintendência Nacional de Previdência Complementar (PREVIC); da Controladoria-Geral da União (CGU); e da Advocacia-Geral da União (AGU).

Pelo §5º do art. 4º da Lei do COAF, compete ao Presidente do Banco Central do Brasil escolher e nomear o Presidente do COAF e os 12 membros do Plenário. Somente órgãos do Poder Executivo federal compõem o Conselho.

5.8 Regimento interno do COAF

(Revogado)

Art. 17. O COAF terá organização e funcionamento definidos em estatuto aprovado por decreto do Poder Executivo.

O art. 17 da Lei de Lavagem de Dinheiro, que foi revogado pela Lei 13.974/2020, determinava a aprovação de um estatuto para a organização e o funcionamento do COAF. O Decreto 9.663/2019 instituiu tal Estatuto, que integra seu anexo. Com 31 artigos, este diploma está em vigor desde 2 de janeiro de 2019.

Segundo o art. 5º da Lei 13.974/2020, compete à Diretoria Colegiada do BACEN aprovar o regimento interno do COAF, que cuida de sua estrutura, competências, atribuições de seus membros na presidência, no plenário e no quadro técnico. No âmbito da legislação anterior, o RI/COAF foi aprovado por ato do Ministro da Fazenda, nos termos do art. 26 do Anexo ao Decreto 2.799/1998, não mais vigente. O RI/COAF foi baixado pela Portaria MF 330/1998.

5.9 A autonomia do COAF[621]

A recriação do Ministério da Fazenda em janeiro de 2023 trouxe impactos ao Conselho de Controle de Atividades Financeiras (COAF). Criado em 1998 pelo art. 14 da Lei 9.613/1998, o COAF integrava a estrutura do antigo Ministério da Fazenda. Mais de vinte anos depois, o órgão foi transferido para o Ministério da Justiça, pela MPv 870, de 1º de janeiro de 2019, ficando ali por um curto período, já que a MPv 886, de 18 de junho de 2019, o inseriu no então criado Ministério da Economia.

Pouco depois, a MPv 893, de 19 de agosto de 2019, deu ao COAF a denominação de Unidade de Inteligência Financeira (UIF), com vinculação administrativa ao Banco Central do Brasil. Foi essa medida provisória que acabou se convertendo na Lei 13.974/2020, em vigor. Felizmente, no texto então sancionado, a UIF brasileira recuperou o seu nome original e, diferentemente do que se lê alhures, continua a se chamar COAF. Com a MPv 1.158, de 12 de janeiro de 2023, o COAF voltou ao Ministério da Fazenda, o que poderia ter reflexos sobre sua autonomia do COAF. Em 1º de junho de 2023, a MPv 1.158/2023 teve sua vigência encerrada, e o COAF retornou ao Banco Central, nos termos da Lei 13.974/2020.

5.9.1 *A autonomia do COAF após a MPv 1.158/2023*

A Medida Provisória 1.158/2023, que alterou a Lei 13.974/2020, buscava devolver o COAF ao Ministério da Fazenda, pasta na qual o órgão originalmente se situava. O art. 2º desta Lei passou a dizer que o COAF se vinculava administrativamente ao Ministério da Fazenda, cabendo ao

---

[621] Esta seção foi adaptada de texto publicado em: ARAS, Vladimir. A MPv 1.158/2023 e a autonomia do Coaf. Conjur, 18 de janeiro de 2023. Disponível em: https://www.conjur.com.br/2023-jan-18/vladimir-aras-mpv-11582023-autonomia-coaf. Acesso em: 20 jun. 2023.

chefe dessa pasta nomear o presidente do Conselho e seus 12 membros e aprovar o seu regimento interno.

A MPv 1.158/2023 mantinha a autonomia técnica e operacional do COAF, que já era assegurada pelo art. 2º da Lei 13.974/2020, o que é essencial segundo os padrões do Grupo de Ação Financeira (GAFI) e do Grupo de Egmont.

O ponto mais polêmico da MP 1.158/2023 era, sem dúvida, a mudança de endereço da UIF brasileira. A volta do COAF ao Ministério da Fazenda impactaria negativamente a luta contra a lavagem de dinheiro? Na nossa opinião, depende. Pouco importa onde o COAF está organicamente inserido. Ao longo dos anos, nossa UIF já esteve no Ministério da Fazenda, no Ministério da Justiça, no Ministério da Economia e no Banco Central do Brasil. O pingue-pongue ao longo dos anos de 2019 e de 2023 não abalou a eficiência do COAF.

Note-se que a Recomendação 29 do GAFI, que trata das UIFs, não determina o *locus* onde elas devem estar. Espera apenas que as UIFs sejam centros nacionais de recebimento e análise de comunicações de operações suspeitas e de outras informações relevantes sobre lavagem de dinheiro, infrações penais antecedentes, do financiamento do terrorismo e da proliferação de armas de destruição em massa, e de disseminação dos resultados de tais análises.[622]

Na Nota Interpretativa à Recomendação 29 (NIR), o GAFI expressa que "não julga a escolha dos países por modelos específicos", o que equivale a dizer que há uma margem de apreciação nacional sobre o local onde será inserida cada UIF. No item 8 da seção E da NIR 29, esclarece-se que a UIF deve ser operacionalmente independente e autônoma, isto é, deve ter competência para cumprir suas funções livremente, "inclusive tomar por conta própria a decisão de analisar, solicitar e/ou disseminar informações específicas". Em todos os casos, isso significa que a UIF tem o direito independente de encaminhar ou disseminar informações para autoridades competentes".[623]

Essa ideia é complementada pelo item E.9 da NIR 29, segundo o qual, sempre que a UIF for instituída como parte de uma autoridade competente já existente, qualquer que seja esta, as funções principais da UIF devem ser distintas e separadas da instituição que a abriga.

---

[622] Vide a Recomendação 29 do GAFI.
[623] Vide o item E.8 da Nota Interpretativa à Recomendação 29.

Assim, bem compreendida a questão, o que importa não é o endereço da UIF, mas a sua efetiva autonomia técnica e operacional para analisar e difundir informações, a qualificação de seu corpo funcional, a reputação de seu presidente e de seus conselheiros, o cumprimento das Recomendações do GAFI, sua aderência concreta aos Princípios de Egmont e a difusão de inteligência financeira de qualidade e de forma célere, para a prevenção e a repressão a crimes graves, sem ingerências ou ameaças. Isso é também o que diz a NIR 29, seção F: toda UIF deve operar "livre de qualquer influência ou interferência política, governamental ou industrial indevida, que possa comprometer sua independência operacional".

Dito isso, é importante recordar que o Banco Central do Brasil adquiriu autonomia por força da Lei Complementar 179/2021, quando o COAF já estava vinculado a essa autarquia pela Lei 13.974/2020. Tal autonomia, nos termos do art. 6º da Lei Complementar 179/2021, caracteriza-se pela ausência de vinculação a ministério, de tutela ou de subordinação hierárquica, e pela autonomia técnica, operacional, administrativa e financeira do BACEN.

Pode-se cogitar, primeiramente, que a tentativa de desvinculação do COAF ao BACEN por uma mera medida provisória representava uma ingerência na estrutura, na autonomia e nas competências do próprio BACEN, uma vez que o presidente do COAF, conforme o art. 4º, §5º, da Lei 13.974/2020, era indicado pelo presidente do Banco Central do Brasil. Durante a vigência da MPv 1.158/2023, o poder de nomeação passou ao Ministro da Fazenda, a quem competiria também aprovar o regimento interno da UIF brasileira, regular seu processo administrativo sancionador e indicar os membros de seu Conselho.

A alocação do COAF no novo BACEN, virtualmente independente do Poder Executivo, sem dúvida, fortalece, por tabela, a independência do COAF, na medida em que, desde a vigência da Lei Complementar 179/2021, a diretoria do BACEN passou a ter, conforme seu art. 4º, mandato fixo de quatro anos, descasado do mandato do presidente da República. Ademais, o presidente e os diretores do Banco Central devem ser indicados pelo presidente da República e aprovados pelo Senado Federal, o que lhes garante elevado grau de autonomia.[624]

---

[624] Ao longo de mais de duas décadas e meia de existência, pudemos perceber que o COAF deve estar firmemente ancorado na estrutura do Estado e distanciado de questões que

Portanto, é fácil concluir que a blindagem dos diretores do BACEN, autarquia à qual o COAF se subordina, lhe transfere mais autonomia e institui um escudo de proteção da UIF contra ingerências indevidas, ao sabor da política partidária ou de outros interesses. Vale dizer, a alocação vigente, dentro de uma autarquia especial, regulada por lei complementar, contribui para a estabilização do órgão responsável pela análise e difusão da inteligência financeira que alimentará investigações e processos do Poder Judiciário, da Polícia e do Ministério Público no cumprimento de suas funções constitucionais, em casos muitas vezes relacionados a pessoas politicamente expostas.

A alteração promovida em 12 de janeiro e 1º de junho de 2023 – quando vigeu a MPv 1.158/2023 – podia ser vista assim, à luz da Recomendação 29 do GAFI e de sua Nota Interpretativa, como um enfraquecimento da autonomia operacional do COAF, pelo aumento do risco de ingerência sobre suas atividades técnicas no campo da inteligência financeira.

5.9.2 *As finalidades do COAF após a MPv 1.158/2023*

A MPv 893/2019, aquela que passou a chamar o COAF de UIF, determinava corretamente, no §1º do seu art. 2º, que a nossa *financial intelligence unit (FIU)* seria responsável por "produzir e gerir informações de inteligência financeira para a prevenção e o combate à lavagem de dinheiro, ao financiamento do terrorismo e ao financiamento da proliferação de armas de destruição em massa". Estas são as três funções clássicas das UIFs em todo o mundo, conforme as 40 Recomendações do GAFI.

Contudo, quando a MPv 893/2019 foi convertida na Lei 13.974/2020, uma emenda alterou esse dispositivo, que passou a corresponder ao inciso I do art. 3º, no qual se atribuía ao COAF – já com seu nome recuperado – "produzir e gerir informações de inteligência financeira para a prevenção e o combate à lavagem de dinheiro". Ficaram de fora do texto legal as atividades de prevenção e repressão ao financiamento do terrorismo (CFT) e à proliferação de armas de destruição em massa (PF/WMD, na sigla em inglês), que também são apontadas pelos *standards* internacionais.

---

possam desestabilizar sua capacidade operacional. Neste sentido, o BACEN é um porto seguro para o COAF.

A MPv 1.158/2023 buscou corrigir a inconsistência do art. 3º, inciso I, da Lei 13.974/2020, isto é, a falta de menção expressa ao financiamento do terrorismo e à proliferação de armas de destruição em massa. A pretensão foi tornar o texto mais abrangente, ao se dizer que cabe ao COAF "produzir e gerir informações de inteligência financeira". De que tipo? Daquele mencionado nos arts. 14 e 15 da Lei 9.613/1998, que atribuem ao COAF receber, examinar e identificar as ocorrências suspeitas de atividades ilícitas previstas na Lei de Lavagem de Dinheiro e comunicar às autoridades competentes, por meio de relatórios de inteligência financeira (RIFs), suas conclusões quanto à existência de crimes nela previstos, de fundados indícios de sua prática, "ou de qualquer outro ilícito."

Ou seja, pretendeu-se com a referida MPv tornar mais claro que o COAF produz inteligência financeira, não apenas sobre atividades de lavagem de dinheiro, mas também sobre o financiamento do terrorismo e da proliferação de armas de destruição em massa e sobre as infrações penais antecedentes à lavagem de capitais e até mesmo sobre ilícitos não penais. Seja como for, a inteligência produzida pelo COAF continua a ser difundida ao Ministério Público e à Polícia Judiciária e a outros órgãos competentes, com base no art. 15 da Lei 9.613/1998, como Comissões Parlamentares de Inquérito ou o Fisco.

Apesar de a supressão pretendida pela MPv 1.158/2023 resolver o problema criado pela Lei 13.974/2020, não o fez da melhor forma. Mais clareza textual seria desejável para explicitar na norma todas as funções do COAF no campo da inteligência financeira, evitando interpretações equivocadas quanto à sua competência.

Se há algo que deveria ser alterado no texto legal é o inciso I do art. 3º da Lei 13.974/2020, para que ali, em lugar de uma supressão, tenha-se um acréscimo textual, de modo que caiba ao COAF produzir, gerir e "difundir" informações de inteligência financeira "para a prevenção e a repressão à lavagem de dinheiro, ao financiamento do terrorismo e à proliferação de armas de destruição em massa", expressamente, nos termos das Recomendações 7 e 29 do GAFI e de suas Notas Interpretativas, e também informações relativas a quaisquer outros ilícitos.

O inciso II do art. 3º da Lei do COAF também deveria ser alterado para aclarar a autorização legal e a competência do COAF para as providências de compartilhamento internacional de dados por meio do Grupo de Egmont. O texto desejável diria que compete ao COAF produzir, gerir e difundir inteligência financeira às autoridades competentes no Brasil e às unidades de inteligência financeira no exterior.

5.10 A proteção aos integrantes do subsistema de inteligência financeira

Seria de bom alvitre incluir na Lei de Lavagem de Dinheiro ou na Lei 13.974/2020 medidas de proteção pessoal que fossem aplicáveis aos funcionários dos sujeitos obrigados (dos setores de *compliance* PLD/FTP) que reportam operações suspeitas e aos funcionários do COAF que realizam o tratamento de tais informações e produzem os RIFs.

Tais profissionais do setor público e do setor privado ficam expostos a todo tipo de riscos e represálias em razão do cumprimento de seus deveres legais, notadamente quando lidam com dados de criminosos violentos ligados a organizações criminosas ou a entes terroristas. Por isso mesmo, essas pessoas merecem salvaguardas individuais semelhantes àquelas que a Lei 9.807/1999, a Lei 13.608/2018 e a Lei 14.344/2022 (art. 23 e 24) reservam aos reportantes e aos informantes da Justiça em geral.

Já há um precedente de tentativa de responsabilização indevida de funcionários do COAF, com abertura de inquérito policial de ofício, por ordem do TRF-1, pelo mero exercício da atividade de inteligência, nos termos da Lei 9.613/1998 e da Lei 13.974/2020.[625]

---

[625] TRF-1: "Determinação, de ofício, da imediata abertura de inquérito policial, com a tomada de depoimento pessoal do Diretor-Presidente do COAF, bem assim do declínio, em sede de IPL, dos nomes e qualificações dos funcionários responsáveis pela emissão do RIF, investigando-se a possível ocorrência de abuso de autoridade, denunciação caluniosa e descumprimento de ordem judicial, sem prejuízo de apuração de outros ilícitos." (TRF-1, 3ª Turma, HC 1032133-15.2020.4.01.0000, Rel. Des. Ney Bello, j. em 05/04/2022). Disponível em: https://www2.cjf.jus.br/jurisprudencia/unificada/. Acesso em: 20 jun. 2023.

6. A INVESTIGAÇÃO CORPORATIVA NO CAMPO DA *COMPLIANCE* PLD/CFT

As investigações internas são um tema cada vez mais importante no cotidiano dos sujeitos obrigados e das pessoas jurídicas em geral, especialmente as médias e grandes empresas, sejam as nacionais ou as plurinacionais. Para Forsman e Salomão Neto, tais apurações recolhem informações sobre "fatos que possam afetar os interesses das empresas alvo e seus acionistas (...) a respeito de potenciais ilícitos", reduzindo assim "riscos jurídicos, financeiros e reputacionais".[626]

Por investigação interna, em sentido amplo, compreendem-se três espécies de apurações realizadas pela própria corporação, e não por agentes estatais: a) as investigações patrimoniais, destinadas à apuração de furtos, roubos, apropriações indébitas e fraudes contra o patrimônio da empresa, de seus sócios ou acionistas; b) as investigações puramente comportamentais, relacionadas ao assédio moral, ao assédio sexual ou à prática de discriminação no ambiente de trabalho ou à ocorrência de situações análogas à de escravidão tanto na empresa quanto na sua cadeia de fornecedores (*supply chain*);[627] e c) as investigações relacionadas

---

[626] FORSMAN, Gabriela Costa Carvalho; SALOMÃO NETO, Eduardo. Riscos na atuação de auditores em investigações internas de fraudes contábeis. Jota, Brasília, 6 de abril de 2023. Disponível em: https://www.jota.info/opiniao-e-analise/artigos/riscos-na-atuacao-de-audi tores-em-investigacoes-internas-de-fraudes-contabeis-06042023. Acesso em: 20 jun. 2023, p. 1.

[627] Trata-se de uma forma de autoproteção das empresas no âmbito da *compliance* em direitos humanos, que pode ser melhor compreendida com o exame dos Princípios Orien-

à prevenção de danos ambientais, da corrupção e da lavagem de dinheiro e ao financiamento do terrorismo, no âmbito de marcos regulatórios muito específicos.

Citando o conceito de Oliver Sahan,[628] Leite diz que as investigações internas se voltam à apuração de fatos que podem acarretar a responsabilização da pessoa jurídica ou de seus órgãos de representação, assim como dos "fatos praticados por funcionários, diretores ou colaboradores em prejuízo da própria empresa".[629]

Com grande relevância no campo da *compliance* anticorrupção, as investigações internas estão intimamente ligadas à prevenção à lavagem de dinheiro, uma vez que várias formas do gênero "corrupção" são crimes antecedentes para fins de lavagem de capitais. Ademais, para as empresas há os deveres administrativos de conhecer seus empregados e colaboradores, adicionais à obrigação KYC. Eventualmente, tais funcionários podem envolver-se, mesmo que à revelia da direção ou do comando corporativo, em práticas ilícitas de corrupção no setor publico e no setor privado, em detrimento dos programas de *compliance* e da integridade de um determinado sujeito obrigado. Imagine, por exemplo, o recebimento de vantagens ilícitas, por um oficial de *compliance* PLD/CTF para que ele deixe de cumprir as rotinas previstas na Lei 9.613/1998.

Para Leite, as investigações internas constituem elemento essencial para programas de *criminal compliance* eficientes e suficientes, cuja falta pode resultar na "perda de bônus sancionatórios" previstos em lei, sobretudo em casos de leniência.[630]

De fato, a existência de regulamentos corporativos sobre investigações internas tem sua relevância na composição das estratégias empresariais de prevenção à corrupção em sentido lato – isto é, a infrações contra a Administração Pública, a atos de improbidade administrativa e a atos lesivos à Administração Pública no sentido do Código Penal, da

---

tadores das Nações Unidas (Regras de Ruggie) e das Diretrizes da OCDE para Empresas Multinacionais.

[628] O autor valeu-se do conceito de Oliver Sahan em *Investigaciones empresariares internas desde la perspectiva del abogado*, publicado em obra coletiva da Marcial Pons.

[629] LEITE FILHO, José Raimundo. Corrupção internacional, *criminal compliance* e investigações internas. Rio de Janeiro: Lumen Juris, 2018, p. 139.

[630] LEITE FILHO. Op. cit., p. 222.

Lei 8.429/1992 e da Lei 12.846/2013. Porém, do ponto de vista existencial e reputacional, para a empresa, maior será a importância das investigações corporativas como elemento integrante da obrigação de *full cooperation* que surge para empresas que pretendam firmar acordos penais (nos casos ou nos países em que seja permitida a responsabilização penal de pessoas jurídicas) ou acordos de leniência ou ainda acordos de não persecução civil (ANPC).

No processo administrativo sancionador perante o COAF, a colaboração dos sujeitos obrigados diante de descumprimento de deveres de *compliance* PLF/CFT deve ser levada em conta. As investigações corporativas realizadas pelas pessoas jurídicas listadas no art. 9º da Lei 9.613/1998 deverão, assim, ter seu peso na mitigação sancionatória.

Esclarece Leite que as investigações internas "desempenham função primordial nos programas de *compliance* ditos reativos, porque promovem a recolha da prova penal para posterior compartilhamento com as autoridades".[631] Esses efeitos positivos podem ser vistos no âmbito de acordos de natureza cível ou penal, mas também em acordos de cunho puramente administrativo, como a leniência celebrada pelas advocacias públicas ou os acordos administrativos em processos de supervisão (AAPS), formalizados pela CVM ou pelo BACEN.[632]

Um exemplo disso está no art. 16 §1º, inciso III, da Lei 12.846/2013[633] que prevê a necessidade de colaboração efetiva das empresas interessadas em celebrar acordos de leniência, por meio da entrega de provas orais ou documentais necessárias à atuação das advocacias públicas, dos órgãos de controle e do Ministério Público. Por isso mesmo, o inciso VII do art. 7º da Lei Anticorrupção Empresarial (LACE) determina que seja levada em consideração na aplicação das sanções por atos lesivos à Administração Pu4blica a "cooperação da pessoa jurídica para a apuração das infrações".

Com mais de dez anos de vigência da LACE, já temos visto então problemas de devido processo que, surgidos no contexto de investi-

---

[631] LEITE FILHO. Op. cit., p. 223.
[632] Os AAPS são previstos na Lei 13.506/2017.
[633] Lei 12.846/2013: "Art. 16. (...) III – a pessoa jurídica admita sua participação no ilícito e coopere plena e permanentemente com as investigações e o processo administrativo, comparecendo, sob suas expensas, sempre que solicitada, a todos os atos processuais, até seu encerramento."

gações internas, podem ter impacto no processo civil ou penal. Em sua detalhada análise da questão, Leite chama a atenção para eventual ofensa ao direito à não autoincriminação, quando da realização de investigações internas, por ocasião dos interrogatórios ditos *privados*.[634]

Para mitigar esse e outros riscos, é importante garantir a autonomia das equipes investigadoras e segregá-las dos responsáveis pelo patrocínio dos interesses da empresa em casos judiciais ou administrativos e também separá-las dos encarregados das auditorias regulares.[635] Os profissionais de dentro da empresa (*in-house counsels*, inspetores, auditores etc.) ou os escritórios contratados para a investigação corporativa (contadores, auditores independentes, advogados, peritos etc), cientes das garantias do devido processo, devem adotar cautelas para não contaminar eventuais elementos informativos que poderão, depois, ter importância numa ação penal ou numa ação cível. A tomada de interrogatórios privados em investigações internas não pode violar o direito ao silêncio e a garantia mais geral do *nemo tenetur se detegere*, de funcionários, gerentes ou diretores da empresa, sempre que a sua destinação final for a *full cooperation* com autoridades públicas, notadamente a Polícia e o Ministério Público.

Entrevistas com testemunhas – sejam funcionários da empresa ou não – também devem ser cuidadosas, uma vez que tais pessoas não estão obrigadas a prestar depoimentos em investigações privadas, salvo quando intimadas por uma autoridade pública, ou quando tal obrigação decorra de uma relação contratual ou dever geral de colaboração com o empregador, baseados no direito do trabalho ou no direito civil.[636]

Conforme Adán Nieto Martin, um procedimento com garantias mínimas às pessoas envolvidas em investigações internas deve respeitar: a) o direito de ser informado com clareza dos fatos que lhe são impu-

---

[634] LEITE FILHO. Op. cit., p. 222.
[635] Neste sentido, quanto a eventual conflito de interesses, cf. FORSMAN; SALOMÃO NETO. Op. cit., pp. 1-2. Vide também: o art. 23, inciso II c/c o parágrafo único, inciso VII, da Resolução CVM 23, de 25 de fevereiro de 2021, que dispõe sobre o registro e o exercício da atividade de auditoria independente no âmbito do mercado de valores mobiliários, define os deveres e as responsabilidades dos administradores das entidades auditadas no relacionamento com os auditores independentes; e o art. 3º, inciso I, da Resolução CMN 4.910, entre outros atos mencionados pelos autores.
[636] LEITE FILHO. Op. cit., p. 168.

tados; b) o direito de acesso às provas já produzidas; c) o direito de fazer alegações e apresentar provas; d) o direito à defesa por meio de advogado, caso considere oportuno, às suas expensas; e e) o direito à presunção de inocência[637].

A apreensão, a manipulação e a transmissão de documentos também poderão ser problemáticas, pois entrarão em questão os temas da privacidade e da cadeia de custódia de provas (se o objetivo da apuração é o compartilhamento de informações com o Estado), havendo também risco de contaminação de provas digitais. Resulta então de extrema importância documentar todas as etapas da coleta probatória pela empresa até sua transmissão aos órgãos de persecução criminal ou às instâncias de controle, com entrega da documentação juntamente com os elementos informativos tangíveis ou intangíveis (dados, por exemplo).

Se tais cautelas, inclusive de segregação e de garantia de autonomia das equipes investigadoras, não forem adotadas pela empresa – por si ou pela equipe de investigação contratada –, poderá haver contaminação da informação coletada – seja ela um interrogatório, uma declaração, uma entrevista ou um documento físico ou digital – ou da informação produzida – como uma auditoria –, e essas peças não poderão ser admitidas como provas em juízo, ou serão rechaçadas de plano pelas agências de supervisão, de controle ou de investigação, tendo de ser refeitas, quando possível.[638]

Questões relativas à privacidade e à proteção de dados pessoais, no contexto da Lei 13.709/2018, também poderão ter repercussão na investigação criminal e no processo penal ou nas ações cíveis anticorrupção. Salvo previsão expressa em contrato[639] ou autorização judicial, os inves-

---

[637] NIETO MARTIN, Adan. Investigaciones internas. MORENO, Beatriz Garcia. Whistleblowing y canales institucionales de denuncia. Disponível em: NIETO MARTIN, Adam (Org.). Manual de cumplimiento penal em la empresa. Tirant lo Blanch, Valencia, 2015, pp. 236-237.

[638] FORSMAN; SALOMÃO NETO (Op. cit., p. 5) citam caso de 2017 envolvendo uma empresa de celulose, no qual o Ministério Público Federal no Distrito Federal determinou o refazimento da investigação interna pelo fato de que "a independência das apurações teria sido comprometida" pelo envolvimento de investigados na produção do documento. Vide o Inquérito Civil 1.16.000.000393/2016-10.

[639] Em 2017, ao julgar o caso *Bărbulescu vs. Romênia*, o Tribunal Europeu de Direitos Humanos, entendeu que as investigações internas devem ser realizadas de forma proporcional em relação à intimidade do trabalhador, devendo ser assegurados o direito à informação prévia,

tigadores internos não poderão ter acesso direto ao conteúdo de e-mails (salvo os corporativos, com prévia ciência do empregado) ou ao conteúdo de celulares (especialmente *smartphones*) ou a documentos pessoais, para as apurações corporativas. O tratamento de dados pessoais de funcionários ou diretores suspeitos, pela equipe de investigação, e seu compartilhamento com as autoridades públicas deve observar rigorosamente o direito à vida privada e as normas de proteção de dados vigentes no País, para não inviabilizar seu uso nos processos judiciais ou administrativos consecutivos.

A cadeia de custódia de documentos físicos e de provas digitais também deve ser observada pelos investigadores corporativos nos casos em que a investigação interna se destinar ao atendimento do dever de *full cooperation* com o Estado, notadamente em apurações criminais.

Segundo o STJ, a cadeia de custódia visa a "garantir que os vestígios deixados no mundo material por uma infração penal correspondem exatamente àqueles arrecadados pela polícia, examinados e apresentados em juízo".[640] Noutro julgado, o STJ determinou que a cadeia de custódia diz respeito à "idoneidade do caminho que deve ser percorrido pela prova até sua análise pelo magistrado". Se houver alguma interferência nela "durante o trâmite processual, esta pode resultar na sua imprestabilidade", como "uma questão relacionada à eficácia da prova".[641]

Na Operação *Open Doors*, conduzida por autoridades do Estado do Rio de Janeiro, apuravam-se fraudes bancárias tendo instituições financeiras como vítimas. Na investigação paralela ao inquérito policial, investigadores de um banco tiveram acesso à prova digital de interesse criminal e fizeram uma perícia privada em computadores apreendidos com ordem judicial, antes da realização da perícia oficial. Tal conheci-

---

fim legítimo, necessidade e alcance da supervisão. Cf. TRIBUNAL EUROPEU DE DIREITOS HUMANOS. Case of Bărbulescu v. Romania [GC]. Judgment 5 September 2017. Disponível em: https://hudoc.echr.coe.int/fre#{%22itemid%22:[%22001-177082%22]}. Acesso em: 20 jun. 2023. A empresa havia monitorado o *Yahoo Messenger* do empregado durante alguns dias, o que teria violado o seu direito à vida privada, disso resultando o descumprimento de obrigações positivas pelo Estado romeno (§§ 69-81 e 108-141 da sentença) do direito à vida privada, previsto no art. 8º da Convenção Europeia de Direitos Humanos.

[640] STJ, 5ª Turma, AgRg no RHC 143.169/RJ, Rel. Des. Jesuíno Rissato, Rel. p/ o Acórdão Min. Ribeiro Dantas, j. 07/02/2023.

[641] STJ, RHC 158.441/PA, Rel. Des. Olindo Menezes, Sexta Turma, d. em 15/06/2022.

mento não documentado nos autos levou o STJ a reconhecer a quebra da cadeia de custódia *pelo Estado*, em função da violação do princípio da mesmidade.

> (A) completa falta de documentação sobre os procedimentos adotados pela polícia inviabiliza saber o que efetivamente aconteceu no tratamento das fontes de prova. Como se extraíram os arquivos de imagem? Essa extração foi feita logo no momento da apreensão? Os arquivos correspondem àquilo que estava nos computadores? Quem realizou tais procedimentos? Os computadores permaneceram o tempo todo sob a custódia da polícia, ou passaram pelas instalações do banco em algum momento? Os técnicos da instituição financeira tiveram acesso direto aos aparelhos? Pela omissão da autoridade policial, não é possível responder a nenhuma dessas perguntas, com uma consequência profundamente prejudicial à confiabilidade da prova: não há como assegurar que os elementos informáticos periciados pela polícia e pelo banco são íntegros e idênticos aos que existiam nos computadores do réu. Não afirmo, é claro, que a polícia civil e o banco adulteraram os dados contidos nos computadores apreendidos, ou que realizaram algum tipo de fraude para incriminar o paciente, ou então que foram suprimidos dados que beneficiariam os acusados.[642]

---

[642] STJ, 5ª Turma, AgRg no RHC 143.169/RJ, Rel. Des. Jesuíno Rissato, Rel. p/ o Acórdão Min. Ribeiro Dantas, j. 07/02/2023.

PARTE V
OUTRAS MEDIDAS DE INVESTIGAÇÃO E DISPOSIÇÕES GERAIS DA LEI

1. APLICAÇÃO SUBSIDIÁRIA DO CPP

Art. 17-A. Aplicam-se, subsidiariamente, as disposições do Decreto-lei nº 3.689, de 3 de outubro de 1941 (Código de Processo Penal), no que não forem incompatíveis com esta Lei.

O art. 17-A da Lei 9.613/1998 foi nela incluído pela reforma de 2012. Tal dispositivo determina a aplicação subsidiária das normas do CPP às investigações e aos processos por lavagem de capitais.

Deste modo, naquilo que a Lei 9.613/1998 for silente, aplica-se o CPP, sem prejuízo do disposto em leis especiais, como a Lei 12.850/2013 ou a Lei 9.296/1996 ou ainda a Lei 8.038/1990.

Uma das exclusões está no art. 366 do CPP, cuja aplicação é afastada pelo art. 2º, §2º, da Lei 9.613/1998.

2. A INVESTIGAÇÃO CRIMINAL EM LAVAGEM DE CAPITAIS

A apuração do crime de lavagem de dinheiro normalmente ocorrerá em inquérito policial, presidido por delegado de Polícia, nos termos do CPP e da Lei 12.830/2013, ou por meio de procedimento investigatório criminal (PIC), conduzido por membro do Ministério Público, com base na Resolução 181/2017 do CNMP. Neste caso, não há óbice à atuação de forças-tarefas ou de grupos especiais, como entende o STJ:

> A atuação de promotores auxiliares ou de grupos especializados, como o Grupo de Atuação Especial de Combate ao Crime Organizado (GAECO), na investigação de infrações penais, a exemplo do crime de lavagem de dinheiro, não ofende o princípio do promotor natural, não havendo que se falar em designação casuística.[643]

O STF também validou a criação de GAECOs por leis estaduais para a investigação de crimes praticados por organizações criminosas, condutas que rotineiramente envolvem a prática de lavagem de ativos e de corrupção.[644]

Nos crimes sujeitos ao foro especial por prerrogativa de função, o inquérito deve tramitar na forma da Lei 8.038/1990,[645] respeitadas

---

[643] STJ, Jurisprudência em Teses, Edição 167, de 9 de abril de 2021, Tese 12. Disponível em: https://scon.stj.jus.br/SCON/jt/toc.jsp. Acesso em: 20 jun. 2023.

[644] STF, Pleno, ADI 2838/MT, Rel. Min. Alexandre de Moraes, j. em 12/04/2023; STF, Pleno, ADI 4624/TO, Rel. Min. Alexandre de Moraes, j. em 12/04/2023.

[645] Ressalvados os crimes atribuídos a parlamentares, nos termos da AP 937/RJ QO, Pleno, Rel. Min. Roberto Barroso, j. em 03/05/2018.

as normas de competência dos arts. 29 (TJs), 96 (TJs), 102 (STF), 105 (STJ) e 108 (TRFs), sem prejuízo da competência dos TREs, quando o crime de lavagem for conexo a crime eleitoral.[646]

Como vimos nas seções 4.7 e 4.8 da Parte II deste livro – às quais remetemos o leitor –, as autoridades de investigação poderão lançar mão de ferramentas de investigação previstas no CPP, assim como dos meios especiais de obtenção de prova (técnicas especiais de investigação) previstas na Lei 12.850/2013, na Lei 9.296/1996 e noutros diplomas legais, inclusive daquelas reguladas na própria Lei de Lavagem de Dinheiro, como as dos §§5º e 6º do art. 1º.

Quanto à cooperação interinstitucional, examinando o inciso VIII do art. 3º da Lei 12.850/2013, a Corte Especial do STJ entendeu ser possível o compartilhamento com a Controladoria Geral da União de informações colhidas em investigação criminal sobre crime organizado, lavagem de dinheiro e corrupção.[647] Neste caso, o Tribunal deu aplicação às Convenções de Palermo (art. 7.1 e art. 27.1) e de Mérida (art. 14.1), que trazem comandos sobre o intercambio de informações entre órgãos estatais.

---

[646] STF, Inq 4435 AgR-quarto, Rel. Min. Marco Aurélio, j. em 14/03/2019.
[647] STJ, Corte Especial, Processo em segredo de justiça, Rel. Min. Nancy Andrighi, j. em 15/02/2023.

3. REQUISIÇÃO DIRETA DE DADOS CADASTRAIS

Art. 17-B. A autoridade policial e o Ministério Público terão acesso, exclusivamente, aos dados cadastrais do investigado que informam qualificação pessoal, filiação e endereço, independentemente de autorização judicial, mantidos pela Justiça Eleitoral, pelas empresas telefônicas, pelas instituições financeiras, pelos provedores de internet e pelas administradoras de cartão de crédito.

Resultante da Lei 12.683/2012, o art. 17-B da Lei 9.613/1998 conferiu ao Ministério Público e à Polícia Judiciária a atribuição para a requisição direta, sem intermediação judicial, de dados cadastrais do investigado mantidos em bases da Justiça Eleitoral, das companhias telefônicas, das instituições financeiras, dos provedores de internet e das administradoras de cartões de crédito.

Por dado cadastral, no sentido do texto, entendem-se os dados de qualificação pessoal, filiação e endereço. De fato, no âmbito do Marco Civil da Internet, o art. 11 do Decreto 8.771/2016 os define como sendo as informações sobre filiação; endereço; e a qualificação pessoal, entendida como nome, prenome, estado civil e profissão do usuário.

Trata-se de dados pessoais, se nos valermos da definição constante do art. 5º da Lei 13.709/2018 (LGPD), que os define como a informação relacionada a pessoa natural identificada ou identificável. No entanto, o art. 4º, inciso III, alíneas *a* e *d*, esclarece que a LGPD não se aplica ao tratamento de dados pessoais para fins de segurança pública e atividades de persecução e repressão de infrações penais.

Inexiste necessidade de intermediação judicial para acesso a dados cadastrais. Não há dúvida sobre ter sido esta a intenção do legislador.

O relator do projeto de lei que alterou a Lei 9.613/1998, o senador Eduardo Braga expressou-a assim em seu informe final: "O dispositivo confere ao Ministério Público e à autoridade policial, *independentemente de autorização judicial*, acesso a dados relativos apenas à qualificação, filiação e endereço, não se imiscuindo na intimidade individual e, portanto, resguardando a cláusula constitucional prevista no inciso XI, do art. 5º da Constituição Federal, que garante a inviolabilidade do conteúdo da correspondência, das comunicações telegráficas, telefônicas e de dados".

> Nos crimes de lavagem ou ocultação de bens, direitos e valores, a autoridade policial e o Ministério Público têm acesso, independentemente de autorização judicial, aos dados meramente cadastrais de investigados que não são protegidos pelo sigilo constitucional (art. 17-B da Lei n. 9.613/1998).[648]

A requisição direta de dados cadastrais representa uma ingerência mínima sobre os direitos do titular dos dados, sendo compatível com a norma constitucional do inciso LXXIX do art. 5º. Medidas mais intrusivas sobre a vida privada, todavia, exigem prévia decisão judicial, tal como ocorre com a interceptação de comunicações telefônicas, meio especial de obtenção de provas regulado pela Lei 9.296/1996, para a qual o art. 5º, inciso XII, da Constituição exige autorização de um juiz. Procedimento similar é o da quebra de sigilo bancário, prevista na Lei Complementar 105/2001.

A desnecessidade de autorização judicial deriva do fato de que a mera requisição de dados cadastrais, que são informações de frontispício, de mera interação social, não representa uma importante devassa da vida privada do cidadão. Prestam-se à determinação de autoria e servem como mera ferramenta de identificação e localização de vítimas e suspeitos, a eles se podendo chegar a partir de números telefônicos, de registros de identificação civil ou números de *Internet Protocol* (IP).

O acesso a tais dados cadastrais, de simples qualificação do suspeito, não fere senão de maneira muito pequena a privacidade do cidadão (art. 5º, inciso X, da CF), razão pela qual não há necessidade de prévia deci-

---

[648] STJ, Jurisprudência em Teses, Edição 167, de 9 de abril de 2021, Tese 13. Disponível em: https://scon.stj.jus.br/SCON/jt/toc.jsp. Acesso em: 20 jun. 2023.

são judicial para sua obtenção. Ademais, trata-se de ingerência legítima num Estado de Direito, uma vez que a obtenção de tais dados permite aos órgãos de persecução elucidar fatos em torno do suposto autor de uma infração penal.

No que toca ao Ministério Público da União, o art. 8º, incisos II e VII e seu §2º, todos da Lei Complementar 75/1993 são claríssimos ao permitir a requisição direta de informações desta ordem.

Assim, considerando que a referida Lei Complementar se aplica subsidiariamente ao Ministério Público dos Estados (art. 80 da Lei 8.625/1093), tecnicamente nenhuma novidade há no art. 17-B da Lei 9.613/98, em relação ao Ministério Público. A regra servirá como reforço a uma atribuição que já existe em lei complementar.

Porém, o artigo permite agora também à Polícia Judiciária requisitar tais dados, sempre em função de uma investigação criminal em curso. Tal previsão teve grande significado para a atuação de delegados de Polícia, uma vez que, até então, era frágil o arcabouço legal para o acesso direto dessas autoridades policiais a dados cadastrais de suspeitos. A Lei 12.830/2013 robusteceu o poder de requisição policial, ao estabelecer no §2º do art. 2º que pode o delegado de Polícia requisitar "perícia, informações, documentos e dados que interessem à apuração dos fatos", sempre no bojo de um inquérito policial.

Embora colocado na Lei de Lavagem de Dinheiro, este dispositivo repercute em todo o sistema de investigação criminal, pois pode ser invocado para a apuração de qualquer delito, não só dos crimes de reciclagem e das infrações penais antecedentes. O legislador não limitou seu escopo à lavagem de ativos e nem teria razão para fazê-lo. Ademais, também não o limitou à esfera criminal, o que permitirá ao Ministério Público fazer uso desse poder de requisição no âmbito da jurisdição eleitoral ou nos inquéritos civis que conduzir.

Reforçando esse amplo escopo do poder de requisição de dados cadastrais, a Lei 12.850/2013 trouxe regra semelhante no art. 15.[649] A natu-

---

[649] Lei 12.850/2013: 'Art. 15. O delegado de polícia e o Ministério Público terão acesso, independentemente de autorização judicial, apenas aos dados cadastrais do investigado que informem exclusivamente a qualificação pessoal, a filiação e o endereço mantidos pela Justiça Eleitoral, empresas telefônicas, instituições financeiras, provedores de internet e administradoras de cartão de crédito."

reza dos dados que podem ser requisitados é a mesma. Além disso, em ambos os casos, o legislador esclareceu quem são os destinatários da requisição: a Justiça Eleitoral, as empresas telefônicas, as instituições financeiras,[650] os provedores de Internet e as administradoras de cartões de crédito.

Com isso, permite-se, por exemplo, que a Polícia e o Ministério Público tenham acesso direto ao sistema CCS, referido no art. 10-A da Lei 9.613/1998, que contém dados cadastrais de clientes do Sistema Financeiro Nacional. Permite-se também o acesso à base de eleitores do País.

Para dar utilidade ao poder de requisição das autoridades de persecução criminal, a Lei 12.850/2013 traz duas regras complementares, sobre prazos de retenção e guarda de informações. No art. 16, a Lei do Crime Organizado manda que as empresas de transporte mantenham, pelo prazo *mínimo* de 5 anos, os dados sobre reservas e registro de viagens por meio marítimo, terrestre ou aéreo. Tais informações poderão ser requisitadas pelo juiz, pelo Ministério Público ou por delegado de polícia, ou disponibilizadas em portal específico para acesso direto mediante senha.

O art. 17 da Lei das Organizações Criminosas também introduziu um dever de guarda ou retenção específico para concessionárias de telefonia em geral. Cabe-lhes manter pelo mesmo prazo *mínimo* de 5 anos os "registros de identificação dos números dos terminais de origem e de destino das ligações telefônicas internacionais, interurbanas e locais."[651]

Mediante a Lei 13.344/2016, o poder de requisição direta da Polícia e do Ministério Público foi ampliado para abarcar não só o acesso aos dados cadastrais (art. 13-A do CPP),[652] como também, de forma excepcional, o acesso aos dados de geolocalização de pessoas a partir de torres de telefonia celular (estações rádio-base ou ERBs) e outros sinais (art. 13-B do CPP).

---

[650] Vide o art. 9º da Lei Complementar 105/2001.

[651] Com a disseminação dos serviços de chamadas de voz por meio da internet (*voice over IP*), este dispositivo perdeu a relevância que tinha no passado.

[652] O art. 13-A do CPP permite a requisição direta de dados da vítima ou de suspeitos dos crimes previstos nos arts. 148, 149, 149-A, 158 e 159 do Código Penal e também do delito do art. 239 do ECA. Um maior número de entidades pode ser destinatário das requisições do art. 13-A do CPP, que menciona "quaisquer órgãos do Poder Público" e "empresas da iniciativa privada".

Tal requisição serve à localização de suspeitos e à localização e libertação de vítimas de tráfico de seres humanos. Apesar da redação truncada deste art. 13-B do CPP, percebe-se que, durante a execução do crime, excepcionalmente, nos termos do §4º, podem a Polícia e o Ministério Público acessar tais dados e metadados, mediante, por exemplo, o fornecimento por empresas de telefonia e provedores de serviços e de aplicações de Internet do posicionamento exato ou aproximado do suspeito ou da vítima ou de informações sobre seu trajeto em tempo real ou aproximado.

A determinação judicial de fornecimento de informações sobre a localização de suspeitos deve ser individualizada, ao menos por coordenadas de tempo e lugar, sendo vedada, em homenagem ao direito à privacidade locacional, a requisição de fornecimento de dados genéricos.

Esta discussão tem repercussão atual na praxe forense brasileira após a decisão proferida pela 3ª Seção do Superior Tribunal de Justiça que legitimou ordem judicial proferida pela 4ª Vara Criminal da Comarca do Rio de Janeiro que determinou à empresa Google enviar às autoridades de persecução penal os dados de geolocalização estáticos de usuários que se encontravam durante determinado período de tempo em certo local relacionado ao homicídio de uma vereadora e de seu motorista no Rio de Janeiro, técnica denominada *geofence*.

No julgamento, a 3ª Seção do STJ, por maioria,[653] considerou que a ordem não seria desproporcional, pois tem "como norte a apuração de gravíssimos crimes cometidos por agentes públicos contra as vidas de três pessoas – mormente a de quem era alvo da emboscada, pessoa dedicada, em sua atividade parlamentar, à defesa dos direitos de minorias (...) – não impõe risco desmedido à privacidade e à intimidade dos usuários possivelmente atingidos pela diligência questionada"[654].

---

[653] Restou vencido o Min. Sebastião Reis, que divergiu da maioria por considerar a medida invasiva e desproporcional, entendimento que a coautora considera correto. No sentido do julgado, veja: ARAS, Vladimir. Cerco digital (*"geofence"*) e varredura terminológica: balizas constitucionais e legais. In: SALGADO, Daniel de Resende; BECHARA, Fábio R.; GRANDIS, Rodrigo de. Os 10 anos da Lei sobre as organizações criminosas: aspectos criminológicos, penais e processuais penais. Salvador: JusPodivm, 2023, no prelo.

[654] STJ, RMS 62.143/RJ, Rel. Min. Rogério Schietti Cruz, Terceira Seção, j. em 26/08/2020; e STJ, RMS 61.302/RJ, Rel. Min. Rogério Schietti Cruz, Terceira Seção, j. em 26/08/2020. Esses dois recursos em mandado de segurança cuidaram de pedidos de *geofence warrants*.

A matéria ainda não foi apreciada pelo STF, onde é objeto do RE 1.301.250/RJ, com repercussão geral (Tema 1148).[655]

Voltando ao art. 17-B da Lei 9.613/1998, é preciso reconhecer, porém, que o dispositivo é mal redigido, pois não vincula o poder de requisição a uma investigação criminal específica. Também não estipula os usos legítimos que se pode dar a esses dados, nem os cuidados quanto ao seu tratamento pelo MP e pela Polícia. Por fim, não há previsão do dever de informação ao titular dos dados quanto ao seu uso, após o fim da apuração, para que exerça o seu direito de oposição ao tratamento ou de retificação ou exclusão, se for o caso. Essas deficiências legislativas – que também se aplicam ao art. 15 da Lei 12.850/2013 – ferem o direito à autodeterminação informativa[656] e precisam ser resolvidas pelo legislador.

---

[655] STF, Tema 1148: Limites para decretação judicial da quebra de sigilo de dados telemáticos, no âmbito de procedimentos penais, em relação a pessoas indeterminadas.

[656] STF, Pleno, ADI 6387-MC-Ref, Rel. Min. Rosa Weber, j. em 07/05/2020. Foi nesse julgado que o STF reconheceu o direito à autodeterminação informativa como autônomo em relação ao direito à privacidade. Corresponde, segundo Sarlet, ao "direito de cada indivíduo poder controlar e determinar (ainda não de modo absoluto) o acesso e uso de seus dados pessoais". Cf. SARLET, Ingo Wolfgang. Fundamentos Constitucionais: o direito fundamental à proteção de dados. In MENDES, Laura Schertel; DONEDA, Danilo; SARLET, Ingo Wolfgang; RODRIGUES JUNIOR, Otavio Luiz. Tratado de proteção de dados pessoais. Rio de Janeiro: Forense, 2021, p. 26.

4. TRANSFERÊNCIA DE DADOS DE QUEBRA DE SIGILO BANCÁRIO

Art. 17-C. Os encaminhamentos das instituições financeiras e tributárias em resposta às ordens judiciais de quebra ou transferência de sigilo deverão ser, sempre que determinado, em meio informático, e apresentados em arquivos que possibilitem a migração de informações para os autos do processo sem redigitação.

O art. 17-C da Lei de Lavagem de Dinheiro foi nela introduzido pela reforma de 2012. Sua finalidade foi estabelecer, no plano da lei federal ordinária, um protocolo uniforme de transmissão de dados de quebras de sigilo bancário e de sigilo fiscal para facilitar o trabalho dos peritos em investigações de crimes econômicos e no rastreamento de bens na persecução patrimonial em geral, diante de elevadas massas de informações de transações financeiras.

Assim, cabe às instituições financeiras e ao Fisco, em resposta a ordens judiciais de flexibilização de sigilos bancário e fiscal, nos termos da Lei Complementar 105/2001 e da legislação tributária[657], transmitir ao Ministério Público, à Polícia e ao Poder Judiciário os dados requisitados, por via judicial, em formato eletrônico, de maneira a evitar a necessidade de digitalização (por *scanner*) ou, pior ainda, de redigitação de informações, uma atividade que consome muitas horas de trabalho e da qual podem advir diversos erros de alimentação.

---

[657] Vide também a legislação correlata, como o art. 28 da Lei 7.492/1996 e o art. 15 da Lei 9.613/1998.

Mesmo antes de a Lei 12.683/2012 introduzir esse art. 17-B na Lei de Lavagem de Dinheiro, o problema da falta de precisão e do excesso de tempo no processamento de dados de quebras de sigilo bancário já havia sido solucionado no Brasil. O avanço se deu em dois passos. Primeiramente, em 2003, ocorreu a criação do CCS, no âmbito do BACEN, pelo art. 10-A da Lei 9.613/1998. Em seguida, a PGR desenvolveu o Sistema de Investigação de Movimentações Bancárias (SIMBA). Em 2010, por determinação do Banco Central[658] e do Conselho Nacional de Justiça, o SIMBA foi adotado como padrão nacional para a transmissão de dados de quebras de sigilo bancário.

Essa rápida transmissibilidade de dados digitais, para cumprimento de ordens judiciais, também é facilitada pelo Sistema de Busca de Ativos do Poder Judiciário (SISBAJUD), e pelo INFOJUD da Receita Federal. Para assegurar a ampla defesa, o advogado do suspeito ou réu deve ter acesso às informações transmitidas pela Receita Federal ou pelas instituições financeiras, por meio desses canais, no que diz respeito ao caso concreto.

---

[658] Vide a Carta-Circular 3.290/2005 e a Carta-Circular 3.454/2010 do BACEN. Vide ainda a Instrução Normativa 3, de 2010, da Corregedoria do CNJ.

5. AFASTAMENTO AUTOMÁTICO DE FUNCIONÁRIOS PÚBLICOS INDICIADOS

Art. 17-D. Em caso de indiciamento de servidor público, este será afastado, sem prejuízo de remuneração e demais direitos previstos em lei, até que o juiz competente autorize, em decisão fundamentada, o seu retorno.

O art. 17-D, introduzido na Lei de Lavagem de Dinheiro pela Lei 12.683/2012, autorizava o afastamento cautelar de funcionários públicos "indiciados" por lavagem de capitais, mantendo-se sua remuneração.

A redação era equivocada, pois admitia o afastamento automático do investigado (que ainda nem era réu), pelo só fato do indiciamento policial por suspeita de lavagem de dinheiro.[659] Era evidente, desde sua entrada em vigor, que este dispositivo não tinha como ser aplicado, senão mediante interpretação conforme.[660]

É importante lembrar que uma pessoa indiciada pela Polícia Judiciária não será necessariamente denunciada pelo Ministério Público e, ainda que o seja, o juiz poderá não receber a denúncia. Ademais, pessoas não indiciadas podem ser processadas criminalmente pelo Ministério Público, e nestes casos o art. 17-D da Lei 9.613/1998 não incidiria.

---

[659] A lei sequer restringiu o afastamento automático aos crimes de lavagem de dinheiro, porque se limitou a estabelecer a ocorrência do indiciamento do servidor como premissa em qualquer caso.

[660] Uma interpretação alternativa possível seria a de que o indiciamento em questão seria o da instância administrativa, pela autoridade municipal, estadual ou federal competente do órgão público ao qual vinculado o servidor público, no curso de um procedimento administrativo disciplinar.

Não havia como considerar possível, portanto, o afastamento de servidor público por força do despacho de indiciamento proferido pela autoridade policial, também porque o ato de indiciar tem significado apenas no campo da documentação policial, não tendo consequências processuais na eventual ação penal, salvo o abalo moral e a exposição prematura do suspeito à imprensa por meio de um etiquetamento. Por outro lado, não há como conferir natureza cautelar ao afastamento decorrente do indiciamento, porque não há contraditório na fase inquisitorial do inquérito policial.[661]

Além disso, pela redação legal, o ato poderia ser praticado sem o exame dos requisitos de *fumus boni iuris* e *periculum in mora*, proporcionalidade, necessidade e adequação. Outro problema está no fato de que a regra representa transferência indevida de função jurisdicional para a autoridade policial e inverte a lógica das medidas cautelares. Pelo texto da lei, o afastamento só cessaria mediante decisão fundamentada do juiz. Mas o dispositivo não exigia tal motivação para a suspensão da atividade do servidor, o que violava o devido processo legal e o art. 93, inciso IX, da Constituição.

Ainda se deve ter em conta que o art. 319, inciso VI do CPP, tem disciplina própria e geral sobre as medidas cautelares pessoais. Assim, o art. 17-D da Lei 9.613/1998 tornava-se desnecessário diante da previsão legal, vigente desde 2011, que permite ao juiz suspender o funcionário do exercício de função pública quando houver justo receio de sua utilização para a prática de infrações penais. De igual modo, no âmbito dos crimes funcionais de prefeitos, o art. 2º, inciso II, do Decreto-lei 201/1967, determina que, "Ao receber a denúncia, o Juiz manifestar-se-á, obrigatória e motivadamente, sobre a prisão preventiva do acusado, nos casos dos itens I e II do artigo anterior, e sobre o seu afastamento do exercício do cargo durante a instrução criminal, em todos os casos".

Por fim, pode-se apontar que o art. 20, §1º, da Lei 8.429/1992 autoriza o afastamento do agente envolvido em atos de improbidade administrativa, sejam eles correspondentes ou não a crimes, mas sempre por decisão fundamentada da autoridade judicial ou da autoridade adminis-

---

[661] O §6º do art. 2º da Lei 12.830/2013 diz que o indiciamento é ato privativo do delegado de Polícia e se dá "por ato fundamentado, mediante análise técnico-jurídica do fato, que deverá indicar a autoria, materialidade e suas circunstâncias."

trativa competente, isto é, aquela com poder hierárquico sobre o agente ímprobo, restringindo tal afastamento à necessidade da instrução processual e ao propósito de evitar a prática de novos ilícitos. Ainda assim, tal afastamento somente pode ocorrer por 90 dias, prorrogável por igual prazo apenas uma vez.

Por tais razões, este artigo deveria ter sido vetado quando da sanção da Lei 12.683/2012. Como não o foi, acabou ocorrendo o que advertimos à época de sua introdução no ordenamento brasileiro: adviria declaração de inconstitucionalidade pelo STF, por ofensa ao contraditório, à ampla defesa, ao monopólio da jurisdição (art. 5º, XXXV, da CF) e à presunção de inocência. De fato, em 2013, a Associação Nacional dos Procuradores da República (ANPR) propôs a ADI 4911, impugnando tal artigo. Em 2020, o STF julgou procedente essa ação direta, declarando a inconstitucionalidade do art. 17-D da Lei de Lavagem de Dinheiro.[662]

> 1. Inconstitucionalidade do afastamento automático do servidor público investigado por crimes de lavagem ou ocultação de bens, direitos e valores em decorrência de atividade discricionária da autoridade policial, nos termos do art. 17-D da Lei 9.613/1998, consistente em indiciamento e independentemente de início da ação penal e análise dos requisitos necessários para a efetivação dessa grave medida restritiva de direitos. 2. A determinação do afastamento automático do servidor investigado, por consequência única e direta do indiciamento pela autoridade policial, não se coaduna com o texto constitucional, uma vez que o afastamento do servidor, em caso de necessidade para a investigação ou instrução processual, somente se justifica quando demonstrado nos autos o risco da continuidade do desempenho de suas funções e a medida ser eficaz e proporcional à tutela da investigação e da própria administração pública, circunstâncias a serem apreciadas pelo Poder Judiciário. 3. Reputa-se violado o princípio da proporcionalidade quando não se observar a necessidade concreta da norma para tutelar o bem jurídico a que se destina, já que o afastamento do servidor pode ocorrer a partir de representação da autoridade policial ou do Ministério Público, na forma de medida cautelar diversa da prisão, conforme os arts. 282, § 2º, e 319, VI,

---

[662] STF, Pleno, ADI 4911/DF, Rel. Min. Edson Fachin, Rel. p/ o Acórdão Min. Alexandre de Moraes, j. em 23/11/2020.

ambos do CPP. 4. A presunção de inocência exige que a imposição de medidas coercitivas ou constritivas aos direitos dos acusados, no decorrer de inquérito ou processo penal, seja amparada em requisitos concretos que sustentam a fundamentação da decisão judicial impositiva, não se admitindo efeitos cautelares automáticos ou desprovidos de fundamentação idônea. 5. Sendo o indiciamento ato dispensável para o ajuizamento de ação penal, a norma que determina o afastamento automático de servidores públicos, por força da *opinio delicti* da autoridade policial, quebra a isonomia entre acusados indiciados e não indiciados, ainda que denunciados nas mesmas circunstâncias. Ressalte-se, ainda, a possibilidade de promoção de arquivamento do inquérito policial mesmo nas hipóteses de indiciamento do investigado. 6. Ação Direta julgada procedente.[663]

---

[663] STF, Pleno, ADI 4911/DF, Rel. Min. Edson Fachin, Red. p/ o Acórdão Min. Alexandre de Moraes, j. em 23/11/2020.

6. PRAZO DE RETENÇÃO DE DADOS FISCAIS

Art. 17-E. A Secretaria da Receita Federal do Brasil conservará os dados fiscais dos contribuintes pelo prazo mínimo de 5 (cinco) anos, contado a partir do início do exercício seguinte ao da declaração de renda respectiva ou ao do pagamento do tributo.

O art. 17-E da Lei 9.613/1998 determina à Receita Federal que retenha por *ao menos* cinco anos os dados fiscais dos contribuintes, pessoas físicas ou jurídicas. A finalidade não é declarada pela norma, mas sua colocação na Lei de Lavagem de Dinheiro faz perceber que tem fins vinculados à persecução criminal. Esta é uma falha do legislador, que também claudica ao não estipular um prazo máximo de *data retention* e ao não estipular regras adequadas de tratamento de dados pessoais.

A guarda de dados fiscais por, no mínimo, cinco anos, a contar do início do exercício seguinte ao da declaração de renda ou do exercício seguinte ao do pagamento do tributo, tem por fim facilitar o acesso a informações fiscais no curso de uma investigação criminal ou de uma persecução patrimonial, a cargo da Polícia ou do Ministério Público ou de outras entidades da Administração Pública, em casos disciplinares ou de improbidade administrativa.

Os dados pessoais de contribuintes estão em geral protegidos pelo sigilo fiscal da legislação tributária e seu tratamento também deve observar os limites da LGPD. Observe-se, porém, que o compartilhamento de dados de que trata o art. 17-E, quando tiver finalidade ligada à investigação criminal ou ao processo penal, escapará do alcance da Lei 13.709/2018, por força da exceção prevista em seu art. 4º, inciso III. Por isso, o detalhamento, pelo legislador, de direitos específicos do titular se torna ainda mais necessário.

7. PROTEÇÃO DE DADOS PESSOAIS[664]

Art. 17-F. O tratamento de dados pessoais pelo Coaf:[665]
I – será realizado de forma estritamente necessária para o atendimento às suas finalidades legais;
II – garantirá a exatidão e a atualização dos dados, respeitadas as medidas adequadas para a eliminação ou a retificação de dados inexatos;
III – não superará o período necessário para o atendimento às suas finalidades legais;
IV – considerará, na hipótese de compartilhamento, a sua realização por intermédio de comunicação formal, com garantia de sigilo, certificação do destinatário e estabelecimento de instrumentos efetivos de apuração e correção de eventuais desvios cometidos em seus procedimentos internos;
V – garantirá níveis adequados de segurança, respeitadas as medidas técnicas e administrativas para impedir acessos, destruição, perda,

---

[664] Esta seção foi adaptada do texto publicado em: ARAS, Vladimir. A MP 1.158/2023 e o tratamento de dados pessoais pelo Coaf. Conjur, 22 de janeiro de 2023. Disponível em: https://www.conjur.com.br/2023-jan-22/vladimir-aras-mp-1158-tratamento-dados-pessoais-coaf. Acesso em: 20 jun. 2023.

[665] Este dispositivo resultava da MPv 1.158/2023, que perdeu sua eficácia em 1º de junho de 2023, conforme o Ato Declaratório 39/2023, da presidência da Mesa do Congresso Nacional. Mantivemos o estudo do artigo 17-F, com as adaptações necessárias, para historiar os avanços, mudanças e retrocessos do marco jurídico brasileiro sobre lavagem de dinheiro e para instigar o debate sobre este importante tópico que deverá ser, no futuro, suprido pelo legislador federal, para a proteção de dados pessoais neste âmbito.

alteração, comunicação, compartilhamento, transferência ou difusão não autorizadas ou ilícitas;

VI – será dotado de medidas especiais de segurança quando se tratar de dados:

a) sensíveis, nos termos do disposto no inciso II do **caput** do art. 5º da Lei nº 13.709, de 14 de agosto de 2018; e

b) protegidos por sigilo; e

VII – não será utilizado para fins discriminatórios, ilícitos ou abusivos.

A Lei 9.613/1998 passou por mais uma modificação em 2023, desta vez pela Medida Provisória 1.158, de 12 de janeiro de 2023. Contudo, tal diploma perdeu vigência logo depois, em 1º de junho do mesmo ano.

Medidas provisórias não podem tratar de direito penal ou de processo penal, tendo em vista as limitações expressas no art. 62, §1º, da Constituição. Assim, a mudança promovida pela MPv 1.158/2003 tinha outra natureza, mais afeita ao direito civil e aos direitos da personalidade, no campo da proteção de dados pessoais (PDP) e do direito à autodeterminação informativa.[666]

Baixado em 12 de janeiro de 2023, o ato legislativo em questão visava introduzir um novo art. 17-F na Lei 9.613/1998 (Lei de Lavagem de Dinheiro), para instituir regras sobre o tratamento de dados pessoais pelo Conselho de Controle de Atividades Financeiras (COAF).

7.1 As novas regras sobre tratamento de dados pelo COAF

A MPv 1.158/2023 pretendia acrescentar um novo artigo 17-F à Lei 9.613/1998, para suprir a lacuna existente sobre os procedimentos para o tratamento de dados pessoais (PDP) pelo COAF no exercício de sua atividade de inteligência financeira. Tal lacuna decorre da exclusão expressa feita pelo art. 4º, inciso III, alínea d, da Lei 13.709/2018 ou Lei Geral de Proteção de Dados (LGPD), que retira de seu âmbito as atividades de investigação e repressão a infrações penais. Embora o COAF não seja uma agência de persecução criminal, os dados tratados pela UIF brasileira têm como finalidade precípua servir à prevenção e à

---

[666] Sobre esse direito, vide: STF, Pleno, ADI 6387-MC-Ref, Rel. Min. Rosa Weber, j. em 07/05/2020.

repressão do crime de lavagem de dinheiro e do financiamento do terrorismo e das infrações penais antecedentes, e de outros ilícitos.

Neste sentido, Estellita alertava:

> As tarefas atribuídas ao COAF parecem misturar elementos de inteligência, de segurança pública e de persecução penal. O órgão coleta e analisa informações necessárias para formular políticas de prevenção de lavagem (inteligência), fiscaliza o cumprimento das medidas de controle e prevenção da lavagem pelas pessoas obrigadas para, assim, prevenir perigos contra bens jurídicos (segurança pública) e, finalmente, se volta para o passado, ao apurar operações suspeitas de lavagem e as comunicar aos órgãos de persecução penal (persecução penal).[667]

Apesar da exclusão expressa das atividades de persecução penal do âmbito de incidência da LGPD, o § 1º do art. 4º dessa lei determina que o tratamento de dados pessoais nas circunstâncias da alínea *d* deve reger-se por legislação específica, "que deverá prever medidas proporcionais e estritamente necessárias ao atendimento do interesse público, observados o devido processo legal, os princípios gerais de proteção e os direitos do titular". Teoricamente, pode-se aventar que, haja o que houver, esses direitos mínimos devem valer para todo o sistema de prevenção e repressão à criminalidade.[668]

Ainda que assim não fosse, o inciso LXXIX do art. 5º da Constituição, resultante da Emenda Constitucional 115/2022, assegura o direito à proteção de dados pessoais (PDP), na forma da lei. A inovação que se queria fazer pela MPv 1.158/2023 nos daria a lei de regência do tratamento de dados para fins de inteligência financeira. Tal novo quadro jurídico exigiria a aprovação pelo COAF de uma resolução específica para tratamento de dados pessoais, de modo a regulamentar o direito constitucional à PDP e o art. 17-F da Lei 9.613/1998 (que deixou de

---

[667] ESTELLITA, Heloisa (2022). O RE 1.055.941: um pretexto para explorar alguns limites à transmissão, distribuição, comunicação, transferência e difusão de dados pessoais pelo COAF. Direito Público, 18(100). Disponível em: https://doi.org/10.11117/rdp.v18i100.5991. Acesso em: 20 jun. 2023.

[668] ARAS, Vladimir. A título de introdução: segurança pública e investigações criminais na era da proteção de dados. In: MENDONÇA, Andrey Borges de; CAPANEMA, Walter Aranha; ARAS, Vladimir et al. (Org.). Proteção de dados pessoais e investigação criminal. Brasília: ANPR, 2020, pp. 14-31.

vigorar), tanto para o tratamento de dados pessoais não sigilosos como para a gestão daqueles sigilosos por força de outras leis, especialmente nos casos de sigilo fiscal e sigilo bancário.

De fato, o tratamento de dados financeiros sigilosos pelo COAF exige a observância de normas especiais, o que torna ainda mais importante a determinação do arranjo institucional do COAF, que também seria alterado pela MPv 1.158/2023,[669] uma vez que a alocação do COAF aqui ou ali tem impacto sobre as regras legais que autorizam nossa UIF a receber, tratar e difundir dados sigilosos.

7.2 O princípio da finalidade do tratamento de dados pessoais

Guardando adequação à topografia da Lei de Lavagem de Ativos, a MPv 1.158/2023 inseria a PDP junto a dispositivos que já tratam do acesso a dados pessoais de investigados por lavagem de dinheiro. É o caso do art. 17-B da Lei 9.613/1998, que regula a requisição direta de dados cadastrais pela Polícia e pelo Ministério Público; e do art. 17-E, que estipula o prazo *mínimo* de 5 anos para a guarda de dados fiscais pela Receita Federal. Ambos os artigos foram introduzidos pela Lei 12.683/2012.

Assim, conforme o novo art. 17-F da Lei 9.613/1998, o tratamento de dados pessoais pelo COAF seria "realizado de forma estritamente necessária para o atendimento às suas finalidades legais". Eram reconhecidos o princípio da necessidade e a vinculação do tratamento dos dados a uma finalidade legal.

Segundo o art. 6º, inciso I, da LGPD, o princípio da finalidade reclama que o tratamento de dados pessoais seja realizado "para propósitos legítimos, específicos, explícitos e informados ao titular, sem possibilidade de tratamento posterior de forma incompatível com essas finalidades".

Já o princípio da necessidade, contido no inciso III, do art. 6º, da LGPD, limita o tratamento dos dados pessoais "ao mínimo necessário para a realização de suas finalidades, com abrangência dos dados pertinentes, proporcionais e não excessivos em relação às finalidades do tratamento de dados". Este aspecto deve ser objeto de atenção do COAF,

---

[669] ARAS, Vladimir. A MPv 1.158/2023 e a autonomia do Coaf. Conjur, 18 de janeiro de 2023. Disponível em:
https://www.conjur.com.br/2023-jan-18/vladimir-aras-mpv-11582023-autonomia-coaf. Acesso em: 20 jun. 2023.

em um futuro ato regulamentar, para que os dados que a unidade coleta, armazena e, sobretudo, os que difunde não sejam excessivos, tendo como parâmetro a finalidade legal de sua disseminação aos órgãos de persecução criminal ou a comissões parlamentares de inquérito ou a outras autoridades competentes.

Quanto ao COAF, as finalidades do tratamento dizem respeito à prevenção e à repressão da lavagem de dinheiro, do financiamento do terrorismo e da proliferação de armas de destruição em massa, assim como das infrações penais antecedentes. O dispositivo se referia apenas aos dados de pessoas naturais, que se inserem no âmbito de proteção da LGPD e do direito fundamental previsto no inciso LXXIX do art. 5º da Constituição Federal. Não se estendiam a pessoas jurídicas. Embora tais entes também possam ser alvo de comunicações de operações suspeitas pelo subsistema de prevenção à lavagem de dinheiro, as normas de PDP protegem pessoas físicas.

As finalidades legais do COAF estão previstas na própria Lei 9.613/1998, na Lei 13.810/2019 (que trata do cumprimento de resoluções dos comitês de sanções do Conselho de Segurança das Nações Unidas sobre financiamento do terrorismo), na Lei 13.974/2020 (Lei do COAF) e na Lei Complementar 105/2001 (Lei do Sigilo Bancário).

7.3 O princípio da qualidade dos dados

No tratamento de dados pessoais, o COAF deve garantir a exatidão e a atualização dos dados que coleta, processa e difunde, respeitadas as medidas adequadas para a eliminação ou a retificação de dados inexatos. É o que determinava o inciso II do art. 17-F da Lei 9.613/1998, que perdeu sua eficácia.

Tais direitos inserem-se entre os *core rights* de proteção de dados, estando previstos na LGPD. Tal dispositivo referia-se também ao princípio da qualidade do tratamento, consoante o inciso V do art. 6º da Lei 13.709/2018, pelo qual se deve garantir, aos titulares dos dados a exatidão, clareza, relevância e atualização dessas informações pessoais, de acordo com a necessidade de tratamento e para o cumprimento da finalidade de seu tratamento.

7.4 O princípio da minimização do tratamento

O inciso III do art. 17-F da Lei 9.613/1998 cuidaria do prazo de retenção de dados pelo COAF, uma lacuna da Lei de Lavagem de Dinheiro, que seria suprida. Em lugar de especificar um dado número de anos, como faz o art. 17-E da Lei 9.613/1998 – que estipula o mínimo de 5 anos para a guarda de dados fiscais –, o dispositivo resultante da MPv 1.158/2023 dizia que esse prazo não deveria superar "o período necessário para o atendimento às suas finalidades legais". Cuidava-se de uma das facetas da minimização do tratamento de dados pessoais, o tempo de guarda.

Naturalmente o prazo máximo de armazenamento dos dados pelo COAF deve ter em conta, pelo menos, a prescrição da ação penal em abstrato relativa aos crimes em questão, não podendo ser inferior a 16 anos, no caso da lavagem de dinheiro (art. 109, inciso II, do CP, c/c o art. 1º da Lei 9.613/1998) ou a 20 anos, no caso do financiamento do terrorismo (art. 109, inciso I, do CP, c/c o art. 6º da Lei 13.260/2016). A fixação desses prazos mínimos – o que deve ocorrer *de lege ferenda* – tem em mira a necessidade de garantir sua disponibilidade, para análise e eventual difusão, enquanto a persecução criminal for temporalmente viável. Findo esses prazos, os dados devem ser eliminados, salvo se houver causa legal ou ordem judicial para sua conservação por prazo superior.

Ponderamos, porém, que tais prazos de guarda podem ser menores, quando alcançados os fins do tratamento, nos termos do art. 15, inciso I, da LGPD.

Devemos lembrar que, na forma do art. 9º, inciso II, da LGPD, o titular dos dados tem direito a informação sobre a forma e duração do tratamento de seus dados. Alguns atos infralegais dos órgãos supervisores das políticas PLD/FTP já preveem prazos máximos de guarda ou retenção. Tome-se como exemplo a Circular 3.978/2020 do Banco Central do Brasil, que dispõe sobre a política, os procedimentos e os controles internos a serem adotados pelas instituições autorizadas a funcionar pelo Banco Central do Brasil visando à prevenção da utilização do sistema financeiro para a prática dos crimes de "lavagem" ou ocultação de bens, direitos e valores, de que trata a Lei 9.613/1998 e de financiamento do terrorismo, previsto na Lei 13.260/2016.

Segundo o art. 67 da Circular 3.978/2020, as instituições obrigadas devem manter à disposição do Banco Central do Brasil e conservar pelo período *mínimo* de dez anos as informações coletadas nos procedimentos destinados a conhecer os clientes, contado o prazo a partir do primeiro dia do ano seguinte ao término do relacionamento com o cliente; as informações coletadas nos procedimentos destinados a conhecer os funcionários, parceiros e prestadores de serviços terceirizados, contado o prazo a partir da data de encerramento da relação contratual; e outras informações e documentos indicados no ato. Percebe-se que mais uma vez especificou-se um prazo mínimo de retenção, o que foge à lógica da PDP.

7.5 O princípio da *accountability*

O inciso IV do art. 17-F da Lei de Lavagem de Dinheiro buscava adequar a legislação brasileira ao decidido pelo STF em 2019 no Tema 990 da Repercussão Geral no âmbito do RE 1.055.941/SP, quanto à difusão dos relatórios de inteligência financeira (RIF) ao Ministério Público e à Polícia Judiciária. Assim, na hipótese de compartilhamento dos dados tratados pelo COAF, a remessa do RIF deveria ocorrer por meio de "comunicação formal, com garantia de sigilo, certificação do destinatário e estabelecimento de instrumentos efetivos de apuração e correção de eventuais desvios cometidos em seus procedimentos internos". Confira a tese fixada em 2019:

> 1. É constitucional o compartilhamento dos relatórios de inteligência financeira da UIF e da íntegra do procedimento fiscalizatório da Receita Federal do Brasil – em que se define o lançamento do tributo – com os órgãos de persecução penal para fins criminais sem prévia autorização judicial, devendo ser resguardado o sigilo das informações em procedimentos formalmente instaurados e sujeitos a posterior controle jurisdicional;
> 2. O compartilhamento pela UIF e pela RFB referido no item anterior deve ser feito unicamente por meio de comunicações formais, com garantia de sigilo, certificação do destinatário e estabelecimento de instrumentos efetivos de apuração e correção de eventuais desvios.[670]

---

[670] STF, Pleno, RE 1.055.941/SP RG, Rel. Min. Dias Toffoli, j. em 04/12/2019.

Na prática, as comunicações entre o COAF e os órgãos de persecução penal estaduais e federais dão-se por meio de um portal oficial, denominado Sistema Eletrônico de Intercâmbio do COAF (SEI-C).

7.6 O princípio da segurança dos dados

Reconhecendo o princípio da segurança, que está previsto no inciso VII do art. 6º da LGPD, o inciso V do art. 17-F da Lei 9.613/1998, que vigorou entre janeiro e junho de 2023, ordenava ao COAF garantir níveis adequados de segurança dos dados pessoais por ele tratados, "respeitadas as medidas técnicas e administrativas para impedir acessos, destruição, perda, alteração, comunicação, compartilhamento, transferência ou difusão não autorizadas ou ilícitas". A norma buscava evitar acessos não autorizados, por *insiders* ou por *hackers*, vazamentos por falhas técnicas ou operacionais e perda ou difusão indevida ou ilegal de dados relativos a pessoas suspeitas de lavagem de dinheiro ou do envolvimento em financiamento do terrorismo ou em proliferação de armas de destruição em massa.

Vazamentos intencionais podem configurar crimes previstos no Código Penal ou na Lei Complementar 105/2001 e, eventualmente, quebra de deveres de conformidade pelos sujeitos obrigados, com riscos de responsabilidade administrativa e civil.

7.7 A proteção a dados sensíveis

Os dados alcançados por sigilo legal (como os dados bancários e os dados fiscais) e os dados sensíveis mereceram atenção do inciso VI do art. 17-F – que deixou de viger em 1º de junho de 2023. Caberia ao COAF adotar medidas especiais, físicas e lógicas, de segurança cibernética para sua proteção. Os dados sensíveis são definidos no inciso II do art. 5º da LGPD, compreendendo os dados sobre a origem racial ou étnica, a convicção religiosa, a opinião política, a filiação a sindicato ou a organização de caráter religioso, filosófico ou político de uma pessoa natural, os dados referentes à saúde ou à vida sexual do titular e os seus dados genéticos ou biométricos. Não há, portanto, vedação ao seu tratamento pelo COAF, em havendo necessidade de sua análise e difusão.

Um exemplo pode ajudar à compreensão da regra. Numa investigação por caixa 2 eleitoral, envolvendo um partido político X, pode ser necessário indicar a filiação partidária do suspeito de lavagem de ativos. Por outro lado, numa apuração sobre financiamento do terrorismo de feição jihadista, a associação do suspeito a uma determinada organização religiosa terá relevância. Assim, em situações dessa ordem, tais dados pessoais podem ser objeto de tratamento.

7.8 Os princípios da não discriminação e da licitude

Apesar do que vimos no tópico anterior, conforme o inciso VII do art. 17-F da Lei 9.613/1998 (que caiu com a perda da eficácia da MPv 1.158/2023), nas atividades do COAF, nenhuma forma de tratamento poderia ter fins discriminatórios (seja pelo critério que for), ou finalidades ilícitas ou abusivas. É o que estabelece o inciso IX do art. 6º da LGPD, quanto ao princípio da não discriminação, que proíbe a realização do tratamento para fins discriminatórios ilícitos ou abusivos.

No entanto, isso não impede o escrutínio mais aprofundado de pessoas politicamente expostas (PEPs), porque aqui o *discrímen* se justifica pela necessidade de realizar um exame mais rigoroso de operações conduzidas por certas autoridades e dirigentes, listados em regulamentos setoriais dos supervisores dos mercados. É que, no caso das PEPs, há um risco ampliado de seu envolvimento em atividades de lavagem de dinheiro, existindo, por isso, uma diretriz específica do GAFI, a Recomendação 12, e obrigações de diligência devida para cumprimento pelas pessoas obrigadas. Esse tratamento e aquele que recaia sobre pessoas ou entidades listadas oficialmente como envolvidas em terrorismo ou em seu financiamento (sobretudo no âmbito da Lei 13.810/2019) não são considerados discriminatórios.

7.9 A limitação temporária ao exercício de certos direitos dos titulares de dados pessoais

Como visto, o art. 17-F da Lei 9.613/1998 era compatível com o inciso LXXIX do art. 5º da Constituição e, em parte com a LGPD, ao buscar instituir, no âmbito das atividades de inteligência financeira do COAF, alguns direitos para os titulares dos dados pessoais, entre eles os de retificação, supressão, segurança e sigilo, que compõem o direito *omnibus* à autodeterminação informativa.

No entanto, nem todos os direitos do art. 18 da LGPD podem ser exercidos pelo titular dos dados pessoais contra o COAF, uma vez que, em certas etapas, a existência do tratamento para fins de inteligência financeira é sigilosa, mesmo para o titular, em função da lei. Disso resulta que o titular dos dados não tem direito a informação prévia específica sobre o início do tratamento, sobre o compartilhamento de seus dados por um sujeito obrigado ao COAF nem sobre a difusão de um RIF pelo COAF aos órgãos de persecução criminal ou a outras autoridades competentes, salvo depois de se tornar pública a investigação ou o processo penal, em situação semelhante à regulada pela Súmula Vinculante 14 do STF.

Por que é assim? Na prevenção à lavagem de dinheiro e ao financiamento do terrorismo, os *standards* internacionais proíbem o *tipping off*, na forma do inciso V do art. 10 da Lei 9.613/1998 e da Recomendação 21 do GAFI. De fato, os sujeitos obrigados, listados no art. 9º daquela lei, devem preservar o sigilo das informações prestadas ao COAF. Esse dever de confidencialidade, consistente na proibição da revelação do tratamento de dados ao cliente (*tipping off*), impede que os sujeitos obrigados alertem a seus usuários e consumidores quando reportam ao COAF operações suspeitas ou de comunicação obrigatória.

Como já explicamos, as comunicações realizadas ao COAF e ao órgão regulador setorial devem ser sigilosas. Trata-se de um dever óbvio, pois, caso o cliente realize ou tente realizar uma operação de lavagem, a informação de que o COAF fora cientificado pode fazer com que se frustrem as tentativas posteriores de investigação e descobrimento dos fatos, inclusive o bloqueio de ativos. Embora não seja possível avisar ao cliente, é recomendável que o sujeito obrigado torne público que se adequa às políticas PLD/FTP, de modo que todos os que com ela se relacionem saberão da possibilidade de comunicação das operações suspeitas ao COAF.

Deste modo, os titulares de dados pessoais (sempre pessoas naturais) não terão os direitos previstos no art. 18, incisos I e II, da LGPD, de obter do controlador, "a qualquer momento", a confirmação, pelos sujeitos obrigados ou pelo COAF, da existência do tratamento específico (em situação particularizada de comunicação de operação suspeita ou de comunicação de operação automática obrigatória), no âmbito da Lei 9.613/1998. Tampouco terão o direito imediato de acesso a tais dados. Ocorre aqui uma limitação temporal, semelhante à que se perfaz nas ações cautelares *inaudita altera pars*, com contraditório diferido. Deste modo, alguns dos direitos identificados pelo acrônimo "A.R.C.O.", de acesso, retificação, cancelamento (apagamento) e oposição ficam temporariamente limitados.

Ainda que o indivíduo objeto da comunicação peça formalmente a um dos sujeitos obrigados (bancos, corretoras, seguradoras etc.) informações sobre a existência ou não de comunicações sobre sua pessoa ao COAF, a entidade listada no art. 9º da Lei 9.613/1998 não pode prestar tal informação ao seu cliente.

De igual modo, em respeito ao sigilo legal ou judicial, o COAF não poderá, salvo expressa determinação judicial, dar concretude ao direito previsto no art. 18, inciso VII, da LGPD, que ordena ao controlador informar ao titular dos dados as entidades públicas ou privadas com as quais compartilhou os dados. Não pode o COAF prestar tais informações sem pôr em risco a concretização de atividades de investigação ou persecução criminal em curso, de competência de outros órgãos. Tal restrição à transparência está prevista no art. 23, inciso VIII, da Lei 12.527/2011 (Lei de Acesso à Informação).

Realmente, são passíveis de classificação as informações cuja divulgação ou acesso irrestrito possam comprometer atividades de inteligência, de investigação ou de fiscalização em andamento, relacionadas à prevenção ou à repressão de infrações.

7.10 A proteção internacional aos dados pessoais na cooperação internacional pelo COAF

Embora a MPv 1.158/2023 nada dissesse a respeito, as regras de PDP também devem reger a transferência internacional de dados entre as UIFs. No Brasil, o tema é objeto do art. 33 da LGPD, sendo em regra permitida a remessa de dados pessoais ao exterior, quando o destinatário for um país ou um organismo internacional que proporcione um grau de proteção de dados pessoais adequado, isto é, uma proteção similar à prevista na LGPD.

O compartilhamento transfronteiriço de dados também é permitido pelo inciso III do art. 33 da Lei 13.709/2018 quando a transferência for necessária para a cooperação jurídica internacional entre órgãos públicos de inteligência, de investigação e de persecução,[671] de acordo com os instrumentos de direito internacional.

---

[671] Note que aqui o jargão utilizado indica que a LGPD se aplica a feitos penais, na cooperação internacional.

Este é exatamente o caso do COAF, no tocante às atividades de inteligência financeira. Vale lembrar que a cooperação internacional direta, de natureza administrativa, do COAF tem base legal nos arts. 14, §2º, e 15 da Lei 9.613/1998, que lhe permitem propor mecanismos para a cooperação e a troca de informações e difundir informações, e no art. 3º, inciso II, da Lei 13.974/2020, que lhe atribui a promoção da interlocução institucional com órgãos e entidades nacionais, estrangeiros e internacionais que tenham conexão com suas atividades. Neste rol entram as UIFs de outros países, o GAFI, o Grupo de Ação Financeira da América Latina (GAFILAT) e o Grupo de Egmont.

No âmbito da *soft law* em PLD/FTP, as diretrizes 28 a 33 dos Princípios de Egmont para o Intercâmbio de Informações entre Unidades de Inteligência Financeira, de 2013, estipulam obrigações quanto à proteção de dados e à confidencialidade nas atividades das UIFs integrantes do Grupo de Egmont. No mínimo, as informações transferidas internacionalmente entre as UIFs de diferentes países devem ser tratadas e protegidas com o mesmo nível de confidencialidade aplicável às informações obtidas de fontes nacionais.[672]

Todas as operações de tratamento, na cooperação entre UIFs, devem observar critérios de segurança e confidencialidade, e os dados recebidos somente podem ser utilizados para as finalidades acordadas ou previstas em leis e regulamentos.[673] Trata-se da aplicação dos princípios da especialidade e da aderência à finalidade do tratamento, que proíbem usos secundários não autorizados. Para esse fim, as UIFs devem dispor de regras que garantam a segurança e o sigilo das informações recebidas, inclusive mediante procedimentos adequados para as operações de coleta, processamento, armazenamento, disseminação e proteção dos dados e o acesso a tais informações.[674]

---

[672] EGMONT GROUP OF FINANCIAL INTELLIGENCE UNITIES. Principles for Information Exchange between Financial Intelligence Units, approved by the Egmont Group Heads of Financial Intelligence Units, July 2013. Disponível em: https://egmontgroup.org/wp-content/uploads/2021/09/Egmont-Group-of-Financial-Intelligence-Units-Principles-for-Information-Exchange-Between-Financial-Intelligence-Units.pdf. Acesso em: 20 jun. 2023. Vide o Princípio 33 de Egmont.

[673] Vide o Princípio 28 de Egmont.

[674] Vide o Princípio 29 de Egmont.

O Princípio 30 de Egmont exige que os funcionários das UIFs devem ser adequadamente capacitados para lidar com dados que gerenciam, especialmente para as operações de tratamento e de divulgação de informações sensíveis ou confidenciais. Todas as unidades de inteligência devem instituir mecanismos de segurança digital, o que abrange a limitação de acesso físico a suas instalações, assim como a restrição e o controle de acesso a seus sistemas informáticos e suas bases de dados.[675]

Para reforçar o requisito da finalidade do tratamento dos dados, o Princípio 32 exige das UIFs que fazem parte do Grupo de Egmont que as informações por elas recebidas sejam usadas apenas para o fim solicitado ou para o fim autorizado. Se houver necessidade de emprego dos dados para outros fins, inclusive na persecução criminal no exterior, deve haver autorização prévia da UIF remetente.[676]

No particular, as orientações de Egmont quanto à segurança e à confidencialidade das informações tratadas pelas UIFs em cooperação internacional, são também objeto da seção D da Nota Interpretativa à Recomendação (NIR) 29 e da seção A.4 da NIR 40 do GAFI, que as incorporam.[677]

O ato normativo que vier a regular a proteção de dados pessoais no âmbito do COAF deve levar em consideração as regras sobre tratamento de dados na cooperação administrativa internacional entre UIFs, a fim de que não haja tredestinação dos dados nem violação de sua confidencialidade ou incremento de riscos a sua segurança, garantindo-se transnacionalmente o direito à PDP.

Como se nota, a base legal para a transferência internacional de dados entre o COAF e outras unidades de inteligência financeira poderia ser aclarada pela lei. Parte da doutrina sustenta que o intercâmbio de informações entre as UIFs, integrantes ou não do Grupo Egmont não está prevista em tratados internacionais, mas apenas na *soft law* aprovada por

---

[675] Vide os Princípios 30 e 31 de Egmont.
[676] Vide o Princípio 32 de Egmont.
[677] GRUPO DE AÇÃO FINANCEIRA. Padrões Internacionais de Combate à Lavagem de Dinheiro e ao Financiamento do Terrorismo e da Proliferação: as Recomendações do Gafi. Disponível em: https://www.fatf-gafi.org/media/fatf/documents/recommendations/pdfs/FATF-40-Rec-2012-Portuguese-GAFISUD.pdf. Acesso em: 20 jun. 2022. Vide as Notas Interpretativas às Recomendações 29 e 40.

esse organismo.[678] Contudo, o art. 4º da Convenção Interamericana contra o Terrorismo, aprovada em Barbados em 2002, incorpora essas *soft norms* ao marco jurídico regional, com força vinculante.[679]

Como bem alerta Estellita, as transferências internacionais de dados entre o COAF e seus parceiros estrangeiros devem ser reguladas por norma legal, que garantam que a UIF receptora assegure um nível adequado de proteção aos dados pessoais da UIF brasileira.[680]

Seja como for, traria mais segurança jurídica uma regra mais clara do que o atual inciso II do art. 3º da Lei 13.974/2020 e o art. 15 da Lei 9.613/1998, no contexto da cooperação internacional administrativa entre o COAF e suas congêneres no exterior e da transferência internacional desses dados para fins de inteligência.

7.11 Conclusão do tópico

A introdução de regras sobre a proteção de dados pessoais na Lei de Lavagem de Dinheiro é uma medida essencial para dar efetividade ao inciso LXXIX da Constituição Federal.

O art. 17-F da Lei 9.613/1998 poderia contribuir para assegurar o efetivo exercício do direito constitucional à proteção de dados pessoais e à autodeterminação informativa quanto às atividades de inteligência financeira; e para darmos mais um passo para garantir que o Brasil se tor-

---

[678] TEIXEIRA, Adriano; WEHRS, Carlos; MADRUGA, Antenor. O valor processual das informações de inteligência financeira obtidas por meio do Grupo Egmont. Disponível em: https://www.academia.edu/40148250/O_VALOR_PROCESSUAL_DAS_INFORMA%C3%87%C3%95ES_DE_INTELIG%C3%8ANCIA_FINANCEIRA_OBTIDAS_POR_MEIO_DO_GRUPO_EGMONT. Acesso em: 20 jun. 2023.

[679] Diz o art. 4º, §2º, do Tratado (Decreto 5.639/2005): "Para a aplicação do parágrafo 1 deste artigo, os Estados Partes utilizarão como diretrizes as recomendações desenvolvidas por entidades regionais ou internacionais especializadas, em particular, o Grupo de Ação Financeira (GAFI) e, quando for cabível, a Comissão Interamericana para o Controle do Abuso de Drogas (CICAD), o Grupo de Ação Financeira do Caribe (GAFIC) e o Grupo de Ação Financeira da América do Sul (GAFISUD)." A lista, como se vê, é exemplificativa e nos permite sustentar a inclusão tanto das Recomendações do GAFI quanto dos Princípios de Egmont no campo da *hard law* interamericana.

[680] ESTELLITA, Heloisa. O RE 1.055.941: um pretexto para explorar alguns limites à transmissão, distribuição, comunicação, transferência e difusão de dados pessoais pelo COAF. In: Revista de Direito Público, vol. 18, n. 100, Out-Dez/2021, p. 630. Disponível em: https://doi.org/10.11117/rdp.v18i100.5991. Acesso em: 20 jun. 2023.

ne uma jurisdição com nível de proteção adequado. Espera-se que um novo texto legal resolva esse hiato normativo.

Por outro lado, a inovação legislativa que vier deve observar os exemplos do direito comparado e guiar-se pelas 40 Recomendações do GAFI e pelos Princípios de Egmont, para que não seja indevidamente limitada a capacidade operacional do COAF no atendimento aos legítimos fins da legislação de repressão à lavagem de dinheiro, ao financiamento do terrorismo e à proliferação de armas de destruição em massa (PLD/FTP).

Por fim, regras sobre proteção de dados na cooperação internacional entre o COAF e outras unidades de inteligência financeira deveriam constar expressamente da Lei 9.613/1998, tendo por referência os Princípios 28 a 33 de Egmont, as Recomendações 29 e 40 do GAFI e, é claro, o art. 33, inciso III, da LGPD, que cuida da transferência internacional de dados pessoais.

8. VIGÊNCIA DA LEI 9.613/1998

Art. 18. Esta Lei entra em vigor na data de sua publicação.

Segundo o art. 18 da Lei 9.613/1998, este diploma entraria em vigor na data de sua publicação, o que ocorreu em 4 de março daquele ano. Não foi feliz o legislador ao instituir uma lei penal desta envergadura sem *vacatio legis*. A lei trataria de um crime antes desconhecido em nosso ordenamento, com diversos dispositivos processuais penais e traria novos deveres administrativos para a categoria de sujeitos obrigados, que seria então criada.

A não previsão de prazo de *vacatio legis* para leis complexas, especialmente em matéria penal, deve ser evitada pelo legislador. No entanto, é algo recorrente, porque se repetiu, por exemplo, com a reforma realizada pela Lei 12.683/2012, que também entrou em vigor na data de sua publicação, em 10 de julho de 2012. O problema ocorreu uma terceira vez, desta feita com a publicação da Lei 13.974/2020, em 8 de janeiro de 2020, para vigência imediata.

O art. 8º da Lei Complementar 95/1998 estipula que a vigência da lei deve ser indicada de forma expressa e de modo a contemplar prazo razoável para que dela se tenha amplo conhecimento, reservada a cláusula "entra em vigor na data de sua publicação" para as leis de pequena repercussão. Evidentemente, as leis mencionadas não podem ser consideradas leis de "pequena repercussão".

REFERÊNCIAS

ALEMANHA. German Criminal Code. Translation provided by Prof. Michael Bohlander. Translation completely revised and regularly updated by Ute Reusch. Disponível em: https://www.gesetze-im-internet.de/. Acesso em: 20 jun. 2023.

ALEMANHA. BundesGerichtshof. BGH, Urteil vom 4. Juli 2001 – 2 StR 513/00 – Landgericht Frankfurt am Main. Disponível em: https://juris.bundesgerichtshof.de/cgi-bin/rechtsprechung/document.py?Gericht=bgh&Art=en&Datum=2001&Seite=42&nr=21352&pos=1276&anz=2408. Acesso em: 20 jun. 2023.

Ambos, Kai. Lavagem de dinheiro e direito penal. Tradução, notas e comentários sob a perspectiva brasileira de Pablo Rodrigo Alflen da Silva. Porto Alegre: Sergio Fabris Editor, 2007.

Aránguez Sánchez, Carlos. El delito de blanqueo de capitales. Madrid: Marcial Pons, 2000.

Aras, Vladimir. A título de introdução: segurança pública e investigações criminais na era da proteção de dados. In: Mendonça, Andrey Borges de; Capanema, Walter Aranha; ARAS, Vladimir et al. (Org.). Proteção de dados pessoais e investigação criminal. Brasília: ANPR, 2020, pp. 14-31.

Aras, Vladimir. A MP 1.158/2023 e o tratamento de dados pessoais pelo Coaf. Conjur, 22 de janeiro de 2023. Disponível em: https://www.conjur.com.br/2023-jan-22/vladimir-aras-mp-1158-tratamento-dados-pessoais-coaf. Acesso em: 20 jun. 2023.

Aras, Vladimir. A MPv 1.158/2023 e a autonomia do Coaf. Conjur, 18 de janeiro de 2023. Disponível em: https://www.conjur.com.br/2023-jan-18/vladimir-aras-mpv-11582023-autonomia-coaf. Acesso em: 20 jun. 2023.

Aras, Vladimir. Marco regulatório da criptoeconomia e sua repercussão no campo penal. Consultor Jurídico, 13 de outubro de 2022, partes 1 e 2. Disponível em: https://www.conjur.com.br/2022-out-13/vladimir-aras-avanco--marco-regulatorio-criptoeconomia. Acesso em: 20 jun. 2023.

ARAS, Vladimir. O modelo de enfrentamento à lavagem de dinheiro e ao financiamento do terrorismo. In: PEDROSO, Fernando Gentil Gizzi de Almeida; Hernandes, Luiz Eduardo Camargo Outeiro; CARUZO, Tiago. Direito penal econômico: temas contemporâneos, Londrina: Thoth, 2023.

ARGENTINA. Código Penal de la Nación Argentina. Disponível em: http://servicios.infoleg.gob.ar/infolegInternet/anexos/15000-19999/16546/texact.htm#6. Acesso em: 20 jun. 2023.

ARROYO JIMÉNEZ, Luis. Introducción a la autorregulación. In: ARROYO JIMÉNEZ, Luis; NIETO MARTÍN, Adán (Dir.). Autorregulación y sanciones. Valladolid: Lex Nova, 2008.

BADARÓ, Gustavo Henrique; BOTTINI, Pierpaolo Cruz. Lavagem de dinheiro: aspectos penais e processuais penais: comentários à Lei 9.613-1998, com as alterações da Lei 12.683-2012. São Paulo: Revista dos Tribunais, 2012.

BOTTINI, Pierpaolo Cruz; BADARÓ, Gustavo. Lavagem de dinheiro: aspectos penais e processuais penais. 3.ed. São Paulo: Thomson Reuters, 2016.

BADARÓ, Gustavo. Produto indireto de infração antecedente pode ser objeto do crime de lavagem. Conjur, 16 de julho de 2016. Disponível em: https://www.conjur.com.br/2016-jul-16/gustavo-badaro-proveito-infracao-objeto-lavagem . Acesso em: 20 jun. 2023.

BALTAZAR JR., José Paulo. Crimes federais. 8.ed. Porto Alegre: Livraria do Advogado, 2012.

BARROS, Marco Antônio de. Lavagem de capitais e obrigações civis correlatas. São Paulo: Editora Revista dos Tribunais, 2004.

BARROS, Marco Antonio de. Lavagem de capitais e obrigações civis correlatas: com comentários, artigo por artigo, à Lei 9.613/98. São Paulo: Revista dos Tribunais, 2007.

BENTHAM, Jeremias. As recompensas em matéria penal. São Paulo: Rideel, 2007.

BLANCO CORDERO, Isidoro. La prevención del blanqueo de capitales. In: NIETO MARTÍN, Adán (Dir.). Manual de cumplimiento penal en la empresa. Valencia: Tirant lo Blanch, 2015.

BONFIM, Edilson Mougenot; BONFIM, Márcia Monassi Mougenot. Lavagem de dinheiro. 2.ed. São Paulo: Malheiros, 2008.

BRASIL. Agência Nacional de Saúde Suplementar. Resolução Normativa 529, de 2022. Disponível em: https://www.ans.gov.br/component/legislacao/?view=legislacao&task=textoLei&format=raw&id=NDIyMw==. Acesso em: 20 jun. 2023.

REFERÊNCIAS

BRASIL. Banco Central do Brasil. Circular 3.461, de 24 de julho de 2009. Disponível em: https://www.bcb.gov.br/pre/normativos/circ/2009/pdf/circ_3461_v3_l.pdf. Acesso em: 20 jun. 2023.

BRASIL. Banco Central do Brasil. Circular 3.978, de 23 de janeiro de 2020. Disponível em: https://www.in.gov.br/en/web/dou/-/circular-n-3.978-de-23-de-janeiro-de-2020-239631175 . Acesso em: 20 jun. 2023.

BRASIL. Câmara dos Deputados. Disponível em: https://www.camara.leg.br/proposicoesWeb/prop_mostrarintegra;jsessionid=42F3277D758B0B906B36FB49295BD97A.node2?codteor=367338&filename=Avulso+-PL+6413/2005. Acesso em: 20 jun. 2023.

BRASIL. Câmara dos Deputados. Disponível em: https://www.stj.jus.br/sites/portalp/Paginas/Comunicacao/Noticias/11052021-Extinta-comissao-de-juristas-que-iria-propor-alteracoes-na-lei-de-lavagem-de-dinheiro.aspx. Acesso em: 20 jun. 2023.

BRASIL. Câmara dos Deputados. Disponível em: https://www2.camara.leg.br/atividade-legislativa/comissoes/grupos-de-trabalho/comissao-de-juristas-lavagem-de-capitais/conheca-a-comissao/criacao-e-constituicao/Criaoeinstituiao.pdf. Acesso em: 20 jun. 2023.

BRASIL. Comissão de Valores Mobiliários. Disponível em: http://www.cvm.gov.br/export/sites/cvm/legislacao/deliberacoes/anexos/0800/deli830.pdf. Acesso em: 20 jun. 2023.

BRASIL. Conselho de Controle de Atividades Financeiras. Órgãos reguladores e fiscalizadores. Disponível em: https://www.gov.br/coaf/pt-br/assuntos/informacoes-as-pessoas-obrigadas/orgaos-reguladores-e-fiscalizadores. Acesso em: 20 jun. 2023.

BRASIL. Conselho Federal de Contabilidade. Resolução CFC n. 1.445/2013. Dispõe sobre os procedimentos a serem observados pelos profissionais e Organizações Contábeis, quando no exercício de suas funções, para cumprimento das obrigações previstas na Lei nº 9.613/1998 e alterações posteriores. Diário oficial da União, Brasília, 30 jul. 2013. Disponível em: <http://www2.cfc.org.br/sisweb/sre/detalhes_sre.aspx?Codigo=2013/001445>. Acesso em: 20 jun. 2023.

BRASIL. Conselho Federal de Corretores de Imóveis. Resolução COFECI n. 1.336/2014. Altera a Resolução COFECI 1.168/2010 em conformidade com a nova redação da Lei 9.613/98 em face da edição da Lei 12.683/12. Brasília, 2014. Disponível em: http://www.cofeci.gov.br/arquivos/legislacao/2014/resolucao1336_2014.pdf. Acesso em: 20 jun. 2023.

BRASIL. Conselho Federal de Economia. Resolução n. 1.902, de 2013. Define as obrigações das pessoas físicas e das pessoas jurídicas que exploram atividade de economia e finanças, em razão dos crimes de lavagem ou ocultação de bens, direitos e valores previstos na Lei nº 9.613, de 3 de março de 1998. Brasília, 2013. Disponível em: http://www.cofecon.org.br/dmdocuments/Atos-Normativos/Res/2013/Res-2013%2816%29.pdf. Acesso em: 20 jun. 2023.

BRASIL. Ministério da Fazenda. Exposição de motivos n. 692, de 18 de dezembro de 1996. Brasília, 1996. Disponível em: http://www.coaf.fazenda.gov.br/legislacao-e-normas/legislacao-1/Exposicao%20de%20Motivos%20Lei%209613.pdf. Acesso em: 20 jun. 2023.

BRASIL. Ministério da Fazenda. Portaria 537, de 5 de novembro de 2013. Diário Oficial da União, Brasília, 7 nov. 2013. Disponível em: <https://www.fazenda.gov.br/institucional/legislacao/2013/portaria-no-537-de-05-de-novembro-de-2013-1>. Acesso em: 20 jun. 2023.

BRASIL. Ministério da Fazenda. Superintendência de Seguros Privados. Circular SUSEP 612, de 18 de agosto de 2020. Disponível em: https://www.in.gov.br/en/web/dou/-/circular-susep-n-612-de-18-de-agosto-de-2020-275409238. Acesso em: 20 jun. 2023.

BRASIL. Ministério da Justiça. Estratégia Nacional de Combate à Corrupção e à Lavagem de Dinheiro. Disponível em www.mj.gov.br/drci. Acesso em: 20 jun. 2023.

BRASIL. Receita Federal. Instrução Normativa 1.888, de 2019. Disponível em: http://normas.receita.fazenda.gov.br/sijut2consulta/link.action?visao=anotado&idAto=100592. Acesso em: 20 jun. 2023.

BRASIL. Secretaria Especial de Desburocratização, Gestão e Governo Digital. Secretaria de Governo Digital. Departamento Nacional de Registro Empresarial e Integração. Instrução Normativa DREI 76, de 9 de março de 2020. Disponível em: https://www.gov.br/economia/pt-br/assuntos/drei/legislacao/arquivos/legislacoes-federais/indrei76.pdf. Acesso em: 20 jun. 2023.

BRASIL. Superintendência Nacional de Previdência Complementar. Instrução Normativa PREVIC 34, de 2020. Disponível em: https://www.in.gov.br/en/web/dou/-/instrucao-normativa-previc-n-34-de-28-de-outubro-de-2020-285633819. Acesso em: 20 jun. 2023.

BRASIL. Tribunal Regional Federal (5ª. Região). Ação Penal Pública n. 2005.81.00.014586-0. Juiz Federal Danilo Fontenelle Sampaio. 11ª. Vara Federal. Fortaleza, 28 de junho de 2007. Diário Oficial do Estado, Fortaleza, 24 de julho de 2007. Disponível em: http://www.jfce.jus.br/consultaProcessual/resimprsentintegra.asp?CodDoc=2177598. Acesso em: 20 jun. 2023.

BREDA, Juliano. Proposta de provimento que institui medidas de prevenção à lavagem de dinheiro para advogados e sociedades de advogados, de 3 de dezembro de 2020. Disponível em: https://www.conjur.com.br/dl/proposta-oab-preve-advogados-comuniquem.pdf. Acesso em: 20 jun. 2023.

BUJÁN-PEREZ, Carlos Martínez. Derecho penal económico. Parte general. Valencia: Tirant lo Blanch, 1998.

BUSATO, Paulo. Dolo e significado. In: BUSATO, Paulo César (coord.). Dolo e Direito Penal: modernas tendências. São Paulo, Atlas, 2014.

CABANA, Patrícia Faraldo. Antes y después de la tipificación expresa del autoblanqueo de capitales. Estudios Penales y Criminológicos, 2014, 34(34), pp. 41-79. Disponível em: https://revistas.usc.gal/index.php/epc/article/view/1898. Acesso em: 20 jun. 2023.

CALLEGARI, André Luís. Lavagem de dinheiro: aspectos penais da Lei n. 9.613/98. 2 ed. Porto Alegre: Livraria do Advogado, 2008.

CARLI, Carla Veríssimo de. Dos crimes: aspectos objetivos. In: _____ (Org.). Lavagem de dinheiro: prevenção e controle penal. Porto Alegre: Verbo Jurídico, 2010.

CARLI, Carla Veríssimo de. Dos crimes: aspectos subjetivos. In: CARLI, Carla Veríssimo de (org.). Lavagem de dinheiro: prevenção e controle penal. 2.ed. Porto Alegre: Verbo jurídico, 2013.

CARLI, Carla Veríssimo de. Lavagem de dinheiro: ideologia da criminalização e análise do discurso. Porto Alegre: Verbo Jurídico, 2008.

CERVINI, Raúl; OLIVEIRA, William Terra de; GOMES, Luiz Flávio. Lei de lavagem de capitais. São Paulo: Revista dos Tribunais, 1998.

CHAINALYSIS. The Chainalysis 2023 Crypto Crime Report. Disponível em: https://go.chainalysis.com/2023-crypto-crime-report.html. Acesso em: 20 jun. 2023.

CONFERÊNCIA DA HAIA DE DIREITO INTERNACIONAL PRIVADO. Convenção sobre a lei aplicável ao trust e a seu reconhecimento, de 1º de julho de 1985. Disponível em: https://www.hcch.net/pt/instruments/conventions/full-text/?cid=59/ Acesso em: 20 jun. 2023.

CONSELHO DA EUROPA. Convenção do Conselho da Europa sobre a Manipulação de Competições Desportivas, concluída em Magglingen/Macolin, em 18 de novembro de 2014. Disponível em: https://rm.coe.int/cets-215-pt/16809ed391. Acesso em: 20 jun. 2023.

CONSELHO DA EUROPA. Council of Europe Convention on Laundering, Search, Seizure and Confiscation of the Proceeds from Crime and on the Financing of Terrorism. Disponível em: https://www.coe.int/en/web/conventions/full-list?module=signatures-by-treaty&treatynum=198. Acesso em: 20 jun. 2023.

CONSULTOR JURÍDICO. Banco assina acordo de US $ 20 milhões para evitar processo. Conjur, 20 de fevereiro de 2014. Disponível em: https://www.

conjur.com.br/2014-fev-24/banco-usado-maluf-assina-acordo-us-20-milhoes-evitar-processo. Acesso em: 20 jun. 2023.

CORDERO, Isidoro Blanco. El Delito de blanqueo de capitales. 4.ed. Navarra: Aranzandi, 2015.

COSTA, Helena Regina Lobo da. Considerações sobre o estado atual da teoria do bem jurídico à luz do harm principle. In: GRECO, Luis; MARTINS, Antonio. Direito penal como crítica da pena. São Paulo: Marcial Pons, 2012.

DALLAGNOL, Deltan. Tipologias de lavagem. In: CARLI, Carla Veríssimo de. Lavagem de dinheiro: prevenção e controle penal. Porto Alegre, Verbo jurídico, 2013.

DELMANTO, Roberto; DELMANTO JR. Roberto; DELMANTO, Fábio M. de Almeida. Leis penais especiais comentadas. São Paulo: Saraiva, 2014.

EGMONT GROUP OF FINANCIAL INTELLIGENCE UNITIES. Principles for Information Exchange between Financial Intelligence Units, approved by the Egmont Group Heads of Financial Intelligence Units, July 2013. Disponível em: https://egmontgroup.org/wp-content/uploads/2021/09/Egmont-Group-of-Financial-Intelligence-Units-Principles-for-Information-Exchange-Between-Financial-Intelligence-Units.pdf. Acesso em: 20 jun. 2023.

EGMONT GROUP OF FINANCIAL INTELLIGENCE UNITS. Egmont Group. Disponível em: www.egmontgourp.org. Acesso em: 20 jun. 2023.

EGMONT GROUP OF FINANCIAL INTELLIGENCE UNITS. Organization and structure. Disponível em: https://egmontgroup.org/about/organization-and-structure/. Acesso em: 20 jun. 2023.

ESPANHA. Ley 10/2010, de 28 de abril, de prevención del blanqueo de capitales y de la financiación del terrorismo. Boletín Oficial del Estado, Madrid, 29 abr. 2010. Disponível em: http://www.boe.es/buscar/pdf/2010/BOE-A-2010-6737-consolidado.pdf. Acesso em: 20 jun. 2023.

ESTADOS UNIDOS DA AMÉRICA. Constitution (1787). Amendment XVIII. Washington, D.C., 16 jan. 1919. Disponível em: <http://www.archives.gov/exhibits/charters/constitution_amendments_11-27.html#18>. Acesso em: 20 jun. 2023.

ESTADOS UNIDOS DA AMÉRICA. U. S. Code. Disponível em: www.law.cornell.edu/uscode/18/1956.html. Acesso em: 20 jun. 2023.

ESTADOS UNIDOS. Homeland Security. Weapons of mass destruction. Disponível em: https://www.dhs.gov/topics/weapons-mass-destruction. Acesso em: 20 jun. 2023.

ESTELLITA, Heloisa (2022). O RE 1.055.941: um pretexto para explorar alguns limites à transmissão, distribuição, comunicação, transferência e difusão de dados pessoais pelo COAF. Direito Público, 18(100), pp. 6239/630. Disponível em: https://doi.org/10.11117/rdp.v18i100.5991. Acesso em: 20 jun. 2023.

REFERÊNCIAS

Estellita, Heloisa; Bottini, Pierpaolo Cruz. Alterações na legislação de combate à lavagem: primeiras impressões. Boletim IBCCrim, São Paulo, v. 20, n. 237, ago. 2012.

Estellita, Heloisa. Bitcoin e lavagem de dinheiro: uma aproximação. Disponível em: https://www.jota.info/opiniao-e-analise/colunas/penal-em-foco/bitcoin-e-lavagem-de-dinheiro-uma-aproximacao-0710201. Acesso em: 20 jun. 2023.

Estellita, Heloisa. Criptomoedas e lavagem de dinheiro. Resenha de: Grzywotz, Johanna. Virtuelle Kryptowährungen und Geldwäsche. Berlin: Duncker & Humblot, 2019. Revista Direito GV, v. 16, n. 1, jan./abr. 2020, e1955. Disponível em: http://dx.doi.org/ 10.1590/2317-6172201955. Acesso em: 20 jun. 2023.

Estellita, Heloisa. Recebimento de honorários maculados: quebra de sigilo bancário e fiscal, lavagem de dinheiro e receptação. Revista do Instituto de Ciências Penais, Belo Horizonte, v. 5, n. 1, p. 165-189, 2020. Disponível em: 10.46274/1809- 192XRICP2020v5p165-189. Acesso em: 20 jun. 2023.

FINANCIAL ACTION TASK FORCE. Fatf Report. Virtual currencies key definitions and potential AML/ CFT risks. June, 2014. Disponível em: https://www.fatf-gafi.org/en/publications/Methodsandtrends/Virtual-currency-definitions-aml-cft-risk.html. Acesso em: 20 jun. 2023.

FINANCIAL ACTION TASK FORCE. Guidance on beneficial ownership for legal persons. Paris: FATF, March 2023. Disponível em:
https://www.fatf-gafi.org/en/publications/Fatfrecommendations/Guidance-Beneficial-Ownership-Legal-Persons.html. Acesso em: 20 jun. 2023.

FINANCIAL ACTION TASK FORCE. International Standards on Combating Money Laundering and the Financing of Terrorism & Proliferation, FATF, Paris, France, 2022. Disponível em: https://www.fatf-gafi.org/content/dam/recommandations/FATF%20Recommendations%202012.pdf.coredownload.inline.pdf. Acesso em: 20 jun. 2023.

FINANCIAL ACTION TASK FORCE. Money Laundering and Terrorist Financing: Red Flag Indicators Associated with Virtual Assets, FATF, Paris, France, 2020. Disponível em: www.fatf-gafi.org/publications/fatfrecommendations/documents/Virtual-Assets-Red-Flag-Indicators.htm. Acesso em: 20 jun. 2023.

FINANCIAL ACTION TASK FORCE. Financial Action Task Force on Money Laundering in South America. Mutual evaluation report: executive summary: anti-money laundering and combating the financing of terrorism: Federative Republic of Brazil. [S.l.]: FATF, OECD, 25 June 2010. Disponível em: https://www.fatf-gafi.org/en/publications/Mutualevaluations/Mutualevaluationreportofbrazil.html. Acesso em: 20 jun. 2023.

FISCHER, Douglas; VALDEZ, Frederico. As obrigações processuais penais positivas: segundo as cortes Europeia e Interamericana de Direitos Humanos. Porto Alegre: Livraria do Advogado Editora, 2018.

FÖPPEL, Gamil; LUZ, Ilana Martins. Comentários críticos à lei brasileira de lavagem de capitais. Rio de Janeiro: Lumen Juris. 2011.

FORSMAN, Gabriela Costa Carvalho; SALOMÃO NETO, Eduardo. Riscos na atuação de auditores em investigações internas de fraudes contábeis. Jota, Brasília, 6 de abril de 2023. Disponível em: https://www.jota.info/opiniao-e-analise/artigos/riscos-na-atuacao-de-auditores-em-investigacoes-internas-de-fraudes-contabeis-06042023. Acesso em: 6 abr. 2023.

FRANÇA. Le code pénal. Disponível em: www.legifrance.gouv.fr. Acesso em: 20 jun. 2023.

GJONI, Mario; GJONI, Albana; KORA, Holta. Money laundering effects (2015). Ubt International conference. Disponível em: https://knowledgecenter.ubt-uni.net/conference/2015/all-events/16. Acesso em: 20 jun. 2023.

GOMES, Mariângela Gama de Magalhães. Teoria geral da parte especial do direito penal. São Paulo: Atlas, 2014.

GOLDBERG, Richard; LEVITOV, Alex. The underside of the Coin: illicit finance risks in virtual assets. Disponível em: https://www.fdd.org/analysis/2023/02/16/the-underside-of-the-coin-illicit-finance-risks-in-virtual-assets/. Acesso em: 20 jun. 2023.

GRECO FILHO, Vicente; RASSI, João Daniel. Lavagem de dinheiro e advocacia: uma problemática das ações neutras. Boletim IBCCrim, São Paulo, v. 20, n. 237, p. 13-14, ago. 2012.

GRUPO DE AÇÃO FINANCEIRA. Padrões Internacionais de Combate à Lavagem de Dinheiro e ao Financiamento do Terrorismo e da Proliferação: as Recomendações do Gafi. Disponível em: https://www.fatf-gafi.org/media/fatf/documents/recommendations/pdfs/FATF-40-Rec-2012-Portuguese-GAFISUD.pdf. Acesso em: 20 jun. 2023.

ITÁLIA. Il codice penale italiano. Disponível em: http://www.perrupato.it/codici/codice_penale.htm. Acesso em: 20 jun. 2023.

JAKOBS, Gunther. ¿Qué protege el derecho penal: Bienes jurídicos o la vigencia de la norma? Disponível em: https://uai.edu.ar/media/110782/jakobs-qu%C3%A7-protege-el-dp.pdf Acesso em: 20 jun. 2023.

LEITE FILHO, José Raimundo. Corrupção internacional, *criminal compliance* e investigações internas. Rio de Janeiro: Lumen Juris, 2018.

LEMOS, Bruno Espiñeira; GONÇALVES, Carlos Eduardo Gonçalves; HÖHN, Ivo; QUINTIERE, Victor Minervino (Orgs). Compliance e temas relevantes de direito e processo penal: estudos em homenagem ao advogado e professor Felipe Caldeira. Belo Horizonte: D'Plácido, 2018.

LEVI-FEUR, David. The global diffusion of regulatory capitalism. The annals of the American Academy of Political and Social Science, [S.l.], n. 598, p. 12-32, mar. 2005. Disponível em: http://poli.haifa.ac.il/~levi/levifaur-framework.pdf. Acesso em: 27 mar 2023.

LIMA, Carlos Fernando dos Santos. O sistema nacional antilavagem de dinheiro: as obrigações de compliance. In: CARLI, Carla Veríssimo de (Org.). Lavagem de dinheiro: prevenção e controle penal. Porto Alegre: Verbo Jurídico, 2010.

LUCCHESI, Guilherme Brenner. Punindo a culpa como dolo. O uso da cegueira deliberada no Brasil. São Paulo, Marcial Pons, 2018.

LUZ, Ilana Martins. *Compliance* e omissão imprópria. Belo Horizonte: D'Plácido, 2018.

LYNCH, Gerard E. Rico: Racketeer Influenced and Corrupt Organizations Act: origins, crimes, effects, penalties, civil remedies, influences, bibliography. In: LAW LIBRARY: American law and legal information. [S.l.]: Net Industries, 2015. Disponível em: http://law.jrank.org/pages/1966/RICO-Racketeer-Influenced-Corrupt-Organizations-Act.html. Acesso em: 20 jun. 2023.

LYRA, Roberto. Comentários ao Código Penal. Rio de Janeiro: Forense, 1942, v. 2.

MAIA, Rodolfo Tigre. Lavagem de dinheiro: (lavagem de ativos provenientes de crime): anotações às disposições criminais da Lei n. 9.613/98. 2. ed. São Paulo: Malheiros, 2007.

NAÇÕES UNIDAS. Resolution S/RES/1617 (2005), adopted on 29 July 2005. Disponível em: https://documents-dds-ny.un.org/doc/UNDOC/GEN/N05/446/60/PDF/N0544660.pdf?OpenElement. Acesso em: 20 jun. 2023.

NAÇÕES UNIDAS. Resolution S/RES/2253 (2015), adopted on 17 December 2015, §16. Disponível em: https://documents-dds-ny.un.org/doc/UNDOC/GEN/N15/437/45/PDF/N1543745.pdf?OpenElement. Acesso em: 20 jun. 2023.

NAÇÕES UNIDAS. United Nations Office on Drugs and Crime (UNODC). Estimating illicit financial flows Resulting from drug trafficking and Other transnational organized crimes: research report, Vienna, 2011, p. 111-119. Disponível em: https://www.unodc.org/documents/data-and-analysis/Studies/Illicit_financial_flows_2011_web.pdf. Acesso em: 20 jun. 2023.

NIETO MARTÍN, Adán. Responsabilidad social, gobierno corporativo y autorregulación: sus influencias en el derecho penal de la empresa. In: BAJO FERNÁNDEZ, Miguel; BACIGALUPO, Silvina; GÓMES-JARA DÍEZ, Carlos (Coord.). Gobierno corporativo y derecho penal: mesas redondas derecho y economia. Madrid: Universitaria Ramón Areces, 2008.

NILSSON, Hans G. Special investigation techniques and developments in mutual legal assistance: the crossroads between police cooperation and judicial cooperation. Disponível em: http://www.unafei.or.jp/english/pdf/PDF_rms/no65/RESOURCE-DivisionNo04.pdf. Acesso em: 20 jun. 2023.

NUNES, Leandro Bastos. A utilização do bitcoin-cabo na condição de meio para configuração do crime de evasão de divisas. Disponível em: https://www.anpr.org.br/imprensa/artigos/24264-a-utilizacao-do-bitcoin-cabo-na-condicao-de-meio-para-configuracao-do-crime-de-evasao-de-divisas. Acesso em: 20 jun. 2023.

ORGANIZAÇÃO DOS ESTADOS AMERICANOS. Convenção Interamericana contra o Terrorismo, assinada em Barbados, em 3 de junho de 2002. Disponível em: http://www.planalto.gov.br/ccivil_03/_ato2004-2006/2005/decreto/d5639.htm. Acesso em: 20 jun. 2023.

PASCHOAL, Janaína. Lei 12.683/12: mais um capítulo na ingerência indevida. In: SILVEIRA, Renato de Mello Jorge; RASSI, João Daniel (Org.). Estudos em homenagem a Vicente Greco Filho. São Paulo: Liber Ars, 2014.

PINHEIRO, Armando Castelar. SADDI, Jairo. Direito, economia e mercados. Rio de Janeiro, Elsevier, 2005.

PORTUGAL. Lei n. 25/2008, de 5 de junho. Estabelece medidas de natureza preventiva e repressiva de combate ao branqueamento de vantagens de proveniência ilícita e ao financiamento do terrorismo [...]. Diário da República, Lisboa, 5 jun. 2008. Disponível em: <https://dre.pt/application/conteudo/449407>. Acesso em: 20 jun. 2023.

PRADO, Luiz Regis. Tratado de direito penal brasileiro: parte especial: direito penal econômico. São Paulo: Revista dos Tribunais, 2014, v. 8.

PRADO, Rodrigo Leite. Dos crimes. Aspectos subjetivos. In: CARLI, Carla Veríssimo de. Lavagem de dinheiro: prevenção e controle penal. Porto Alegre, Verbo jurídico, 2013.

RAGUÉS I VALLÈS, Ramon. La ignorancia deliberada en Derecho penal. Barcelona: Atelier, 2007.

RICHARDS, James R. Transnational criminal organizations, cybercrime and Money laundering. Boca Raton: CRC Press, 1999.

ROBBINS, Ira P. The Ostrich Instruction: Deliberate Ignorance as a Criminal Mens Rea, 81 J. Crim. L. & Criminology 191 (1990-1991).

ROXIN, Claus. Funcionalismo e imputação objetiva no Direito Penal. Tradução e introdução de Luís Greco. 3.ed. Rio de Janeiro: Renovar, 2002.

ROXIN, Claus. Sobre o recente debate em torno do bem jurídico. In: LEITE, Alaor (org). Novos estudos de direito penal. Trad. Luís Greco. São Paulo: Marcial Pons, 2014.

SANCHEZ RIOS, Rodrigo. Direito penal econômico: advocacia e lavagem de dinheiro: questões de dogmática jurídico-penal e de política criminal. São Paulo: Saraiva, 2010. – (Série GVlaw).

SÁNCHEZ, Bernardo Feijoo. La teoría de la ignorancia deliberada en derecho penal: una peligrosa doctrina jurisprudencial. Indret: Revista para el Análisis del Derecho, ISSN-e 1698-739X, Nº. 3, 2015, 29.

SARLET, Ingo Wolfgang. Fundamentos Constitucionais: o direito fundamental à proteção de dados. In MENDES, Laura Schertel; DONEDA, Danilo; SARLET, Ingo Wolfgang; RODRIGUES JUNIOR, Otavio Luiz. Tratado de proteção de dados pessoais. Rio de Janeiro: Forense, 2021.

SCHMIDT, Andrei Zenkner. O Direito Penal Econômico sob uma perspectiva onto-antropológica. 2014. 350f. Tese (Doutorado em Ciências Criminais) – Faculdade de Direito, Pontifícia Universidade Católica do Rio Grande do Sul, Porto Alegre, 2014.

SEGURADORA LÍDER-DPVAT. Declaração: Circular Susep n. 445/12, prevenção à lavagem de dinheiro. [S.l.], 2013. Disponível em: http://www.dpvatsegurodotransito.com.br/static/documentos/declaracao_procurador_circular_SUSEP.pdf. Acesso em: 20 jun. 2023.

TEIXEIRA, Adriano; WEHRS, Carlos; MADRUGA, Antenor. O valor processual das informações de inteligência financeira obtidas por meio do Grupo Egmont. Disponível em: https://www.academia.edu/40148250/O_VALOR_PROCESSUAL_DAS_INFORMA%C3%87%C3%95ES_DE_INTELIG%C3%8ANCIA_FINANCEIRA_OBTIDAS_POR_MEIO_DO_GRUPO_EGMONT. Acesso em: 20 jun. 2023.

TRIBUNAL EUROPEU DE DIREITOS HUMANOS. Affaire Michaud c. France. Arrêt 6 décembre 2012. Disponível em:https://hudoc.echr.coe.int/fre#{%22languageisocode%22:[%22FRE%22],%22appno%22:[%2212323/11%22],%22documentcollectionid2%22:[%22CHAMBER%22],%22itemid%22:[%22001-115055%22]}. Acesso em: 20 jun. 2023.

TRIBUNAL EUROPEU DE DIREITOS HUMANOS. Case of Bărbulescu v. Romania [GC]. Judgment 5 September 2017. Disponível em: https://hudoc.echr.coe.int/fre#{%22itemid%22:[%22001-177082%22]}. Acesso em: 20 jun. 2023.

UNIÃO EUROPEIA. Diretiva (UE) 2018/1673 do Parlamento e do Conselho, de 23 de outubro de 2018 relativa ao combate ao branqueamento de capitais através do direito penal. Disponível em: https://www.bportugal.pt/sites/default/files/anexos/legislacoes/diretiva1673ano2018.pdf. Acesso em: 20 jun. 2023.

UNIÃO EUROPEIA. Diretiva (UE) 2015/849 do Parlamento e do Conselho de 20 de maio de 2015 relativa à prevenção da utilização do sistema financeiro para efeitos de branqueamento de capitais ou de financiamento do terrorismo, que altera o Regulamento (UE) n. 648/2012 do Parlamento Europeu e do Conselho, e que revoga a Diretiva 2005/60/CE do Parlamento Europeu e do Conselho e a Diretiva 2006/70/CE da Comissão. Disponível em: http://publications.europa.eu/resource/cellar/0bff31ef-0b49-11e5-8817-01aa75ed71a1.0018.01/DOC_1 . Acesso em: 20 jun. 2023.

UNIÃO EUROPEIA. European Commission. Gambling Sector: Money laundering risks. 6 November 2017. Disponível em: https://www.asktheeu.org/en/request/4486/response/15002/attach/3/4203%201%20GAMBLINGWP.pdf. Acesso em: 20 jun. 2023.

VILARDI, Celso. A ciência da infração anterior e a utilização do objeto da lavagem. Boletim IBCCRIM, n. 237, p. 17-18, ago. 2012.

WEBER, Patrícia Maria Núñez, MORAES, Luciana Furtado de. Infrações penais antecedentes. In: CARLI, Carla Veríssimo de. Lavagem de dinheiro: Prevenção e controle penal. Porto Alegre: Verbo Jurídico, 2013.